2017

信州年鉴

XINZHOU NIANJIAN

上饶市信州区地方志编纂委员会 编

主　编　　胡心田

副主编　　梁丽娟

　　　　　蒋德贤

　　　　　李　霞

国家图书馆出版社

图书在版编目（CIP）数据

信州年鉴.2017/上饶市信州区地方志编纂委员会编.--北京:国家图书馆出版社,2018.1
　　ISBN 978-7-5013-6336-0

　　Ⅰ.①信… Ⅱ.①上… Ⅲ.①区（城市）－上饶－2017－年鉴 Ⅳ.①Z525.64

中国版本图书馆CIP数据核字(2017)第328712号

国家图书馆出版社官方微信

书　　　名	信州年鉴（2017）
著　　　者	上饶市信州区地方志编纂委员会　编
责任编辑	于春媚
特邀编审	夏红兵
出　　　版	国家图书馆出版社（100034　北京市西城区文津街7号） （原书目文献出版社　北京图书馆出版社）
发　　　行	010-66114536　66126153　66151313　66175620 66121706（传真）　66126156（门市部）
E-mail	nlcpress@nlc.cn（邮购）
Website	www.nlcpress.com →投稿中心
经　　　销	新华书店
印　　　装	江西龙莹印务有限公司
版　　　次	2018年1月第1版　2018年1月第1次印刷
开　　　本	889×1194（毫米）　1/16
印　　　张	19.875
字　　　数	600千字
书　　　号	ISBN 978-7-5013-6336-0
定　　　价	200.00元

信州区

江西省测绘成果资料档案馆编制

审图号：赣S（2018）059号

图 例

★	设区市行政中心		铁路及车站
●	县（区）行政中心		高速公路
◉	设区市政府	G320	国道及编号
⦿	区政府	S201	省道及编号
●	乡（镇）、街道		县、区界
·	居委会、村委会		乡、镇界
·	村委会		隧道
○	自然村	▲	山峰
	中型水库		
	小（一）型水库		

比例尺：1:88 000

附注：本图内境界仅供参考，不作为解决边界争议的依据。

广丰工业园区

8月30日—31日，中国共产党上饶市信州区第四次代表大会在信州区会议中心召开。区委副书记、代区长胡心田主持并宣布大会开幕。区委书记王其中作了题为《干在实处再出发 走在前列谱新篇 为高标准建成省域副中心城市核心区而努力奋斗》的工作报告。

▲ 区委书记王其中向大会作报告

8月31日，中国共产党上饶市信州区第四届委员会第一次全体会议选举产生了中国共产党上饶市信州区第四届委员会常务委员会
▲ 委员11名。王其中（中）、胡心田（右五）、王兆强（左五）、毛州同（右四）、吴武华（左四）、郑文（右三）、周福花（左三）、徐建饶（右二）、汪东军（左二）、俞文强（右一）、李红（左一）当选。

10月10日—12日 信州区第五届人民代表大会第一次会议在信州区会议中心召开。徐志勇当选为新一届区人大常委会主任，刘丽群、章淑英、王林、夏子福、郑德成、黄爱玉当选为区人大常委会副主任；胡心田当选为区人民政府区长，郑文、祝少敏、徐艺华、赵建颖、梁丽娟、顾海敏当选为区人民政府副区长；杨小明当选为区人民法院院长；章晖当选为区人民检察院检察长。

▲ 区人大常委会主任徐志勇代表新一届区人大常委会领导班子讲话

▲ 区长胡心田代表新一届区政府领导班子作表态发言

10月11日，区领导看望出席信州区人大五届一次会议沙溪镇代表团代表。

10月9日—10日，信州区政协五届一次会议在信州区会议中心召开。程茹当选为区政协第五届委员会主席，翟安军、柴莉萍、苗天红、缪红芳、王红林、胡频萍当选为区政协第五届委员会副主席。

▲ 会议现场

▲ 区政协主席程茹在闭幕会上讲话

◀ 政协委员在讨论会上踊跃发言

▲ 9月20日，信州区棚改"百日攻坚"动员大会召开。

9月20日，信州区启动了为期3个月的"百日攻坚"棚改活动，全区干群奋战100天，全面加快推进棚户区改造项目征迁工作，截至年底完成项目26个，累计征迁房屋5738户、237万平方米，其中拆除存量违建13.68万平方米，圆满完成任务。

9月21日，以"让权力在阳光下运行"为主题的《党风政风热线》栏目走进信州区现场直播。区委书记王其中和王兆强、吴武华、郑文、李红、顾海敏、翟安军等区领导，以及区直相关单位负责人、群众代表共200余人在直播现场。

▲ 11月8日，信州区人民政府与中国工商银行股份有限公司上饶分行战略合作协议签约仪式举行。

▲ 11月16日—17日，以"新经济·新信州"为主题的"信州论坛·新经济专题"访谈和报告会举行，多位国内知名专家学者研讨信州新经济发展之路，并为信州区700多名干部授课。

▲ 朝阳产业园区承载能力不断提高，1056套公租房建成交付使用，日处理2000吨的污水处理厂竣工，全年引入42家企业落户园区。图为园区企业宇瞳光学、利丰鞋业员工生产画面。

▲ 信州鲜禾生态农业合作社开展绿色扶贫，制作成近500万支用于培育各种食用菌菇的扶贫菌棒，免费提供给贫困户，并在技术上义务跟踪指导，让当地300多户贫困家庭摆脱困境，走上致富路。图为11月6日，信州鲜禾生态农业合作社技术人员正在无菌室科学培植菌种。

▲ 2016年12月25日8时20分，大坳引水工程通水活动举行。大坳引水工程于2012年年底正式开工，从大坳水库内取水，途经上饶县、信州区10个镇街，涉及30个行政村居，穿越了丰溪、信江，输送至城东自来水公司。通水后切实改善市民饮用水的水源水质，确保中心城区居民用水安全洁净。图为大坳引水工程通水活动现场。

▲ 2016年12月25日9时8分，320国道上饶城区段改建项目正式通车。320国道上饶城区段改建项目全长60公里。路线起于信州区沙溪镇，途经广丰区、信州区、上饶县、上饶经济技术开发区、横峰县，接三清山机场、上饶高铁站、上铅和上广快速通道。图为320国道上饶城区段改建项目通车活动现场。

▲ 10月31日,上饶市凤凰东大道延伸段主体通车仪式举行。凤凰东大道延伸段是市委、市政府交给信州区建设的城东片区第一条市政道路。在项目各方的共同努力下,凤凰东大道延伸段项目经过260天的紧张施工,提前63天实现主体通车。

▲ 全力推进"河库长制",开展了"清河行动",实施了水污染、河湖"八乱"和渔业资源保护三大类十个专项整治。
左图为信江南岸景观带改造项目二期工程施工现场,右图为水政与环保、镇街等部门开展排污口整治联合执法。

9月28日，汪家园棚改项目最后一栋房屋拆除完毕，标志着汪家园棚改二期项目征迁工作顺利完成。汪家园棚改二期项目是上饶市城市棚改项目之一，信州区仅用20多天的时间，就全部完成了项目建设所需征迁的27栋房屋、2.8万平方米的征迁任务。

3月份开始，白鸥园市场停业改造，进行为期半年的消防整改。整个市场按照最新防火规范要求进行设计和改造，并建立全市首个微型消防站，监控室、保安室、消防控制室等专业人员24小时在岗。10月24日，白鸥园市场消防改造项目建设工程顺利通过验收，为市民营造了一个放心又舒心的消费环境。

城市综合体不断集聚，万达广场、星河国际、万力时代、润丰家居广场等一批商业综合体开张营业，成为城市新地标。图为万力时代、星河国际。

信州区进一步规范农民建房管理，加大投入农村环境"七改"工作，荣获中国美丽乡村建设示范县、全省农村清洁工程工作先进县荣誉。上图为沙溪镇宋宅村，左图为秦峰镇老坞村大石自然村。

7月20日至29日，"2016年海外华裔青少年'中国寻根之旅'夏令营"——魅力信州营开营。来自爱尔兰、美国、赞比亚等国的华裔青少年以及信州区学生代表共70余人参加。图为营员们游上饶云碧峰国家森林公园，体验越剧上妆扮相表演。

12月4日，"2016上饶国际半程马拉松比赛"在上饶市信州区举办。吸引了来自世界各地11个国家30余名外籍运动员参赛，国内报名参赛人员也基本覆盖了全国各个省市，参赛人数近万人。赛道起终点选择在上饶地标性建筑市民广场和创业文化公园之间，途经凤凰大道、滨江路等城市主干道，穿过繁华市区，路经现代城市建筑及多个历史文化景点，充分展示了城市发展形象。该赛事提升了城市影响力、知名度，丰富了人民群众精神文化生活，有力推动了全民健身运动。

2016年度信州区荣获江西省公共机构节能先进县（市、区）称号。图为信州区教育系统节能宣传周启动仪式、卫计委举办的"低碳出行 健康你我 卫计在行动"主题骑行公益宣传活动。

3月14日，信州区秦峰镇举行秦"食"风光摄影美食大赛。摄影爱好者通过赏油菜花、观秦峰寺、品农家菜等多个活动，用镜头记录下最美的农村风光。

▲ 信州区市场监督管理局加大市场监管执法力度，保障市民食品安全。图为9月29日，市管局执法人员检查农贸市场。

▲ 4月30日至5月2日，"2016江西·信州首届微商创业美食节"在上饶明珠商业广场成功举办。图为游客涌入活动现场，争相品尝、购买本土小吃、特色美食及名品百货，区属信息服务业企业和民营企业进行现场招聘活动。

上饶市第一小学荣获2016年度"全国青少年五好小公民'老师您好 我的好老师'主题教育活动示范学校""江西省第十四届文明单位""江西省依法治校示范校""江西省关心下一代工作先进集体"等荣誉。图为该校开展的第五届读书节和大型诵读《可爱的中国》活动现场。

上饶市公安局信州分局在全省率先推出合成警务工作站。警务站承担着"接处警、巡逻防控、打击犯罪、反恐处突、便民服务、交通管理、法制宣传、消防应急"等八大职能。图为人民广场合成警务工作站。

撰稿人员名单

（按姓氏笔画为序）

王坚	王应浩	王贤彬	王政平	王晓兰	王晓媚
王健	王烨鹏	王琦	王辉	方均英	占永华
占晓英	卢红	叶春燕	包靖	冯圣华	朱泉伟
刘文静	刘瑾	江鹏	江铁山	汤哲	严伟
严厚斌	苏文	苏伟	苏珊梅	李小兵	李志群
李佩龙	李祎俊	李荣州	李荣昌	李晓光	李琼
李璇	李颜	杨骏	杨文洁	杨冰冰	杨明
杨祖春	杨骏	杨普江	肖勇	肖堂松	吴剑
吴涛	吴雪珍	吴慧兰	何田华	何媛	佘瑞芝
余卉	余纪元	余佳	余格菲	余塑	汪丽娟
汪新平	宋媛媛	张宁辉	张扬	张健华	张健华
张黑喜	张翼	陈巧灵	陈佳佳	陈怡	陈怡戎
范文昇	范炉敏	林上洪	林芳锋	林谋俊	林策群
罗来坤	罗翀	金紫斌	周正	周发杲	周红权
周丽芝	周珏	周智源	周椿蔓	周磊	郑云庭
郑行懿	郑宇丽	郑孝康	郑志军	郑曼华	郑琳
郑慧青	胡鑫	俞慧	施翠玉	姜玲	洪豆
洪肖辉	洪明国	秦婕	秦珊珊	耿开赣	倪凌燕
徐亿生	徐文积	徐乐文	徐芳	徐国萍	徐春燕
徐竞颖	徐海军	徐辉	徐鹏	奚萌君	翁福纯
诸小华	陶燕堂	黄明	黄海娟	黄婷	龚海洪
章琪	章智敏	屠峰	黄琚玺	彭松荣	蒋龙
蒋纪帮	鲁英	童天琦	童明轩	温晓军	谢文艳
谢晨康	詹秀婷	蔡百超	蔡呈贵	廖兴军	谭邑
缪斌	颜彦	潘瑞越	潘瑶	戴迎秋	

编辑说明

一、依法编纂

本年鉴是根据《地方志工作条例》关于"以县级以上行政区域名称冠名的地方志书、地方综合年鉴,分别由本级人民政府负责地方志工作的机构按照规划组织编纂,其他组织和个人不得编纂"的规定,由上饶市信州区人民政府组织,信州区地方志编纂委员会办公室依法承编的以信州区行政区域名称冠名的地方综合年鉴。是"全面系统地记述本行政区域自然、政治、经济、文化、社会等方面情况的年度资料性文献",是集权威性、史料性、实用性为一体的地情百科工具书。

二、指导思想

本年鉴以马克思列宁主义、毛泽东思想、邓小平理论、"三个代表"重要思想和科学发展观为指导,贯彻落实习近平总书记系列重要讲话和治国理政新理念、新思想、新战略,坚持以辩证唯物主义和历史唯物主义为编纂指导思想。

三、文体与文风

本年鉴文体采用规范的语体文,以记述为主,说明为辅,两者结合。作为年度性资料文献,"重在记述,述而不论""寓观点于记述之中",用第三人称据事直书。

除了辑录的原始文献外,本年鉴文风力求严谨、朴实、简洁、流畅。

四、记述范围及时间

本年鉴以 2016 年 12 月 31 日信州区行政区域为界。

本年鉴记述时间起自 2016 年 1 月 1 日,截至 12 月 31 日。为了事物的完整性,记述时间适当上溯或下延。书中"建置沿革"类目内容记述时间起自事物发端。

信州区地方志编纂委员会办公室编纂的首卷年鉴《信州年鉴

（2012）》出版时间为 2012 年,记述时间以 2011 年 1 月 1 日至 12 月 31 日为限。本卷《信州年鉴(2017)》为第 6 卷。

五、全书框架结构

本年鉴按照方志体例横分门类,以类目、分目、条目 3 个层次为框架结构,以条目为主要载体,条目标题统一用黑体加"【】"表示。

本年鉴由卷首、特载、大事记、专记、信州概况、中国共产党信州区委员会、信州区人民代表大会常务委员会、信州区人民政府、中国人民政治协商会议信州区委员会、中国共产党信州区纪律检查委员会、民主党派、人民团体、法治、国防建设事业、工业、农林水利、园区建设、开放型经济、财政 税收、贸易、公路交通、非公有制经济、信息产业、金融业、教育、体育、文化艺术、卫生 计划生育、科学技术、城镇建设与管理、经济管理与监督、社会事务、镇 街道、人物、重要文献等栏目。

为便于检索,目录置于书首,书后设索引。

六、行政区划名称、机构名称及专用词的使用

本年鉴中未冠有行政区划专名的"省""市""区"称谓,分别指代"江西省""上饶市""信州区"。其他各级行政区划则冠以行政区划专名。

本年鉴中行政区划名及地名用时称,必要时括注今称;对于跨不同历史时期且称谓各不相同的同一行政区划名及地名,一律用今称。

七、统计口径及资料来源

本年鉴采用的文稿、图表由信州区及其所辖镇街道、党政机构、企事业单位提供,人口数据为上饶市公安局信州分局提供的户籍人口数。全区性数据均以区统计局公布的数据为准。

信州区党政机构的领导人员名单由中国共产党信州区委组织部提供。

本年鉴中各类数据一般保留小数点后 2 位数。

目　　录

中国共产党信州区委员会

信州区人民代表大会
常务委员会

信州区人民政府

中国人民政治协商会议
信州区委员会

中国共产党信州区
纪律检查委员会

民主党派

人民团体

法 治

农林水利

财政　税收

贸　易

公路交通

教　育

科学技术

城镇建设与管理

经济管理与监督

社会事务

人　物

重要文献

索　引

特　　载

在区委工作务虚会议、信州区科级主要领导干部学习贯彻党的十八届五中全会精神专题研讨班上的讲话

区委书记蒋丽华的讲话

（2016 年 3 月 12 日）

同志们：

古人云："大智兴邦，不过集众思。"我们利用一天半的时间召开区委工作务虚会、信州区科级主要领导干部学习贯彻党的十八届五中全会精神专题研讨班，主要目的是盘点成绩、激昂士气、部署工作，是交流思想、探讨思路、集思广益，更是进一步统一思想、凝聚共识、大胆创新，为做好新一年工作打下扎实的思想基础。昨天，我们用了一天的时间听取了各镇、街和相关部门单位的发言，亮了成绩、谈了思路；今天我们用了一上午的时间，听取了副县级领导对如何落实党的十八届五中全会精神、如何落实"五大"发展理念，结合自身分管工作，谈了自己想法、思路、打算，有很多真知灼见，充满了求真务实、实干兴区的正能量，进一步解放了思想，增强了信心，凝聚了力量，为我区下一步发展打下了扎实思想基础。

刚才，其中区长做了一个很好的讲话，我完全赞同，请大家务必认真抓好贯彻落实。下面，结合学习十八届五中全会精神，学习五大发展理念，以及区里的工作实际，就"坚持六个并重，加快信州发展"作个发言。

一、思路与落实并重

1. 思路决定出路，新思维引领新行动。纵观信州的发展历程，思路的改变给我们打开了一片新的天地。从 2011 年到 2015 年，五年时间里，我们实现了财税翻番，税源从哪里来？我们的信息服务、现代物流、金融保险、苎麻纺织四大产业提供了 7 亿元多元税收。如果没有我们这五年的解放思想，结合信州实际，科学谋划和全力推进这些产业的发展，我们就很难实现税收翻番、很难实现跨越发展。因为解放思想，我们提出了和兄弟县（市、区）不一样的发展思路、发展重点和发展定位，提出了率先脱贫、率先翻番、率先小康的"三个率先"的工作目标，提出了"现代服务业新高地、区域发展新引擎、生态宜居幸福城"发展定位。各级各部门只有从全区目标、定位出发考虑问题，才能认清自己的定位，工作才会有方向、有章法、有成效。

2. 思想再解放，敢闯新路，多学多思。古人云，他山之石，可以攻玉。向哪里学习，就是要向

发达地区学习、向先进地方学习、向全国先进的地区学习，向全国改革开放最前沿的长三角、珠三角、闽三角学习，向全省发展最快最好的南昌地区学习。我们既会加大把名师请进来的力度，也会争取更多的机会带大家出去考察、学习。我们到了阿里巴巴参观学习之后，我们就坚定了信息服务业发展的信心；去年我们去了浙江德清、杭州学习，今年去了浙江丽水、松阳学习，我们更加坚定了民宿经济发展的信心，所以，我们要学习先进地区的经验，来发展我们的新兴产业。可以预见，未来3～5年，我区互联网产业会有一个大的飞跃，民宿经济也会对我区经济发展有一个巨大的支撑作用。

3.脚踏实地，真抓实干，善作善成。古人言：千里之行，始于足下，不积跬步，无以至千里。讲的就是脚踏实地，一步一步、一个脚印一个脚印、一个项目一个项目、一件事一件事去抓落实。所以，我们所有的工作目标都要立下"愚公志"，一件一件抓落实，一项一项抓兑现。一个地方的发展，既要有正确的思路，更要有抓落实，否则一切为零，再好的思路只是嘴上说说、再好的蓝图只是墙上挂挂。对于区委三届九次全会确定的目标，就需要我们大家按照要求抓好落实。

二、带头与带领并重

领导干部是关键的少数。我们的思路确定了，事靠谁干？靠领导带着干部干，靠党员领导干部带着全区的群众一起干。在部署工作时，我们往往都会强调领导要重视，"一把手"要亲自抓；在总结工作时，也往往要说明工作成效的取得离不开领导的重视，尤其是主要领导的关心和支持。这都说明领导干部尤其是主要负责人的重要性。今天我们扩大了会议范围，将所有的部门单位一把手请到了会场，就充分说明了"一把手"的作用十分重要。

1.领导干部要带头履职，树标杆。领导干部要用更严的尺子衡量自己，用更高的标准要求自己，要求别人做到的首先自己要做到，敢于喊出："以我为榜样，向我看齐。""一把手"要比班子成员做得更好，班子成员要比普通干部做得更好，干部要比普通党员做得更好，普通党员要比群众做得更好，一级做给一级看、一级带着一级干。干部一定要吃苦在前，享乐在后。领导干部是下属的后盾、百姓的依靠，说话做事要考虑清楚。

2.领导干部要带好班子，敢碰硬。组织把班子交给你，你有义务把班子带好，要让班子成员个个都能发挥所长、个个都能展示才华、个个都能作出一番业绩。"一花独秀不是春，百花齐放春满园"，领导不能独善其身，要带好班子、带好队伍，做到上行下效、上率下行，发挥好团队的力量。一把手是支部、党组、党委是各级组织的核心，是火车头、领头雁。一个部门一个单位人浮于事、人心涣散，一项工作布置不下去，久推不动、久功不克，都要从领导班子尤其是"一把手"身上找原因。领导带头，万事不愁，不"领"就是缺位，不"导"就是失职。但是"领"就要敢为人先，注定有风险；领就要率之以行，肯定多流汗；领就要较真碰硬，难免唱"黑脸"。所以怕担当、怕吃苦、怕得罪人的干部，就不愿领、不敢领，也不会领。

3.领导干部要带领群众，树正气。一个地方风气的好坏，关键在党风政风。党风政风的好坏关键是单位的一把手。一个地方的风气由乱到治，需要三到五年，一个地方的风气坏下去，用不到半年的时间。地方风气的好坏和"一把手"有很重要的关系，要求我们的部门单位"一把手"带头讲正气，带头建立政府的公信力。党委、政府要在群众中有公信力有信誉度，要替群众一件一件办事去累积的。政府公信力是政府最大的财富，各级领导一定要谨记，要把政府的公信力树起来。

三、攻心与攻坚并重

我说的"攻心"主要指干部作风，"攻坚"主要指干部的担当。3月7日，习近平总书记在黑龙江代表团参加审议时强调，"要真正把那些想干事、能干事、敢担当、善作为的优秀干部选拔到各级领导班子中来"。在政府工作报告中，李克强直言，要"健全激励机制和容错纠错机制，给改革创新者撑腰鼓劲"。俞正声在湖北代表团参加审议时表示，要"鼓励各级干部愿干事、敢干事、能干成事"；王岐山在北京代表团参加审议时强调，"真正敢于担当，就没有过不去的坎儿、战胜不了的困难。"我们说攻心与攻坚同样重要，是说我们没有哪项工作离得开群众的支持，没有哪项工作离得开干部的努力。没有哪项工作离得开群众支持，这就需要我们干部去做过细的思想工作，要和群众打成一片。如，我区的白鸥园市场改造，3天时间580余户商户高高兴兴搬迁完毕，这就是把工作做到群众心里去，知道群众想什么，把工作做通做好。我们说攻心与攻坚同样重要，是说我们没有哪项工作离得开干部的担当。我们关键时候看担当。

我们的干部、我们的镇长，只有经历过项目久推不动、土地久征不下，信访维稳突发等事件的历练，才能遇事不乱、快速成长，才能更好主政一方。敢于攻坚克难，才能使我们各项工作有序推进；只有打击极少数违法非法行为，遏制一夜暴富的念头，才能维护整个社会的公平正义，才能赢得更多群众的支持，才会使我们的工作更顺利。

四、过程与结果并重

说干就干。不管是市里交给区里的，还是区里交给镇街部门的工作，不能推诿扯皮，作为下级服从上级是领导干部一项基本的政治素质。我们说的"说干就干"不是蛮干，领到任务立即开展工作的部署，在工作中要注意统筹，注意调查研究，对工作存在问题、困难、症结、重要节点要做到心中有数，提前谋划，一一加以解决。干就要干好。我们每一项工作都应该有一个完美的结局，不能让每一项工作、工程都变成马拉松。如，北门街道的市人民医院北迁项目就是一个比较完美的案例，用40天的时间完成了净地交付。干就干好要求完善方案、完善举措，要有预案，前期怎么推、大部分人思想工作怎么做，出现非法无理要求的时候采取什么措施，采取什么方法解决。这些都是每一个一把手要掌握的，要贯彻落实好的。干不好就要问责。我们有些领导在工作表态的事情，张口就来、随口就说、说完就忘。要知道，市里对我们的一些项目建设都是有明确的时间节点的。务必要建立督查机制，明确时间节点，说了就要做、做就要做好，要么就不要说，做不好就要问责。

五、稳定和发展并重

不能维持表面的稳定。我们有的干部采用"拖""捂""妥协""暴力"四部曲，来维护表面的稳定、暂时的稳定。有的干部遇到矛盾绕着走，该干的事不干，该解决的问题不解决；有的干部不是想方设法地解决，而是千方百计地回避，甚至掩盖问题；有的干部用小恩小惠购买和谐，以妥协来牺牲原则，只要不在我的任期出现问题就行；有的干部以暴制暴，依靠所谓的"能人"压制矛盾，这些都是不允许的。群众有诉求很正常，但需要有人去化解，如果我们的干部都是回避矛盾，那么问题就总

会爆发。正值换届的时候，我们的领导不要把矛盾留给继任者，不要把遗憾留给自己，要直面矛盾，不回避推诿、诿过于人。要以发展来维护稳定。发展是第一任务，不发展本身就是最大的问题，在发展的过程中遇到的问题要通过发展来解决。各级领导干部要通过自身的实干和奋斗实现更好更快的发展，以发展水平和业绩来提升本单位、本部门的地位，赢得全区人民的认可和尊重。经济要发展，就需要新的项目落户，只要有项目的落地，就要涉及征地拆迁，就要涉及被征收户的利益，就肯定会产生新的矛盾，就可能引发新的不稳定。但我们不能因噎废食，不忘初心，在发展的过程中促进稳定，保障稳定。

六、干净和干事并重

在从严治党的新常态下，要把纪律挺在前面，经常开展批评和自我批评，让咬耳朵、扯袖子，红红脸、出出汗成为常态，党纪轻处分、组织调整成为大多数，重处分、重大职务调整的是少数，而严重违纪涉嫌违法立案审查的只能是极少数。因此，大家要谨记，无功就是过。组织给你平台，是给你干事的。在一个单位三年五年不做事、不干事，我们的组织等不起，我们的发展等不住，我们的百姓不允许，因此，中央出台了干部能上能下的制度。要求我们广大部门单位"一把手"，要做到：守土有责，就是你所在部门单位的工作职责都必须完成。守土尽责，你所在的部门单位的工作都必须做好，都必须要有争先进位的意识，不能部门单位有你没你都一样。要谨记，功不抵过，廉洁是对党员干部最基本的要求。不管做多少好事、多少政绩，一旦出事，再大的功劳也不能抵过。我们要做到廉洁自律，守住"底线"、不越"红线"、不碰"高压线"，把遵守政治纪律、工作纪律、财经纪律、群众纪律、生活纪律等党纪法规作为自己立身行事的根本遵循。

同志们，激情成就梦想，实干铸就辉煌。我们要奋发有为，主动作为，我们要敢于攻坚，敢于担当，就一定能对得起自己、对得起岗位，对得起信州人民，就一定能实现"三个率先"，向全区人民交一份满意的答卷，实现"十三五"良好开局。

区委副书记、区长王其中的讲话

(2016 年 3 月 12 日)

同志们:

根据会议安排,我着重围绕政府工作作个发言,主要讲两层意思:

一、坚持新发展理念引领发展行动

当前,经济社会的发展,上至中央、省、市都有明确指示,给我们提供了政策依据、发展方向;区委、区政府也已明确今后几年的发展思路、目标、措施。蓝图已经绘就,方向已经明确,路径已经清晰,剩下的就是抓落实。一打纲领不如一个行动。"事业自古靠实干,未见长城言垒成。"实干是至关重要的,怎么干? 我认为就是要因势而谋、顺势而为,准确领会把握规律干,瞄准问题突出重点干,勇于担当奋发有为干。

其一,准确领会把握规律干。

首要的就是要深入学习贯彻习总书记视察江西时提出的新的希望和"三个着力、四个坚持"的重要要求,坚决贯彻中央"创新、协调、绿色、开放、共享"五大理念和省委"发展升级、小康提速、绿色崛起、实干兴赣"十六字方针,聚焦我市"建设四省交界区域中心城市和江西绿色崛起副中心城市"战略目标,准确把握中央、省、市精神,以新发展理念引领新发展实践,紧紧瞄准区委"三个率先"的目标,紧紧瞄准打造"区域发展新引擎、现代服务业新高地、生态宜居幸福城"的定位,准确领会,创造性的落实,才能保证既定目标的实现。

区委集中安排时间,让大家务虚,回顾一下工作,谈谈下步打算,让各种见解、思想相互碰撞、相互交锋,这是很有必要的。实践证明,对于相互启发、相互提高也是大有裨益的。但是,五大发展理念以及习总书记系列重要讲话有着博大精深的内涵,光靠这样一两天的集中学习,是不可能完全领会、准确把握、科学消化的,要确保今后工作不跑偏,不迷失方向,希望大家更多地加强学习,并结合实际创造性地落实。

其次,瞄准问题突出重点干。

回顾过去的一年,尽管发展不易、干事不易,但大家在担当中作为,在攻坚中蓄力,一年来的成绩带给我们更多的是欣喜,我们的区本级和镇域经济实力都有了新的提高,"春风阳光""美丽家园""控违拆违"行动得到了广大群众积极拥护、配合、支持和肯定,也获得了市委、市政府的高位肯定和高度好评,服务中心城区大建设成效也很明显。应该说,经济社会发展经受住了新常态的考验,同时也为新一轮发展打下了坚实基础。

但是,受宏观经济环境影响,当前我区经济发展中仍然存在不少困难和问题:发展的速度不够快,总量小、增幅趋缓的问题更加突出,工业基础弱、平台发展不足的问题没有得到很好解决,发展的环境有待进一步优化,等等。对此,必须保持清醒认识,进一步增强工作的紧迫感。要进一步强化问题意识、短板意识,进一步强化危机意识、责任意识,以问题为导向,着力补短板,突出重点,大干快上。

具体来讲,我认为,以下几个方面还是要牢牢把握和用心用力的:

一是服务业。要牢牢抓住服务业发展黄金期,全面实施服务业提升战略。打造现代服务业新高地,不是一句口号,要落实到具体行动,信息产业园、金融办、交通局、旅游局、文广新局、商务局等部门,要抓紧确定今年各大产业的发展目标、计划、项目支撑、考核意见。各地要结合自身实际,围绕打造服务业新高地,制定提出具体的服务业发展倍增计划。

二是工业。主要是致力抓好"一计划、两平台、四产业""一计划"即工业翻番计划,"两平台"即朝阳产业园、沙溪苎麻产业园建设,"四产业"即全力打造苎麻、汽配、橱柜、光学四大主导产业,形成集群,形成优势,形成特色,形成品牌。围绕这个思路,土地怎么落实,资金怎么落实,园区的"僵尸企业"如何清理,项目在哪里,怎么招商,希望工信委、朝阳产业园、招商局、沙溪镇、驻园办要有具体安排。

三是重点项目。怎么打造区域核心引擎,我认为,只有提升城市管理建设的颜值、气质才够得上中心之称谓,只有一大批项目的落地,才能把中心城区的发动机搅动起来。重点强调两点:(1)借助市委、市政府强化信州区成为全市发展核心引擎的东风，积极参与城东片区大开发，加快推进凤凰大道东延、吴楚大道、货场路东延、富饶路东延等4条道路建设，全力服务城东防洪堤、三江导托渠、上饶师范学校异地迁建等重点项目，在服务发展中借势、造势、成势。与此同时，抓好年初我们自己谋划的项目建设落地。大家一定要知道，没有项目就没有固定资产投入。没有大的投入就不会有大的发展，没有项目就没有发展。大投入大发展，小投入小发展，不投入不发展。项目、投入才是引擎，才是关键，才是后劲，才是财源。大家一定要积极向上争项目，向外引项目，向内抓项目，只有项目的遍地开花，才有发展的蓬勃场面。(2)坚决巩固控违拆违成效，维护公平正义，维护城乡建设秩序。

四是农业。重点发展好"一园一品一业一村"，"一园"就是做精做优现代农业示范园，"一品"就是大力发展绿色生态产品，"一业"就是创建城郊型休闲农业，"一村"就是打造一批秀美乡村。

五是开放型工作。坚持招商引资一号工程不变，一把手抓招商不变，积极对接"长珠闽"经济板块，着力引进一批投资1亿元、10亿元以上重大项目。这里特别强调，各镇、街道党政主官每个月至少外出招商1次。

六是脱贫工作。要把脱贫攻坚牢牢抓在手上，坚决打赢脱贫攻坚战，到2016年年底，实现5873名贫困人口全部脱贫，提前两年、率先在全市完成脱贫任务。

其三，勇于担当奋发有为干。

加强学习实践，创造性地履行肩负的职责。总的看，我们的干部还是蛮担当的。总结去年我区开展的一些工作，如控违拆违行动，在区委、区政府的坚强决心下，广大干部以强烈的担当精神，直面矛盾，敢打硬仗，敢啃硬骨头，冲锋在前，牺牲在前，确保了区委决策意图的实现，有效扭转了违法建筑这一不良风气，受到了上级领导、社会各界的一致点赞。再比如，服务省及市项目的征迁工作，面对"征迁天下第一难事"，创下了"50天拆迁10万平方米"的成绩，市政府明令期限的市人民医院改扩建等4个项目征迁圆满交账。这些都是敢于担当的结果，也凝聚了我们一线干部的大量心血，值得肯定、值得赞扬，更要大力弘扬、继续发扬。

但是实事求是地说，在担当这个问题上，我们区干部队伍中仍然还有一些不尽如人意的地方，

有的不谋事、不干事，好事揽自家，坏事赖人家，难事推上家，做事找下家，整个一个滑溜子、甩手掌柜，怕麻烦、怕碰钉子、怕吃亏、怕得罪人的现象还是存在的，服务意识、效率意识、纪律意识、规矩意识不够强的现象也是存在的。结果怎样呢？有的地方一个问题久拖不决，甚至于频频惹事，有的地方习惯于把问题捂着，习惯于吃一节剥一节，缺乏化解意识、缺乏底线思维，结果旧矛盾没有化解，新问题又暴露，等等，这些现象，都要引起我们高度重视，这是发展中的硬伤，这是发展中的严重阻碍，须坚决破除，坚决零容忍。

有句话说，大事难事看担当，逆境顺境看胸襟。关于担当，各级领导干部都有很好的表述：习近平总书记把信念坚定、为民服务、勤政务实、敢于担当、清正廉洁作为好干部的基本要求，强调指出：坚持原则、敢于担当是党的干部必须具备的基本素质。省委强卫书记也明确提出，大家要按照好干部的标准努力工作，敢于担当，勇于负责，争取把别人干不成的事干成功，把别人能干的工作干出色，真正在干事创业中展示才华、赢得组织认可。市委陈俊卿书记要求我们：要把发展的眼光放得更远，把奋斗的脚步踩得更实，敢于担当、奋发有为，开拓创新、决战决胜，加快把上饶建成四省交界现代化区域中心城市。在前不久召开的全市县级主要领导干部专题研讨班上，市政府马承祖市长针对担当问题，特别强调了"三个不能"：不能将纪律和规矩当作"为官不为"的"挡箭牌"，不能把工作抓不上去归结为新常态，不能因为换届影响经济社会发展；等等。讲得都很精辟、很精彩，这里与大家一道学习，也是与同志们共勉。

职责所在，必须尽心尽力，奋力作为，一是要做自己的职务所要求的事，二是要做上级领导分配我们做的事，三是要做群众希望我们做的事，四要做从职业道德出发应该做的事。我认为这就是担当。

二、当前工作

主要讲这么几点：

1. 安全生产、社会稳定工作

一是坚持不懈抓好安全生产。安全生产任何时候都松懈不得。越是形势大好，越要保持高度警惕。要突出重点时节、重要时机，全方位开展安全生产大检查，全面排查各类安全隐患，全力做好整治工作，严格安全生产责任，严防事故发生。要落实"常""长"两字，经常抓、常态化，长期抓，丝毫

不怠懈。

二是高度重视信访工作。信访工作永远在路上。要继续高度重视信访工作，以问题为导向，以化解为根本，以群众工作法为统揽，以法纪条规为准绳，牢牢抓住各领域的重点、难点和敏感点不放松，加大排查，狠抓落实，全力保障"两会"期间我区无非访、无越级访、无群体访。

三是社会治安工作。安居才能乐业。要进一步加大社会治安工作力度，创新打击方式，维护中心城区社会治安大局的持续稳定，为全国"两会"顺利召开创造安全稳定的社会治安环境。

四是森林防火工作。火患猛于虎。当前仍然处于森林防火重点期，要切实解决好责任落实的问题、野外火源管控的问题、防火宣传的问题，切实筑牢安全"防火墙"，提升森林防火水平，确保不发生重特大森林火灾。

2. 财税工作。现在已经进入3月，大家要紧盯主要经济指标，牢牢谨记收入才是硬道理，财政收入是总开关，加强序时调度，强化税收征管，做到应收尽收，均衡入库，必须确保"开门红""首季红"。

3. 重点工程建设方面。对服务市里的项目，要按市里要求不折不扣推进；区本级项目，要围绕既定时间要求，倒排时间，挂图作战，序时调度，确保有看

点、有亮点。市里已经明确，要强化重点工程建设督查问责，马市长强调，做不了的不要说，说了的就必须做，做不了的就要搞明原因，严厉问责。

4. 招商引资方面。要列出计划，尽快掀起招商引资热潮。对签约项目，加强沟通联系，促其尽快开工；对新开工项目，要明确专人，及时跟踪服务，促其尽快竣工；对进展缓慢项目，要帮助解决问题，促其尽快投产。

5. 工业生产方面。尽快开工复工投产，尽快启动园区征地及基础设施建设。去年底农民工欠薪的企业，后续工作要跟进，矛盾的化解要关注，分管领导、园区同志要认真总结梳理，建立完善对应预案。

6. 控违拆违方面。保持强劲势头，坚决巩固工作成果。

7. 农业生产方面。对春耕备耕、防寒防冻防汛、种子化肥农药市场的保证和市场秩序的维护，要有计划，要见成效。

又踏层峰望眼开。新的一年，新的起点，新的征程，让我们以更加坚定的信心，更加昂扬的斗志，更加有力的措施，更加务实的作风，开拓进取，排难奋进，为建设区域发展新引擎、现代服务业新高地、生态宜居幸福城作出应有贡献。

谢谢！

区人大常委会主任付德峰的讲话

——抢抓"互联网＋"发展先机　推动现代服务业转型升级

（2016年3月12日）

习近平总书记2015年12月在第二届世界互联网大会上提到："十三五"时期，中国将大力实施网络强国战略、"互联网＋"行动计划，促进互联网和经济社会融合发展。李克强总理去年也曾说过：站在"互联网＋"的风口上顺势而为，会使中国经济飞起来。近年来，随着"互联网＋"行动计划深入实施，互联网对各行各业尤其是服务业的全面渗透不断加速，已成为服务业发展的新引擎。

一、信州区"互联网＋"服务产业现状及发展趋势

产业重要性日益凸显。信州区2012年被列入

首批"省级服务业综合改革试点县（市、区），2011—2014年连续四年荣获"全省搞活流通扩大消费先进县（市、区）。据统计：信州区自2010年服务业占GDP比重达到53%以来，其比重持续上升，2015年服务业的比重更是提高到73.9%，高于第二产业51.3个百分点。可见，大力发展服务业不仅让居民生活品质得到提升，更是我区经济转型升级的重要抓手。

产业发展速度迅猛。信州区前几年就已经建立了信息产业园，并形成了以信息产业园为主平台，配套上饶慧谷、上饶淘宝园的"一业三园"发展

格局,信息服务业由2011年起步时的15家企业、年营业额940万元、纳税80万元发展到2015年的超200家企业、营业额超20亿元、纳税超2亿元。信息产业园今年成为我省首个荣获"朱雀奖"的园区,巨网科技成为我省首家互联网上市企业,网库股份也成功挂牌新三板。

产业发展定位准确。信州区"十三五"规划明确指出要加快模式创新、业态创新,不断提高服务业比重和发展层次,塑造"上饶服务"的信州品牌。围绕提升信州区中心地位和综合竞争力,继承和拓展功能定位,彰显区位、交通、产业、生态环境叠加优势,把信州区打造成为现代服务业新高地、区域发展新引擎、生态宜居幸福城。

产业发展前景广阔。信州区是上饶高铁经济试验区和信江河谷城镇群的核心,高铁枢纽、三清山机场等重大设施也将建成运营,发展"互联网+"服务产业的潜力和空间巨大,不仅可以推动现代服务业转型升级,重塑我区经济结构,为经济带来更多增量,而且可以为政府解决就业和鼓励发展服务业提供更便捷通道。

二、对"互联网+"服务产业发展的几点建议

随着像广丰、玉山、德兴、万年等周边县市产业园区的兴起,他们这些园区针对土地、税收、人才等推出了更为优惠的扶持政策,形成了产业园区化、基地化,使我区面临的产业竞争压力加大。兄弟县区的产业园区是在我们之后才成立的,成立之初还参考学习我们的经验,但现在,他们的园区迎头赶上,并形成了自己的特色。在互联网时代,我们不与时俱进、不顺应潮流,就会丧失发展先机和优势。"十三五"时期,信州区正处于大有作为的重大战略机遇期,我们必须要主动适应经济发展新常态,推动以互联网为重要内容的"新经济"发展,占领未来发展制高点,提升产业和经济竞争力。

1.加强组织推进和统筹协调。一是成立以区主要领导为组长的现代服务业工作领导小组,高位推动现代服务业创新发展。二是建立发展"互联网+"服务产业联席会议制度,帮助解决"互联网+"服务产业推动工作中遇到的瓶颈和困难,切实做好"互联网+"服务产业的引领者和推动者。三是充分运用互联网和大数据,加快实现现代服务产业升级,推动互联网与服务行业间的深度融合,增强实体经济转型能力。

2.加大政策措施引导和扶持力度。一是制定好的扶持和优惠政策,大力宣传、引进、培育更多信息服务类企业。建立"互联网+"服务产业基金,对接省、市政策,对互联网企业的培育和发展予以扶持,引导社会资本投资"互联网+"服务产业,帮助已引进的企业做大做强。二是协助做好资源对接,与各大互联网企业建立长期的资讯、帮扶、人才交流等关系,在交流中让互联网企业与传统服务型企业相互交流,进一步加强合作,挖掘那些有潜力的服务企业,给予一定的资源和政策倾斜,鼓励这些企业发展成为"互联网+"服务企业。三是全力扶持培育一批上市公司,起到标杆示范作用。通过扶持一批公司挂牌上市、运作完善一批拟上市公司、选拔培育一批有潜力公司,力争在"十三五"规划期间新三板互联网上市公司达到6~10家,营业额达到200亿,税收达到15亿元,成为我区的新型产业支撑。

3.加快互联网智力资源集聚。一是建立"信州区互联网+服务产业专家委员会",定期集中分析"互联网+"服务产业发展趋势,讨论研究可能出现的瓶颈和解决方案。二是建立"信州区互联网+服务产业人才项目库",发挥人才第一资源作用,积极拓宽技术和项目源获取渠道,做好年度招才引智计划,致力于引进符合信州区"互联网+"服务产业发展的人才和项目。

4.推进"互联网+"服务产业集聚区建设。一是统筹规划,建设"互联网+"服务产业集聚区核心区块,依托我区以"一业三园"为核心的信息产业基地,引导"互联网+"服务企业聚集发展。二是加强信息基础设施建设,加快构建宽带、融合、安全、泛在的智慧化信息基础设施,不断提升信息基础设施整体水平,形成"互联网+"服务产业支撑体系完善的发展格局。三是强化功能配套,打造综合类科技服务平台,结合各类众创空间,形成线上线下服务体系,为科技人才、企业提供融资、工商税务、财务、法律、知识产权、资源整合、上市等一系列服务。

对于"互联网+"服务产业来说,它的前缀"互联网+"注定了它天生带有鲜明的整合色彩,我们应当注意这种包罗万象的特质和先天优势,紧密结合我区实际,推动"互联网+"服务产业发展,营造创新创业良好环境,为我区打造现代服务业新高地、区域发展新引擎、生态宜居幸福城作出应有的贡献。

区政协主席徐中平的讲话

——在"率先脱贫"工作中应注重和防止的几个问题

（2016年3月12日）

去年，党中央向全党全国发出号召，确保到2020年所有贫困地区和贫困人口一道迈入全面小康社会，吹响了脱贫攻坚战的冲锋号。可谓于非常之时，以非常之举，尽非常之力。区委在"十三五"规划中提出"三个率先"的目标，并许下2016年年底率先脱贫的铮铮诺言，也可谓时间之紧，任务之重，涉及面之广，压力之巨大，前所未有。现就具体工作，应注意和防止的几个问题谈点粗浅的看法。

一、注重精准无误，防止走过场

摸清底数是扶贫脱贫的前提和基础。要在精字上动脑筋，在准字上下功夫，抓好"精准化"识别，找出"真贫"，把好"第一关"。在具体工作中要克服凭经验、拍脑袋、想当然的做法，防止走过场。要做到一丝不苟，一户不漏，一人不掉，扶对人，扶对户，不漏人，不漏户，为整体工作打下扎实的基础。

二、注重统筹兼顾，防止单打一

毋庸置疑，经济上、项目上的扶贫是脱贫工作的重要方面，不可或缺，但不是真正脱贫概念上的全部。给钱给物，能解一时之困，难解长期之贫。靠"输血"、靠救济式的扶持是不能从根本上解决贫困问题的。要想获得强劲的发展动力，最基本的还在于有效地激发贫困群众的内生动力，切实提高自我发展的能力，从观念上、知识上、教育上、健康上共同发力，整体推进。只有这样才能防止脱后返贫和代际相传的贫穷现象。古人所说的"授人以鱼不如授人于渔"，讲得就是这个道理，这是其一。其二，作为我区而言，还需要进一步做好城区贫困户的帮扶工作。目前统计出的3898户、5873名贫困人口仅仅指的是我区拥有农村户口的贫困人数，并不涵盖城区的。目前，我区城区贫困户也不是少数。要统筹考虑，全面部署，切忌顾此失彼。

三、注重长远谋划，防止一阵风

贫困是一个动态的概念。百度词典对贫穷是这样解释的：缺乏物质财富的状态，家境穷，没有什么财产。区委提出今年年底率先脱贫，这是区级层面上的宏观阶段性目标。并非全区以后就没有贫困户，没有贫困现象。因此，扶贫脱贫要做好长期性、复杂性、反复性的准备，要着眼长远，标本兼治。时间服从质量，过程服从结果。既要防止拖延病，更要防止急躁症，切忌为了赶时间，赶进度搞假脱贫，被脱贫和数字脱贫。

四、注重科学指导，防止一刀切

富裕的生活大体相似，致贫的原因千差万别。有的天灾人祸，有的疾残缠身，有的因学致贫，有的因病返贫，有的好吃懒做，有的致富无门……情况各尽不同。因此，有的放矢，对症下药才是我们精准扶贫的关键，不能用简单的一刀切，以统一的"大处方"去扶贫脱贫。要因村施策，因户施法，从根本上、源头上，找到关键处，扶到点子上，制定科学务实管用的脱贫指导方法，从长计议，不搞劳民伤财的形象工程，切忌脱离实际搞相互攀比、评比。

五、注重作风建设，防止乱作为

在扶贫过程中，自上而下逐级都会有大量的扶贫资金和项目到扶贫点上。相关部门既要用活扶贫政策，也要用足扶贫资金，不能让扶贫政策飘在空中"不落地"，让扶贫资金趴在账上"睡大觉"。同时，要加强监督，定期检查，跟踪问效，透明操作，公开运行。对扶贫资金使用中出现的贪污、侵占、挪用等行为"零容忍"，坚决依法依规查处。切忌雁过拔毛，虚报冒领，挪用挤占。

六、注重真情倾注，防止两张皮

区委开展的"春风阳光"行动，为我们打开了精准扶贫的新思路，摸索了一套做群众工作行之有效的方法。我们要继续发扬优良传统，点对点进驻贫困村，零距离服务贫困户，把帮助群众脱贫当成事业、责任和使命，带着真情实感进村入户，真正把党的温暖送到家，送到户，与贫困户一道共商脱贫的计划打算，激发他们内心动力，帮助他们脱贫致富。

"虑于民也深，则谋其始也精。"只要我们一步一个脚印，一环扣一环，一级抓一级，立下愚公移山志，循序渐进，实事求是，苦干实干，就一定能保质保量达到全区预期目标。

大　事　记

1 月

8 日　信州区福海老年公寓被民政部授予"全国先进社会组织"称号。福海老年公寓是迄今为止上饶市 2800 多个社会组织中唯一获"全国先进社会组织"殊荣的单位。

12 日　中共信州区委召开三届九次全体(扩大)会暨信州区经济工作会、扶贫开发工作会。区委书记蒋丽华代表区委常委会作 2015 年度工作报告,区委副书记、区长王其中就《中共上饶市信州区委关于制定全区国民经济和社会发展第十三个五年规划的建议(讨论稿)》作说明,区委副书记夏秀川主持会议,区人大常委会主任付德峰,区政协主席徐中平等区四套班子在家领导出席会议。会议实到区委委员 40 名。区委委员、候补委员,不是区委委员的副县级以上领导,区委各部门、区直各单位、驻区各条管单位主要负责人,部分企业代表、基层党代表参加了会议。

13—15 日　区委副书记、区长王其中,区委副书记夏秀川率信州区党政代表团,先后赴浙江省金华、杭州、嘉兴等地,走访了一批电商、物流、文化创意等企业。

20 日　信州区召开区委常委扩大会议,专题部署应对低温雨雪冰冻天气和安全生产工作。

29 日　中国信州首届互联网+美食文化年货节在星河国际广场举行。活动为期 3 天,包括开幕式文艺表演、民俗表演、现场书写对联、作画和年货、美食、汽车展销等环节。120 多家电商、微商企业参加。

30 日　全区 2015 年度镇(街道)党委书记抓基层党建工作述职评议会召开。会上,9 位镇(街道)党委书记现场逐一述职,报告了 2015 年抓基层党建工作情况,在述职中简单谈成绩、重点摆问题,着力查找了工作中存在的主要问题,深刻剖析了产生问题的原因,就下步工作提出了明确目标和措施。会上,常委会成员逐一作了点评,与会人员对 9 位书记履职情况进行了民主评议。

2 月

1 日　上饶市第一条城乡客运公交化改造线路——市区至朝阳产业园的 26 路公交正式开通。该线路按照朝阳产业园企业和周边群众的出行需要,实行定时发车,在朝阳产业园与市区紫阳公园间双向对开,每班间隔 20 分钟,首班时间 6 时 40 分,末班时间 18 时。全程票价 1 元。

5 日　上饶市委书记陈俊卿先后来到华润万家超市和五三集贸市场,视察饶城节日市场供应情况。市委常委、宣传部部长丁晓胜,副市长朱寅健,市委秘书长李高兴等随同检查;区委书记蒋丽华、副区长舒展陪同。

16—17 日　政协信州区第四届委员会第六次会议在上饶国际会议中心开幕。会议应到委员 205 人,实到 186 人。大会审议通过了《政协信州区第四届委员会第六次会议提案审查情况报告》和《政协信州区第四届委员会第六次会议决议》。

17—19 日　信州区第四届人民代表大会第七次会议在信州区会议中心开幕。大会应到代表 182 名,实到 173 名。区长王其中作区政府工作报告。大会通过了区人民政府工作报告的决议、区人大常委会工作报告的决议、区人民法院工作报告的决议、区人民检察院工作报告的决议、信州区 2015 年生态环境状况和生态环境保护目标完成情况报告的决议、信州区国民经济和社会发展第十三个五年规划纲要的决议、信州区 2015 年国民经济和社会发展计划执行情况与2016年国民经济和社会发展计划的决议、信州区2015年财政预算执行情况与2016年预算的决议、信州区加强违建打击力度规范城乡建设秩序的决议。

3 月

1日　市政府出台《上饶市人民政府关于化解房地产库存的实施意见》(饶府字〔2016〕7号),提出做好房地产去库存工作的10个方面21条政策。这10个方面分别是:积极推进农民进城购房、加大购房补贴力度、全力推进货币化安置、加大住房公积金支持力度、积极落实金融支持政策、降低房地产税费、激活二手房市场、完善配套政策、引导房企积极应对市场变化、完善工作机制。具体的21条政策主要是:鼓励农民进城购房、延长契税补贴期限、实行购房补贴、加大棚改货币化安置力度、鼓励被征收人新购商品房、落实公积金贷款全省"一体化"等系列政策、积极推进农民工和个体工商户住房公积金制度、继续支持房地产开发贷款、大力支持个人住房贷款、降低收费标准、延缓缴费期限、实行灵活的税收征收办法、降低交易基准价格、搭建二手房信息平台、发展二手房贷款业务、强化供地管理、完善配套设施、推进转型升级、房地产开发企业要主动适应发展新常态、落实主体责任、加强舆论引导。

6日　市委副书记、市长马承祖到信州区调研中心城区农贸市场基本情况,实地察看了江光农贸市场、蔬菜批发市场、渡口农贸市场、八角塘农贸市场、步步高超市、森林公园菜市场等经营秩序和环境卫生。听取了市商务局等市直相关部门和信州区对中心城区农贸市场基本情况的介绍,并通过观看PPT等方式,详细了解农贸市场存在的问题和改进建议。中心城区有农贸市场29个,总经营面积约7.7万平方米(不含露天市场),全年销售额约23亿元,从业人员近4000人,其中农民自产自销摊位约600个。

7日　副省长、省公安厅厅长郑为文到信州区,就城市建设情况进行实地考察调研。郑为文一行实地考察了高铁新区十大高铁新区项目、十大城市路网项目以及城东片区120万平方米拆迁等整体城镇化项目,并详细了解城区户外广告整治所取得的成效。市委副书记、市长马承祖,市委常委、副市长廖其志,副市长、市公安局局长邱木

兴,市政府秘书长俞健,区委书记蒋丽华,区委副书记、区长王其中,区委常委、常务副区长周连文陪同调研。

9日　信州区、广丰区组成联合巡查组,现场巡查了上广快速通道项目建设推进情况。广丰区区委书记郑光泉,区委副书记、区长谭赣明,区委常委、常务副区长郑华森,区人大常委会副调研员夏旭辉,信州区区委书记蒋丽华,区委副书记、区长王其中,区委常委、副区长王兆强等参加巡查。巡查组一行先后到信州区灵溪镇、朝阳镇和秦峰镇等上广快速通道各施工点,看项目,问进度,并对项目推进过程中遇到的困难和问题现场进行协调解决。

11日　信州区召开区委工作务虚会,就经济社会发展中存在问题、解决策略以及今后的发展思路开展讨论,为全区经济社会发展建言献策,进一步统一思想、凝聚共识。区委书记蒋丽华,区委副书记、区长王其中先后主持会议,区委副书记夏秀川、区人大常委会主任付德峰、区政协主席徐中平等区四套班子在家领导出席会议。全区9个镇(街道)和33个部门单位的党政主官参加会议并发言。

15日　信州召开"春风阳光""美丽家园""控违拆违"三大行动推进会,对2015年度"三大行动"工作进行总结,部署2016年"三大行动"和精准扶贫工作。区委书记蒋丽华,区委副书记、区长王其中在会上作讲话。区委副书记夏秀川主持会议。区人大常委会主任付德峰、区政协主席徐中平等区四套班子在家领导参加会议。会上部署了2016年"春风阳光"行动工作、"美丽家园"工作、"控违拆违"行动工作和精准扶贫工作,宣读了《区委、区政府关于对2015年度"信州好人"进行表彰的决定》。表彰了"三大行动"先进单位和2015年度"信州好人"。与会人员还观看了"三大行动"视频汇报片。

19日　市委副书记、市长马承祖一行先后到楮溪路、龙潭路、明叔大道、滨江东路、葛仙山路、稼轩大道、庆丰北路等项目现场,认真听取各相关部门负责人的汇报,实地查看项目建设,详细询问了项目进展、土地征收等情况。调度中,马承祖强调,要严把各项工作的时间节点,集中时间、集中力量,全力以赴推进重点项目建设,确保工程按质按量按时完成。

21日　上饶市征迁控违工作现场会在信州区

召开。市委副书记、市长马承祖出席并讲话。上饶经开区党工委副书记、管委会主任郑卫平,市政府秘书长俞健、副秘书长王云到会。俞健主持会议,蒋丽华作了经验介绍。灵溪镇、北门街道、秦峰镇党委书记分别就征地拆迁、控违拆违、规范农民建房作了经验介绍。

27日　由在沪上饶籍医学专家联谊会、上海信州商会、区委区政府、区卫计委主办,市中医院承办的上海市上饶籍医疗专家团返乡义诊活动在上饶市中医院举行。19个医院20余名资深教授共同坐诊,用多年积累的精湛技术为家乡人民解除病痛,助家乡同行提升技能。

28日　信州区召开公务用车制度改革动员大会,对全区公务用车改革工作进行动员部署。全区共保留各类车辆126辆,分别是实物配车10辆、特种专业技术用车19辆、执法执勤用车50辆、一般公务平台用车14辆、应急调研接待平台用车20辆和综合执法平台用车13辆。一般公务用车服务平台(除机要用车外)、应急调研接待用车平台和综合执法平台三大平台由区城投公司牵头组建。车辆统一封存时间为2016年3月31日。参改人员补贴标准为:正处级每人每月1040元、副处级每人每月980元、正科级每人每月650元、副科级每人每月550元、科员及以下(含机关行政编制工勤人员)每人每月500元五档。从2016年4月1日起计发。

4 月

8日　信州区2016年第一次工业项目集中开(竣)工活动在上饶经济技术开发区朝阳产业园举行。市委常委、副市长廖其志出席并宣布项目开(竣)工。区委副书记、区长王其中介绍开(竣)工工业项目基本情况,区委副书记夏秀川、区人大常委会主任付德峰、区政协主席徐中平等区四套班子在家领导参加活动。区委常委、副区长王兆强主持。此次集中开(竣)工项目有3个,项目总投资达1.6亿元。竣工项目2个,分别是江西奥烽实业有限公司和江西省帘邦窗饰制造有限公司。开工项目是上饶九方商品混凝土有限公司。

8日　由国家体育总局田径运动管理中心主办、江西省体育局和上饶市人民政府联合承办的"2016年全国竞走大奖赛(上饶站)"在上饶市广信大道拉开序幕。本次比赛为期两天,共有来自黑龙江、安徽、山东等全国各地48支代表队395名运动员参加,其中包括31个国家级竞走单项奥林匹克高水平后备人才基地选派的172名优秀运动员。比赛项目有男子、女子成年组20公里,男子、女子青年组10公里,男子少年组10公里、女子少年组5公里等。

19日　由上饶市文联、信州区委宣传部主办,信州区文联、水南街道办事处、信州区作家协会等承办的2016年上饶"信江之春"谷雨诗歌文化节暨获奖作品颁奖会在水南文化创业街区汉典堂举行。活动共征集作品600多首。经过专家评委的认真评选,33首作品入围。彭正毅的作品《归途,风雪横飞》荣获一等奖。《春天的失眠症》《江南故道(外一首)》等作品荣获二等奖。

27日　上饶中医院中医专家叶家瑞荣获"上饶市首届十大名中医"荣誉称号。

4月30日—5月2日　由区委、区政府主办的2016江西(信州)首届微商创业美食节在上饶明珠商业广场举行。美食节集中展示了本地老字号的优质美食以及外地特色小吃,吸引了140多家微商企业和传统商贸企业参展。60余家企业开展招聘活动,为就业人员提供4000多个就业岗位。

5 月

1日　信州区七天假日酒店成功开出全市首张"营改增"试点增值税发票。随后,建筑安装、房地产、金融保险等多家企业及二手房交易、其他个人出租不动产等相继成功开出增值税发票,标志着信州区全面"营改增"试点正式上线运行。

3—6日　信州区民营企业招聘周以"促进供需对接,助力转型发展"为主题,以服务民营企业以及2016届高校毕业生、农村进城务工人员、城乡失业人员等求职者为重点,充分发挥民营企业吸纳就业的主渠道作用。本次招聘周共3000人参加活动,签订就业意向的有493人。

6日　信州区召开"两学一做"学习教育动员部署会,深入学习贯彻中共中央总书记习近平关于"两学一做"学习教育重要指示精神和全省、全市"两学一做"学习教育动员部署会精神,对全区"两学一做"学习教育进行动员部署。全区县级党员领导干部,区委各部门、区直各单位和各镇(街道)党委(党组)负责人及部分村(社区)党组织书记共计230余人参加动员会议。

7日　市委书记、市长马承祖实地调研中心城区部分重点项目进展情况，督促施工进度，解决有关问题。市领导汪东进、廖其志、朱寅健、饶爱京、陈荣高、李高兴、俞健等先后随同调研。区领导蒋丽华、王其中等先后陪同。

10日　上饶县委副书记、县长何党生率考察团来信州区考察控违拆违工作。区委副书记、区长王其中，区委常委、常务副区长周连文，区委常委、宣传部部长周福花，副区长李红陪同。考察团一行先后到A4地块拆迁现场、带湖景苑配套用地拆迁现场、信江南岸一期和新320国道拆违点，看展板，听介绍，问情况，详细了解信州区征迁和控违工作开展情况。在随后召开的座谈会上，考察团一行认真观看了信州区控违拆违视频短片，仔细听取了信州区控违工作情况汇报。

12日　第12届中国（深圳）国际文化产业博览交易会正式开幕。信州区共有7家文化企业参加了此次文博会，展品有夏布画、夏布刺绣、雕刻、剪纸等。与香港、深圳客户意向合作签约60多万元作品订单。由叶建辉创作的黄蜡石作品《东篱采菊》获得"中国工艺美术文化创意奖"金奖；陈彦丰夏布画《滨江之星的窗外》荣获银奖；聂道东夏布书法《可爱的中国》，胡成宾夏布画《夏布的传说》分别荣获铜奖。

19日　市处非办与区处非办联合在饶城中心广场举行打击非法集资宣传咨询活动。副市长陈晋平，区委书记蒋丽华，区委常委、常务副区长周连文出席活动。活动采取了发放宣传资料、悬挂宣传横幅、设置宣传展板、出动宣传车辆以及媒体宣传报道等多种方式相结合。现场共发放了近千余册宣传资料，受益群众达数千人次。

19日　2016年国际田联世界田径挑战赛北京站男子4×100米接力赛中，中国队以38秒71的成绩打破赛会纪录夺冠。担任第一棒的90后杨洋，是信州区人，1991年出生。

21日　市委副书记、市政府党组书记颜赣辉到信州区调研。市政府秘书长俞健随同调研。区委书记蒋丽华，区委副书记、区长王其中，区委副书记夏秀川，区人大常委会主任付德峰，区政协主席徐中平等区四套班子在家领导陪同。调研组一行先后来到一号家居网、水南文化艺术街区、丰溪东路、朝阳产业园（宇瞳光学、惠明科技）、上饶慧谷、信息产业园（巨网科技）、解放安置小区、茅家岭中心小学、大义路拆除占道违章店铺现场、赣东北汽车园、信江南岸一期景观改造工程等地，实地考察了信州区经济社会发展情况。

24日　上饶师范学院、信州区人民政府产学研战略合作框架协议签约及揭牌仪式在上饶信息服务业产业园举行。双方决定按照"优势互补、重点推进、互利共赢"的原则，建立长期稳定的合作关系，广泛开展技术、项目、人才合作与交流。

24日　信州区第二次全国地名普查工作启动。

31日　江西省文化产业工作座谈会在省文化厅召开。江西省民间艺术家陈文武作为上饶市唯一代表出席会议并作重要发言，会上，陈文武提出的在信州"构建百亿夏布产业梦想，引领上饶绿色文化经济"的宏伟愿景，引起了与会代表强烈反响。

是月　信州区报考高考总人数5124人。其中，单考单招已录取考生563人，参加高考文化统考的人数为4561人，比上年增加19人。信州考区共设上饶中学（117个考场）和上饶二中（41个考场）总共158个考场。

6 月

6日　市立医院住院部综合大楼全面启用仪式举行。上饶市立医院综合住院大楼作为市、区重点建设项目工程，总投资约1.2亿元。设计19层，总建筑面积32984.01平方米。设置病房数约550床。大楼配置10个标准手术室、内外科、ICU病区、中央空调、呼叫系统、中心供氧、手术室净化设备等。

6日　信州区首个"村邮乐购"邮政电商服务站在沙溪镇铅岭村成立。主要为当地农民代销花生、葛粉、土鸡蛋等农副产品，并提供网络代购、缴费等多种生活便利服务。

11日　国家第11个文化遗产日，信州区文化馆在区博物馆举办"非遗日"信州民歌展演。信州区已经成功申报非物质文化遗产项目16项，其中省级项目3项、市级项目4项；非物质文化遗产项目省级传承人2人，市级传承人1人。

11日　根据上饶本土励志女孩蒋张子怡的真人故事改编的信州区首部电影《天梦》亮相第19届上海国际电影节。

13日　由信州区委、区政府主办，区委宣传部、区文广新局、区文联、水南街道、沙溪镇等单位协办的"盛世中国梦 魅力信州情"夏布书画艺术精品展在水南文化街九号会馆隆重开幕。此次夏布书画艺术精品展共收到来自北京、上海、浙江、广东、山东等十多个省市的夏布书画爱好者的400余幅参赛作品,其中年龄最高的93岁,最小的7岁。经过专家组的评审,共评出美术类和书法类金奖各2名,银奖各5名,铜奖各10名。

17—19日　信州区参加中考共5298人,设立2个考点,共有178个考场(其中上饶中学123个考场、二中55个考场)。

21日　人民日报社、新华社、中央电视台、江西日报、江西电视台、江西省广播电台等十几家中央及省级媒体记者组成集中采访团,聚焦信州区信息产业发展,对产业提升的成功经验和成效进行了深入采访。采访团先后深入到众创空间(708090)、一号家居网、信息服务业产业园和上饶慧谷,详细了解信州区互联网企业的建设、发展、培训、运营等信息产业发展情况。

23日　市委副书记、代市长颜赣辉到信州区,实地调研了旅游、交通项目建设工作。副市长朱寅健,市政府秘书长俞健随同调研。市旅发委主任毛传荣,市公路局局长彭良善,市公路局党组书记邱岩,区委书记蒋丽华,区委常委、副区长王兆强,副区长李红等先后陪同。

26日　信州区区直机关公车改革取消车辆首场拍卖会在国际会议中心举行。此次拍卖的公车主要车型有丰田、大众、帕萨特、本田雅阁、别克、北京现代、蒙迪欧等,起拍价从3000元至3万元不等。本次拍卖采用增价拍卖方式。92辆公车中成交68辆。拍卖出的第一辆车是2007年7月的本田雅阁,起拍价2.4万元,最终以4万元成交。

29日　上饶市集中整治和查处侵害群众利益的不正之风和腐败问题的电视电话会议召开。随后信州区立即召开会议,全面部署安排了全区集中整治和查处侵害群众利益的不正之风和腐败问题。信州区决定从6月开始,利用一年时间在全区集中整治和查处侵害群众利益的不正之风和腐败问题。重点整治和查处基层在为民办事、扶贫领域、"三资"管理、部门执法中存在的处事不公、以权谋私、作风不实等问题。

30日　在"中电海康—凤凰光学"杯上饶青年创业创新大赛决赛(第二届"中国创翼"青年创业创新大赛上饶初赛)中,信州区两参赛项目——上饶九格文化传媒有限公司"超级农场"家庭种养殖服务平台、江西铁拳科技有限公司"人工环境

(VR)设备制造与技术革新"分别荣获大赛一等奖、二等奖,上饶市网库互通信息技术有限公司的"O2O落地建设"、江西省鲜禾生态农业发展有限公司的"依托食用菌建设现代农业综合园"两项项目获得本次大赛的优胜奖,信州区荣获大赛优秀组织奖。

是月　央视1频道《朝闻天下》栏目报道了信州区朝阳镇朝阳村老党员陈德海。陈德海是村里一名普普通通的保洁员,51年党龄72岁高龄还在为村民服务。

是月起　上饶公交正式启动智能公交站牌建设项目。211块电子智能公交站牌覆盖市中心城区,乘客可以根据预测时间,判断继续等待,或者是换乘,改善了城市交通服务水平。

7 月

20—29日　由国务院侨务办公室、江西省外事侨务办公室主办,市、区外事侨务办公室协办,区委宣传部、区教体局、区旅游局承办的"2016年海外华裔青少年'中国寻根之旅'夏令营"魅力信州营开营,开营仪式在信州大酒店举行。活动安排了趣味汉语、历史文化、武术、国画书法等课程、体验越剧上妆扮相表演、体验省级非物质文化遗产夏布制作等极具本地文化特色活动。营员们还将参观体验上饶民俗博物馆、欣赏上饶民歌、串堂表演,品尝和制作信州美食麻子粿、饭蔌粿等活动。

26日　由信州区河长办牵头,组织召开区级责任单位联席会议,安排部署2016年"清河行动"。在全区范围内以整治乱占乱建、乱围乱堵、乱采乱挖、乱倒乱排、乱捕滥捞、防污治污为重点的河库保护和水生态文明建设。

8 月

10日　中共上饶市信州区委召开会议,宣布中共上饶市委关于中共信州区委主要领导人职务调整的决定。王其中任中共信州区委书记。免去蒋丽华中共信州区委书记、常委、委员职务,另有任用。胡心田任中共信州区委委员、常委、副书记,提名为信州区人民政府区长人选,提名免去王其中信州区人民政府区长职务。

16日　中共信州区委三届十次全体会议召

开。出席全会的区委委员38名，实到33名；候补委员9名，实到7名。区委书记王其中作重要讲话，区委副书记、提名区长候选人胡心田主持会议。区委副书记王兆强宣读了《关于召开中国共产党上饶市信州区第四次代表大会的决议（草案）》，区委常委、组织部部长周福花就《决议（草案）》作了说明。会议以举手表决的方式审议通过了《关于召开中国共产党信州区第四次代表大会的决议》。

23日 区委书记王其中，区委副书记、代区长胡心田率信州区党政考察团到上饶经济技术开发区进行学习考察。先后参观了晶科能源、亚星光电、汉腾汽车、蓝途汽车发动机等企业和汉腾汽车二期、中汽瑞华新能源汽车等项目用地，并详细了解上饶经济技术开发区在服务企业和招商引资等方面的成功经验。

30—31日 中国共产党上饶市信州区第四次代表大会在信州区会议中心召开。大会应到代表381名，实到代表376名。王其中作了题为《干在实处再出发 走在前列谱新篇 为高标准建成省域副中心城市核心区而努力奋斗》的工作报告。吴武华作了题为《忠诚履行职责 从严监督执纪 深入推进信州风情气正政治生态建设》的工作报告。

31日 中国共产党上饶市信州区第四届委员会第一次全体会议在信州区会议中心举行。全会以无记名投票方式，选举产生了中国共产党上饶市信州区第四届委员会常务委员会委员11名，王其中、胡心田、王兆强、毛州同、吴武华、郑文、周福花、徐建饶、汪东军、俞文强、李红当选。

9 月

5日 婺源县委书记吴曙，县委副书记、代县长吴云飞率婺源县党政代表团到信州区参观考察，区领导王其中、胡心田、王兆强、李红、黄爱玉、祝少敏、徐艺华等先后陪同考察。考察团一行先后到旅游集散中心、稼轩大道、天佑大道、二十小、稼轩花园安置小区、凤凰大道东延段、吴楚大道、御景新苑安置小区和上饶大市场大义路拆违现场等处，实地考察了信州区重点项目征迁、建设和控违拆违工作开展情况。

7日 铅山县委书记周金明，县委副书记、代县长危岩率铅山县考察团到信州区参观考察。区领导王其中、王兆强、徐志勇、程茹、毛州同、郑文、

李红、郑德成、徐艺华等陪同考察。考察团一行先后到上饶市第二十小学、A9地块、稼轩花园安置小区、绿苑二路、葛仙山路、旅游集散中心、稼轩大道、天佑大道、机场大道、新320国道、赣东北汽车产业园等地，实地考察了信州区征地拆迁和控违拆违工作。

18日 区委书记王其中，区委副书记、代区长胡心田率信州区党政代表团到景德镇市珠山区参观考察。珠山区委副书记、区政府党组书记、区长候选人罗文军等领导陪同。考察团一行先后到茶园塘棚改项目、御窑厂国家考古遗址公园、明清窑作群遗址、建国陶瓷文化创意园、陶溪川文化产业园、三宝景致和三宝净界等地，就棚户区改造、文化产业发展和文化遗产保护等工作展开实地调研。

19—20日 市委副书记、市长颜赣辉率调研组一行深入信州区调研重点道路建设情况。颜赣辉一行先后到稼轩大道、凤凰大道东延伸段等重点道路建设现场，实地调研棚户区改造情况。

21日 江西新闻广播《党风政风热线》栏目走进信州区。王其中、王兆强、吴武华、郑文、李红、顾海敏、翟安军等区领导在直播现场，就信州区党风廉政建设、经济发展、社会民生等方面与广大听众朋友互动交流，倾听百姓心声，回答群众提问。

29日 弋阳县委书记谢柏清率弋阳县考察团到信州区参观考察控违拆违和城镇建设工作。区领导胡心田、徐中平、徐志勇、程茹、李红、梁丽娟陪同考察。谢柏清一行到新320国道和机场大道交叉路口附近，听取了有关控违拆违工作和道路建设的情况介绍，实地察看了信州区控违拆违和城镇建设工作开展情况。

10 月

8日 信州在职县级、科级、一般干部深入9个镇街、66个有建档立卡贫困人口的村（居）开展精准扶贫。

8—10日 中国人民政治协商会议信州区第五届委员会第一次会议在信州国际会议中心开幕。应到委员195人，实到186人。程茹当选为区政协第五届委员会主席，翟安军、柴莉萍、苗天红、缪红芳、王红林、胡频萍当选为区政协第五届委员会副主席，吴吉江当选为区政协第五届委员会秘书长，王晓岗、朱五东等30人当选为区政协第五届

委员会常务委员。大会审议并通过了《政协信州区第五届委员会第一次会议提案审查情况的报告》，审议并通过了《政协信州区第五届委员会第一次会议决议》。

10日　省委组织部副部长周训国到信州区福海老年公寓，实地调研社会组织基层党建工作。市委书记马承祖，市委常委、组织部部长黄玉剑，区委书记王其中，区委副书记、代区长胡心田，区委常委、组织部部长周福花等市、区领导陪同。

10—12日　信州区第五届人民代表大会第一次会议在信州国际会议中心召开。大会应到代表184人，实到180人。徐志勇当选为新一届区人大常委会主任，刘丽群、章淑英、王林、夏子福、郑德成、黄爱玉当选为区人大常委会副主任，李海峰等22人当选为区人大常委会委员；胡心田当选为区人民政府区长，郑文、祝少敏、徐艺华、赵建颖、梁丽娟、顾海敏当选为区人民政府副区长；杨小明当选为区人民法院院长；章晖当选为区人民检察院检察长；廖其志等37人当选为上饶市第四届人民代表大会代表。大会表决通过了区人大法制委员会、财政经济委员会主任委员、副主任委员、委员人选；通过了关于区人民政府工作报告的决议、关于区人大常委会工作报告的决议、关于区人民法院工作报告的决议、关于区人民检察院工作报告的决议。

31日　上饶市凤凰东大道延伸段主体通车仪式举行，标志着这条市委、市政府交给信州区建设的城东片区第一条市政道路较市委市政府重点项目倒计时安排提前63天完成主体通车。

11 月

14日　区委书记王其中做客中国江西网"聚焦党代会决胜全面小康书记系列访谈"。就信州区如何贯彻全省第十四次党代会精神和信州区经济社会发展情况向广大网友做了网络视频现场直播。

22日　全市棚户区改造工作现场推进会在信州区召开。市委副书记、市长颜赣辉率与会人员先后到信州区枫炉塘城中村改造项目、郭门城中村综合改造项目、桐子坞棚改项目和三江片区棚改项目等地，看现场、听汇报，实地了解各个棚改项目建设进展情况。

12 月

12日　上饶市调整住房公积金使用政策。住房公积金缴存职工首次申请住房公积金贷款，购买90平方米（含）以内自住住房的，首付比例不低于20%；购买90平方米以上自住住房的，首付比例不低于30%。住房公积金缴存职工第二次申请住房公积金贷款的，首付比例不低于50%。暂停职工第三次申请住房公积金贷款。

15日　上饶三清山机场试飞成功。15日下午14时32分，一架中国东方航空公司A320客机，从上海浦东机场出发，经过1个小时空中飞行，平稳降落在上饶三清山机场跑道上，上饶三清山机场试飞工作正式开启。15时19分，在机务人员短暂的对接后，A320客机缓慢滑行后开始试飞。

22日　信州区召开政银企座谈会。专题解决企业发展中遇到的困难和问题。会议解读了《省政府关于进一步降低企业成本、优化发展环境的若干政策措施》。会上，宇瞳光学、惠明科技等十余家企业代表畅所欲言，就当前形势下企业发展中遇到的困难和问题与各职能部门、银行代表进行了深入座谈交流。

25日　大坞引水工程通水活动举行。大坞引水工程于2012年年底正式开工，从大坞水库内取水，途经上饶县、信州区10个乡镇街道，涉及30个行政村居，穿越了丰溪、信江，输送至城东自来水公司。规划设计线路总长36.78公里，投资3.75亿元，日供水规模可达36万吨，能满足100万人口的生活用水需求。据防疫部门检测，大坞水各项指标良好，水质达到直饮水标准。

25日　320国道上饶城区段改建项目通车活动举行。市委书记马承祖宣布320国道上饶城区段改建项目通车。320国道上饶城区段改建项目全长60公里。路线起于信州区沙溪镇，途经广丰区、信州区、上饶县、上饶经济技术开发区、横峰县，接三清山机场、上饶高铁站、上铅和上广快速通道。建设标准为双向四车道一级公路，设计时速为80公里，路基宽度为24.5米。

26日　上饶客运东站正式投入运营，实现了旅客出行铁路和公路零换乘。新投入运营的上饶客运东站，坐落在上饶高铁站旁，旅客下火车后搭乘电梯就可直接到达。开通了上饶至广丰、三清山、鄱阳、余干、万年、铅山、永平等上饶市辖区内的多条班线,同时还开通了到浙江的龙泉、庆元和福建的蒲城、周宁、松溪等外省班线。

是月　信州公安依据中国银监会、公安部关于电信网络新型违法犯罪案件冻结资金返还的规定,成功将电信诈骗案冻结资金5万元返还给市民苏某某,这也是上饶市首例依据新规成功返还冻结资金的案例。

是年　信州区9个镇(街道)已全部取消农业与非农业户口性质之分,统一登记为"居民家庭户"。

是年　信州区全面启动村居场所"升级改造"工程。重点对43个面积在200平方米以下的老城区的社区办公场所进行扩面升级。

是年　上饶籍画家、中国版画家协会会员、江西省美术家协会会员郑兴昌创作的夏布画《水南印象一》作品,在"第十一届中国(莆田)海峡工艺品博览会"荣获银奖。

专　记

2016 年信州区经济亮点回顾

2016 年,面对经济下行压力持续加大的严峻形势,新一届政府深入贯彻落实中共十八大和十八届三中、四中、五中、六中全会,以及习近平总书记系列重要讲话精神,在市委、市政府和区委的正确领导下,在区人大、区政协的监督支持下,以新发展理念适应新常态,攻坚克难、奋勇拼搏,较好地完成了区四届人大七次会议确定的各项目标任务,实现了"十三五"良好开局:全年全区实现地区生产总值 212.6 亿元,增长 8.9%;财政总收入 21.89 亿元,增长 4.3%,税收收入占财政比重 83.5%;公共财政预算收入 16.08 亿元;固定资产投资完成 158.3 亿元,增长 12.9%;社会消费品零售总额完成 129.2 亿元,增长 10.5%;第三产业增加值 157.15 亿元,增长 8.7%;金融机构人民币存款余额 696.1 亿元,增长 18.9%;贷款余额 590.51 亿元,增长 11.29%。其中,社会消费品零售总额、第三产业增加值、金融机构人民币存贷款余额等指标继续位居全市第一。在全市经济社会发展和党的建设情况巡查中实现逆袭,赢得第三名的好成绩。

一、强化调度、精准施策,经济运行平稳健康

全面贯彻中央、省、市经济工作会议精神,以"三去一降一补"五大任务为抓手,积极推进供给侧改革,全力打响重点工作"百日攻坚"战,统筹推进棚户区改造房屋征收、精准扶贫、重点项目建设、招商引资、秀美乡村、信访积案化解等关乎经济社会发展的各项工作。建立经济运行调度分析监测机制,落实"降成本、优环境"100 条实施细则,

及时调整物流、信息产业、有色金属、总部经济等产业扶持政策,完善领导挂点和部门帮扶制度,及时帮助企业解决实际困难、增强企业信心。加快推进重大平台建设,信州总部经济园投入使用,朝阳产业园、信息服务业产业园建设取得新进展,现代农业示范区快速推进,在全市首个建成数字经济服务园。全力推进 84 个市、区重点项目建设,完成征地 480 万平方米(7200 余亩)、拆迁 290 余万平方米。去库存成效明显,房地产待售面积 27.4 万平方米,比年初减少 11.3 万平方米。积极向金融机构融资,改善人居环境——秀美乡村、沙湖新城新型城镇化建设,农村公路改造工程等 8 个项目融资规模超过 38.5 亿元。切实加强实体企业金融服务,通过财园信贷通、惠农信贷通、中小企业融资担保中心、创业担保贷款等平台,为 340 余家企业融资 8.64 亿元。

二、固本强基、加快转型,产业发展提档升级

工业经济发展更具前景。主攻工业、决战园区力度不断加大,制定了"以企业为核心、五年决战三百亿"战略规划,精心培育、做大光学、苎麻、汽配三大产业。坚持每月举办一次"工业日"会议、每季一次工业项目集中开(竣)工活动。园区承载能力不断提高,1056 套公租房建成交付使用,日处理 2000 吨污水处理厂竣工,朝阳二路全线贯通,盘活 400 亩闲置土地,启动了调园扩区。全年共引入 42 家企业落户园区。其中,宇瞳光学园、索密特汽配、德峰医药等 25 家企业开工;九方商混、范美保罗家居、北京三纺机(上饶气弹簧)、帘邦窗

饰、奥烽实业等5家企业投产。全年新增规上企业9家,总数达到27家,实现规模以上工业增加值5.83亿元,主营业务收入20.7亿元。荣获2013—2015年度江西工业崛起年度贡献奖。

现代服务业发展亮点纷呈。全年新增规上服务业企业35家,总数达到73家,居全市第二。物流、信息服务、金融三大产业稳定发展,分别实现税收3亿元、2.5亿元、1.4亿元,分别增长8.3%、22.51%、19.1%;集聚效应凸显,新增30家物流企业,纳税额超百万的达到92家;新引进117家信息产业企业,总数达到333家,新增1家在新三板上市,总数达到6家;新增赣州银行、中信银行、阳光保险电销呼叫中心、永安保险等金融保险机构开业,各类金融保险机构达66家。新产业新业态蓬勃发展,涌现了一号家居网、机器人餐厅、VR体验馆等新型企业。文化旅游产业快速发展,全年接待旅游人数1536.64万人次,增长45.73%;实现旅游综合收入131.28亿元,增长22.23%,上饶(信州)文化创意产业园被授予"第五批江西省现代服务业集聚区"。健康养老产业不断壮大,拥有床位2200余张,福海老年公寓被民政部授予"民政标准化示范单位"。

农业现代化进程加快。全区共有规模以上种养殖基地98个,农业休闲农庄33家,规模以上农业企业36家,其中省级3家、市级18家。新增各类农民专业合作社9家,总数达到161家,创建市级以上农民专业合作社示范社17家,其中国家级1家、省级4家、市级12家。新增家庭农场20家,总数达到43家。现代农业示范区建设步伐加快,完成480万平方米(7100亩)核心区规划、建成占地1万平方米的智能温控大棚,引入鲜禾科技、仕林蔬菜、乐村淘电商、华西和中广核农光互补等企业进驻。农田水利基础设施进一步夯实,完成1000亩高标准农田建设,4座小2型水库和24座山塘除险加固整治。

三、攻坚克难、统筹推进,城乡面貌明显改观

城市形象加快刷新。通达能力显著提升,对接广丰区的上丰大道、连接信江河谷城镇群的新320国道建成通车;龙潭路、明叔路、凤凰大道东延伸段、吴楚大道、货场路、丰溪东大道、庆丰北路、信江南岸二期道路等一批城区路网建成通车。城市综合体不断集聚,万达广场、星河国际、万力时代、润丰家居广场等一批商业综合体开张营业,成为城市新地标。打响了史上最大规模的棚改攻坚战,完成汪家园二期、枫炉塘、桐子坞等26个5738户237万平方米房屋征收工作,圆满实现"攻坚100天、拿下200万"的目标。

城乡规划管理不断规范。启动了信州区经济与空间发展战略、秀美乡村试点等规划编制工作,基本完成四镇总体规划修编。扎实开展"全民共建、美丽上饶"行动,完成八角塘农贸市场周边环境改造提升,完成云碧峰、刘家坞等马路市场的搬迁和改造,规范了废品回收站、"二手车"市场、中心城区农贸市场及各专业市场经营。铁心硬手打击违法建设,在全市率先建立了云计算中心自动比对平台,全年拆除新增违建13.8万平方米、存量违建12万平方米,全市控违征迁现场会在信州区召开,控违拆违经验在全市推广。

秀美乡村创建初显成效。进一步规范农民建房管理,严格落实"三审两公示四到场"制度,有效遏制了超高超面积建房现象。开展了乱埋乱葬专项治理,启动了农村公益性墓地建设。打造了5个秀美乡村建设点;完成39个新农村建设村点,惠及农户3230余户、14300余人。投入2600万元用于农村环境"七改"工作,建立了户分类、村收集、镇转运、区处理的保洁长效机制,农村垃圾实现日产日清。扎实推进高铁、高速、国道等交通沿线环境整治工作,投入1800余万元完成1300余栋房屋外立面改造提升工作。荣获中国美丽乡村建设示范县、全省农村清洁工程工作先进县。

生态文明建设扎实推进。新造绿化苗木林1450亩,超额完成省、市下达任务。积极开展生态创建,新增10个市级生态村,沙溪镇获评省级生态镇,实现零的突破。全力推进"河库长制",开展了"清河行动",实施了水污染、河湖"八乱"和渔业资源保护三大类十个专项整治。完成沙溪、秦峰2处饮用水水源保护区划定工作,沙溪镇日处理污水500吨的污水处理厂建成运营。加大环境执法力度,查处违法企业28家,圆满完成G20峰会"西湖蓝"行动保障任务。荣获全省"十二五"公共机构节能工作先进县(市、区)。

四、改革创新、扩大开放,发展活力持续迸发

重点改革蹄疾步稳。推进了城市管理和行政执法局筹建工作,完成人防办、现代农业示范区管委会等机构设立,旅游局升格为旅发委,三江工业基地办撤销。启动了市立医院、市中医院、区妇幼

保健院等三家城市公立医院改革试点工作,完成城乡居民医保整合移交,稳步启动分级诊疗试点工作。完成江西盐业公司、德兴铜矿、凤凰光学等省属驻区企业社区移交工作,完成区国有资产清查摸底工作。进一步做大市场化融资,先后成立绿色农业投资有限公司、沙湖新区投资管理有限公司、信州区投资控股有限公司。"放管服""双随机、一公开"、商事制度等各项改革深入推进,公开了279项政府部门行政审批事项录和34项区级行政审批中介服务事项,全部取消非行政审批许可事项56项,公布了188项随机抽查事项,全面实施"五证合一、一照一码"。

开放合作不断深化。成立32支招商小分队分赴全国各地招商,先后在北京、上海、重庆、贵州举办产业招商推介会,集中引进了一批光学、汽配、定制家居、制鞋等企业入驻。全年落户重大项目27个,其中2000万元至亿元项目11个、亿元以上项目16个。实际进资42.08亿元,同比增长12.93%。实际利用外资8071万美元,增长10.17%;实现外贸出口2.34亿美元。

创新创业蔚然成风。完成专利申请量378件,增长50%;专利授权287件,增长20%,总量全市第一。全年新增个体工商户4363户,增长23.46%;新增私营企业2000户,增长17.57%;非公经济市场主体总数达到2.85万户,注册资本总额达192.61亿元。上饶7890众创空间、蓝青创客工场、龙谷创客茶馆获批省级众创空间。巨网科技、惠明科技等5家企业获批国家高新企业。

五、以人为本、增进福祉,社会事业全面进步

民生福祉持续改善。全年民生事业投入19.59亿元,增长25.03%,占财政总支出73.7%。新增转移农村劳动力就业4913人、城镇新增就业7654人、零就业家庭就业安置率100%。城乡居民大病保险实现全覆盖,失地农民养老保险覆盖面不断扩大。全年累计发放高龄老人长寿补贴31588人次,发放金额646.34万元;发放困难残疾人生活补贴和重度残疾人护理补贴300余万元,惠及5016人次;发放廉租房租赁补贴198万元,惠及9800余人次。群众收入水平不断提升,城镇居民人均可支配收入31656元,增长8%;农村居民人均可支配收入14358元,增长7.3%。建成1300余套城乡公租房,实施了241户农村危旧房改造,完成通自然村25户以上农村公路项目20公里。

精准扶贫工作成效显著,7个省、市级贫困村顺利通过市级退出考核,3216名贫困人口经省级评估验收成功脱贫,农村贫困人口发生率由上年的3.1%下降到1.4%,率先在全市消除农村绝对贫困现象,成为全省第一批退出贫困的县(市、区)。

社会事业全面进步。义务教育均衡发展,全年改扩建校舍10余万平方米,市第二十小学、沙溪中学、信州职教中心三期等一批学校建成投入使用,顺利通过国家义务教育均衡发展督导评估。"健康信州"加快推进,市立医院综合大楼投入使用,拥有村卫生室108家,实现行政村全覆盖,沙溪中心卫生院入选全国"2015—2016年度群众满意的乡镇卫生院"。西市街道八角塘社区荣获"2011—2015年度全国计划生育协会工作先进单位"。圆满承办上饶国际半程马拉松赛和"海外华裔青少年中国寻根之旅——魅力信州营"活动。文化事业繁荣发展,完成博物馆和文化馆维修改造,区文化馆秧歌队在上海国际民间民俗秧歌赛上喜获一等奖。茅家岭街道钟灵社区荣获全国科普示范社区。双拥优抚安置工作再上新台阶,连续五届荣获全省双拥模范城、蝉联全国双拥模范城。

社会大局稳定和谐。在全省首创合成警务工作站,打造了永不熄灯的"智慧警务超市",获评全国公安机关改革创新大赛优秀奖。开展了社会治安集中整治"双百"和"打侵财、控发案百日攻坚"行动,社会治安状况明显好转,公众安全感、满意度得到提升。全面落实领导定期接访和包案制度,化解信访积案55件,成功调处各类矛盾纠纷3300余起,实现进京赴省到市访"三下降"。"六五"普法圆满收官,荣获全省法治县(市、区)创建工作先进单位,为全市唯一。严格落实安全生产"党政同责、一岗双责、齐抓共管、失职追责"制度,加强了重点区域、重点行业的集中整治,杜绝了较大及较大以上生产安全事故发生。东市街道金龙岗社区、西市街道桥村社区荣获全省安全社区。完成国家级地质灾害点"水南417号"崩塌治理项目。扎实开展治超专项整治行动,连续11年道路春运安全零事故。深入开展"消防执法质量提升年",完成白鸥园市场消防设施改造并顺利通过验收,成功摘除"全国100家重大火灾隐患单位"的帽子。连续第七年被省政府评为森林防火平安县。

与此同时,统计、粮食、物价、供销、物资、供电、保密、档案、工会、侨联、社联、工商联、共青团、地方志、妇女儿童、涉台事务、防震减灾、民族宗教、红十字会、气象服务等各项事业都取得了新成绩。

六、求真务实、依法行政，政府效能有效提升

严格按照法定权限和程序行使权力，履行职责，自觉接受人大工作监督、政协民主监督，办理市、区两级人大代表建议 97 件，政协委员提案 129 件，办结率 100%。坚持用制度管人管事，建立了政府常务会学法制度，完善了政府法律顾问工作制度。制定出台了《信州区政府性融资资金管理暂行办法》《信州区政府投资建设项目预算评审暂行办法》《信州区政府投资项目工程变更管理实施细则（试行）》，进一步提升了政府投资项目的规范化管理水平。完善了政府预算体系，规范预算管理，实现政府及部门预决算、"三公"经费预决算信息的全面公开。建立了严格的督查机制，对部署的工作、下达的任务实行全程督查督办。深入开展"两学一做"学习教育，深入推进集中整治和查处侵害群众利益不正之风和腐败问题行动，加大征地拆迁、扶贫、涉农等领域资金的监管力度，一批群众身边的违法违纪问题得到及时查处。

信 州 概 况

综 述

信州因位于信江上游,唐、宋、元代是州治所在地得名。全境总面积 339 平方公里。地处江西省东北部,上饶市东部,信江上游。东、东南与广丰县接壤,南、西与上饶县毗邻,北与玉山县相连。信州区是上饶市的主城区,区人民政府驻茅家岭街道。

信州是座插上腾飞翅膀的高铁新城。素有"豫章第一门户""信美之郡"的美誉。地扼赣、浙、闽、皖四省之要冲,是长三角经济区、海西经济区、鄱阳湖生态经济区的结合部,既是沿海发达地区的经济腹地,又是承东启西的咽喉要地,同时也是实现上饶在江西崛起的桥头堡。1 小时可达杭州、南昌、武夷山、衢州、景德镇等 5 个机场,境内 4C 级支线机场——三清山机场 2016 年年底通航。区域内有德上高速、上武高速、沪昆高速、浙赣铁路、320 国道等交通大动脉,杭长、合福 2 条高铁在区内呈"十"字交会,信州区成为目前全国第一个拥有 2 条高铁客运专线的县级区。"2016 年排名前 20 的高铁车次城市"排行榜,上饶市名列第 17 位,车次总计 204 次,是唯一入列的四线城市,其中在信州区境内停靠的车次占百分之九十以上。

信州是座景区环绕的旅游休闲城市。自东汉建安年间设县,已有 1800 多年的历史,是明朝宰相夏言、现代作家张恨水的出生地,也是唐代茶圣陆羽、南宋词人辛弃疾的久居之地,辖区内坐落着宋代信江书院、明代理学故地娄氏宗祠、宰相杨时桥府邸等文物古迹。信州区山环水绕、两岸三江、景色秀丽。信州有着一流的空气、一流的水质,是全国空气、水质量最好的 13 座城市之一。城内有 1000 公顷(1.5 万亩)的云碧峰国家级森林公园,空气中负离子浓度达到每立方厘米 5 万个。

信州商贸服务业较为发达,工业形成了机械制造、机电光学、新兴材料等优势产业。创业氛围浓厚,水、电、劳动力资源丰富,原材料价格、基础设施费用相对较低。信州荣获了"浙商投资最佳城市"、外商眼中"最具投资潜力的中国城市""首届江西投资环境十佳城市"等称号,是中国最具幸福感 20 座城市之一。

历史概况

【建置沿革】 信州区原为上饶县地。夏为扬州之域,春秋时属楚,吴取楚地,属吴,越灭吴,属越,楚败越,复属楚。秦属九江郡余汗县。汉高祖六年(前 201)隶豫章郡。东汉末期建安年间(196—205)始置上饶县,初属豫章郡,不久改属鄱阳郡。晋初并入葛阳县,隶鄱阳郡。南朝宋复置上饶县,属鄱阳郡。隋开皇九年(589)又并入葛阳县,属饶州。开皇十二年(592)废葛阳称弋阳。唐武德四年(621)复置上饶县。武德七年(624)撤销上饶县,并入弋阳县。因袭未变。宋,仍属信州。元至元十四年(1277),隶于江浙行中书省信州路。元至正二十年(1360)改信州路为广信府。明洪武四年(1371),广信府隶于江西行中书省。清因之。民国 3 年(1914),上饶县隶于豫章道。民国 15 年(1926),直属于江西省。民国 21 年(1932),隶于江西省第六行政区。民国 35 年(1946)为上饶县中山镇、西大镇;民国 36 年(1947),中山镇、西大镇合并称广平镇(今信州区)。

1949 年 5 月,上饶县全境

解放，划广平镇及附近部分地区设上饶市，辖 3 个区、21 个街公所、14 个村公所，隶属上饶专区；10 月 1 日，中华人民共和国成立。1950 年 4 月，改上饶市为上饶镇，辖 21 个街公所、10 个村公所，直属上饶专区。1951 年 2 月，经政务院批准复设上饶市，辖 21 个街公所、10 个村公所，直属上饶专区。1960 年 9 月，经国务院批准，上饶县、市合并为上饶市，辖 2 个镇、27 个人民公社、2 个垦殖场。1964 年 11 月，经国务院批准，上饶县重新分出，上饶市辖 5 个人民公社，隶属上饶地区。1993 年 5 月，上饶县沙溪镇、灵溪乡、朝阳乡、秦峰乡划入上饶市，辖 2 个街道办事处、1 个镇、6 个乡。2000 年 7 月，经国务院批准，撤销上饶地区和县级上饶市，设地级上饶市，原上饶市更名信州区，辖 2 个街道办事处、2 个镇、5 个乡，下设 95 个居民委员会、75 个村民委员会。2013 年年末，辖水南、东市、西市、北门、茅家岭等 5 个街道办事处，沙溪、朝阳、灵溪等 3 个镇，秦峰乡，共 9 个乡级政区；分辖 54 个社区居民委员会、18 个居民委员会、50 个村民委员会。2014 年，秦峰乡撤乡设镇，信州区辖 4 镇、5 街道。

【历史述要】　新石器时代，境内就有人类繁衍生息，西周已有村庄。秦、汉间出现集镇。东汉建安初年建上饶县，一说因傍上饶江得名，又说因"山郁奇珍"得名，寓"上乘富饶"之意。唐乾元元年（758）置信州，在所废上饶古镇设治。筑城墙，周围长 7 里 50 步，高 2 丈 1 尺，宽 2 丈。此后，历为州、府治所，为赣东北地区的政治、经济、文化中心。城墙历朝因水屡圮屡修。宋大观三年（1109），因被雨水冲塌，遂行修筑，改四门为八门，取名望云、葛溪、玉溪、香濠、渌津、春浦、三港、信溪。明洪武初年（1368），也因墙体坍塌，再行修复，设东、南、西、北和春浦五门。以后历代又几经修筑，仍留五门。民国 19 年（1930），赣东北红军攻占上饶城时，拆除其中西濠边一段。今区境新中国成立后，因城市建设需要，渐次拆除其余部分，今已无存。境内经济开发较早，秦、汉时期，信江流域和其他河谷地区，就有农业和简单的制陶业。唐代开始植茶、制茶。宋代，农业生产的种稻、种茶、种麻，作坊的制陶、冶炼、纺织迅速发展。明代，商业繁荣，上饶城成为赣东、闽北的重要货物集散地。民国时期，经济有新发展。民国 24 年（1935），浙赣铁路全线通车，上（饶）玉（山）、上（饶）广（丰）、上（饶）横（峰）等公路相继建成，并有电话、电报等通信设备，促进了经济的发展，境内出现机械纺织、机械采煤、火力发电、机械制造等工业。民国 27 年（1938），国民政府第三战区司令长官司令部迁驻上饶，东南沿海沦陷地区部分工商界人士流亡上饶，办厂经商，上饶愈加繁荣。

中国共产党诞生后，中国共产党人在上饶的革命斗争，对中国革命的胜利作出了重要贡献。民国 16 年（1927），原上饶中学学生黄道同邵式平回到上饶中学执教，宣传马克思主义，传播北伐战争的胜利消息。民国 19 年（1930），方志敏率领赣东北红军 3 次攻克上饶城，分浮财，烧田契，宣传共产党的政策。此后，中国共产党在上饶的地下组织与活动逐步发展。民国 28 年（1939）5 月，中共福建省委在上饶建立中心支部，统一领导上饶及邻县各所属支部的斗争。6 月，新四军驻赣办事处迁驻上饶，周恩来、叶挺、陈丕显等人先后到此指导工作。民国 30 年（1941），被囚于上饶集中营的中国共产党党员相继建立党的秘密组织，领导狱中革命志士向敌人展开多种形式的斗争，相继发动了闻名全国的茅家岭暴动和赤石暴动，给敌人以沉重打击。今区境新中国成立前夕，中共闽浙赣边区党委和中共江西工委又先后派员在上饶城内建立党的秘密工作机构。

信州区山清水秀，风光旖旎，自然条件优越。信江河、丰溪河纵横贯穿市区，城东的森林公园风景秀丽奇美，把信州区点缀成独具特色的水中城、城中水，绿中城、城中绿的自然生态城市。境内文物众多，现尚存古屋宇 6 处，古塔 2 座，古墓葬 10 余座，名石刻 10 余通，还有古泉、古钟以及众多的古钱币、古陶瓷等。其中，始铸于五代吴顺义三年（923）的鸡应寺铜钟、刻有唐著名画家阎立本绘像的"璎珞观音"碑、刻有南宋理学家朱熹书法的"紫阳遗墨"碑和《六经图说》碑等，是价值甚高的珍品；唐代茶圣陆羽寓居上饶时所凿的陆羽泉、始建于宋绍兴年间的东岳庙、建于明万历年间的奎文塔、建于清康熙年间的信江书院等，都是赣东北地区的重要胜迹。全区有文物保护单位 11 处，其中全国重点文物保护单位 1 处（上饶集中营旧址），省级文物保护单位 3 处（信江书院、鸡应寺铜钟、黄道烈士墓），市级文物保护单位 7 处（杨益泰旧第、太子庙、东岳护国禅寺、杨时乔府第、龙潭奎文塔、五桂塔、陆羽泉）。区博物馆内共收藏国家一级文物 3 件（宋木叶贴花黑釉盏和元青花茂叔爱莲玉壶春瓶、元青花荷莲纹玉壶春瓶），二级文物 9 件，三级文物 24 件；另有参考品 1062 件，待处理品 400 余件。

自然环境

【区域位置】　信州区位于上饶市东部、江西省东北部，信江上游。介于北纬 28°23′00″—28°39′00″，东经 117°55′00″—118°00′00″之间。2016 年，下辖 5 街道（东市、西市、北门、水南、茅家岭）、4 镇（灵溪、沙溪、朝阳、秦峰）。信州区东部的向阳、龙头、沙溪、下湖、新塘、东塘、社牌、老坞、岩坑、霍村和东南部的青石、王家、青金、詹村、朝阳、下源、盘石 17 个行政村与广丰区接壤；西部的西畈、铅岭、白石、何家、前王、后王、松山、张家、郭门及西南部的沽塘、民主、龙潭、同心、茅家岭、周田、塔水、四吉、车头、狮山、下潭、中潭、盘石 21 个行政村与上饶县毗邻；北部的龙头、向阳、英塘、油麻坞、宋宅、西畈、铅岭 7 个行政村与玉山县相接。全境总面积 339 平方公里。

【地质地貌】　信州区处于九岭东西隆起带南缘与武夷山新华夏系一级隆起带的交汇部位。地质构造主要可划分为：东西向构造体系（库桥东西向隆褶带、信江东西向拗褶带），南北向构造带，北东向构造——早期新华夏系，北东向构造——晚期新华夏系，北东东向构造——华夏系（葛源—临江湖复式向斜、铺前—清水塘向斜等），扭动构造，西北向构造等 7 个构造体系或构造带。

地层主要为白垩系上统圭峰组地层，广泛分布于信江红壤盆地中。其岩性组合特征为：下段以紫红—砖红色巨砾岩、砂砾岩、含砾砂岩为主；中段以砖红色粗砂岩为主，夹层间砂砾岩；上段以砖红色含钙细砂岩、粉砂岩为主。其次为第四系地层岩性为砾石、砂砾石、砂土及黏土。岩浆岩主要为燕山期的酸性浸入岩、浅成斑岩和少量中酸性侵入岩，如花岗岩、花岗斑岩等。晚白垩纪末至第三纪以来，境内长期隆起为陆，未接受沉积。进入喜马拉雅期，境内仅有轻微的断裂活动。从第四纪开始，境内显示以升降运动为主。此时期山脉隆起，河流涌现，形成各类地貌，以至呈现出今天的北、南高，中部低的马鞍状地形；在信江流域河谷堆积了 20 余米厚的残坡积相及河流冲积相泥沙、有机质、红土砾石层沉积（以棕红、灰褐色粉质壤土为主），并广泛分布于境内的平缓山坡、沟谷及田畈部位。

境内地貌类型以丘陵、河谷平原为主，属丘陵地区。北东丘陵属怀玉山支脉，有将军山、饭甑山、牛头山、黄尖山、青金山、睦州山等，一般海拔 150～200 米。以黄尖山最高，海拔 594.3 米；青金山次之，海拔 416.6 米。西南、西北为低丘及岗地，一般海拔 50～100 米。信江、丰溪、饶北河两岸为沙溪、灵溪、茅家岭等河谷平原。

【河　流】　全境流域总体属于长江流域、鄱阳湖水系、信江流域区。水资源特征主要是客境水为主，而自身的产水量较小，多年平均径流量仅 3.565 亿立方米。流经境内的河流有 5 条，主要是信江及其主支流玉山水和丰溪水。

信江　发源于浙赣边界仙霞岭西侧及怀玉山玉京峰东侧平家源。其中，金沙溪、玉琊溪为信江的两大源流，汇集于玉山县城冰溪镇后，称玉山水；其水从沙溪镇向阳村龙门额沿该镇与广丰区接壤处南流，至沙溪镇下李家与秦峰镇上湖头接界处流入信州区境，经灵溪镇、北门街道于城区与丰溪汇合后，始称信江，并从茅家岭街道同心村出境。信州区境内河道长度为 3800 米。控制流域面积为 5015 平方公里，河道纵坡 0.38%。

玉山水　经冰溪、沙溪、秦峰、灵溪等乡镇后，在汪家园汇入信江。总流域面积 2756 平方公里，主河道长度 110 公里。流域内雨量充沛、支流发达，多年平均降水量 1700 毫米，多年平均径流量 100 立方米/秒，多年平均径流深 1105 毫米。河道纵坡为 0.5‰。有饶北河、黄家溪等主要支流汇入。流经境内河道长度为 27.5 千米。

丰溪河　发源于福建省浦城县北部的仙霞岭洋碧山南麓，西南流经棠岭，至温坑入江西省广丰区境，再流经桐畈、杉溪、永丰、洋口等乡镇，从朝阳镇盘石村流入信州区境，在汪家园汇入信江。总流域面积 2490 平方公里，主河道长度 138 千米。有十都港、二十四都港、石杉溪、排山溪、赵塘溪、枧溪、碧溪、丁溪等 21 条支流及军潭、七星等 21 座大中型水库之水汇入。流域多年平均降水量1750毫米，多年平均径流深1054毫米，多年平均产水量23.82亿立方米。流域平均坡度0.3‰。流经境内河道长度为8.5公里。

饶北河 又称灵溪，发源于横峰县西北部金龙山西移的爬拦岗。东流入上饶县境，经大济、九牛、樟涧、郑家坊，转南过煌固、八都，至灵溪镇桥头街汇入玉山水。饶北河流域面积619平方公里，主河道长度71.8公里，流域平均坡度0.9‰。流域内雨量充沛，多年平均降水量为1995毫米，多年平均产水量约7.4亿立方米。流经境内河道长度为3.7公里。

槠溪 又称罗桥河，发源于上饶县北部灵山南之水晶岭与抬峰之间。南流经铜坝、清水塘，转东南过淤里、罗桥、旭日镇，从北门街道龙潭村黄家自然村流入信州区境，再从该村观音桥汇入信江。流域面积172平方公里。流域平均坡度1.7‰。流域多年平均降水量1800毫米，多年平均产水量2.0亿立方米。主河道长度39公里。其中，境内河道长度2公里。

此外，还有发源于境内的5条溪流，即郭门溪、解放河、沽塘溪、秦峰溪和朝阳溪。郭门溪长9.2公里，流域面积为14.74平方公里；解放河长7.74公里，流域面积为11.74平方公里；沽塘溪长5.35公里，流域面积为7.42平方公里。解放河、沽塘溪分别经区内的杨家石桥和铁路西立交桥汇入信江。20世纪90年代以后，解放河河面已全部被建筑物覆盖而成为暗河。

【水资源　地下水】 信州区水资源比较丰富，境内雨量丰沛，多年平均降水量1954立方米。流经境内的河流5条，总长45.50公里，检制流域面积5015平方公里，多年平均径流量55.55亿立方米。全境有中型水库1座，小（1）、小（2）型水库60座，总库容2438万立方米，有水塘1035口，总蓄水量2154万立方米，灌溉面积5.455万亩。

境内的地下水主要呈带状分布于信江、玉山水、丰溪和饶北河两岸的砂砾石孔隙中，属松散岩类孔隙水，水量丰富，地下水埋深在0.5～5.0米之间。水位和水量随季节变化明显，旱季和雨季水位差2.49米。钻井单孔（井径1.5米）出水量为400～1600立方米/日。水质良好，主要为碳酸钙型水，矿化度一般小于0.5克/升；酸碱值（pH）适中，为6～7。地下水的补给主要靠降水及地表水通过上覆的亚酸土直接渗入。在一般情况下，地下水补给河水；在洪水期或抽取地下水时，河水补给地下水。

富含水层地层属黏土质松散岩组，下复基岩为灰岩。构造岩性上部为灰黄色亚砂土，砂石厚3.85～9.96米，从上往下，泥质减少，含沙量逐渐增加，与下部砂砾层呈渐变关系。下部为砂卵石层，厚度为1.04～5.4米。卵石主要为石英石、砂岩、水成岩等，分选性较好，自上往下，由小变大，砾径一般为2～3厘米，圆度较好，呈滚圆或半滚圆状。该层二元相结构明显，含丰富孔隙潜水，属第四系松散岩类孔隙水。

弱含水地层地质属半坚硬陆相碎屑岩组，岩性为红砂岩、粉砂岩、砂砾岩，局部有岩浆岩，岩石软硬相间，抗风化力较差，风化带厚2～15米，地型低矮，切割不深，含水不足。

地下水资源估算，以江西省地质矿产局赣东北地质大队《上饶市1:20万区域水文地质调查报告》为依据，全区多年平均总储量约0.57亿立方米。因全区地表水较为丰富，除特枯年份在个别地区需要利用地下水外，一般未利用地下水资源。

【土地资源】 信州区境内土壤共有土类4个（水稻土、潮土、紫色土、红壤），亚类6个（潴育型水稻土、潜育型水稻土、潮土、酸性紫色土、红壤、红壤性土），土属19个（红砂泥田、潮沙泥田、棕砂泥田、麻砂泥田、黄沙泥田、鳝泥田、紫砂泥田、红砂泥田、壤质潮土、砂质潮土、紫色砂砾岩类酸性紫色土、红砂岩类红壤、泥质岩类红壤、红砂泥土、中性结晶岩类红壤、酸性结晶岩类红壤、石英岩类红壤、中性结晶岩类红壤性土、红砂岩红壤性土）。分布情况为：1. 东北部丘陵红壤区。分布于沙溪镇的西畈、宋宅、白石、铅岭等村。耕作土壤为水稻土。主要土属为红砂泥田、中性结晶岩类和红砂岩类红壤。2. 沿江河谷平原区。包括沙溪镇的向阳、龙头、沙溪、李家、五里、青岩、前王、后王村，灵溪镇的于里、工农、灵湖、胜利、丁洲、日升、全家坞、脉山底、灵溪、张家村，秦峰镇的下湖、秦峰、管家村，朝阳镇的中潭、狮山村，水南街道的东门、滩头、汪家园村，北门街道的郭门、龙潭村等。耕作土壤属潮砂泥田。3. 东南部低丘陵红壤区。包括朝阳镇的青石、青金、朝阳、山顶、光明、团结、下源、溪边、西园、十里村等,主要土壤类型为红砂岩类红壤、泥质岩类红壤、红山泥田和蟹泥田、紫砂泥田等。4.南部低丘陵红壤区。主要分布于茅家岭街道的塔水、周田、茅家岭村等。土壤为红砂岩类红壤和红壤性土;水稻土属红砂泥田。

截至 2016 年 12 月 31 日,全区土地总面积为 47.38 万亩,其中耕地 10.83 万亩,园地 0.15 万亩,林地 18.87 万亩,草地 1.27 万亩,城镇村及工矿用地 10.04 万亩,交通运输用地 1.72 万亩,水域及水利设施用地 3.45 万亩,其他土地 1.05 万亩。全区农用地土地总面积为 32.17 万亩,其中耕地 10.83 万亩,园地 0.15 万亩,林地 18.87 万亩,交通运输用地 0.32 万亩,水域及水利设施用地 1.33 万亩,其他土地 0.67 万亩。全区建设用地总面积 12.07 万亩,年内增加 0.45 万亩,年内减少 0.05 万亩,年内净增加 0.4 万亩,本年度批准本年建设的面积为 0.36 万亩,占 90%;本年度批准本年未建设的面积为 0.00 万亩,占 0%;本年度未批先建面积为 0.0014 万亩,占 0%;往年批准 2016 年建设的面积为 0.04 万亩,占 10%。全区未利用地总面积 3.14 万亩,年内无增加,减少 0.02 万亩,净减少量为 0.02 万亩。

【矿产资源】 信州区主要矿产资源较为贫瘠,截至 2016 年已查明储量的矿产资源主有 3 种:分别是磷矿、滑石矿和瓷土矿。其中,磷矿资源非常丰富,位居华东地区之首,储量约 1 亿吨,主要分布在朝阳镇,20 世纪 70 年代由赣东北地质队查明储量,

江西朝阳磷矿取得采矿权,2011 年江西朝阳磷矿被江西铜业集团公司收购,采矿权发生了变更,尚在停采整合中;矿滑石已查明约为 17.67 万吨;瓷土矿约为 17.4 万吨,滑石矿和瓷土矿主要分布在秦峰镇。其他矿种如铜矿、铁矿由勘查单位江西省地质矿产勘查开发局赣东北大队正在勘查中,储量不明朗。砂岩矿、页岩矿和黏土矿等建筑用矿产储量较为丰富,因未有勘查单位实地勘查,储量尚无法估计。

【生物资源】 信州区属中亚热带湿润季风区,境内植被类型主要有亚热带常绿阔叶林、常绿落叶阔叶混交林、针阔混交林、竹林和竹阔混交林、常绿灌木林和人工针叶纯林等。境内有野生植物 157 科 1088 种。主要乔木树有:马尾松、杉树、湿地松、樟树、泡桐、喜树、苦楝、苦槠、椰榆、杨树、柳树、银杏、青冈栎、甜槠、木荷、栲树、枫香、板栗、柚、梨、毛竹等常见乔木树种;灌木树种有:紫薇、乌饭及灌木经济树种等。境内分布的国家 Ⅱ 级保护野生植物主要有樟树、喜树。境内分布有兽类动物 12 科 15 种,鸟类动物 14 科 19 种,天然鱼类 10 科 64 种。爬行类动物有 17 种,两栖类动物有 7 种。昆虫类有 14 种。国家及省级保护野生动物中,国家 Ⅰ 级保护的有黄腹角雉、白颈长尾雉;国家 Ⅱ 级保护的有穿山甲、河麂、虎纹蛙;省级保护的野猪、棘胸蛙、乌梢、金环蛇、银环蛇、眼镜蛇、尖吻蝮、雉鸡、灰胸竹鸡、云雀、画眉等。境内主要林种有:木本植物计有 62 科 123 种,其中乔木有 41 科 86 种,灌木有 21 科 37

种。草本植物计有 47 科 97 种,其中湿地草本植物有 16 科 25 种,丘陵草本及林间草本植物有 30 科 70 种。兽类动物 12 科 15 种,其中国家级保护的有 2 科 2 种,省级重点保护的有 4 科 7 种,非重点保护的有 6 科 6 种。鸟类动物 15 科 21 种,其中国家二类保护的有 1 科 2 种,省级重点保护的有 13 科 17 种,非重点保护的有 1 科 2 种。天然鱼类有 10 科 64 种,其中省级重点保护的有 11 种。两栖类动物有 7 种。昆虫类有 14 种。

(缪　斌　洪　豆)

气候状况

【概　况】 2016 年,信州区年平均气温为 18.8℃,比历年平均偏高 0.9℃,年平均降水为 1917.7 毫米,比历年平均偏多 69.6 毫米,年日照时数为 1723.3 小时,比历年偏少 46.6 小时。主要灾害天气有冰雪、寒潮、暴雨、雷电、台风等。信州区全年共出现 2 次降雪天气过程,9 次区域性暴雨天气过程,4 次寒潮天气过程。各类气象灾害性天气给工农业生产造成一定损失,给人民生活带来不利影响。

【气　温】 全年(2015 年 12 月—2016 年 11 月,下同)全区平均气温 18.8℃,比历年同期平均偏高 0.9℃,极端最低气温为 -7.5℃,出现在 2016 年 1 月 25 日。

冬季(2015 年 12 月—2016 年 2 月,下同):全区平均气温 7.6℃,比历年平均偏高 0.2℃。

其中，2015 年 12 月全区气温7.6℃，比历年同期低 0.5℃；2016 年 1 月气温为 6.4℃，比历年同期高 0.3℃；2 月气温8.8℃，比历年同期高 0.8℃。

春季（3—5 月，下同）：全区平均气温为 17.9℃，比历年同期平均高 0.5℃。其中，3 月份全区气温为 12.8℃，比历年同期高 1.1℃；4 月份气温为18.5℃，比历年同期高 1.0℃；5月份全区气温为 22.5℃，比历年同期高 0.2℃。

夏季（6—8 月，下同）：全区平均气温为 28.6℃，比历年同期平均高 1.0℃。其中，6 月份全区气温为 26.1℃，比历年同期高 0.9℃；7 月份全区气温为29.6℃，比历年同期高 0.7℃；8月份全区气温为 30.3℃，比历年同期高 1.8℃。

秋季（9—11 月，下同）：全区平均气温为 20.3℃，比历年同期平均高 0.8℃。其中，9月份全区气温为 24.9℃，与历年同期平均持平；10 月份全区气温为 21.8℃，比历年同期高2.0℃；11 月份全区气温为14.1℃，比历年同期高 0.2℃。

【降 水】 全区年降水量为1917.7 毫米，比历年年降水量多 69.6 毫米。

冬季：全区降水量为 272.0毫米，比历年同期少 7.9 毫米。其中，2015 年 12 月全区降水量44.8 毫米，比历年同期少 32.1毫米；2016 年 1 月降水量 157.3毫米，比历年同期高 62.1 毫米；2 月降水量 69.9 毫米，比历年同期少 53.9 毫米。

春季：全区降水量为 815.5毫米，比历年同期高 95.3 毫米。其中，3 月份平均降水量为

124.3 毫米，比历年同期少 92.9毫米；4 月份平均降水量为358.1 毫米，比历年同期高 99.7毫米；5 月份平均降水量为333.1 毫米，比历年同期多 88.1毫米。

夏季：全区降水量为 415.9毫米，比历年同期少 206.2 毫米。其中，6 月份降水量 376.3毫米，比历年同期多 15.2 毫米；7 月份降水量为 25.5 毫米，比历年同期少 130.4 毫米；8月份降水量为 14.1 毫米，比历年同期少 91.0 毫米。

秋季：全区降水量为 414.3毫米，比历年同期多 188.4 毫米。其中，9 月份降水量为151.0 毫米，比历年同期多 69.4毫米；10 月份降水量 84.4 毫米，比历年同期多 26.0 毫米；11月份降水量为 178.9 毫米，比历年同期多 92.2 毫米。

【日 照】 全区年日照为1723.3 小时，比历年平均少46.6 小时。

冬季：全区日照为 353.8 小时，比历年同期多 44.5 小时。2015 年 12 月日照为 148.7 小时，比历年同期多 11.3 小时；2016 年 1 月份日照为 45.1 小时，比历年同期少 47.4 小时；2月份日照为 160.0 小时，比历年同期平均多 80.6 小时。

春季：全区日照为 372.8 小时，比历年同期多 18.3 小时。其中，3 月份日照为 152.4 小时，比历年同期平均多 61.4 小时；4 月份日照为 89.9 小时，比历年同期少 24.6 小时；5 月平均日照 130.5 小时，比历年同期平均少 18.5 小时。

夏季：全区日照为 681.7 小时，比历年同期多 64.5 小时。

其中，6 月份日照为 170.0 小时，比历年同期多 20.4 小时；7月份日照为 231.1 小时，比历年同期少 9.6 小时；8 月份日照为280.6 小时，比历年同期多 53.7小时。

秋季：全区日照为 315.0 小时，比历年同期少 173.9 小时。其中，9 月份日照为 162.6 小时，比历年同期少 21.2 小时；10月份日照为 73.0 小时，比历年同期少 90.8 小时；11 月份日照为79.4 小时，比历年同期少 61.9小时。

【主要气象灾害】 全区主要受冰雪、寒潮、暴雨、雷电、台风等灾害天气影响。

冰雪：1 月 21 日—22 日，全区中到大雪；1 月 31 日全区普降雨夹雪或小雪。

寒潮：1 月 25 日、2 月 15日、3 月 10 日、11 月 23 日出现 4次寒潮天气。

雷电：全年全区共出现 7 起较大雷电，但是没有收到雷电损失情况通报。

台风：全年分别遭遇 7 月 10日 1 号台风"尼伯特"、9 月 14日—16 日 14 号台风"莫兰蒂"、9 月 27 日—29 日 17 号台风"鲇鱼"、10 月 21 日—23 日 23 号台风"海马"影响。

暴雨：全区共出现 9 次区域性暴雨天气过程。

【气候条件对农作物的影响】全区主要农作物为油菜、早稻、中稻、双季晚稻、蔬菜，均为丰产年。1 月受冰雪天气影响，油菜等蔬菜出现轻度——中度冻害。3 月 7 日—10 日受降雨和寒潮天气影响，低洼地段的油菜、蔬菜出现轻度冻害，早稻浸种育种

受到轻度影响。春播期(3月10日—4月20日)气温偏高,降水偏多,天气气候条件对春播生产有利,适宜早稻大面积播种育秧。主汛期期间降水集中,造成部分地区内涝,地势低洼地带早稻及蔬菜受淹。

夏季出现高温日数较多,降水偏少。部分地区出现农业干旱,影响在田作物生长。秋季降水偏多,日照偏少,大雨对中稻收晒、晚稻抽穗扬花、棚架作物和设施农业以及棉花成熟收获造成不利影响。病虫害总体属于中等发生,多种病虫种类发生轻于上年。

【综合气候年景评价】　信州区全年年景为一般年景。全年主要农作物除早稻略有减产外,油菜、一季稻、棉花、晚稻均为平均丰年。

(佘瑞芝)

环境质量

【环境质量状况】　2016年度信州区环境质量总体保持良好,信江河(城区段)Ⅰ—Ⅲ类主要河流断面水质达标率为96%,城区集中式饮用水水源地水质达标率为100%,水质为优;城区环境空气质量执行新的《环境空气质量标准》(GB 3095 - 2012),空气质量级别为超二级,主要污染物为PM2.5,城区环境空气质量优良天数331天,优良天数比例为90.4%;降水pH年均值为5.43,酸雨频率为63.2%,比2015年下降16.9%,达到国家推荐标准;城区声环境质量总体较好,区域声环境质量为二级(较好);道路交通噪声平均等效声级均符合道路交通噪声强度为二级(较好)标准;各类声环境功能区达标情况较好。

【地表水环境质量状况】　信江河水质状况:信江河(城区段)Ⅰ—Ⅲ类水质断面比例为96.00%,水质为优。饮用水源地水质状况:信州区城区集中式饮用水水源地水质达标率为100%。

【城区环境空气质量状况】　执行新的《环境空气质量标准》(GB 3095 - 2012),空气质量级别为超二级,主要污染物为PM2.5。城区环境空气质量优良天数331天,优良天数比例为90.4%。其中,二氧化硫年平均浓度值为32 μg/m³,符合国家环境空气质量二级标准(60 μg/m³),比2015年下降了13.29 μg/m³;二氧化氮年平均浓度值为31 μg/m³,符合国家环境空气质量一级标准(40 μg/m³),比2015年上升了0.55 μg/m³;颗粒物PM10年平均浓度值为70μg/m³,符合国家环境空气质量二级标准(70 μg/m³),相比2015年上升了4.98 μg/m³;一氧化碳24小时平均浓度值为1.2mg/m³,符合国家环境空气质量一级标准(4 mg/m³);臭氧日最大8小时平均浓度值为142.00 μg/m³,符合国家环境空气质量二级标准(160 μg/m³);颗粒物PM2.5年平均浓度值为41 μg/m³,超过国家环境空气质量二级标准(35 μg/m³)。

【降水环境质量状况】　城区降水pH年均值为5.43,比2015年pH年均值升高了0.1,降水酸性减弱;酸雨频率为63.2%,比2015年下降16.9%,酸雨污染大幅减少。

【城区声环境质量状况】　城市区域环境噪声:城区区域环境噪声昼间平均等效声级为54.31分贝,声环境质量为二级,较好。城区城市道路交通噪声:城区道路交通噪声昼间平均等效声级为69.26分贝,声环境质量为二级,较好。

(李荣昌　张健华)

中国共产党信州区委员会

综　述

2016年，在上饶市委市政府的正确领导下，信州区委以马克思列宁主义、毛泽东思想、邓小平理论、"三个代表"重要思想和科学发展观为指导，认真学习贯彻中共十八大和十八届六中全会精神，全面落实以习近平为核心的中共中央治国理政新理念新思想新战略，以省第十四次党代会和市第四次党代会精神为新动力，团结带领全区干部群众，一心一意谋发展，聚精会神抓党建，推动各项工作干在实处、走在前列，全区呈现出经济持续向好、民生显著改善、后劲日益增强、社会和谐稳定、作风不断改进的良好局面。

在目标定位上，区委提出了高标准建成"省域副中心城市核心区"和建设"沪昆合福高铁沿线有影响力的节点城市"。在工作理念上，区委提出了"为市服务、借市发展、实现共赢"，以高度自觉的大局意识和责任担当，主动服务好中心城区的大发展。一系列新定位、新举措在广大干部群众中产生广泛共鸣，得到了普遍认可，为全区经济社会持续健康发展提供了强大动力。在

思想建设上，区委提倡发扬勇闯新路的"井冈山精神"、清贫奉献的"方志敏精神"、团结拼搏的"女排精神"、精益求精的"工匠精神"，确立了"开放包容，诚信友善，和谐奋进"的城市精神。开展了棚改项目征收、精准扶贫、重点项目建设、招商引资、秀美乡村建设、信访积案化解等六大重点工作"百日攻坚"活动，全力实施"以企业为核心，五年决战三百亿"工业计划，全力实施中心城区三年棚改行动计划，三年决战500万元。

进一步改造提升传统产业、加速发展新兴产业、大力扶持新兴业态，全区经济实现了转型加快、稳中有升、后劲增强的良好态势。朝阳产业园功能更加完善，现代农业示范园初见成效。信息服务业围绕创新创业、线上与线下、孵化投资三大领域，形成了信息产业园、上饶慧谷、电子商务淘宝园、6号仓库创客空间等一园多点产业发展格局。万达广场、万力时代、润丰国际家居城、星河国际等一批大型城市综合体相继建成开业。金融保险业快速集聚。金融保险企业总数位居全市第一。实施"工业强龙"计划，对接汽摩配、光学、苎麻三大产业进行精准招商，签约了索密特实业、北京三纺机、上海德力西开关等多家知

名企业。都市农业特色明显。把打造精品农业与发展生态旅游结合起来。

区委全力抓好城乡统筹，突出做好棚户区改造和新农村建设，加强基础设施建设，进一步完善城市功能，提升管理精细化水平，着力做好城乡融合发展这篇大文章，构建城乡一体化新格局。加快推进了区级重点项目建设，丰溪东路如期通车，凤凰东延伸段提前通车，吴楚大道、信江南岸河堤改造（二期）主干道通车；城东河堤及滨江路景观改造、三江雨污水管网等30余个区级重点项目序时推进。全力服务中心城区大建设，320国道南移、上广快速通道、天佑大道二期等20余个项目征迁工作全部按时完成。初步形成城郊现代休闲观光旅游产业，荣获"中国美丽乡村建设示范县"。常态化开展了"规范农民建房""控违拆违""美丽家园"活动，出台了更为严厉的规范农民建房问责办法，在全市率先引入无人机、红外热感成像、自动对比系统等科技手段。规范农民建房、控违拆违等工作得到了省委、市委的高度肯定。

区委坚持实施大改革、大开放战略。深入推进以"放管服"为代表的行政体制改革，为企业营造了宽松平等的准入环境，简

单易行的清算退出程序,优化了政务服务,帮助个私企业做大做强;打造了"现代服务业综合改革""文化体制改革""社区矫正制度改革""司法体制改革""警务制度改革"等省级改革品牌。积极稳妥地推进8大领域70个方面367项改革,高效推进了"三单一网"、商事制度、政府机构、教育等重点领域改革50余项,行政审批事项精简率达57%,审批时限压缩30%。开创对外开放新格局,实施大开放战略,全方位承接长三角产业转移契机,大力推动"饶商回归",切实打造全市对外开放合作高地。坚持招商"一把手工程",区党政主要领导每月轮流外出招商,组建招商小分队开展专业招商,围绕重点主导产业进行重点招商。

民生保障进一步强化,财政对民生的支持力度继续加大。多渠道增加农民财产性收入和家庭经营收入,调增机关事业单位津补贴和绩效工资,居民收入稳步增长。加快完善社会保障体系,城镇养老、城乡居民养老、医疗、工伤、生育、失业保险完成或超额完成民生任务数,城乡低保实现应保尽保,城乡居民养老保险实现全覆盖。加大被征地农民养老保险投入,扎实推进社会福利、社会救助工作。建好安居工程,先后启动了沙溪镇、灵溪镇公租房建设。双拥优抚安置工作再上新台阶,连续五年荣获"全省双拥模范城"、蝉联"全国双拥模范城"称号。改善集贸市场环境,对全区所有农贸市场环境进行再提升,打造"绿色市场"。精准扶贫扎实推进,实施产业发展、贫困人口就业、农村危房改造等八大扶贫工程,实行倒排期限百日攻坚,做到了精准走访、精准识别、精准帮扶,实现了在全市率先脱贫的工作目标。

社会事业进一步繁荣。深入推动城乡教育均衡发展,以全市得分第一的成绩迎接了义务教育均衡发展国家督导检查。推进"大健康"工作,累计建成31个居家养老服务站点,完善了37家社区卫生服务机构、108家村卫生室建设,构建了城乡一体、布局合理、基本设施齐全、服务功能完善的城乡医疗卫生服务网络。对国务院督办的消防隐患点白鸥园市场进行了升级改造,惠及600余商户。加大各类隐患排查力度,提高消防安全防范能力,连续11年道路春运安全零事故,荣获全省"森林防火平安县""全省平安县(市、区)"。

营造风清气正政治生态。区委始终坚持以党建工作为统领,强化管党治党的责任意识和党要管党、从严治党政治担当,主动接受各类主体监督,全力维护风清气正的政治生态。稳步推进"连心、强基、模范"三大工程,扎实开展"两学一做"学习教育。区委牢固树立四种意识,带头开展"党员主题活动日"志愿服务和"先锋创绩"活动。各级党组织共开展活动2000余次,累计投入帮扶资金260余万元,直接受益群众达五六万人。推行了"互联网+党建"模式,在全省率先推行了"党课主播"制度,被《人民日报》刊发推广。坚持问题导向,认真查摆梳理,建立问题清单,全区党支部班子查摆问题1498个,整改到位1405个。夯实基层党建基础,完成了67个行政村(含村改居)、34个社区办公服务用房升级改造;在全市率先出台了规范村(社区)干部报酬并建立正常增长机制的文件,村居运行经费和村居干部报酬保障水平全市最高;通过"三项保障""三大抓手""三个同步",着力破解难题,取得了显著成效,"两个全覆盖"工作成为全市典型。按照中央、省、市统一部署,落实中央"9个严禁、9个一律"和省委"10严禁"的换届纪律要求,圆满完成了区镇两级班子换届,配出了结构优、功能强的好班子,换出了心齐、气顺、劲足的好面貌。建立健全区委常委会谈心谈话制度,完善谈心谈话与廉政谈话并行机制。形成区委常委会、政府常务会、领导干部会等"逢会必学、逢会必讲、逢会必提廉洁要求"的党风廉洁教育新常态。坚持和完善人民代表大会制度,中国共产党领导的多党合作和政治协商制度,支持人大开展经济社会巡查,主动接受人大监督,成功承办了全市县(区)人大常委会主任座谈会。支持政协组织开展委员培训,举办了老委员"感受饶城变化,助推信州发展"调研视察活动。支持、推动民主党派机构健全和换届工作,专门解决民主党派办公用房。加强统一战线工作,充分发挥民主党派、工商联、无党派人士的作用;全面贯彻党的民族、宗教、侨务政策,建立"全省连心共建试点",推进民族工作进社区进校园;做好了对台工作台胞服务;支持法检"两院"依法独立行使审判权、检察权,完善司法管理体制和司法权力运行机制,规范司法行为,促进公正司法;高度重视群团工作,努力为群团组织选准载体、融入中心、服务大局创造条件;大力发展基层民主，深入推进党务、政务、事务公开，保障人民民主权利和合法权益。

重要会议

【区委三届第五十八次常委会议】 1月9日上午，区委书记蒋丽华主持召开。会议传达学习了省委十三届十二次全会、全省经济工作会、全省扶贫开发工作动员部署会及市委三届十次全体（扩大）会、全市经济工作暨扶贫开发工作会精神。会议强调，最近，省委召开的省委十三届十二次全会、全省经济工作会、全省扶贫开发工作动员部署会及市委召开的市委三届十次全体（扩大）会、全市经济工作暨扶贫开发工作会等五个重要会议，对"十三五"时期各项工作进行了谋篇布局，为信州区加快全面建成小康社会，率先打赢脱贫攻坚战提供了工作遵循、指明了前进方向。全区各级党组织和广大党员干部要认真学习，深刻领会，切实把思想和行动统一到省委和市委决策部署上来，把学习贯彻会议精神与谋划"十三五"发展结合起来，与做好当前工作结合起来，把会议精神真正转化成加快发展的强大动力，转化为担当使命的自觉行动，为信州区"十三五"发展开好局起好步。会议要求，全区上下务必增强忧患意识、机遇意识和责任意识，紧紧围绕"四个全面"战略布局，牢固树立"五大发展"理念，主动适应新常态，以"率先脱贫、率先翻番、率先小康"为发展目标，着力在发展城市经济、实现特色发展，完善城市功能、

打造精细优美城市，关注改善民生、促进社会和谐等方面取得突破性进展，不断提升中心城区辐射带动能力，努力把信州建设成现代服务业新高地、区域发展新引擎、生态宜居幸福城。

【区委三届第五十九次常委会议】 1月17日晚上，区委书记蒋丽华主持召开。会议审议并通过区政府党组提交的《信州区国民经济和社会发展第十三个五年规划纲要（草案）》，要求根据常委会讨论意见，进一步修改完善。会议指出，"十三五"规划事关全区未来五年的发展战略、定位、目标等总体部署，是今后一个时期发展的重要指引和方向，起草好《信州区国民经济和社会发展第十三个五年规划纲要》对推动全区经济社会发展具有十分重要的意义。会议要求，常委会组成人员要以高度负责的精神，对《规划纲要》中涉及分管工作的内容进行严格把关，有针对性地提出修改意见和建议；纲要编制部门，要精准对接国家、省、市的发展要求和规划，再次征集好意见和建议，抓紧修改完善，力求数据准确无误、概念科学精准、项目谋划到位，努力编制出一个高质量的、经得起历史和实践检验的"十三五"规划。同时，会议审议并原则通过区政府党组提交的《政府工作报告（送审稿）》，要求根据常委会讨论意见，进一步修改完善后提交区四届人大七次会议审议。

【区委三届第六十次常委会议】 2月1日上午，区委书记蒋丽华主持召开。会议审议并原则通过区政府党组提交的《信州区

2016年政府预算（送审稿）》，要求根据常委会讨论意见，进一步修改完善后提交区四届人大七次会议审议。

【区委三届第六十一次常委会议】 2月15日上午，区委书记蒋丽华主持召开。会议听取了区纪委关于召开区纪委三届六次全会筹备情况的汇报，及信州区2015年度落实党风廉政建设责任制检查考核结果的汇报，并原则同意区纪委提出的先进单位表彰名单。会议充分肯定了2015年信州区党风廉政建设和反腐败工作取得的成绩。会议强调，在新的一年里，全区各级党组织和党员领导干部要认真落实中央、省、市纪委全会精神，保持政治定力，坚定不移推动从严治党，坚定不移落实"两个责任"，坚定不移把纪律挺在前面，持之以恒改进作风，始终保持惩治腐败的高压态势，严肃整治发生在群众身边的不正之风和腐败问题，加强纪检监察干部队伍建设，为实现"十三五"良好开局和加快实现"三个率先"目标提供坚强的纪律保障。会议决定，2月19日下午召开区纪委三届六次全会，要求区纪委按照区委常委会意见认真筹备，精心组织，确保会议顺利召开。

【区委三届第六十二次常委会议】 2月22日下午，区委书记蒋丽华主持召开。会议研究并原则同意区委组织部提出的《关于从优秀镇事业编制干部、优秀村干部和大学生村官中选拔镇领导班子预备人选工作的实施方案》，要求有关部门坚持"公平、公正、公开"原则，严格按照程序操作，确保圆满完成选拔

工作。

【区委三届第六十三次常委会议】　3月7日下午,区委书记蒋丽华主持召开。会议传达学习了市政府市长马承祖调研中心城区农贸市场时的讲话精神,研究了信州区贯彻落实意见。会议指出,市长马承祖到信州区调研农贸市场情况,充分体现了市委市政府对群众生产生活问题的关心和重视。要按照市长马承祖提出的"高度重视、高位推动、高起点规划、高标准建设、高水平管理"的"五个高"要求,坚持问题导向,加大投入,加强管理,规范引导,做到以行政手段强化管理,以市场机制激励引导,以创新思维创建新模式。会议原则同意区政府党组提出的贯彻落实意见,要求列出时间表,明确责任人,一项一项抓落实,力争今年信州区农贸市场软硬件等方面有质的提升。会议传达学习了《省纪委 省委组织部关于从严从实加强换届风气监督切实营造风清气正换届环境的通知》和《市委办公厅关于用"铁的纪律"确保换届工作风清气正的通知》精神。会议指出,要站在全面从严治党的高度,充分认识严肃换届纪律的重大意义,以高度的政治自觉,强烈的责任担当,加强领导和统筹,坚持把纪律挺在前面,加强教育引导,严格监督执纪问责,确保换届风清气正。会议要求,全区各级党组织和党员领导干部必须认真执行市委提出的"9个严禁、30个不准、10个一律",坚持教育在先、警示在先、预防在先,带头严守换届纪律。要坚持抓早、抓小,对违反换届纪律的问题,以"零容忍"的态度,发现一起,坚决查处一起,始终保持对换届不正之风的高压态势。

【区委三届第六十四次常委会议】　3月10日晚上,区委书记蒋丽华主持召开。会议审议并原则同意区政府党组提交的《信州区2016年财税工作考核办法(送审稿)》。会议听取了区政府党组有关2016年教师招聘计划的汇报,审议并原则同意《关于申报2016年信州区定向培养乡村教师岗位需求计划的请示(送审稿)》,要求公平、公正、公开做好教师招聘工作。会议审议并原则同意区委组织部提交的《信州区2016年度"春风阳光"行动考核办法(送审稿)》,要求根据常委会讨论意见,进一步修改完善后下发执行。会议审议并原则同意《关于对镇、街道党政(人大)领导班子进行换届考察的工作方案》。

【区委三届第六十五次常委会议】　4月5日下午,区委书记蒋丽华主持召开。会议审议并原则通过区委宣传部提交的《区委中心组2016年理论学习计划(送审稿)》,要求根据常委会讨论意见,进一步修改完善后下发执行。会议审议并通过区委宣传部提交的《2016年上饶(信州)文化创意产业园文化活动安排(送审稿)》,要求根据常委会讨论意见,进一步完善活动方案,确保活动有声有色、安全有序。

【区委三届第六十六次常委会议】　4月18日下午,区委书记蒋丽华主持召开。会议审议并原则通过区纪委提交的《信州区镇(街道)换届风气专项巡查工作方案(送审稿)》,要求根据常委会讨论意见,进一步修改完善后下发执行。会议强调,专项巡查工作组要切实加大力度、加密次数,对各镇、街道换届工作实行全程督导检查,切实把纪律规定执行到位、思想教育落实到位、监督指导跟进到位,确保换届工作有序健康平稳进行。

【区委三届第六十七次常委会议】　5月5日上午,区委书记蒋丽华主持召开。会议传达学习了《省委组织部关于组织开展换届风气巡回督查的实施方案》及《省委组织部关于开展换届风气巡回督查的通知》精神。会议指出,严肃纪律、严格执纪是换届工作平稳健康有序进行的重要保证。全区各级各部门要高度重视省委组织部换届风气巡回督查工作,配合开展好在信州区的巡回督查,切实展示信州区换届工作良好局面。会议强调,全区各级领导干部要坚守底线,自觉严守中央和省委、市委换届纪律,自觉抵制不正之风,营造良好换届风气;要发挥表率,进一步增强纪律意识和规矩意识,带头做到廉洁自律,带头加强监督检查,带头维护纪律的严肃性和权威性;要管好分管部门和下属,经常性开展谈心谈话和提醒教育,及时了解和掌握干部思想动态,引导干部讲政治、守纪律、顾大局;要注重统筹兼顾,正确处理好换届工作与日常工作的关系,坚持一手抓换届、一手抓工作,确保各项工作全面有序推进。

【区委三届第六十八次常委会议】　6月12日下午,区委书记蒋丽华主持召开。会议审议并原则通过区政府党组提交的《关于开展降低企业成本优化发展环境专项行动的实施方案(送审稿)》，要求根据常委会讨论意见，进一步修改完善后下发执行。会议指出，开展降低企业成本优化发展环境专项行动是省委、省政府落实中央五大发展理念、推进供给侧结构性改革的具体行动，是适应经济发展新常态、应对经济下行压力的一项重要举措。全区相关部门一定要认真贯彻落实到位。

【区委三届第六十九次常委会议】 6月24日下午，区委书记蒋丽华主持召开。会议传达学习了全省县乡两级人大换届选举工作会议精神。会议指出，做好换届选举工作是一项重大政治任务，事关信州发展大局。全区各相关单位，要切实增强政治意识，以高度的政治责任感，全力做好人大换届选举各项工作；要始终坚持党的领导，把党的领导贯穿于换届选举工作的全过程，保证换届选举工作的正确方向；要充分发扬民主，积极引导、支持、保障选民和代表行使好宪法和法律赋予的民主权利；要严格依法依规推进换届选举工作，确保换届选举工作做到公平、公正、公开。会议原则通过区人大党组提出的贯彻落实意见。

【区委三届第七十次常委会议】 8月16日下午，区委书记蒋丽华主持召开。会议审议并原则同意《中国共产党上饶市信州区第四次代表大会筹备工作安排意见(审议稿)》《信州区出席市第四次党代会代表候选人初步人选名单(审议稿)》《关于成立信州区第四次党代会工作报

告起草工作领导小组的通知(送审稿)》，要求根据常委会讨论意见，进一步修改完善后下发执行。会议强调，要高度重视、精心组织。即将召开的区第四次党代会，是全区人民政治生活中的一件大事，要把区第四次党代会开成统一思想、明确任务、鼓舞士气、奋发有为的大会。要明确领导分工、各司其职，确保做到组织到位、沟通到位、程序到位、统筹到位、保障到位。

【区委三届第七十一次常委会议】 8月22日下午，区委书记王其中主持。会议传达学习了市直单位结对帮扶贫困村贫困户工作会议精神；审议并原则通过区政府党组提交的《信州区关于坚决打赢脱贫攻坚战的实施意见(送审稿)》，要求根据常委会讨论意见，进一步修改完善后下发执行。

【区委四届第一次常委会议】 9月2日下午，区委书记王其中主持召开。会议传达了省纪委《关于重申严禁党员干部出入私人会所、违规接受吃请纪律的通知》。会议强调，各级党员领导干部要时刻绷紧作风建设这根弦，进一步严明纪律，从严执行，自觉做到以身作则、令行禁止。

【区委四届第二次常委会议】 9月6日上午，区委书记王其中主持召开。会议审议并原则同意了区人大党组提交的《关于区五届人大一次会议有关事项的请示》、区政协党组提交的《关于召开政协信州区第五届委员会第一次全体会议的请示》。会议指出，区"两会"是全区人民政治生活中的大事，区人大党

组、区政协党组提前谋划，精心组织，做了大量扎实有效工作，给予充分肯定。会议强调，要加强区委领导，成立领导小组，积极借鉴区四次党代会形成的好经验、好做法，精心部署、认真筹备，确保组织到位、程序到位、协调统筹到位，确保把"两会"开成隆重热烈、团结民主、务实奋进的大会；要严格遵守中央八项规定精神，强化换届纪律，做到讲政治、讲大局、讲纪律，确保"两会"开得风清气正。

【区委四届第三次常委会议】 9月13日晚上，区委书记王其中主持召开。会议报告了市党政代表团赴宁波学习考察情况，传达学习了全市"美丽上饶、秀美乡村、幸福家园"建设动员大会精神。会议认为，此次学习考察行程紧凑，安排周密，主题鲜明，内容丰富，收获颇丰，尤其是在政法创新、城市管理、农业发展、城市经济、城乡统筹等方面给予信州们诸多启发，震撼很大，感触很深。会议要求，建设"美丽上饶、秀美乡村、幸福家园"是"美丽中国""江西样板"的重要内容，是"创新、协调、绿色、开放、共享"发展理念的具体体现，是建设生态宜居幸福城的应有之义；要成立以区委主要领导为组长，相关分管领导为副组长的专项领导小组，尽快研究制定信州区具体实施方案。重点突出控违拆违、农民建房管理和秀美乡村建设，注重规划、融资、投入和管理，集中优势资源，重点打造一批亮点、特色。要在特色小镇上做文章，特色小镇是吸引投资创业的重要平台，必须充分利用政策优势，规划引导特色小镇建设，规划系列既彰显当地

人文特色,又具时代特色,引领潮流的好项目,此项工作由区委常委郑文牵头负责;要在管理方式上做文章,积极借鉴外地成功做法,主动对接市城市管理体制改革工作,争取"财、费、权、人随事转",此项工作由区委常委郑文、李红牵头负责。

【区委四届第四次常委会议】

10月14日下午,区委书记王其中主持召开。会议研究并原则同意区政府党组提交的《关于进一步推进结对帮扶工作实施意见(送审稿)》,要求根据常委会讨论意见,进一步修改完善后下发执行。会议强调,做好扶贫工作,关键在实,特别是区四套班子领导,各地、各部门的主要负责人要真重视,真正走下去,真正去帮,带头示范,确保扶贫措施到位,扶贫对象到位,扶贫效果到位,确保精准扶贫在全市率先领先。扶贫部门要负起主体责任,对于扶贫工作要做什么,做成什么,要拿出具体措施,切实当好党委政府的参谋。要严格扶贫资金的使用与监管,确保专款专用,确保资金安全,确保资金效能得到有效发挥。

【区委四届第五次常委会议】

10月28日上午,区委书记王其中主持召开。会议传达学习了全省镇村建设规划管理、改善镇村人居环境工作现场推进会精神,并原则同意政府党组提出的贯彻落实意见。会议强调,建设更加靓丽、更具特色的美丽乡村是广大群众的热切期盼。要抓规划,年底前要完成镇总体规划、全域旅游规划、村庄规划、集中建房点规划;要按照会议要求,集中整治乱搭乱建、乱挖乱

采、乱堆乱放、乱埋乱葬,切实做到顶层设计有规可依,示范引领有样可学,专项整治有责必追。

【区委四届第六次常委会议】

10月29日上午,区委书记王其中主持召开。会议听取了前三季度财税工作完成情况和第四季度工作安排汇报。会议强调,既要奋力冲刺全年各项任务目标,确保按质按量完成,又要科学谋划明年经济工作,做到实事求是,科学合理。要突出重点,牢牢抓住信息服务业、光学光伏、汽车配件、苎麻产业、物流业等重点产业这个关键,又要高度关注新经济、新业态、新产业,紧盯新的经济增长点。

【区委四届第七次常委会议】

11月9日上午,区委书记王其中主持召开。会议传达学习了全省农村工作座谈会会议精神,听取了全区"秀美乡村"推进会筹备工作和脱贫攻坚工作情况汇报。会议要求,要迅速贯彻落实好全省农村工作座谈会精神,要科学谋划、精心组织好全区"秀美乡村"推进会,此项工作由文强、建颖牵头负责。要扎实开展规范农民建房,集中整治"四乱"问题,全力推进农村环境"七改"工作,全面提升信州区"秀美乡村"建设水平。会议强调,脱贫攻坚工作是当前一项重大政治任务,是第一民生工程,要严格按照上级要求,抓好落实,此项工作由王兆强牵头负责。区委常委会、区政府常务会要经常性听取汇报、经常性研究;区县级领导要以身作则,加强调度,亲临一线,解决问题。会议审议并原则同意《信州区政府投资建设项目预算评审暂行

办法(送审稿)》和《信州区政府性融资性资金管理暂行办法(送审稿)》。会议指出,区委区政府加强了对政府投资建设项目、政府性融资性资金的管理,进一步落实了"三重一大"决策制度,做到了有规可依、有章可循。政府性投资项目、融资项目一定要发挥其最大的社会和经济效益,要按照制定的管理办法抓好执行、抓好落实。

【区委四届第八次常委会议】

11月17日上午,区委书记王其中主持召开。会议审议并原则同意《中共信州区委关于区域经济发展重大课题调研的工作方案(送审稿)》,要求根据常委会讨论意见,进一步修改完善后下发执行。会议指出,要高度重视,精心组织,专题部署,每个课题要有领衔人,要成立相应调研组;要通过这次调研,摸清情况,找出问题,明确方向,提出措施。年底前要出调研成果,要将调研成果运用到政策措施的制定过程中,将调研成果运用到重大决策、重大项目以及招商引资等工作上,运用到明年各项工作的谋划中,为实现"十三五"健康发展赢得主动。

【区委四届第九次常委会议】

12月9日上午,区委书记王其中主持召开。会议听取了全区近期脱贫攻坚工作的情况汇报。会议要求,要继续加大脱贫攻坚工作力度,严格退出机制,以抽样调查发现的问题为导向,列出清单并逐一整改;各区直部门要切实履行结对帮扶责任,加大结对帮扶力度;区扶贫办要加强与各帮扶领导的对接,及时通报工作进展情况;要严明工作纪律,

加强对脱贫攻坚责任落实情况的督查,对工作执行不力的,要进行责任追究。

【区委四届第十次常委会议】12月23日下午,区委书记王其中主持召开。会议传达学习了关于苏荣案及涉及苏荣案相关人员违纪案处理情况及其教训警示的通报和关于市就业局再就业小额贷款信用担保中心主任付鹏辉违规组织集体公款旅游问题的通报。会议要求,苏荣案教训深刻,付鹏辉违规组织集体公款旅游问题很具警醒意义,全区上下要引以为戒,严格落实中央八项规定,扎实推进作风建设。区委常委要率先垂范,以身作则,进一步强化纪律意识、规矩意识,带头履行"一岗双责";各级党委(党组)要切实担负起从严治党主体责任,结合民主生活会、支部会、党小组会,挺纪在前,抓早抓小,落细落实。会议强调,元旦、春节来临之际,要进一步加强党风廉洁工作宣传,营造风清气正的节日氛围,这项工作由区纪委牵头,制定相应工作方案,切实加强巡查督察。

【区委四届第十一次常委会议】12月30日下午,区委书记王其中主持召开。会议传达学习了全省经济工作会议精神,并就年底前全区经济方面的重大工作进行了研究部署。会议要求,全区各级党组织和广大党员干部要认真学习,深刻领会,切实增强机遇意识、责任意识、忧患意识和发展意识,切实把思想和行动统一到全省经济工作会议精神上来,统一到省委决策部署上来;要把学习贯彻会议精神与谋划2017年发展结合起来,与做好当前工作结合起来,把会议精神真正转化成加快发展的强大动力和担当使命的行动自觉;要牢固树立和贯彻新发展理念,着力在改革、项目、开放、创新、民生五个方面求突破,努力把信州区建设成为区域副中心城市核心区,以优异成绩迎接中共十九大的召开。

【区委工作务虚会】3月11日,区委书记蒋丽华、区委副书记、区长王其中先后主持会议,区委副书记夏秀川、区人大常委会主任付德峰、区政协主席徐中平等区四套班子在家领导出席会议。全区9个镇(街道)和33个部门单位的党政主官参加会议并发言。就信州区经济社会发展中存在问题、解决策略以及今后的发展思路开展讨论,为全区经济社会发展建言献策,进一步统一思想、凝聚共识。

【"春风阳光""美丽家园""控违拆违"三大行动推进会】3月15日上午,区委书记蒋丽华、区委副书记、区长王其中在会上作重要讲话。区委副书记夏秀川主持会议。区人大常委会主任付德峰、区政协主席徐中平等区四套班子在家领导,区委各部门、区直各单位和各镇(街道)主要负责人,全区副科级以上干部和各村(居)支部书记约700参会人员参加会议。会上对2015年度"三大行动"工作进行总结,部署2016年"三大行动"和精准扶贫工作。

【全市征迁控违工作现场会】3月21日下午,在信州区国际会议中心召开。市委副书记、市长马承祖出席并讲话。他强调,要铁心硬手打击违章建筑,做好征地拆迁工作,规范农民建房,建设大美上饶。上饶经开区党工委副书记、管委会主任郑卫平,市政府秘书长俞健、副秘书长王云,区委书记蒋丽华在主席台就座。俞健主持会议。蒋丽华作了经验介绍。灵溪镇、北门街道、秦峰镇党委书记分别就征地拆迁、控违拆违、规范农民建房作了经验介绍。

【信州区召开重点工作百日攻坚暨棚户区改造动员大会】9月20日上午,区委书记王其中主持召开重点工作百日攻坚暨棚户区改造动员大会。区四套班子领导,区委各部门、区直各单位和各镇(街道)主要负责人,全区副科级以上干部和各村(居)支部书记约730人参会人员。全区总动员,干群齐上阵,奋战100天,拿下棚改200万,完成全年各项目标任务不含糊,绝不让群众在小康路上掉队。

信州区委办公室工作

【概 况】区委办公室积极适应和服务发展新形势,紧紧围绕区委中心工作,充分发挥职能作用,优化服务保障,加快工作节奏,努力当好参谋助手,不断提高"三服务"工作水平,较好地完成了区委交办的各项工作任务。信州区委机要局荣获2016年度全省机要密码工作优秀单位,信州区委办信息科负责人郭占军荣获全省党务信息先进个人,区委机要局机要员江懿霖荣获2016年全省党政机要系统先进个人。

【提高办文办会水平】　在公文处理上，坚持从严、从精、及时、实效的原则，从收发、印制、传阅、清退、归档、销毁等各个环节入手，严把政策关、时效关、体例格式关、文字关和校核关，同时努力做到少行文、行短文，全年发文387份，收文2229份（其中密件1351份）。在会务工作上，严格执行会议审批制度，认真审查会议议题，努力做到少开会、开短会。同时，狠抓会前准备、会中服务、会后落实3个环节，力求会议主题明确，中心突出，务求实效，全年成功保障区委全会、常委会、领导干部会、四套班子会等各类会议300余次。

【信息、调研、改革工作创一流】　调研工作有声有色，紧紧围绕结构调整、城市建设、招商引资、农民增收等全区中心工作和群众关注的热点问题，对工作思路、工作措施和进展情况及时加强调研，撰写有情况、有分析、有层次的调研文章，其中《坚决打赢"五大战役"助力"决胜全面小康、打造大美上饶"》等20余篇调研文章在上级刊物刊发。改革工作保持在全市前列，打造了"现代服务业综合改革""文化体制改革""社区矫正制度改革""司法体制改革""警务制度改革"等省级改革品牌。信息工作争先进位，编写一些有思路、有特色、有突破，对指导工作有重要参考价值的信息；及时反映带有信号性、倾向性、苗头性的问题，从前瞻性的角度为领导决策当好参谋，全年省及市信息刊物上稿量保持在第一方阵，其中《网约车合法化后仍有"三喜三忧"》在中办信息刊物发表。

【加强督查促落实】　围绕区委中心工作，把落实作为督查工作的出发点和落脚点，加大力度，改进方式，提高实效。不断增强政策敏锐性、工作主动性、情况预见性，想领导所想，急群众所急，切实把领导与群众的关注点作为督查工作的着力点，增强了督查工作的针对性和指导性。一年来，紧扣领导交办、批办事项，围绕城镇建设、招商引资、社会保障、依法行政、会风会纪等方面进行了50余专项督查，编发督查专报30余期，有力地促进了工作的落实。

【加大机要保密工作力度】　严格实行首知责任制，狠抓电报译传办理工作，确保密码顺畅高效运转。全年共译传办理明码电报1600余份，密码电报390余份，未出现一起失泄密事故。完善更新了内网设备、通信线路、视频监控等基础设施。积极主动做好保密要害部门确认工作，对已确定的保密要害部门，开展保密管理督查。深入社区、企业、学校等宣讲保密知识10余次，发放保密资料万余份。

【民声通道重沟通解民忧】　将日常受理的每一件民情案件分类办理，建立对问题整改做到措施不扎实不放过、问题不解决不放过、群众不满意不放过等"三个不放过"的跟踪服务体系。全年共办理省委民声通道核办件、市委民声通道核办件、分流转办件10余件，办结回复率100%，接听群众来电60余次，办理回复电子邮件及信访转办件20余件。

（周丽芝）

组织工作

【概　况】　中共信州区委组织部是区委领导下的负责党的组织建设和干部人才管理工作的职能机构，全区共设28个基层党（工）委，辖46个党总支，591个党支部，14816名党员。全年共发展新党员155名。2016年的全区组织工作在市委组织部的精心指导和区委的正确领导下，深入贯彻落实中共十八届三中、四中、五中、六中全会，省第十四次党代会，市第四次党代会、区第四党代会和中共中央总书记习近平系列重要讲话精神，扎实开展"两学一做"学习教育，统筹推进区镇两级集中换届工作，从严从实优化领导班子和干部人才队伍建设，有效推进基层党组织建设和党员队伍建设，着力加强组织部门自身建设，为把信州区建成省域副中心城市核心区提供了坚强的组织保证。

【扎实开展"两学一做"学习教育活动】　成立"两学一做"学习教育协调小组，召开动员部署会，制定《关于在全区党员中开展"学党章党规、学系列讲话，做合格党员"学习教育实施方案》及年度学习计划，组织党员系统学习党章党规和中共中央总书记习近平系列讲话精神。5月中旬，组织全区万名党员开展"重温入党誓词，坚定理想信念"活动；推行"屋檐下的党课""小巷里的党情""田埂中的党话""指尖上的党声"等多种微党课模式。全年开展区级理论中心组学习8次，全区科级以上党员领导干部深入基层联系点上党课691次,各党支部上党课1311次,开展集中学习5230余次。坚持真抓实做,将"两学一做"融入正常的党建工作体系。8月起,自主党建品牌"阳光行动日"延伸形成"党员主题活动日",并开展了党员志愿服务公益、党员值日、"我为支部出点力"等相关主题实践活动。2016年,全区718个党支部累计开展"党员主题活动日"活动2872场次,党员覆盖率达90%以上,累计运用"党员主题活动日"组织开展志愿服务类活动2000余场/次。突出问题导向,按照中央"五个着力解决"要求,把解决问题贯穿学习教育全过程。对于普遍性问题,统一方案全面整改;对于差异性问题,要求各党支部和党员个人结合自身实际,找清问题根源,因地制宜具体整改;对于疑难问题,突出重点专项整改。

【打造党建品牌】 对全区列入党建工作基数的895个非公有制经济组织、306个社会组织、16612个个体工商户均进行了党的组织和党的工作两个全覆盖。11月18日,全市非公有制经济组织和社会组织"两个覆盖"工作现场交流推进会在信州区召开,此项工作走在全市前列。社会组织福海老年公寓荣获"全国先进基层党组织",已成为信州区在全省乃至全国一张响亮的"党建名片",2016年12月21日,省委书记鹿心社亲临指导并给予高度肯定。探索推行的"党课主播"制度、成立的"党课主播"服务队的做法得到《人民日报》《中国组织人事报》等百余家主流媒体的关注

肯定。

【加大经费保障投入】 出台了《关于规范村(社区)干部报酬并建立正常增长机制的实施意见》,全面提高基层干部待遇。对67个任期届满未及时换届的基层党组织进行专项整改,配齐书记;将全区126个村(社区)党组织工作经费和干部报酬等纳入财政预算,行政村的财政转移支付平均达10.7万元,社区的工作经费增加到10.5万元;按照每名村(社区)党员100元的标准配套落实党员活动经费。

【开展"党建+"活动】 以"党建+精准扶贫"为切入点,助脱贫攻坚。组织党员干部与困难户结亲,落实共建帮扶单位结对。以"党建+重点工程"为着力点,开展"亮身份、比贡献、作表率"活动,把党建工作融入重点项目建设中。以"党建+村容村貌"为落脚点,发挥农村(社区)党组织的核心领导作用和党员的先锋模范作用,全面落实定人、定岗、定责、定标准、定奖惩的"五定"工作法,形成"村组织牵头+村骨干带头+群众自治"的农村环境卫生管理新模式,推进秀美乡村建设。

【加强基层党员队伍建设】 结合党员组织关系排查和党员党代表违法违纪清查工作对全区党员整体表现情况进行大排查、大清理。找回失联党员305人,并进行严肃的组织处理,对排查出来的40名违法违纪党员,全部进行了党纪处分。先后开展了"党在我心中"征文、党章党规党纪知识竞赛、"党旗下的承诺"主题演讲及"重温入党誓词"活动。对

老党员和生活困难党员进行走访慰问并发放慰问金,并为1382名50周年以上党龄的老党员发放了含党章原文、红色歌曲在内的"电子党章"和荣誉章。对50个基层党组织、101名党员、50名党务工作者进行了表彰,6名党员、3名党务工作者、6个基层党组织获市级表彰,1名党务工作者、1个基层党组织获省级表彰,1个基层党组织获得中央表彰。扎实抓好了流动党员教育管理服务,在北京流动党支部成立一周年之际,专门组织相关干部前去参加"周年活动"。已在北京、福建、遵义、义乌等地建立起流动党支部,使流动党员离乡不离党、流动不流失。

【顺利完成区、镇两级集中换届工作】 做好了中共信州区第四次党代会筹备工作,确保党代会圆满完成。成立了镇(街道)换届工作领导小组,制定下发了换届工作指导文件和换届风气巡查方案,对全区9个镇(街道)的领导班子和领导干部进行了全面考核,结合考察结果,做好了区委领导与镇(街道)班子成员谈心谈话工作。通过抓纪律、立规矩、派出巡查组、畅通监督举报渠道,营造了风清气正的换届环境。经与省、市委组织部沟通,拿出8个镇领导班子成员岗位、5个街道领导岗位用于优秀村(社区)干部、大学生村官、镇事业编制人员竞争性选拔,拓宽了事业编干部上升渠道,配好配强镇(街道)和部分区直相关部门领导班子。并组织做好了中央、省、市党代表的酝酿推选工作。

【规范干部选任程序】 按照《规范和完善信州区委组织部管

理的干部任免程序的意见》,规范考察票决、公示监督、任职谈话、离任审计等工作程序,做好了区管和部管干部任免工作。继续实施职务职级并行,全区各实施和参照公务员管理单位306人经申报、审核、测评和考核,晋升了职级。继续开展干部人事档案专项审核工作,健全完善了干部档案管理制度。扎实开展干部任前调动审核工作。对拟提拔重用、外地调入的干部人选考察对象的干部档案必审,重点审核干部"三龄两历一身份"等信息,并积极配合省委巡视组对全区中共十八大以来选人用人工作情况进行检查。对省委巡视组反馈的问题已全部整改到位。

【加强干部教育监督管理】　按照《2015—2017年信州区干部教育培训规划》,举办了5期全区副科级以上领导干部学习中共十八届五中全会和中共中央总书记习近平系列讲话精神轮训班,完成了干部网络教育全区在编在岗的2000余名干部基本信息的录入、更新工作。同时,在防汛抗旱、端午划龙舟等时间节点,以及全区重点项目建设等工作中,协同区纪委、区督查办开展干部督查工作,将干部平时考核与工作实绩相结合。继续开展领导干部个人有关事项报告工作。如遇子女出国、直系亲属移居境外等重大变更事项,要求变动之日起1个月内及时报告;规范科级领导干部因私出国(境)管理与审批。完善登记备案人员信息库,加强监督检查,做到应备尽备,应交尽交,集中保管因私出国(境)证件。共计收集护照142本,港澳通行证92本,台湾通行证12本。规范区直机关借用人员,严格执行《关于规范全区各单位借用工作人员的意见》,规范全区各单位借用人员行为,维护正常的工作秩序。继续落实超职数消化工作,2016年,共清理正科领导职数3个,副科职数32个,非领导职数36个,达到规定的目标进度。落实有关要求,制定下发了《关于做好机关事业单位工作人员被采取强制措施和受处分处罚后工资待遇处理工作的通知》。

【强化人才队伍建设】　加大对专业技术人才引进力度。将非物质文化传承人、童坊砚台厂厂长陈文武、油画大师马松林、福海老年公寓党支部书记、院长郭安海等杰出人才,列为市领导春节走访慰问人员。

【做好机构改革工作】　理顺和配齐区卫生和计划生育委员会、金融工作办公室的人员、编制,并对划归地方管理的区工商行政管理局、区质量监督管理局进行合并,成立了区市场监督管理局。对实施地方管理的上饶市茶厂进行了接纳和改革。对法检系统的司法体制改革做好了前期审核摸底工作。

【组织部门自身建设成效明显】　分3个批次组织机关干部共6人赴厦门大学、深圳市委党校参加业务知识、专业素养和行政能力的培训。积极开展向曾建、高爱红等优秀共产党员学习活动。将工作进度安排细化到逐月、逐周,广泛开展调查研究,改进工作作风,组成3个小组到挂点的街道、结对的社区、帮扶的精准扶贫点和新农村建设点帮助开展工作,并给予资金上的帮扶,与北门街道龙潭村26户贫困户结成帮扶对子,2016年已有15户率先脱贫。扎实开展了组织部门自身"两学一做"学习教育、"党员主题活动日"活动。坚持每周五下午"今天我主讲"学习制度,加强"三公"经费管理,严格控制支出,建立固定资产登记制度,营造了干净整洁、文明有序的办公环境。

(童天琦)

宣传工作

【概　况】　2016年,举行了各类学习、宣讲、报告180余场,受众2万余人次。全年度在中央、省、市级主要媒体完成对外宣传新闻稿件613篇。以"诚信之州"建设为抓手推动精神文明创建,抓实"信州好人"和未成年人教育平台,营造文明的道德风尚和良好的社会环境。

【深入推进理论武装】　区委中心组学习提质增效。充分发挥区委中心组学习的龙头引领作用,共组织区委中心组学习33次,立足提升中心组学习的层次和效果,创设了"信州讲坛",组织了首期"信州论坛·新经济专题"访谈和报告会,参会学者为全国、全省知名专家。组织"百姓大讲堂"理论宣讲队进村入户、进校入企,理论宣讲面对面、进万家。自8月以来举行了各类学习、宣讲、报告180余场,受众2万余人次。同时充分利用微信公众号等新媒体,向广大干群积极推送学习资料,推进全区理论普及提升工作。

【"信州资讯"荣获"江西最值得关注的十大县（区）政务微信"荣誉称号】　积极顺应媒体融合的发展趋势，在巩固和提升电视、报纸、网站等既有媒体宣传品位的基础上，进一步配强了信州区第一媒体"信州资讯"的编辑团队，按照"周周有热点、期期有亮点、篇篇有看点"的工作思路，通过做深内容、做精标题、做活图片，"信州资讯"的宣传品味不断提升，并实现了每日推送，截至 2016 年年底关注量已达到 30 万人次，2016 年再度荣获"江西最值得关注的十大县（区）政务微信"荣誉称号，成为信州区最快捷、最有成效、最重要的宣传平台。

【舆论宣传实现新提升】　积极发挥区属各大媒体平台"喉舌"作用，围绕"两学一做"学习教育、"控违拆违"行动、"百日攻坚"等中心工作，精心组织宣传力量，深入采访，推出了一批全区广大干群爱听爱看、产生共鸣、凝聚人心的宣传报道。创新方法手段，打造全方位、多层次、宽领域的"大外宣"新格局，对外宣传报道工作实现了"质量""数量"的双丰收。建立了"媒体聚焦信州月月行"活动机制，举办了"聚焦信州"媒体恳谈会，新闻宣传每周一策划、每月一小结，制度化每月邀请多批次市级以上媒体赴信州主题采访。2016 年度在中央、省、市级主要媒体共完成对外宣传新闻稿件 613 篇。其中，中央级主流媒体实现了全覆盖。省级用稿继续保持中游，《江西日报》用稿 73 篇，头条 2 篇，省广播电台用稿 52 篇。新华社江西分社在《江西领导参考》头条登出对区委书记王其中的专访稿件。市级用稿居第一方阵，《上饶日报》头版用稿达 140 篇，居全市第一，上饶电视台用稿居全市前列。

【网络舆情监管有力】　进一步完善了突发公共事件报道应急预警和快速反应机制，建立健全了季度督查通报、舆情分析联席会议、网站微信公众号登记等系列制度，制作舆情周报 48 期，有效地处置了涉辖区负面舆情 160 条，确保了网络空间的健康晴朗。

【开展首次中小学心理健康教育专题讲座】　5 月 14 日，信州区开展首次中小学心理健康教育专题讲座，邀请共青团中央心理研究所所长田万生教授讲课，围绕教育者自我成长的意义、生命质量与自我认识、心理健康状况考察、自我成长模式、心理测量与优势发掘等方面为广大教师加强身心健康提供重要理论依据和实践指导，反响热烈。

【文化活动丰富多彩】　注重文化建设接地气，在社区先行搭建百姓大舞台，经常性开展、引领群众文化活动。立足提升饶城文化品位，先后举办了"巨网杯"国学经典书画展、"盛世新年 幸福信州"2016 贺新春写春联公益文化活动、"盛世中国梦 魅力信州情"夏布书画艺术精品展、"颂歌献给党"——信州区庆祝建党 95 周年干部职工文艺展演、"虚幻空间——马松林油画新作展""全国夏布书画艺术名家作品邀请展"等系列活动。文艺创作硕果累累。第 12 届中国（深圳）国际文化产业博览交易会，信州区选送的黄蜡石、夏布画等作品喜获一金一银两铜的好成绩；此外，夏布画作品《水南印象一》在第十一届中国（莆田）海峡工艺品博览会上荣获银奖；由信州区选送的小组唱《党是心中点灯人》荣获全省"七一"群众歌咏大赛亚军，并参加了全省"七一"文艺晚会的演出；《诗词信州》文化丛书已编辑出版。

【文化产业再添后劲】　上饶文化创意产业园被省文化厅授予"第五批江西省现代服务业集聚区"，二期工程正在有序推进。启动了杨时乔历史文化街区，茶厂、茅家岭历史文化创意产业园规划设计。

【全市首家数字经济服务园建成并投入运营】　12 月，数字经济服务园建成并投入运营。项目占地 2.87 万平方米，建筑面积 6 万平方米，总投资 4 亿元。该园分为家居和智慧信州 2 个区域，润丰智能家居和信州数字体验中心率先落户。与数字体验中心关联的知名互联网智慧运营商东方启明公司、科技部北京等 12 家公司已明确入驻。

【加强干部队伍建设】　出台宣传口干部管理细则，开辟优秀人才引进"绿色通道"，确保宣传文化事业后继有人。进一步做好理论骨干、新闻队伍培训工作，不断提高干部的业务水平和解决实际问题的能力。深化"走转改"，推动新闻界、文化界工作者深入基层调查研究，把镜头对准基层一线，把工作写在大地上、把情感放在老百姓的心坎上，以作风建设的新成效推动宣传思想文化事业的新发展。

【加大诚信文化平台建设力度】 以"诚信之州"建设为抓手推动精神文明创建，积极打造"法廉信"公园，大力宣传政务、商务、社会诚信和司法公信。分别在东市建新社区、西市乔村社区和水南金山社区制作户外诚信宣传栏，特别是在北门东都花园社区制作了百米诚信文化长廊，将诚信文化宣传和氛围营造推向深入。联合区法院等相关部门，积极谋划对接"法媒银"进上饶暨首届中国（上饶）诚信道德文化节，推进诚信文化建设制度化。

【开展文明单位创建工作】 按照省、市要求，与市文明办一起抓紧落实全市第八届市级文明单位的申报推荐工作和2015—2016年度区级文明单位申报推荐工作。在12个村（居）开展了以"五个一"（即成立一个学雷锋志愿服务工作站、成立一个"信州好人"评议会、设立一块先进文化导向栏、配设一套公共文明标识牌、帮扶一项群众性创建活动）为主要内容的文明创建，涌现出了金山、书院路、建新、茶圣中路、五三（2）、乔村、东都等一批有特色的文明创建小区，进一步夯实了社区文明创建基础。

【搭建"信州好人"发布、宣传平台】 在全区范围，特别是在各镇街和教体局、卫计委等大系统积极开展"信州好人"推荐评选活动，通过发布、表彰、宣传"信州好人"，引导群众从小善小德小事做起，从一点一滴一处做起，体现"爱国、敬业、诚信、友善"的社会主义核心价值观，体现中华民族传统美德，体现群众

公认、社会认可，在全社会营造讲道德、遵法纪、守礼仪的氛围，形成向上向善向好的强大正面力量。当年，全区发布信州好人2300多人次，胡小菊、郭安海、蔡祥龙等入围中国好人榜候选人，其中胡小菊入选二季度全省好人榜，并利用市中心广场广告位，分期分批制榜宣传"信州好人"。

【未成年人教育工作新突破】 2016年联合市心理咨询中心打造全省一流的上饶市第十小学心理咨询室，拟作为全市现场会的主参观点。乡村少年宫实现全覆盖，秦峰中心小学获全省优秀乡村少年宫，朝阳中心小学获全省优良乡村少年宫。

【志愿服务工作实现新提升】 制定出台了《关于成立信州志愿服务中心的实施意见》，志愿服务中心项目列入2016年度全区精神文明建设重点工程，已基本完工。重点在各镇街、村居广泛开展各类志愿服务活动，志愿者网上注册人数已超过3万人。五三（2）社区获评全省优秀志愿服务社区，东都社区也在争创全省优秀志愿服务社区。同时充分利用3月份全区"阳光行动日"志愿服务主题活动的契机，号召各行动单位党员干部积极加入志愿服务团队、开展各类志愿活动。

（徐春燕）

精神文明建设

【概　况】 2016年，信州区精神文明建设工作紧紧围绕中央、

省委、市委重大决策部署，突出重点、狠抓落实，扎实开展各项工作，全区精神文明建设呈现出积极、健康、向上的良好发展态势。

【大力开展文明创建活动】 按照省、市要求，积极开展了全区2015—2016年度区级文明单位创评，完成了区属第十五届省级文明单位的复查工作。在2015年文明村、居创建的基础上开展以"五个一"为抓手的文明村、居创建活动。金山社区、建新社区、乔村社区、东都社区等在原来的基础上有了进一步的加强。尤其是东都社区，加大投入，制作了百米诚信长廊、搭建了信州大舞台，巩固和发展了向日葵"邻里守望"志愿服务队。积极推动诚信信州建设，在杨家湖湿地公园积极建设诚信公园，增设了多块大型诚信宣传栏和标牌，营造了诚信氛围，宣传了诚信理念。加大了区法院失信被执行人曝光平台建设，促进了"法媒银"一体化诚信工作机制的建设。

【"信州好人"评选活动】 加大"信州好人"评议、发布和宣传工作。制定下发了《关于在全区大力开展"信州好人"推荐评选工作的实施意见》。通过发布、选树和表彰"信州好人"，引导人们从小善小德小事做起，从一点一滴一处做起，体现"爱国、敬业、诚信、友善"的社会主义核心价值观，体现中华民族传统美德，在全社会营造追求讲道德、遵法纪、守礼仪的氛围和风气，形成向上向善向好的强大正面力量。截至12月底，全区发布信州好人2300多人次，王明华、

胡小菊等8位入围中国好人榜候选人，胡小菊入选"江西好人"。区文明办还利用市中心广场广告位，分期分批制榜宣传"信州好人"。

【完善志愿者服务平台】　区文明办与团区委、区红十字会选址水南文化街，全力打造集志愿服务团体和志愿者个人注册、管理、培训等功能为一体的志愿服务平台。4月23日揭牌成立。加大全区志愿者注册，积极发展志愿队伍，截至2016年全区志愿注册人数已经超过3.5万人。成立了区青年志愿服务总队、区红十字志愿公益联盟总队、区文明单位志愿服务总队、区社会组织志愿服务总队等4支志愿服务队伍，新成立了区文化志愿服务队，全区志愿服务组织得到进一步的壮大和发展。

【未成年人思想道德建设】　突出重点，积极建设未成年人心理健康辅导室。在原建的20个心理健康辅导室的基础上，突出重点，抓好示范校建设和活动开展。5月14日，信州区开展首次中小学心理健康教育专题讲座，邀请共青团中央心理研究所所长田万生教授讲课，围绕教育者自我成长的意义、生命质量与自我认识、心理健康状况考察、自我成长模式、心理测量与优势发掘等方面为广大教师加强身心健康提供重要理论依据和实践指导，反响热烈。与市心理健康辅导中心和区教体局一起，在七中开展了大型心理健康辅导活动。以十小为重点，打造了全市亮点，并在5月份举办了全市青少年心理健康教育工作现场会。乡村少年宫建设在沙溪、朝阳、秦峰、灵溪中心小学申报成功的基础上，继续申报茅家岭中心小学。进一步加强各中心小学少年宫管理，2016年秦峰中心小学获全省优秀乡村少年宫，朝阳中心小学获全省优良乡村少年宫。

（戴迎秋）

统一战线工作

【概　况】　2016年，区委统战部认真贯彻落实全市统战部部长会议精神，以中共中央总书记习近平同志系列重要讲话精神和中共十八届六中全会精神为指导，以民主党派工作为重点，积极推进多党合作制度化、规范化、程序化建设，抓好党外代表人士队伍建设，做好非公有制经济代表人士工作，加强非公有制经济代表人士思想引导，保持民族宗教工作领域和谐发展，进一步彰显工作特色，紧紧围绕区委中心工作，充分发挥统一战线独特优势，积极参与"两学一做"教育实践活动、"精准扶贫"等工作，各项统战工作取得全面发展。

【民主党派工作取得新突破】　协助民革、民盟、民建、民进、农工党、九三学社6个党派总支和基层委员会，完成换届选举工作，并成功召开各党派第一次代表大会。审议通过了工作报告，部署了今后五年的发展工作，选举产生了第一届委员会委员、主委、专职副主委、兼职副主委、秘书长。在区委、区政府的大力支持下，统战部积极协调各有关部门和单位，帮助民主党派加强区级基层组织建设，实现党派机关"333"配置，即在机构设置、人员编制每个党派3个编、工作经费每年3万元列入财政预算、办公用房每个党派3间，党派和组织建设上都得到了制度性保障，成为有行政级别、有工作经费、有专职干部编制、有办公用房的"四有"县区组织。

【非公有制经济领域统战工作取得新进展】　信州区工商业联合会（总商会）顺利完成换届选举工作，召开了第四次会员代表大会，选举产生了信州区工商联第四届执行委员会，审议通过了信州区工商联（总商会）第四次会员代表大会决议。2016年度区工商联荣获了全省"五好县级工商联"称号和全省县级工商联优秀单位荣誉。商会数量不断提升，结合上饶（信州）文化艺术创意产业园，成立了信州区水南文化街区商会，园区90%以上的商户加入，增强了文化市场凝聚力。水南文化街区商会荣获"全省先进基层商会"。结合汽配产业和赣东北汽车园，积极筹备成立信州区汽车摩托车产业商会等行业协会。

【推进多党合作制度化规范化程序化建设】　引导民主党派组织全面加强自身建设，在参政议政、提高能力、展示水平等方面有序健康发展，支持民主党派在教育、文化、医疗卫生、体育等党派成员集中的领域发展，并做好民主党派成员的教育、培养、举荐工作。积极联系和鼓励民主党派人士积极参加区委、区政府、区政协及有关部门举办的各种协商会、征求意见会等，为民主党派创造知情明政的必要条件,畅通反映社情民意的渠道,各党派成员在市、区两级政协会议上,提交提案79篇,其中优秀提案7篇。区政协大会发言材料26篇,民主党派占14篇。各党派共开展调研22次,形成调研报告11篇。为党外人士建言献策疏通渠道,对区委区政府的重大决策、经济发展、项目实施、社会治安综合治理、党风廉政建设等情况适时召开形式多样的报告会、座谈会、培训班等,共58场次,参加人员逾千人次。

【加强非公人士思想引导】　建立了区委常委联系非公有制经济代表人士联系制度,区委领导经常深入各自挂钩联系的非公企业中,倾听非公经济人士的意见建议,切实为非公企业解决实际困难;坚持"团结、帮助、引导、服务"的工作方针,认真做好非公有制经济人士的思想政治工作。深入企业了解他们的生产生活情况,及时掌握他们的思想动态,听取他们心声,帮助他们解决实际困难,激发广大非公经济人士的创业精神和爱国爱乡热情,树立"爱国、敬业、守法、诚信"的良好社会形象;做好非公经济组织和社会组织"两个覆盖"工作,迎接了以市委常委、组织部部长黄玉剑的考察组一行,得到了高度好评。

【着力抓好党外代表人士队伍建设】　配合实施人才强区战略,按要求做好党外代表人士的政治安排工作,在实职安排方面注意向优秀党外人才的倾斜。对全区党外干部进行全面摸底,进一步健全完善党外干部资源库,并从优秀干部中筛选30名人选向区委组织部推荐为科级党外

后备干部。2016年,全区党外实职领导干部49名,其中副处6名,正科9名,副科34名。2016年区人大、区政协换届期间,统战部对党外人士代表和政协委员的安排做到早部署、早安排,本届安排党外人大代表27人,党外政协委员106人,其中党外政协常委17人。

【积极参与"精准扶贫"工作】按照区委区政府的统一部署,统战部在"精准扶贫"活动中挂点秦峰镇占村村,8名党员干部共挂点19户贫困户。统战部干部认真分析研究贫困村及贫困户的致贫原因,与镇村干部共同探讨扶贫脱贫思路和措施,结合统战工作和优势,加大扶贫力度,加快扶贫进程,确保扶贫工作不落后。截至年底,统战部已通过多渠道帮助解决了贫困村发展集体经济的帮扶资金5万元,直接发放到贫困户手中的帮扶资金1万元,还为新农村建设和基层党建工作帮扶点筹措资金8万元。已有11户贫困户顺利脱贫。

【积极参与赈灾扶贫济困】　区工商联按照全市"百企帮百村"精准扶贫行动部署的要求,启动了"企业进村助力精准扶贫行动",全区7个贫困村落实了10个企业结对帮扶,并建立了工作台账,挂点企业一对一捐赠建档立卡贫困大学生现金5万余元,45名贫困学生接受助学捐赠。号召广大会员积极参与社会光彩事业,开展了"六一"节捐书等活动,捐书5000余册。区民宗局组织引导宗教界人士关爱弱势人群,回报社会,引导宗教界以宗教特有的道德感召力,广

泛联系信教群众和社会各阶层人士,发扬乐善好施、扶危济困、关怀社会、服务大众的传统美德,力所能及地参与了助学赈灾、养老恤孤等慈善救助活动,在组织宗教慈善周等慈善活动中,募捐3万余元。

【民族宗教工作领域保持和谐发展】　抓好民族工作专项资金的申报管理工作,规范项目档案管理,落实项目管理责任,完成了"2016—2018年全省民族地区发展资金项目库"建库工作。推动民族工作进社区试点工作,在试点社区建立健全了社区民族工作的各项制度,动员和组织少数民族群众参加文明社区创建活动,共享社区的活动资源。加强元旦、春节等重要节假日期间的安全管理,开展了全区宗教活动场所安全隐患大排查行动,及时有效排查了各种安全隐患。与政法、国安、公安等部门加强情报信息交流和工作协作机制,及时防范处置了几个宗教热点问题,切实提高发现、控制和处置各种不稳定因素的苗头、事件的能力。在春节、国庆等节假日期间,建立了突发事件工作机制,没有出现民族宗教方面的矛盾冲突,没有发生过综治和刑事案件,继续巩固和保持了民族团结、宗教稳定的良好局面。

【侨务工作彰显特色】　开展为侨胞侨属服务的特色活动,形成社区和侨胞互动的双向机制,推动社区资源共享,发挥侨属在社区建设中的独特作用,形成了较为完善的基层社区为侨服务工作网络。成功举办了2016年海外华裔青少年中国寻根之旅夏令营——魅力信州营活动,通过

活动宣传了信州区良好形象，有效地涵养了侨务资源，进一步扩大了信州区的海外宣传。

【做好台资企业服务工作】　积极到台资企业走访调研，了解企业经营状况和存在的困难，对台企遇到的困难进行梳理协调，共谋解决思路。认真做好到信州区考察的台商的接待工作，2016年共接待到信州区考察投资的台商4批次，实现签约项目1个。

（杨冰冰）

政法综治工作

【概　况】　2016年，在中共信州区委区政府的正确领导下，全区各级党政组织充分履行第一职责，主动服务第一要务，以服务发展、防控风险、破解难题、补齐短板、队伍建设等"五个坚持"为抓手，全力维护了信州区社会大局的安全与稳定，为高标准建成省域副中心城市核心区，营造了更加安全稳定的社会环境、公平正义的法治环境、优质高效的服务环境。2016年，信州区被评为"全省平安县（市、区）"和"全市综治工作先进区""全市国家安全人民防线工作先进区"，接受了"全国无邪教创建示范县（市、区）"的检查验收。

【保障责任机制落实】　区委、区政府等四套班子领导对政法综治维稳工作优先研究、优先决策、优先部署。全面及时地贯彻落实了中央、省、市的工作部署，为全区政法综治维稳工作的有效开展提供了强而有力的领导。坚持实行了党政领导干部维护社会稳定工作"一岗双责制"。坚持将领导干部维稳、综治履职情况、工作能力和绩效纳入了领导干部考核体系、国家公务员考核体系、目标管理考核体系。进一步强化了各单位、各部门领导保一方平安、维护一方稳定的政治责任。区委、区政府始终优先保障政法综治维稳工作经费。投入了1000余万元用于"三项建设"工作，建成了1400平方米集综治信息、视联网、公共安全视频监控、矛盾纠纷调处组团式服务为一体的区级综治中心。在化解重大疑难信访及矛盾纠纷、端午维稳、禁毒工作、公众安全感和群众满意度双提升等工作中，都拨付了工作经费予以保障，确保了全区政法综治维稳工作的扎实开展。

【维护社会安全稳定】　在全区建立起了以信访和公安部门为依托、调处中心为枢纽、基层各类信息员为主体的涉稳信息工作网络，建立和完善了国安、维稳信息的数据采集、分类管理、分析处置、传递报送机制。进一步完善了矛盾纠纷、信访问题定期摸排、分析机制，做到了超前掌控、及时化解。在全区集中开展了为期3个月的重大不稳定及信访问题（隐患）集中摸排化解活动，实现了全区赴省、进京上访总量大幅下降，总量在全市排名靠后的好成绩。在重大政治敏感期和省、市、区重大活动期，区委、区政府都及时召开会议专题部署，就信访维稳工作专门制定下发预案。圆满完成了G20峰会、全国综治"南昌会议"、中共十八届六中全会、市区

"两会"及领导视察、巡查等活动的安保维稳任务30余次。严格落实了邪教重点人员的帮教防控责任，深入抓好邪教痴迷者的教育转化工作，组建了126名信息收集员和504名义务协管员的反邪教基层工作队伍，重点培育了秦峰镇、龙泉村、茶圣中路社区、八小等一大批基层"无邪教示范创建范点"，完善了九个镇、街"一墙、一窗、一卡"的反邪教宣传阵地。破获了"6·6"案件，有效打击了邪教组织的违法活动，获得了省公安厅嘉奖。

【深化平安法治建设】　先后开展了打击"盗抢骗"、电信诈骗、整治"黄赌"、缉毒会战等专项行动。针对严重影响群众安全感的侵财类犯罪，组织开展了"打侵财、控发案"百日攻坚专项行动，行动50天刑拘侵财类犯罪嫌疑人95名，刑事发案环比下降60%以上，取得了良好的震慑效果。依托高清"天网"和警务站，组建了空中巡逻队和视频侦查队，配备了警用无人机和警务巡逻车，每天投入200余名警力强化对社会面的防控，实现了空中与地面、现实与虚拟、步巡与车巡的有机结合。积极开展了党政机关干部、"五老"综治协理员、青年志愿者、社区志愿者等各类基层义务巡防活动，推行了社会治安"巡防钟点工"活动，加强了重点时段、重点社区的治安防控，努力探求治安巡防"社会化"，实现治安防控的无缝衔接。深入推进社会稳定风险评估的开展，区委对"评估办法"重新作了修订，相关部门联合商议进一步细化了评估范围。引进了第三方稳评机制，对6个具备资质的第三方稳评

机构进行了备案,共完成16个项目的稳评工作。在保障服务经济持续健康发展方面,政法部门充分发挥职能作用,严厉打击了经济领域内的违法犯罪,依法调节了各类经济关系,维护了金融秩序的稳定,保障了经济平稳健康发展。深入基层、走进群众,开展了"平安十创"活动,建立了一支长期联系服务群众的队伍,切实掌握了基层第一手资料,破解了一批群众反映集中的热点难点问题,进一步凝聚了人心、汇聚了力量,增强了平安创建的活力。在推进公众安全感和群众满意度的"双提升"工作中,区政法部门和各单位上门入户走访、设置宣传屏等开展了全方位地宣传,切实做到了"电视有图像、电台有声音、报纸有文章、网络有报道、手机有信息",营造了强大的和谐平安宣传氛围。大力实施法治惠民工程,开办了"法治网"、开通了"法治微博"、开设了"领导干部谈法治"专栏,建成了法廉公园、百米法治文化长廊、52座规范化社区法制宣传栏、120余座移动法制宣传栏板,建有一小、逸夫小学等20余处实体性法制宣传教育基地,开展了法制电影进村(居),组织法制文艺宣传大蓬车下乡村,形成了多层面、立体化的法治文化宣传架构。

【提升社会治理水平】 在全市率先出台了《信州区"三项建设"工作实施方案》,严格按照《县级综治中心建设具体规范和细化标准》,建设了信州区综治中心,与区矛调中心、综治组团式服务大厅"三位一体",达全市一流水准,大大提升了区综治服务水平。全区9个镇(街道)和126个村(社区)的综治中心均已挂牌建立。运用综治信息平台对肇事肇祸等严重精神障碍患者、刑满释放人员和社区矫正人员等特殊人群信息实现了动态化管理,做到了底数清、情况明。所有管控对象,逐一落实了责任单位、责任领导和责任人,逐人制定了管控措施,通过相关部门密切配合、专职人员直接稳控、网上布控等办法实现跟踪掌控,做到看死盯牢,确保不脱离视线。紧紧围绕司法责任制改革、人员分类管理两个重点,进行了司法体制改革,圆满完成了试点工作任务。区入额法官、检察官已开始按照新体制办案,一线办案力量得到了明显加强,办案效率和办案质量也显著提升。

(朱　泉)

农村工作

【概　况】 2016年区委农村工作部认真贯彻中共中央总书记习近平系列重要讲话精神,全面深入贯彻落实"创新、协调、绿色、开放、共享"的发展理念,紧紧围绕"十三五"规划,充分发挥信州高铁、区位、山水林田湖和绿色生态等综合优势,加快农业发展方式转变,不断深化农业农村改革,深入推进"十百千万"创建工程,积极打造"农业强、农民富、农村美"绿色生态人文信州,努力构建城乡一体化发展新格局,有力促进了全区农村经济持续快速增长和社会各项事业的全面进步。全年实现农业总产值11.01亿元,农民人均可支配收入达14358元,同比增长7.3%。获2016年度全省农村清洁工程工作先进县荣誉。

【农业和农村体制改革深入推进】 制定了《信州区农业和农村体制改革专项小组2016年工作计划》和《2016年深化农业农村体制改革工作要点》等一系列改革文件,对涉及深化农村集体产权制度改革、加快构建新型农业经营体系、健全农业支持保护体系、健全城乡发展一体化体制机制、加强和创新农村社会治理等5个方面的18项改革工作全面推进,各项改革工作达到预期目标。

【"十百千万"工程创建亮点纷呈】 2个特色产业体系不断壮大。赣东北农产品批发大市场交易额不断增加;春华菌菇基地无菌化生产车间已建好,成为区域内菌菇规模化生产龙头企业。2个休闲农业示范点持续发展。按照"食得安全、住得舒心、行得通畅、看得养眼、听得悦耳、购得便捷"的标准,作为信州区现代农业休闲示范点的茅家岭街道渔乐山庄成为星级旅游示范点,朝阳西园生态农庄在不断完善提升中。5个特色秀美乡村建设点成效显现。按照基础设施好、公共服务好、生态环境好、产业发展好、乡风民俗好、社区治理好的"六好"标准,高标准精心打造了沙溪镇宋宅村和铅岭村、灵溪镇邵新村、朝阳镇朝阳村、秦峰镇五石村等5个秀美乡村建设示范点。60个高品质农家示范户质量提高。"经济生活品质高、政治生活品质高、文化生活品质高、社会生活品质高、环境生活品质高"已成为信州区培育的60个高品质农家示范户的生活写照，成为当地农村致富奔小康的带头人。

【农业产业化发展势头良好】全区共有规模以上种养殖基地98个（其中种植基地56个、养殖基地32个、特色水产基地10个），有一定规模的农业休闲农庄33家，规模以上农业企业36家（省级3家、市级18家、区级15家）。市级以上龙头企业固定资产达2.6亿元，实现年销售收入3.8亿元，年创利润千万元，可带动农户1.4万户，可辐射带动2万余人就业。全区有各类农民专业合作社220家，已创建市级以上农民专业合作社示范社17家，其中国家级1家、省级4家、市级12家。全区经工商登记家庭农场8家，比去年新增20家，提前实现了年初区政府提出的目标任务。

【水利设施建设稳步实施】2016年度实施4座一般小2型水库除险加固工程，已完成建设任务，完成整治山塘24座。朝阳镇防洪工程完成投资1200余万元。

【农村环境治理成效显著】保洁队伍建设不断加强。通过考核，对一些不称职的保洁员进行更换，全区391名农村保洁员队伍稳定，每天对村庄、主次干道沿线、水源环境实行无死角保洁。垃圾处理体系不断健全。已建立符合农村实际的生活垃圾收集、转运和处理体系，11辆大型专用垃圾运输车每天将150余吨农村生活垃圾运送至市垃圾填埋场，确保生活垃圾日产日清。环卫基础设施不断完善，全年共新建垃圾中转站6个，新增大型垃圾桶近千个，投入200余万元新建的沙溪镇大型垃圾压缩中转站已投入使用，完全实现了"一镇（街）一车、一村（居）一（中转）站、一户两（垃圾）桶"的基础设施要求。群众环卫意识不断增强。农民群众随手乱扔垃圾、随处乱倒垃圾的现象基本消失，讲文明爱卫生意识在农村已深入人心。长效管理机制不断落实。通过定期不定期对各地推进情况进行了暗访督查，农户门前三包、卫生督查评比等长效管理机制不断健全，并得到有效落实。农村生态环境不断改善，村庄内外、主次干道沿线、水面岸边基本没有垃圾散落，农村环境达到了干净整洁、有序宜居的目标，荣获"全省农村清洁工程先进县"荣誉。

【财政惠农信贷通超额完成】2016年全区累计发放贷款11202元，贷款余额为6625万元（任务数是6140万元）。其中，农商行完成放贷7174万元，贷款余额为4348万元；邮储行完成放贷4028万元，贷款余额为2277万元；农行完成放贷205万元，没有贷款余额，扶持了140余家现代农业经营主体，在全市排名中位列第三，有效地促进了全区现代特色农业的健康发展。

（王应浩）

新农村建设

【概　况】2016年信州区共有新农村建设村点39个（其中省级村点22个，区级自建点17个），涉及全区4个镇11个行政村，惠及农户3230余户、14310余人口。共投入建设资金2600余万元，改路、改水、改厕、改栏、改房、改塘、改环境等"七改"工作完成，沙溪镇宋宅村和铅岭村、灵溪镇邵新村、朝阳镇朝阳村、秦峰镇五石村等5个秀美乡村建设点亮点纷呈。全区新农村建设获2016年度"中国美丽乡村建设示范县"荣誉。

【新农村建设统一规划合理布局】在推进新农村建设中，全区始终坚持站在统筹城乡一体化发展的高度，从选点布点的合理布局，到村庄建设的空间布局，要求各镇进行科学统一规划，优化村民居住环境，把旧村庄改造成新社区。全面组织开展新农村建设产业发展规划、村庄整治建设规划和农村新社区建设规划。各村点在建设前期要规划制定"项目安排表、资金预算表、推进时间表"三表。

【新农村建设突出地域特色】针对不同村点的实际情况，坚持做到因地制宜，进行分类指导。对于一般自然村，要求重点做到"七改三网"等基础设施建设，让群众实实在在感受到新农村建设所带来的人居环境改善的实惠。对于生态环境优美、人文底蕴深厚的村庄，严格按照"基础设施好、公共服务好、生态环境好、产业发展好、乡风民俗好、社区治理好"的"六好"标准，结合乡村旅游，实行高起点规划，充分衔接项目资金进行高标准建设、高品位打造，并坚持以人为本，深入推进公共服务平台、学校、文化广场等设施建设，将公共服务延伸到村，努力加强精神文明建设，使物的新农村和人的新农村有机结合，如沙溪镇宋宅村和铅岭村、灵溪镇邵新村、朝阳镇朝阳村、秦峰镇五石村等5个秀美乡村建设点，充分彰显出信州区城郊新农村建设特色。2016年在北京召开的中国美丽乡村建设论坛上，信州区获"中国美丽乡村建设示范县"荣誉。

【完善工作机制】　针对2016年镇换届的人事调整和秀美乡村建设的新要求，全面组织各镇分管领导、新村办主任和建设村点支部书记开展业务培训工作。定期组织召开调度会，每周编制两期简报通报工作进展情况、工作成效和存在问题。强化新农村建设资金管理，区农工部结合集中整治基层侵害群众利益不正之风有关要求，对所有新农村建设项目实行公开招投标，不断完善资金的拨付程序和规范使用。

（王应浩）

信访工作

【概　况】　2016年，信州区信访局认真贯彻落实中央和省、市的决策部署，在区委区政府的正确领导下，紧密结合"三严三实""两学一做"专题教育活动和"精准扶贫"活动，以推进"信访积案攻坚年""网上信访拓展年""基础工作提升年"活动为抓手，以积案化解"秋季行动""百日攻坚"活动为契机，领导接访下访更加深入，信访积案化解更加有力，矛盾源头预防更加牢固，群众诉求渠道更加畅通，基层基础工作更加扎实，信访工作秩序更加规范，网上信访信息服务系统运行良好，有效维护了

群众合法权益，促进了社会和谐稳定。2016年度荣获全省"三无"县（区）荣誉称号。

【完善信访工作组织网络】　区委、区政府高度重视信访工作，主要领导亲自抓、负总责，分管领导具体抓。各镇街、各部门始终把信访工作作为送上门来的群众工作高度重视，列入重要议事日程，严格落实主要领导是第一责任人，分管领导是具体责任人，其他领导实行"一岗双责"的信访工作职责。形成各责任部门主要领导亲力亲为，分管领导坐镇一线，班子成员分兵把口、横向到边、纵向到底的信访工作组织网络，确保辖区内的信访动态及时得到掌握，信访热点难点问题及时得到妥善处理。进一步落实各镇街、各部门分管信访领导及工作人员，建立完善工作机构，方便群众反映问题；进一步畅通信访渠道，开通信州信访网上服务中心，公开接访电话，公示区领导全年接访安排，时时加强与信访群众的沟通和交流，融洽干群关系；按照《信访条例》的要求，严肃纪律，严格程序，认真受理和办理群众反映的信访问题，形成信、访、网、电一体的信访工作大格局。

【有效化解积案】　区信访局对省、市交办的信访事项和区级排查重点信访事项，采取多种方式，整合各种资源，千方百计推进化解，通过领导开门接访、带案下访、领导约访、集中会诊等方式，通过三级终结、困难救助和思想教育引导等手段，使信访问题做到"件件有着落，事事有回音"，2016年，全区受理的23件信访积案，已全部办结，办结

率100%；已停访息诉21件，停访息诉率91.3%。

【开展隐患排查】　实行定期排查和动态排查相结合，每月定期开展一次矛盾纠纷及突出信访隐患大排查，对"两会"、党代会、G20峰会、综治南昌会议及中共十八届六中全会等重大政治敏感时期有针对性地开展动态排查，共开展排查18次，排查各类信访隐患问题180余件，对排查出的事项逐一建立台账、逐一落实责任单位、逐一明确责任人。通过责任的进一步细化和落实，及时、有效化解了一批矛盾纠纷和信访热点难点问题，有效预防了越级访和集体访的发生，维护了社会的稳定。

【依法诉访分离】　把信访纳入法治化轨道是中共十八届四中全会提出的明确要求。区信访局严格落实诉访分离制度，深入推进依法分类处理信访诉求，进一步厘清信访与行政复议、仲裁、行政裁决、劳动监察等法定途径的受理范围，开展律师参与化解信访矛盾，充分发挥律师在化解疑难复杂信访事项方面的专业优势；让法律工作者、志愿者、心理咨询师等社会力量参与信访工作，将信访工作逐步纳入法治化轨道。

【完善信息预警】　2016年，区信访局继续建设大信息平台作为一项重要工作来推进，从日常工作实际出发着重收集各类访情信息，并加以分析研判，进行预警处置，增强工作的预见性、主动性、科学性，牢牢把握工作主动权。为进一步畅通信息，及时部署有关工作，通过微信工作

群及时传递信息、分享信息、反馈信息,有效的处理各类访情和突发事件。收集日常访情动态,研判分析访情,并依法依规提出合理的处理意见。共向区委区政府呈报《信访动态》15 期,《信访信息》12 期,《每周访情》49 期,为领导掌握全区信访形势和决策提供科学依据。

(林策群)

对台工作

【概　况】　2016,紧紧围绕"组织、指导、管理、协调"基本职能,坚持"为经济建设服务、为招商引资服务、为台资企业服务、为台胞台属服务、为祖国统一服务"作为工作重点,按照"和平统一、一国两制"的战略方针,发展两岸关系。全区对台工作扎实工作,开拓创新,在对台经济、交流交往、宣教调研及服务台胞、台商、台属等方面取得了一定的成绩。

【对台交流交往活动频繁】　借台商到信州区考察和寻亲、探亲之机,加强了与台商的交流,并积极达成合作意向。全年共接待台商来访 7 批(次)。接待到信州区参观、考察、探亲、祭祖的台胞台商 180 人次。在南昌召开的赣台招商会上,签约台资企业 1 家。

【为台资企业提供优质服务】截至 2016 年年底,在信州区投资的台资企业共有 6 家,涉及的经营范围有:五金、塑胶、箱包加工及销售,服装生产及销售,LED 灯具生产及销售,儿童玩具、宠物玩具用品、服装布艺饰品、体育户外用品、鞋帽、季节礼品、文化用品及相关配套产品生产与销售,橡胶制品、塑胶制品加工生产,婴幼儿乳胶橡胶玩具加工生产,餐饮、休闲服务、电子商务信息等类别。2016 年,区台办悉心关心台商台资企业,走访调研台资企业 6 次,积极支持服务辖区内台商、台资企业开展生产经营活动,对他们遇到的问题主动帮助解决。针对台资企业招工难问题,深入走访辖区内各个台资企业,采取了进厂查看、与企业管理人员座谈等方式,详细了解了企业的经营生产、发展状况,对存在的问题进行梳理并逐一进行协调解决。

【为台胞台属提供优质服务】2016 年极力做好辖区内的台胞台属的服务工作。定期和不定期走访台胞、台属,了解他们的生活情况,为他们解决遇到的问题,帮助他们排忧解难。对台属在就业、征迁政策、子女读书等方面给予帮助。

(诸小华)

老干部工作

【概　况】　截至 2016 年 12 月 30 日,信州区有离休干部 65 人,退休干部 3500 余人,其中曾担任副县以上实职的 45 人。全区设立离退休干部党支部 32 个。2016 年度区委老干局被省委老干局评为全省老干部宣传思想工作先进单位。

【落实老干部政治待遇】　坚持以离退休干部党支部建设为抓手,突出政治引领,把握为党和人民事业增添正能量的价值取向,引导各离退休干部党支部组织老党员学习中共十八届五中、六中全会精神和中共中央总书记习近平系列重要讲话精神,切实增强了老党员、老干部的政治意识、大局意识、核心意识和看齐意识,进一步坚定了老干部的理想信念。2016 年老干局出资为每个离退休干部党支部订阅了中组部编印的《学习参考》。各级党组织坚持离退休干部阅读文件、通报情况、参加重要会议和重大活动、就近参观考察等制度。

【组织走访慰问、考察学习活动】　每逢重阳、元旦、春节等节日,区四套班子和区委各部门、区直各单位都要组织不同层级、不同形式的老干部走访慰问活动。元旦,区委老干局对全区 3500 余名离退休干部进行新年慰问。春节,区四套班子领导带队走访了全区副县以上实职离休干部和正县实职退休干部,老干局领导逐一走访了全区特困离退休干部、副县实职退休干部和副县以上实职离休干部的遗孀,并以发放慰问品的形式对全区离休干部进行慰问。元宵节开展老干部益智猜谜活动,全区 300 多名老干部参加。重阳节,区老干局组织全区副县以上实职离退休干部赴灵溪镇邵新村参观秀美乡村建设,老干部兴致勃勃,对农村的发展和新貌赞叹不已、感慨良多。原区人大常委会主任罗来舜发表《我们过了一个有特别意义的"老人节"——游邵新有感》获好评。

【离休干部"三个机制"运行平稳】　离休费保障机制、医药费保障机制和财政支持机制有保障。确保了离休干部的离休费按时足额发放、医药费实报实销。2016年，信州区离休干部医药费统筹标准提高到3万元/人。赣老发〔2016〕3号《关于提高因瘫痪等原因生活长期完全不能自理离休干部护理费标准的通知》，将病残护理费标准从每人每月1000元提高到每人每月3000元，局里及时协调办理并执行到位。组织全区离休干部和副县以上退休干部百余人进行健康体检，对健康有问题的老干部及时予以告知并建议其复检。

【强化国有改制企业离休干部的管理服务工作】　2016年省属企业凤凰光学集团改制后，移交了2位市厅级、6位县处级退休干部作为区委老干局的管理服务对象，由区老干局落实其相关的政治、生活待遇。局里将服务对象及时纳入管理，详细了解他们生活情况，并建立了春节走访慰问制度，班子成员在春节前逐户上门走访，给老干部送去慰问品，也送去了党组织的关怀。

【加强离退休干部党支部建设工作】　贯彻落实中组部《关于进一步加强和改进离退休干部党支部建设的意见》精神，把离退休干部党支部建设纳入了党建工作总体规划。为离退休干部党支部开展活动创造条件，组织部门按规定拨给了党建经费，落实了离退休干部党支部留存50%党费的规定，解决了离退休干部党支部书记开展支部工作必要的通信、交通补贴。继续在离退休干部党支部中推行"划

片管理、分片活动、互学互促、共同提高"的工作模式，全区32个老干部支部重新划分成3个片区，原则上各片区每个季度开展一次交流活动，支部间相互学习借鉴、共同促进提高，该模式得到老书记、老党员们的支持和肯定。

【老干部宣传工作有新突破】　建立一支专兼结合的老干部宣传报道工作队伍，聘请了5位老干部作为特约通讯员，建立了写稿用稿奖励制度。积极做好《老友》杂志征订、发放工作，完成《老友》订刊1845份。2016年，区委老干局被省委老干局评为全省老干部宣传思想工作先进单位。

【做好老干部信访工作】　认真贯彻了《国家信访条例》，按照"属地管理、分级负责、谁管理、谁负责"的原则，建立了老干部信访首问责任制和老干部来信来访接待制度。认真对待、处理每一件信访诉求，妥善解决了轻工集团离休干部反映的危房改造问题。2016年，共接待老干部上访20余次，回复上访信件5封，回复信访电话40多次，全年没有一起老干部越级上访事件。

【关心下一代工作】　扎实开展了"大手握小手，听党话、跟党走"活动，区、镇街、社区三级关工委协动员组织了400余名"五老"（老干部、老教师、老专家、老战士、老劳模）与700多名贫困中、小学生进行结对帮扶并建档立册，全年共筹措、发放各类助学帮扶资金38万元。12月13日，区委召开了信州区纪念关工委成立25周年暨关工委工

作总结表扬会，对66个关心下一代工作先进单位和71名关心下一代工作先进个人予以了表扬。

（洪明国）

机关党建

【概　况】　信州区机关工委有业务单位57个，下辖115个支部，17个党总支和2个机关党委，共有1600名党员。2016年，区直机关工委坚持以中国特色社会主义理论为指导，全面贯彻落实中共十八大和十八届四中、五中、六中全会精神，按照区委的部署，以思想政治建设为灵魂，以"两学一做"为重要举措，全面加强区直机关党的思想建设、组织建设、作风建设、制度建设。区直机关党的建设科学化水平有新的全面提高，为建设现代服务新高地，区域发展新引擎，生态宜居的信州提供了有力的组织论证。

【加强党建工作】　机关党的思想政治建设得到新加强，以"学党章、学习中共中央总书记习近平系列讲话、做合格党员"为依据，加强思想建设，以服务型党组织建设为重点，加强业务能力建设。以《中国共产党廉洁自律准则》（以下简称）《中国共产党纪律处分条例》（以下简称）为重点，加强党风廉政建设，以规范党内政治生活为重点，加强党内民主建设。机关基层党组织建设得到新增强，进一步推进党支部规范化建设和党务干部培训工作，年内共组织4次党务干部培训，分别到浙江绍兴党校、

瑞金干部学院、井冈山共青团中央培训基地、怀玉山。积极落实《基层组织工作条例》，省委实施意见和市委实施方法。机关党员队伍建设得到新提高，组织开展机关党员"走前头、做表率"活动，认真落实《党员发展工作条例》，规范党员服务工作。机关党建工作得到新提高，全面完成党建项目并健全机关党建工作机制。2016年，共发展党员9名，培训入党积极分子和建党对象18名，按期转正党员15名。"七一"期间，区直机关有36个机关党组织，100人次优秀个人受区委和机关工委的表彰。

【规范基层党组织建设】 强力推动"星级支部"创建升级升华。2016年，工委树立主业意识，把抓好党建作为最大的政绩，以"走在前，作表率"为目标，以"服务中心，建设队伍"为着力点，区直机关各基层党组织和广大党员，在讲纪律，守规矩，在"五星创评""两学一做"学习教育和机关党建工作中奋力创先争优，积极作为，党组织活力、服务基层能力、党建工作创新力、群众影响力均得到提升。经统计，2012—2016年，省级表彰的党建品牌1个（区社保局）、市级党建品牌1个（区财政局基层党支部）、区级党建品牌8个（区审计局等8个）。规范化建设党支部10个、服务型党组织10个，机关基层党组织服务群众联系点110多个。新发展党员60名，有70个机关基层党组织，288名党员受市、区级和工委的表彰。有33个机关党组织在"五星创评"中，被评为4星级以上。区直机关工委下属各党组织你追我赶，形成了浓厚的"星级支部"创建工作氛围。

【打造机关党建工作品牌】 区直机关工委始终把党建工作作为机关工作的龙头，以"五大建设"为抓手，着力加强机关政治建设、能力建设、作风建设、规范化建设和制度建设。通过抓好机关基层党组织建设工作；做细党员发展管理、抓好贯彻落实《组织工作条例》措施，区直机关下属各党组织均做到思想认识到位、组织机构到位、经费保障到位，队伍建设到位，更加注重把握方向、服务中心、问题导向和强化责任抓党建，解决好经费保障、人员编制、第一书记担任等重大问题，切实提升了机关党建工作水平。在具体工作中，选取区地税局机关党委及所辖支部进行服务型党组织示范点和支部规范化建设亮点打造工作。选取了上饶市和平国际大酒店有限责任公司作为非公经济组织代表进行了党建品牌打造。2016年，2个示范点的建设已成规模，为全区党建品牌打造提供了示范效应。

【支部生活的新形式】 4月份开始，以支部为单位，开展"两学一做"学习教育活动，教育引导党员自觉按照党员标准规范言行，进一步坚定理想信念，提高党性觉悟，进一步增强政治意识、大局意识、核心意识、看齐意识，进一步树立清风正气、严守政治纪律政治规矩，进一步强化宗旨观念，勇于担当，起先锋模范作用，真正成为"讲政治、有信念、讲规矩、有纪律、讲道德、有品行、讲奉献、有作为"的合格党员。8月开始开展党员主题活动，即每月的第一周周二作为党员开展活动相对固定的时间，或学习或开展活动，坚持每月一次，充实党支部生活。

（蒋治吉）

党史工作

【概　况】 2016年，中共信州区委党史办在区委区政府的领导和市委党史办的指导下，紧紧围绕区委、区政府中心工作，以学习贯彻中共十八大和十八届四中、五中、六中全会精神为主线，以"两学一做"专题教育为动力，以存史研究为基点，以资政育人为根本任务，努力推进党史编研和党史队伍建设工作，提升党史工作科学化水平。

【编纂《中国共产党信州区历史（1949—1978）》】 2016年，在上年度工作基础上，进一步补充相关历史资料，反复进行校核，完成了该书初稿的编纂工作。该书为中共信州区委党史办编纂的第一部地方党史著作。全书按"建立和巩固人民民主专政""确立社会主义制度""全面建设社会主义""文化大革命""拨乱反正和各项社会事业的复苏"等5个历史阶段进行编写，客观、详尽记述了1949年至1978年间，中国共产党在信州领导全区人民进行社会主义革命和建设的艰辛曲折历程。全书共5编、17章、46节、143目约32万字，以确凿翔实的史实和鲜明的观点，全面、系统、科学地阐述了1949年5月信州解放至1978年12月中共十一届三中全会召开30年间，信州区党组织领导、团结和依靠全区人民建立人民政权、巩固新民主主义秩序、积极探索社会主义发展道路的全部历史。科学总结宣传了党的微观史，确保党史成果经得起历史和人民的检验。

【编纂《中国共产党上饶市信州区组织史资料》第三卷（1998—2014）】 中共信州区委党史办受区委组织部委托完成《中国共产党上饶市信州区组织史资料》第三卷（1998—2014）一书的编纂工作，该书编辑上限为1998年1月1日，下限断为2014年12月31日，对信州区党的组织发展作了较为全面、系统的回顾与记述，既反映了信州区的机构沿革、领导人更迭情况，又为有关部门编写专业史志提供必要的依据和线索，达到"存史、资政、育人"的目的。

【开展党史宣传教育】 开展纪念建党95周年宣传活动，区委党史办先后到农村、结对社区、中小学讲党史、上党课，宣传和展示中国共产党95年来的光辉历程，并将编撰的《跨越巨变 魅力信州》《中共信州区党史大事记》等书籍送乡入校。积极营造了关心党史、学习党史、宣传党史的社会氛围。

【拓宽党史宣传平台】 通过组织区直机关征订《党史文苑》让机关干部职工学党史。利用网络、微信等多媒体平台开展党史宣传教育。在管理维护好信州党史网站 http://www.xzqdsw.cn/ 的日常运行外，不断丰富网站的内容，增强网站的吸引力，使其成为一个有效的党史宣传平台。充分利用微信交流平台，创建了信州党史工作群，促进了与其他各部门之间的交流和合作。注重党史信息的征集工作，积极向省、市党史简报和省、市党史研究室网站投送稿件。

（李志群）

党校工作

【概　况】 2016年积极推进教学改革，市级优质课比赛获二等奖。成立"党课主播"服务队，让"两学一做"学习教育叫好又叫座。全年共举办各类培训班（次）4期，培训学员1137人。

【围绕中心工作开展宣讲】 区委宣传部联合区委党校、区社联成立"信州论坛·百姓大讲堂"，于9月29日—30日分赴9个镇街的村（社区）进行宣讲。派出副校长王小仙及3名骨干教师参与宣讲活动。围绕市党代会提出"决胜全面小康、打造大美上饶"的目标和区党代会提出建设省域副中心城市核心区的奋斗目标及市、区党代会报告中的亮点及要点进行了深刻的解读。配合区委宣传部，用1个月的时间集中在全区村、社区开展中共十八届六中全会、省第十四次党代会精神巡回宣讲。覆盖到全区每一位党员，宣讲150场，组织党员参学1万多人次。邀请了省、市专家在区级层面开展宣讲报告会，通过集体学习、专题研讨、学术报告会等形式，组织学习贯彻落实中共十八届六中全会和省第十四次党代会精神11次。举办了全区科级干部学习中共十八届六中全会和省第十四次党代会精神培训班，650多人参加培训。全区所有部门、单位第一时间组织全体干部学习贯彻落实会议精神，并邀请党校教师进行专题辅导30多场次。

【培训教育见实效】 2016年共举办各种班（次）4期，培训学员1137人。其中，3月份全区入党积极分子培训班一期266人、全区党员发展对象培训班一期208人；10月份信州区新聘用大学生村官培训班一期13人；12月份全区科级干部学习中共十八届六中全会精神培训班一期650人。在全区入党积极分子和发展对象培训班中组织信州区和入党积极分子和党员发展对象开展了志愿者活动，进行实践教学、现场教学。学员们深入茅家岭革命烈士陵园进行实践教学，在市民公园、龙潭湖公园开展了环境卫生清理活动，展示了入党积极分子和发展对象的风采，让学员们得到了一次非常好的锻炼。

【提升科研水平】 实施"智库建设"，做实做优党校决策咨询。加强对本地中长期发展战略问题的前瞻性研究，加强对重大现实问题和突出矛盾的对策性研究。校长郑维民撰写的《我区在土地生产经营条件较好的农村先行农地"三权分置"的思考》调研文章，刊登在区委《决策参考》2016年第10期，供区领导决策参考。12月27日，全市党校系统第五届优质课比赛在市委党校举行，党校骨干教师徐丰所讲专题《至关重要的领导核心》——"两学一做"微党课在激烈的角逐中脱颖而出，荣获第二名。在"两学一做"学习教育中,挑选3名骨干教师创新形式成立"党课主播"服务队,成为信州区的主播主力军。用新思路开拓党建新领域,发挥新媒体的分享功能,将党课搬上"指尖",把信息技术和党课资源有机结合,将党课模式由"说教式"向"分享式"转化,方便党员听讲和互动,推动党课教育线上线下齐头并进,网络互动解惑答疑双向促进,有效实现以课促学、以学促做。开辟"直播党课",极大地丰富了党课形式,提升了党课质量。在2016年度信州区新聘用大学生村官培训班上,作为一次全新的尝试,引入全新结构化研讨式教学法,由学员提出问题,教师引导学员互动,学员思维被充分地调动,各抒己见,课堂气氛异常活跃,教学效果好。

【加强师资队伍建设】　全年中派出现专(兼)职骨干教师5人次赴省委党校、绍兴市委党校等地进修学习。派遣1名教师在朝阳产业园跟班学习半年。聘请上级党校领导授课1次,教研人员开阔了眼界,拓宽了知识面。

（林谋俊）

档案工作

【概　况】　2016年,进一步加强和改进新形势下全区档案工作,切实加强档案资源体系、档案利用体系和档案安全体系"三个体系"建设,档案工作法制化、规范化、信息化建设水平进一步提高,档案部门服务民生、服务经济建设的能力和水平进一步

提升。信州区档案馆为省一级先进档案馆,档案工作在全市档案系统年度综合考评中荣获第一名。8月,档案局从区委、区政府大楼迁入上饶慧谷大楼。

【加强档案收藏管理工作】　截至2016年年底,区档案馆共保存档案116个全宗86706卷、65393件,资料9760册。馆藏档案的内容和形式日趋丰富多样,在以文书档案为主的基础上,同时兼有科技、统计、人事(死亡干部)、音像、文物(领袖题词、书法原件)、名人、婚姻登记、独生子女登记等多种门类和载体的档案。其中,征集和收藏20世纪50年代党和国家领导人周恩来、刘少奇、朱德等人的题词手迹;60年代郭沫若《途次上饶》诗歌手迹;90年代党和国家领导人为上饶集中营烈士陵园的题词手迹。收藏了90年代90余位军旅知名人士和著名书法家为筹建"江南碑林"题写的书法原件;征集和收藏中共中央、国务院、省委和省政府领导人视察上饶的照片;收藏了公安部门形成和移交的上饶集中营专案档案,胜利大桥和区委、区政府大楼等重点工程档案,1998年抗洪救灾录像和照片,原上饶市针织总厂、磁性材料厂、塑料厂等国有企业破产档案;收集了作曲家晓河、民间歌唱家姚金娜、书法家王维汉、雕刻家陈文武等名人档案,原县级市委、市人大、市政府、市政协、市纪委、市各民主党派、市直各单位、各乡镇、街道形成和移交的档案。收集了区委、区人大、区政府、区政协、区纪委、区直各单位、街道形成和移交的档案等。2016年区档案馆新接收了书法家王维汉的

题词"上饶市信州区档案局",商务局编写的"上饶传统小吃""上饶百年老店"等特色档案。

【提高全区档案管理水平】　深入贯彻落实国家档案局第9号令和第10号令,按照国家档案局第9号令《各级各类档案馆收集档案范围的规定》,档案馆基本上按要求接收了依法该接收本级各组织机构的档案。结合档案工作实际情况,10月28日,以会代训由档案局的业务人员向有关单位档案专职干部讲解农村土地确权档案整理方法,参训人员50名,使全区农村土地确权档案规范化建档工作顺利完成。定期到沙溪镇、灵溪镇、东市街道、区政协、区委组织部、区规划局、区建设局等单位进行业务指导,提高档案规范管理水平。11月16日—25日,到朝阳镇、秦峰镇、西市街道、水南街道、北门街道、茅家岭街道等35个单位进行执法检查,增强基层领导、机关档案干部对保护档案的意识。继续开展档案目标管理工作,对已晋升省级先进档案管理单位定期复查,促进先进单位档案服务水平不断提高。11月份协助信州区公安分局"档案工作省特级先进单位",区地税局"档案工作省一级先进单位",通过上级档案部门的复查认定。抓重点建设项目档案、规范项目建设档案管理。建立了民营企业际洲公司档案工作规范管理示范联络点,对非公有制企业档案工作进行指导。参与农村土地承包经营权确权登记颁证档案工作的全过程。按照省及市档案业务部门构建档案目录数据库和档案体系的要求,做好馆藏档案文件目录数据

库建设,继续对区委、区政府、区人劳局、区档案局、区民政局婚姻、区计生委独生子女等全宗档案目录录入数据库,录入条目697380条,并按规定上传到全省档案专网。对上饶集中营档案全文数字化,完成了《上饶集中营被囚志士斗争纪实》上册编纂工作。全书共约25万字。按照"八防"要求,消防配备了先进的高压细水喷雾设施,同时还配备了安全监控、中央空调及除湿等设施。加强安全检查,定期对库房进行卫生保洁。并对部分年久馆藏档案、重要珍贵档案及时进行了抢救。

【加大档案宣传力度】 2016年6月9日,区档案局和市档案局在市中心广场联合举办了以"档案与民生"为主题的宣传活动。区档案局印发了《档案与你同行》专题画册现场发给群众,还现场发放了《中华人民共和国档案法》等宣传材料,摆放了宣传画板20块。11月,开展了一次档案执法宣传月活动,重点对《档案违法违纪行为处分规定》进行宣传。利用12月4日法制宣传日参加市、区两级在市中心广场宣传档案法,并以现场咨询方式解答民众有关问题。局(馆)工作人员还积极投稿宣传档案工作。全年在《中国档案》杂志上发表通讯报道1篇;在江西省档案局网站、信州区政府网站共发送信息45条。

【提升档案服务能力】 2016年,区档案馆累计接待查阅档案者2046人次,提供档案查阅2568卷(件),复印档案材料2067份。全年借阅档案总卷数268卷,为参保人员办理养老保险,为查阅婚姻、独生子女等民生档案者提供了原始凭证。为区领导决策、经济建设、工作参考、落实政策、解决纠纷、编史修志等各项工作提供了档案服务。为配合《中国共产党上饶市信州区党史》《信州区政协志》等编纂工作,接待查阅211人次查阅档案2000件。

(彭松荣)

机构编制工作

【概　况】 2016年,区编办紧紧围绕区委、区政府工作重点,继续努力做好政府职能转变和机构改革、行政审批制度改革、事业单位登记管理和机构编制日常管理等各项工作,以更好质量更高水平,为信州建设提供强有力的体制机制保障。

【政府机构改革收尾工作】 5月30日,下发《关于组建上饶市信州区妇幼保健院并增牌子的通知》(饶信编发〔2016〕3号),做好信州区妇幼保健和计划生育技术服务资源整合工作;9月,做好整合城乡居民医疗保险和新型农村合作医疗管理职责,区本级机构、编制、人员划转和管理体制整合工作,并会同财政、人社、卫计、审计等部门,做好农村合作医疗管理中心机构、编制和人员移接交工作。

【动态管理权责清单工作】 在2015年编制的政府部门权力清单和责任清单的基础上,2016又修订增加权责8项,全区权责清单达到3219项,全部取消非行政审批许可事项56项。

【编制最新行政审批事项目录】 对2013年以来国务院、省政府、市政府取消下放的行政审批事项进行了全面梳理修订,重新编制行政审批事项279项,并形成了《信州区政府部门行政审批事项目录》予以网上公布。

【修订行政审批中介服务事项】 根据国务院和市政府相关文件要求,经政府常务会研究通过,对2015年公布的区级行政审批中介服务事项进行了修订,并下发了《上饶市信州区人民政府关于修订区级行政审批服务事项的通知》(饶信府发〔2016〕11号),修订后的34项区级行政审批中介服务事项已在政府网站公布。

【严格落实控编减编工作】 结合"三大整治"工作,即超编消化整治、超职数配备整治、"吃空饷"整治,认真落实《上饶市信州区控编减编工作方案》(饶信办字〔2015〕43号),以2012年年底机构编制年报统计数为基数,实行总量控制。至2016年12月底,区直行政超编59人已全部消化。

【机构编制日常管理工作】 全年办理上下编750人次。7月20日,成立上饶市信州区财政局财政投资评审中心;8月22日,成立上饶市第二十小学;8月26日,上饶市信州区森林公安局沙溪派出所确定为副科级;9月22日,上饶市信州区人大常委会内设机构调整并成立上饶市信州区人民代表大会常务委员会信息中心,成立上饶市信州区人民防空办公室;11月30日,成立中共上饶市信州区委非公有制经济组织与社会组织工作委员会、成立上饶市信州区现代农业示范区管理委员会;12月26日,成立上饶市信江公证处。

【事业单位登记管理】 事业单位年度报告及换发统一社会信用代码证书情况。2016年,编办对事业单位实施统一社会信用代码制度和报送2015年度报告有关事项作了具体工作安排和要求。全区登记的事业单位合计266家,其中注销登记27家。应年报事业单位239家,实际年报事业单位239家,年报完成率为100%。机关、编办直接管理机构编制的群众团体统一社会信用代码赋码工作情况。至2016年年底已完成机关类统一社会信用代码发放24家,群团类统一社会信用代码发放6家。中文域名注册和网站挂标情况,至2016年底,信州区实有行政单位52家,事业单位312家。已完成中文域名注册行政单位43家,事业单位269家;全区自有网站单位29家,完成挂标25家。

(黄婷婷)

信州区人民代表大会
常务委员会

综 述

2016年，区人大常委会全面贯彻落实区第四次党代会精神，切实履行宪法和法律赋予的职责，充分发挥了人民代表大会制度的特点和优势，为推进全区民主法治建设和经济社会发展作出了积极努力。

依法履职，主动作为。一是依法决定重大事项。审查批准了区政府年度经济社会发展计划、财政预算；审查批准了区"十三五"规划纲要；审议了区政府关于加强违建打击力度规范城乡建设秩序的工作情况报告，并作出《关于坚决遏制违法建设规范城乡建设秩序的决议》，有效地打击了违建的嚣张气焰，维护了公平正义，受到了全区上下和周边县市的高度肯定和关注；审查批准了全区2015年生态环境状况和生态环境保护目标完成情况报告；审查批准了区政府《关于提请审议"信州区改善农村人居环境建设项目"购买服务资金纳入同期年度财政预算支出的议案》《关于提请审议"信州区沙湖新区新型城镇化建设（一期）项目"购买服务资金纳入同期年度财政预算支出的议

案》，作出相关决议、决定，依法支持政府重大融资项目，加快经济社会发展。二是加强计划和预决算审查监督。听取和审议了区政府关于2016年1至9月份国民经济和社会发展计划执行情况、财政预算执行情况的报告，听取和审议了2015年度区本级预算执行和其他财政收支审计情况的报告，审查批准了2015年区本级财政决算，同时，督促政府及有关部门针对审计出来的问题认真进行整改。首次开展部门决算审查工作，审查了区人保局及下属4个二级局2015年部门预决算收支和基金运行情况，针对审查发现的预决算编制不够完整细化、预决算差异较大、会计核算不够规范等问题，提出针对性的意见，并要求整改到位。严格预算调整，审查批准了区政府《关于提请审议信州区2016年一般公共预算和政府性基金预算调整方案（草案）的议案》，维护了预算的严肃性。三是助推重点产业发展。组织开展了2015年旅游经济发展专题询问"回头看"活动，对全区全域旅游规划编制、民宿经济发展和旅游项目建设等情况进行了调研，并听取了旅游工作情况汇报及区旅发委等10个单位的整改情况汇报。积极派员参与桐子坞棚改，认真做好上传下

达、协调沟通、进度督查统计、信访接待等工作。精选课题开展调查研究，形成以信州乡村生态旅游发展、普惠金融发展、休闲农业发展、秀美乡村建设等为主题的4篇调研文章，供区委、区政府决策参考。四是助力民生改善。持续开展了环保信江行、"食品药品安全赣鄱行""赣鄱农产品质量安全行"等活动。对农业面源污染防治情况进行了检查采访。结合G20西湖蓝行动区域，与环保部门一道查处少数企业废气污染问题，处理信访投诉36件，下达责令改正违法行为决定书4份，查处违法企业6家。

突出重点，关注热点。一是开展农村"三线"搭挂情况专题调研。针对农村"电力线、通信线、广电线"三线架设无序、乱搭乱挂等现状，常委会调研组会同区供电公司等5家单位，深入沙溪、灵溪、朝阳、茅家岭等地进行调研，要求相关单位依法整治乱象，杜绝安全事故发生。二是开展安全生产监督检查。常委会组织区安监、工商行政管理、消防等部门对各类加工厂、滑石厂、油漆、农药、化工、油库、加气站、加油站等企业逐一进行安全生产隐患排查，督促执法部门强化责任意识，加大监管力度，确保不发生一起重大安全生产事

故。三是加强部门工作监督。听取了政府相关部门关于坚决遏制违法建设、规范城乡建设秩序工作的情况报告、关于"六五"普法工作和"七五"普法规划情况的报告。加强对公检法工作的视察调研，听取了区公安分局2016年1至10月工作情况汇报，区检察院2016年司法体制改革、职务犯罪侦查、案件信息公开等检察工作情况汇报和区法院2016年司法体制改革、司法公开、执行工作等工作情况汇报，指出工作中存在的问题，针对性地提出了意见、建议。四是强化涉法涉诉信访督办。坚持把信访工作作为倾听群众呼声、化解社会矛盾、促进社会稳定的重要工作来抓，积极参与化解社会矛盾，维护群众合法权益。换届以来，共接待来信来访97人次，其中市人大转办信访件3件，协调化解了中商广场项目申请法院破产重组等一批信访难题。

规范程序，加强监督。在人事任免过程中，严把提请关、初审关、表决关、任免关、任后监督关。2016年，常委会共依法任免国家机关工作人员63人次，其中任命14人次，决定任命31人次，免去和决定免去18人次。其中，一名政府组成部门负责人的提请任命被依法否决，为党委把好了选人用人最后一道关，加强了国家机关的组织建设。

唱响议政督政的"好声音"，当好人民群众的"代言人"。一是督办好代表建议。通过会议督办、现场督办、重点督办、持续督办、办理反馈、评先评优等方法，不断提高代表建议办理质量。区四届人大七次会议期间共收到代表建议、批评和意见

见48件，办复率100%，代表对建议的答复基本满意。区五届人大一次会议期间共收到代表建议、批评和意见46件，办复率达到100%。常委会专门听取和审议了区政府关于建议办理工作情况的报告，并评选出3个代表建议先进承办单位。二是开展好代表活动。组织代表开展了"代表活动日"活动，代表们积极参与向选区献爱心、扶贫帮困、视察重点项目和秀美乡村建设等活动，听取了镇街2016年经济社会发展情况和人大工作情况汇报，并提出意见、建议。通过活动开展，代表依法履职、为民服务意识进一步强化，助推经济发展、民生改善的作用进一步发挥，与选民之间的沟通和联系进一步密切。三是健全代表工作制度。制定了评选优秀区人大代表、优秀代表建议和代表建议先进承办单位等8个办法，完善了区人大代表联络站工作制度、区人大代表辞去代表职务和终止代表职务的暂行规定、区人大代表履职情况报告制度等，进一步促进了代表工作的制度化、规范化。依法选举产生了区五届人大代表184名，镇人大代表269名。4个镇人大换届选举工作圆满结束。

重要会议

【区四届人民代表大会第七次会议】 2月17日至19日在区国际会议中心召开。应到代表182名，实到173名，列席人员371名。会议听取和审议了区人民政府工作报告、区人大常委会工作报告、区人民法院工作报

告、区人民检察院工作报告、信州区2015年生态环境状况和生态环境保护目标完成情况报告、信州区国民经济和社会发展第十三个五年规划纲要草案（书面）、信州区2015年国民经济和社会发展计划执行情况与2016年国民经济和社会发展计划草案的报告（书面）、信州区2015年财政预算执行情况与2016年预算草案的报告（书面）、信州区人民政府关于加强违建打击力度规范城乡建设秩序的工作情况报告（书面），并通过了上述报告的决议。会议期间还收到代表建议、批评和意见48件。

【区四届人大常委会会议】 1月13日至9月13日，区四届人大常委会相继召开了第28至第32次会议。

第28次常委会会议于1月13日召开。会议审议通过了人事事项；审议调整了代表资格审查委员会组成人员名单；审议终止了区四届人大代表邱模平代表资格的报告，代表资格审查委员会主任委员作了关于补选代表资格审查报告；听取了信州区国民经济和社会发展"十二五"规划执行情况及"十三五"规划编制说明；听取了区四届人大六次会议代表意见办理情况报告；表决通过了关于召开信州区第四届人民代表大会第七次会议的决定（草案）；表决通过了关于信州区第四届人民代表大会第七次会议议程（草案）及有关事项说明；审议了通过区人大常委会2015年工作报告（征求意见稿）。

第29次常委会会议于3月30日召开。会议审议通过了人事事项；审议通过了区四届人大

常委会2016年工作要点（草案）；组织学习了最新修订的《中华人民共和国地方各级人民代表大会和地方各级人民政府组织法》《中华人民共和国全国人民代表大会和地方各级人民代表大会选举法》《中华人民共和国全国人民代表大会和地方各级人民代表大会代表法》；传达学习了上级有关区、镇人大换届工作的会议精神，对区、镇人大换届工作提出初步安排。

第30次常委会会议于6月28日召开。会议审议通过了人事事项；传达了省、市有关县乡人大换届会议精神及相关文件；审议通过了区人大常委会关于区、镇两级人大换届实施方案及选区划分；审议通过了区、镇两级人大换届选举委员会、街道选举指导组组成人员名单；初步确定了区、镇两级代表选举日期。

第31次常委会会议于8月22日召开。会议审议了区人大常委会副主任林东、曹海滨提出的辞呈，区人民政府提请的《关于任命胡心田、祝少敏同志职务的议案》《关于任免徐叶黎等同志职务的议案》《关于要求辞去区人民政府区长职务的请求》，区人大常委会提请的《关于任免李海峰等同志职务的议案》《关于提请决定胡心田同志职务的议案》。

第32次常委会会议于9月13日召开。会议听取和审议了区人大常委会代表资格审查委员会《关于信州区第五届人民代表大会代表资格的审查报告》；听取和审议了区人民政府《关于区四届人大七次会议代表建议、批评和意见办理工作情况的报告》；听取了《信州区第五届人民代表大会第一次会议筹备工作情况报告》；审议通过了《信州区人大常委会关于召开信州区第五届人民代表大会第一次会议的决定（草案）》；审议通过了区五届人大一次会议相关事项；审议了《区人大常委会工作报告（审议稿）》。

【区五届人民代表大会第一次会议】　10月10日至12日，在区国际会议中心召开。应到代表184人，实到180人，列席人员382名。会议听取和审议了区人民政府工作报告、区人大常委会工作报告、区人民法院工作报告、区人民检察院工作报告，并通过了上述报告的决议。会议以无记名投票方式，选举产生了区五届人大常委会主任、副主任、委员，区人民政府区长、副区长，区人民法院院长，区人民检察院检察长和上饶市第四届人民代表大会代表。徐志勇当选为新一届区人大常委会主任，刘丽群、章淑英、王林、夏子福、郑德成、黄爱玉当选为区人大常委会副主任，李海峰等22人当选为区人大常委会委员；胡心田当选为区人民政府区长，郑文、祝少敏、徐艺华、赵建颖、梁丽娟、顾海敏当选为区人民政府副区长；杨小明当选为区人民法院院长；章晖当选为区人民检察院检察长；廖其志等37人当选为上饶市第四届人民代表大会代表。会议表决通过了区人大法制委员会、财政经济委员会主任委员、副主任委员、委员人选。会议期间共收到代表建议、批评和意见46件。

【区五届人大常委会会议】　11月10日至12月2日，区五届人大常委会召开了第1至第2次会议。

第1次常委会会议于11月10日召开。会议审议通过了人事事项；审议批准了区人民政府《关于提请审议"信州区改善农村人居环境建设项目"购买服务资金纳入同期年度财政预算支出的议案》；听取和审议了信州区2016年1月—9月国民经济和社会发展计划执行情况的报告；听取和审议了信州区2015年区本级决算和2016年1月—9月份预算执行情况的报告；听取和审议了信州区2015年度本级财政预算执行和其他财政收支的审计工作报告；批准了区人民政府2015年区本级决算；并提出了各项审议意见和建议。

第2次常委会会议于12月2日召开。会议审议通过了人事任免事项；审议通过了《信州区第五届人民代表大会常务委员会代表资格审查委员会组成人员名单》；审议批准了区人民政府《关于提请审议"信州区沙湖新区新型城镇化建设（一期）项目"购买服务资金纳入同期年度财政预算支出的议案》；听取和审议了区人民政府《关于我区坚决遏制违法建设、规范城乡建设秩序工作的情况报告》；审议通过了《信州区人民代表大会常务委员会人事任免办法》等制度、办法；并提出了各项审议意见和建议。

【承办市人大换届后的首次全市县（市、区）人大常委会主任座谈会】　12月7日上午，全市县（市、区）人大常委会主任座谈会在信州区召开，就贯彻落实中共十八届六中全会精神，科学谋划明年人大工作进行座谈交流。市人大常委会主任汪东进出席并讲话，市人大常委会副主任郑卫平主持，市人大常委会副主任管群良、周遐光、张祯祥、郑晓春、谢冠森、祝美清出席。各县（市、区）人大常委会主任作交流发言。汪东进在听取了大家的发言后指出，本届人大常委会任期的五年，是决胜全面小康、打造大美上饶的攻坚时期。他强调，要深刻领会中共十八届六中全会精神，不断开创全市人大系统党的建设和各项工作的新局面；要坚持和依靠党的领导，牢固树立党的观念，认真贯彻党委意图，坚持严格依法办事，在把握方向上有新的境界；要树立敢于担当意识，正确行使立法权、重大事项决定权、监督权、人事任免权，在依法履职上有新的作为；要加强和改进代表工作，组织代表培训，丰富代表活动，重视建议意见办理，在发挥代表作用上有新进展；要全力打造和谐机关，强化理论学习，强化务实创新，强化廉政建设，在加强自身建设上有新举措。

选举和任免工作

【概　况】　2016年，区人大常委会共依法任免国家机关工作人员63人次，其中任命14人次，决定任命31人次，免去和决定免去18人次。其中，1名政府组成部门负责人的提请任命被依法否决，为党委把好了选人用人最后一道关，加强了国家机关的组织建设。

【严把人事任免关】　常委会坚持党管干部原则与人大依法行使任免权相统一，规范程序，加强监督，进一步强化了任命人员的宪法意识、宗旨意识和接受人大监督意识。在人事任免过程中，严把提请关、初审关、表决关、任免关、任后监督关，加强任免前与党委组织部门及提请机关的联系协调，任命前对拟任人员进行认真审查，全面了解其现实表现情况。坚持法律知识考试，促进国家机关工作人员遵法、学法、守法、用法。坚持履职承诺公开制度，要求被任命人员就任期工作思路、目标、措施等在常委会会议上作出承诺，接受监督。开展任命人员向宪法宣誓活动，促进国家机关工作人员增强宪法意识，维护宪法权威，履行法定职责。

监督工作

【依法决定重大事项】　审查批准了区政府年度经济社会发展计划、财政预算；审查批准了全区"十三五"规划纲要；审议了区政府关于加强违建打击力度规范城乡建设秩序的工作情况报告，并作出《关于坚决遏制违法建设 规范城乡建设秩序的决议》，有效地打击了违建的嚣张气焰，维护了公平正义，受到了全区上下和周边县市的高度肯定和关注；审查批准了区2015年生态环境状况和生态环境保护目标完成情况报告；审查批准了区政府《关于提请审议"信州区改善农村人居环境建设项目"购买服务资金纳入同期年度财政预算支出的议案》《关于提请审议"信州区沙湖新区新型城镇化建设（一期）项目"购买服务资金纳入同期年度财政预算支出的议案》，作出相关决议、决定，依法支持政府重大融资项目，加快经济社会发展。

【加强计划和预决算审查监督】　听取和审议了区政府关于2016年1至9月份国民经济和社会发展计划执行情况、财政预算执行情况的报告，听取和审议了2015年度区本级预算执行和其他财政收支审计情况的报告，审查批准了2015年区本级财政决算，同时，督促政府及有关部门针对审计出来的问题认真进行整改。首次开展部门决算审查工作，审查了区人保局及下属4个二级局2015年部门预决算收支和基金运行情况，针对审查发现的预决算编制不够完整细化、预决算差异较大、会计核算不够规范等问题，提出针对性的意见，并要求整改到位。严格预算调整，审查批准了区政府《关于提请审议信州区2016年一般公共预算和政府性基金预算调整方案（草案）的议案》，维护了预算的严肃性。

【助推重点产业发展】　组织开展了2015年旅游经济发展专题询问"回头看"活动，对全区全域旅游规划编制、民宿经济发展和旅游项目建设等情况进行了调研，并听取了旅游工作情况汇报及区旅发委等10个单位的整改情况汇报。积极派员参与桐子坞棚改，认真做好上传下达、协调沟通、进度督查统计、信访接待等工作。精选课题开展调查研究，形成了以信州乡村生态旅游发展、普惠金融发展、休闲农业发展、秀美乡村建设等为主题的4篇调研文章，供区委、区政府决策参考。

【助力民生改善】 持续开展了环保信江行、"食品药品安全赣鄱行""赣鄱农产品质量安全行"等活动。对农业面源污染防治情况进行了检查采访。结合G20西湖蓝行动区域，与环保部门一道查处少数企业废气污染问题，处理信访投诉36件，下达责令改正违法行为决定书4份，查处违法企业6家。

重要活动

【开展农村"三线"搭挂情况专题调研】 针对农村"电力线、通信线、广电线"三线架设无序、乱搭乱挂等现状，常委会调研组会同区供电公司等5家单位，深入沙溪、灵溪、朝阳、茅家岭等地进行调研，要求相关单位依法整治乱象，杜绝安全事故发生。

【开展安全生产监督检查】 常委会组织区安监、工商行政管理、消防等部门对各类加工厂、滑石厂、油漆、农药、化工、油库、加气站、加油站等企业逐一进行安全生产隐患排查，督促执法部门强化责任意识，加大监管力度，确保不发生一起重大安全生产事故。

【加强部门工作监督】 听取了政府相关部门关于坚决遏制违法建设、规范城乡建设秩序工作的情况报告、关于"六五"普法工作和"七五"普法规划情况的报告。加强对公检法工作的视察调研，听取了区公安分局1—10月工作情况汇报，区检察院2016年司法体制改革、职务犯罪侦查、案件信息公开等检察工作情况汇报和区法院2016年司法体制改革、司法公开、执行工作等工作情况汇报，指出工作中存在的问题，针对性地提出了意见、建议。

【强化涉法涉诉信访督办】 坚持把信访工作作为倾听群众呼声、化解社会矛盾、促进社会稳定的重要工作来抓，积极参与化解社会矛盾，维护群众合法权益。换届以来，共接待来信来访97人次，其中市人大转办信访件3件，协调化解了中商广场项目申请法院破产重组等一批信访难题。

【创办《信州人大》】 创办了《信州人大》，并编印了3期，及时刊登宣传区人大及其常委会、镇（街道）人大（工委）行使职权、人大代表履职情况的通讯、消息以及图片，让党委、政府和广大人民群众进一步了解支持人大工作，从而促进人大作用发挥、人大工作与时俱进。

代表工作

【督办好代表建议】 通过会议督办、现场督办、重点督办、持续督办、办理反馈、评先评优等方法，不断提高代表建议办理质量。区四届人大七次会议期间共收到代表建议、批评和意见48件，办复率100%，代表对建议的答复基本满意。区五届人大一次会议期间共收到代表建议、批评和意见46件，办复率达到100%。常委会专门听取和审议了区政府关于建议办理工作情况的报告，并评选出3个代表建议先进承办单位。

【开展好代表活动】 组织代表开展了"代表活动日"活动，代表们积极参与向选区献爱心、扶贫帮困、视察重点项目和秀美乡村建设等活动，听取了镇街2016年经济社会发展情况和人大工作情况汇报，并提出意见、建议。通过活动开展，代表依法履职、为民服务意识进一步强化，助推经济发展、民生改善的作用进一步发挥，与选民之间的沟通和联系进一步密切。

【健全代表工作制度】 制定了评选优秀区人大代表、优秀代表建议和代表建议先进承办单位等8个办法，完善了区人大代表联络站工作制度、区人大代表辞去代表职务和终止代表职务的暂行规定、区人大代表履职情况报告制度等，进一步促进了代表工作的制度化、规范化。

换届选举工作

【做好人大换届选举工作】 4—10月，区、镇两级人大换届选举工作顺利进行。据统计，此次区、镇两级换届选举共有近33万选民行使民主权利，参加了本选区投票选举，依法选举产生了区五届人大代表184名，镇人大代表269名。在区人大常委会的精心指导下，4个镇人大换届选举工作圆满结束。10月10日—12日，区五届人大一次会议圆满召开并胜利闭幕。

（徐文积）

信州区人民政府

2016年，新一届区政府深入贯彻落实中共十八大和十八届三中、四中、五中、六中全会，以及中共中央总书记习近平系列重要讲话精神，在市委、市政府和区委的正确领导下，在区人大、区政协的监督支持下，以新发展理念适应新常态，攻坚克难、奋勇拼搏，较好地完成了区四届人大七次会议确定的各项目标任务，实现了"十三五"良好开局。全年全区实现地区生产总值212.6亿元，增长8.9%；财政总收入21.89亿元，增长4.3%；税收收入占财政比重83.5%；公共财政预算收入16.08亿元；固定资产投资完成158.3亿元，增长12.9%；社会消费品零售总额完成129.2亿元，增长10.5%；第三产业增加值157.15亿元，增长8.7%；金融机构人民币存款余额696.1亿元，增长18.9%；贷款余额590.51亿元，增长11.29%。其中，社会消费品零售总额、第三产业增加值、金融机构人民币存贷款余额等指标继续位居全市第一。在全市经济社会发展和党的建设情况巡查中实现逆袭，

赢得第三名的好成绩。

工业经济发展更具前景。主攻工业、决战园区力度不断加大，制定了"以企业为核心、五年决战三百亿"战略规划，精心培育、做大光学、苎麻、汽配三大产业。全年共引入42家企业落户园区。其中，宇瞳光学园、索密特汽配、德峰医药等25家企业开工；九方商混、范美保罗家居、北京三纺机（上饶气弹簧）、帘邦窗饰、奥烽实业等5家企业投产。全年新增规上企业9家，总数达到27家，实现规模以上工业增加值5.83亿元，主营业务收入20.7亿元。荣获2013—2015年度江西工业崛起年度贡献奖。

现代服务业发展亮点纷呈。全年新增规上服务业企业35家，总数达到73家，居全市第二。物流、信息服务、金融三大产业稳定发展，分别实现税收3亿元、2.5亿元、1.4亿元，分别增长8.3%、22.51%、19.1%。全年接待旅游人数1536.64万人次，增长45.73%；实现旅游综合收入131.28亿元，增长22.23%。上饶（信州）文化创意产业园被授予"第五批江西省现代服务业集聚区"。福海老年公寓被民政部授予"民政标准化示范单位"。

农业现代化进程加快。全

区共有规模以上种养殖基地98个；农业休闲农庄33家；规模以上农业企业36家；新增各类农民专业合作社9家，总数达到161家；新增家庭农场20家，总数达到43家。完成1000亩高标准农田建设，4座小（2）型水库和24座山塘除险加固整治。

城市形象加快刷新。通达能力显著提升，对接广丰区的上丰大道、连接信江河谷城镇群的新320国道建成通车；城区路网建成通车。城市综合体不断集聚，万达广场、星河国际、万力时代、润丰家居广场等一批商业综合体开张营业，成为城市新地标。打响了史上最大规模的棚改攻坚战，完成汪家园二期、枫炉塘、桐子坞等26个5738户237万平方米房屋征收工作，实现"攻坚100天、拿下200万"的目标。

城乡规划管理不断规范。启动了信州区经济与空间发展战略、秀美乡村试点等规划编制工作，基本完成四镇总体规划修编。在全市率先建立了云计算中心自动比对平台，全年拆除新增违建13.8万平方米、存量违建12万平方米，控违拆违经验在全市推广。

秀美乡村创建初显成效。进一步规范农民建房管理，严格落实"三审两公示四到场"制

度,有效遏制了超高超面积建房行为。开展了乱埋乱葬专项治理,启动了农村公益性墓地建设。打造了5个秀美乡村建设点;完成了39个新农村建设村点,惠及农户3230余户、14300余人。投入2600万元用于农村环境"七改"工作,建立了户分类、村收集、镇转运、区处理的保洁长效机制,农村垃圾实现日产日清。扎实推进高铁、高速、国道等交通沿线环境整治工作,投入1800余万元完成1300余栋房屋外立面改造提升工作。荣获中国美丽乡村建设示范县、全省农村清洁工程工作先进县。

生态文明建设扎实推进。新造绿化苗木林1450亩,超额完成省、市下达任务。积极开展生态创建,新增10个市级生态村,沙溪镇获评省级生态镇,实现零的突破。全力推进"河库长制",开展了"清河行动",实施了水污染、河湖"八乱"和渔业资源保护三大类十个专项整治。完成沙溪、秦峰2处饮用水水源保护区划定工作,沙溪镇日处理污水500吨的污水处理厂建成运营。加大环境执法力度,查处违法企业28家,完成G20峰会"西湖蓝"行动保障任务。荣获全省"十二五"公共机构节能工作先进县(市、区)。

开放合作不断深化。成立32支小分队分赴全国各地招商,先后在北京、上海、重庆、贵州举办产业招商推介会,集中引进了一批光学、汽配、定制家居、制鞋等企业入驻。全年落户重大项目27个,其中2000万元至亿元项目11个、亿元以上项目16个。实际进资42.08亿元,同比增长12.93%;实际利用外资8071万美元,增长10.17%;实现外贸出口2.34亿美元。

创新创业蔚然成风。完成专利申请量378件,增长50%;专利授权287件,增长20%,总量全市第一。全年新增个体工商户4363户,增长23.46%;新增私营企业2000户,增长17.57%;非公经济市场主体总数达到2.85万户,注册资本总额达192.61亿元。上饶7890众创空间、蓝青创客工场、龙谷创客茶馆获批省级众创空间。巨网科技、惠明科技等5家企业获批国家高新企业。

民生福祉持续改善。全年民生事业投入19.59亿元,增长25.03%,占财政总支出73.7%。新增转移农村劳动力就业4913人、城镇新增就业7654人、零就业家庭就业安置率100%。城乡居民大病保险实现全覆盖,失地农民养老保险覆盖面不断扩大。全年累计发放高龄老人长寿补贴31588人次,发放金额646.34万元;发放困难残疾人生活补贴和重度残疾人护理补贴300余万元,惠及5016人次;发放廉租房租赁补贴198万元,惠及9800余人次。建成1300余套城乡公租房,实施了241户农村危旧房改造。精准扶贫工作成效显著,7个省、市级贫困村顺利通过市级退出考核,3216名贫困人口经省级评估验收成功脱贫,农村贫困人口发生率由上年的3.1%下降到1.4%,率先在全市消除农村绝对贫困现象,成为全省第一批退出贫困的县(市、区)。

社会事业全面进步。义务教育均衡发展,全年改扩建校舍10余万平方米,市第二十小学、沙溪中学、信州职教中心三期等一批学校建成投入使用,顺利通过国家义务教育均衡发展督导评估。"健康信州"加快推进,市立医院综合大楼投入使用,拥有村卫生室108家,实现行政村全覆盖,沙溪中心卫生院入选全国"2015—2016年度群众满意的乡镇卫生院"。西市街道八角塘社区荣获"2011—2015年度全国计划生育协会工作先进单位"。承办上饶国际半程马拉松赛和"海外华裔青少年中国寻根之旅——魅力信州营"活动。文化事业繁荣发展,完成博物馆和文化馆维修改造,区文化馆秧歌队在上海国际民间民俗秧歌赛上喜获一等奖。茅家岭街道钟灵社区荣获全国科普示范社区。双拥优抚安置工作再上新台阶,连续5届荣获全省双拥模范城、蝉联全国双拥模范城。

社会大局稳定和谐。在全省首创合成警务工作站,打造了永不熄灯的"智慧警务超市",获评全国公安机关改革创新大赛优秀奖。开展了社会治安集中整治"双百"和"打侵财、控发案百日攻坚"行动,社会治安状况明显好转,公众安全感、满意度得到提升。全面落实领导定期接访和包案制度,化解信访积案55件,成功调处各类矛盾纠纷3300余起,实现进京赴省到市访"三下降"。"六五"普法圆满收官,荣获全省法治县(市、区)创建工作先进单位,为全市唯一。严格落实安全生产"党政同责、一岗双责、齐抓共管、失职追责"制度,加强了重点区域、重点行业的集中整治,杜绝了较大及较大以上生产安全事故发生。东市街道金龙岗社区、西市街道桥村社区荣获全省安全社区。完成国家级地质灾害点"水南417号"崩塌治理项目。扎实开展治超专项整治行动,连续 11 年道路春运安全零事故。深入开展"消防执法质量提升年",完成白鸥园市场消防设施改造并顺利通过验收,成功摘除"全国 100 家重大火灾隐患单位"的帽子。连续第 7 年被省政府评为森林防火平安县。

重要会议

【第58次政府常务会议】 1 月 7 日,区长王其中主持召开。传达了江西省 6 起违反中央八项规定精神问题的通报;传达了全市经济工作暨扶贫开发工作会议精神;学习了《法治政府建设实施纲要(2015—2020 年)》,并审议了《关于进一步完善政府常务会议学法制度的意见》;研究了信州区 2016 年国民经济和社会发展计划主要指标;研究了信州区工业经济翻番计划;听取了信州区主攻工业决战园区绩效评估的自评工作汇报;讨论了《政府工作报告(送审稿)》;讨论了《信州区国民经济和社会发展第十三个五年规划纲要(草案)》;听取了 2015 年度全区开展"十大整治"工作情况汇报;研究了将"众创空间"打造成为信息服务业第四园相关事宜;对春节前各项重点工作进行了部署。

【第59次政府常务会议】 1 月 26 日,区长王其中主持召开。听取了全区信访维稳工作情况汇报;听取了全区安全生产工作情况汇报;听取了全区社会治安工作情况汇报;听取了白鸥园市场消防隐患整改工作情况汇报;审议了《信州区 2015 年国民经济和社会发展计划执行情况与 2016 年国民经济和社会发展计划草案的报告(送审稿)》;审议了《信州区 2016 年一般公共预算表(送审稿)》《信州区 2016 年政府性基金预算表(送审稿)》《信州区 2016 年国有资本经营预算表(送审稿)》《信州区 2016 年社会保障基金预算表(送审稿)》;审议了《2015 年度环境质量状况和环境保护目标完成情况的报告(送审稿)》;审议了《信州区 2015 年违法建设防控工作情况的报告及 2016 年工作计划》;审议了《关于加快发展民宿经济的实施意见(送审稿)》和《关于促进信州旅游产业发展的实施意见(送审稿)》;听取了收购朝阳镇农村客运公司、开通至朝阳产业园公交班线相关情况汇报;研究了 2015 年度义务兵家庭优待金发放标准调整事宜;研究了干部处分事宜。

【第60次政府常务会议】 3 月 9 日,区长王其中主持召开。学习了《关于从严从实加强换届风气监督切实营造风清气正换届环境的通知》《市委办公厅关于用"铁的纪律"确保换届工作风清气正的通知》并传达了省、市组织部部长和县乡领导班子换届工作会议精神及贯彻落实意见;学习了《强卫书记关于学习贯彻习近平总书记在江西视察时的重要讲话精神的讲话》和《关于对婺源县党政领导班子成员在干部考察时不如实向组织反映考察对象违纪线索追责处理情况的通报》;传达了全市生态文明先行示范区建设领导小组第一次会议精神;传达了全省、全市农村工作会议精神,并研究了信州区贯彻落实意见;审议了《信州区 2016 年农业和农村工作意见(送审稿)》;审议了《信州区进一步推进"美丽家园"建设实施办法(送审稿)》;研究了 2015 年度全区行政服务工作先进集体和个人表彰事宜;审议了《信州区文明单位建设管理细则(送审稿)》;传达了全市旅游工作会议精神,并审议了《信州区民宿管理办法(试行)》;研究了信州区 2016 年教师招聘计划、2016 年定向培养乡村教师岗位需求计划有关事宜、审议了《关于推进信州区义务教育学校校长教师交流轮岗工作的实施意见(送审稿)》;审议了 5 个城市棚户区(城中村)改造项目的房屋征收补偿方案;听取了信州区地方政府债务有关工作情况汇报,审议了《信州区债务风险化解规划》《信州区债务风险应急处置预案》;审议了《信州区 2016 年财税工作考核办法(送审稿)》;研究了 2015 年全区控违拆违工作考核评先有关事宜;研究了区政府领导分工调整事宜。

【第61次政府常务会议】 3 月 22 日,区长王其中主持召开。传达了全市征迁控违工作现场会精神,研究了信州区贯彻落实意见;研究了信州区 2016 年项目建设计划安排;审议了《上饶市信州区公务用车改革实施意见》;传达了全省、全市卫生和计划生育工作会议精神,研究了信州区贯彻落实意见;传达了全市应急管理工作会议精神,听取了全区 2015 年应急管理工作开展情况汇报,并研究了 2016 年应急管理工作要点;审议了《鼓励城市规划区内房屋被征收人购买商品房的奖励意见》;研究了市、区政府工作报告重点工作责任分工有关事宜;研究了干部处分事宜。

【第62次政府常务会议】 4月25日,区长王其中主持召开。学习传达了《中共上饶市委办公厅关于用"铁的纪律"确保换届工作风清气正的通知》;学习传达了省纪委《关于吴永红顶风违纪插手工程项目问题的通报》《关于渝水、贵溪、浔阳"违插"治理项目问题排查不力责任追究情况的通报》;学习传达了全省扶贫移民工作暨搬迁移民扶贫现场推进会精神,并研究了信州区贯彻落实意见;审议了《信州区村级卫生计生服务室标准化建设实施方案(送审稿)》;听取了区卫计委关于应对"山东问题疫苗"事件的工作情况汇报;审议了3个国有土地上房屋征收补偿方案的调整意见;听取了2016年全区防汛及地质灾害防治工作情况汇报;学习传达了省、市"河长制"会议精神,研究了信州区"河库长制"贯彻落实意见;研究了区直机关差旅费管理办法相关补充规定;听取了区市场监督管理局工作情况汇报。

【第63次政府常务会议】 5月31日,区长王其中主持召开。传达了全省城市工作会议暨城市工作现场推进会议精神;学习传达了中共中央办公厅《关于部分党员领导干部在谈话函询中不如实向组织说明情况典型案件及其教训的通报》、市纪委《关于我市5起违反中央八项规定精神典型案例的通报》《关于李海跃顶风违纪插手工程项目问题案例的通报》;审议了《信州区关于开展降低企业成本优化发展环境专项行动的实施方

案(送审稿)》;听取了全区公务用车制度改革工作进展情况汇报;学习传达了全市机构编制工作会议精神,研究了信州区贯彻落实意见;听取了2015年度镇、街道及区直单位经济社会发展考评及有关奖励补助有关事宜的情况汇报;学习传达了全省粮食流通工作会议精神,研究了信州区贯彻落实意见,并审议了《信州区区级储备粮管理办法》和《信州区区级储备粮工作实施方案》;学习了《国务院关于印发全面推开营改增试点后调整中央与地方增值税收入划分过渡方案的通知》;听取了朝阳产业园基础设施建设遗留问题处置有关情况汇报;听取了收回江西龚杏(上饶)产业基地资产有关工作情况的汇报;审议了《2016年度信州区新农村建设工作方案(送审稿)》;研究了干部处分事宜。

【第64次政府常务会议】 7月4日,区长王其中主持召开。学习了中纪委《关于徐福顺、王宜林、杨华同志违反中央八项规定精神问题的通报》(中纪通〔2016〕6号);传达了全市学习贯彻中央省市领导对统计工作重要批示会议精神;审议了《2016年海外华裔青少年"中国寻根之旅"夏令营——"魅力信州营"活动方案(送审稿)》;审议了上饶市第二十小学开学准备工作有关事项;审议了《信州区学前教育第三期三年行动计划2017—2019年(审议稿)》;传达了省政府县域义务教育均衡发展督导评估反馈意见,研究了信州区贯彻落实意见;听取了上饶索密特实业有限公司搬迁相关工作情况汇报;审议了上饶

市中医院关于有偿出让药品采购经营权有关事宜;审议了《信州区坚决打赢脱贫攻坚战的实施意见(送审稿)》;传达了全省现代农业示范园区建设现场推进会议精神,听取了信州区现代农业示范区建设工作进展情况汇报;审议了沙溪镇人民政府《关于成立沙湖新区投资管理有限公司的方案(送审稿)》、区农园办《关于提请审议上饶市信州区绿色农业投资有限公司组建方案的请示》;审议了信州区公共机构节能兑现奖励有关事项;审议了城南城投公司下属上饶市信州区华隆贸易有限公司与九江银行上饶分行融资合作事宜;审议了《信州区残疾人生活补贴和重度残疾人护理补贴实施细则(送审稿)》;听取了上饶三江自来水厂工程款纠纷案件的情况汇报;审议了《上饶市信江南岸景观带综合改造项目二期工程集体土地上房屋征收补偿方案(送审稿)》;审议了青青湖项目《总体规划》。

【第65次政府常务会议】 8月28日,代区长胡心田主持召开。传达了省、市纪委7起违反中央八项规定精神、违规插手工程及侵害群众利益的通报;传达了全市"以企业为核心,五年决战七千亿"动员大会精神,并审议了信州区贯彻落实意见;审议了《信州区安全生产"十三五"规划(2016—2020年)(送审稿)》;研究了上饶市星强电子科技有限公司"4·25"高处坠落及"6·8"灼烫一般事故结案有关事宜;研究了2014年度"三支一扶"人员录用分配和定向培养农村中小学教师接收安置分配有关事宜;审议了《信州区整合城乡居民基本医

疗保险实施方案（送审稿）》；听取了《关于信州区规划编制工作计划》的汇报；审议了《信州区自然人股权转让税收综合治理实施办法（送审稿）》；学习了国发〔2015〕25 号、国发〔2016〕26 号、赣府厅字〔2016〕42 号等文件精神并审议了物流产业、上海华誉、信息服务业、博泽铜业等相关产业扶持意见；研究了《信州区城市公立医院综合改革试点工作实施意见（送审稿）》；审议了 7 个城市棚户区（城中村）改造项目的房屋征收补偿方案。

【第 66 次政府常务会议】　9 月 10 日，代区长胡心田主持召开，专题审议了《政府工作报告（送审稿）》。

【第 67 次政府常务会议】　9 月 12 日，代区长胡心田主持召开。学习了《江西省人民政府关于进一步严格落实中央八项规定精神有关事项的通知》并传达了市集中整治办《关于 3 起基层干部违规插手工程建设领域腐败案件的通报》；审议了《信州区 2016 年度镇、街经济社会发展情况巡查考评方案（送审稿）》；审议了《信州区重点工作百日攻坚暨棚户区改造动员大会工作方案（送审稿）》；审议了《宇瞳光学工业项目投资合同书（送审稿）》；研究了发放区公务交通补贴有关事宜；审议了《关于对全区国有资产实行清查复核工作实施方案（送审稿）》。

【第 68 次政府常务会议】　9 月 26 日，代区长胡心田主持召开，专题讨论了《区政府工作报告（送审稿）》。

【第 69 次政府常务会议】　9 月 30 日上午，代区长胡心田主持召开。学习了省落实党风廉政建设责任制工作领导小组《关于印发〈2016 年度落实党风廉政建设责任制日常检查评分细则〉的通知》、传达了省纪委《关于我省 4 起省管干部违反中央八项规定精神问题的通报》和市纪委《关于 4 起违反中央八项规定精神典型案例的通报》；听取了收购索密特公司资产的工作情况汇报并审议了《上饶经济技术开发区朝阳产业园工业项目投资合同书》；听取了做好国庆期间城乡环境卫生保洁工作汇报；审议了《信州区重点工程税收征管办法（修订稿）》；审议了《信州区服务业发展提速三年行动计划（2016—2018 年）（送审稿）》《关于进一步加快推进服务业发展的实施意见（送审稿）》《信州区推进现代服务业发展动员大会工作方案（送审稿）》；研究了修订区级行政审批中介服务事项有关事宜；审议了《信州区高铁沿线房屋外观整治工作实施方案（送审稿）》；审议了《松山村城中村综合改造项目（上饶市第一中学新校区）集体土地上房屋征收补偿方案（送审稿）》《上饶市信州区城东片区枫炉塘城中村改造项目集体土地上房屋征收补偿方案（送审稿）》；研究了江西师范大学 2016 级信州区生源本科免费师范生协议签订事宜、《上饶市信州区乡村教师支持计划（2016—2020 年）实施细则（送审稿）》、2017 年信州区农村义务教育阶段学校教师特设岗位申报计划；研究了信州区 2016 年度公开招聘中小学教师、特岗教师聘用工作以及"三支一扶"人员岗位分

配、免费师范生接收安置手续办理、事业单位公开招聘人员聘用工作等事宜；听取了 2016 年调整退休人员基本养老金情况汇报；审议了《关于进一步推进结对帮扶工作实施意见（送审稿）》。

【区政府五届第 1 次政府常务会议】　11 月 7 日，区长胡心田主持召开。传达了省纪委《关于 5 起扶贫领域侵害群众利益不正之风和腐败问题的通报》、市集中整治办《关于 3 起农民建房领域违规违纪案件的通报》《关于 4 起扶贫领域腐败案件的通报》《关于 4 起粮食直补领域腐败案件的通报》《关于 4 起基层征地补偿领域腐败案件的通报》研究了 2012 年选聘的 16 名大学生村官期满安置和 2016 年军转干部安置事宜；审议了《信州区政府投资建设项目预算评审暂行办法（送审稿）》；审议了《信州区政府性融资资金管理暂行办法（送审稿）》；审议了《信州区投融资企业改革实施方案（送审稿）》；听取了迎接全市棚改工作现场会筹备情况汇报；审议了 7 个城市棚户区（城中村）改造项目的房屋征收补偿方案；审议了《集中整治和查处农村集体"三资"管理及涉农负担等侵害农民利益不正之风和腐败问题的实施方案（送审稿）》；审议了《关于推进信州区农村一二三产业融合发展的实施意见（送审稿）》；听取了全区秀美乡村推进会筹备工作情况汇报；研究了上饶市第四中学招聘 2017 届免费师范生事宜；听取了朝阳产业园工作情况汇报；听取了区政府分管领导落实《关于进一步推进结对帮扶工作实施意见》（饶信

办字〔2016〕41 号)情况汇报。

【第 2 次政府常务会议】　12 月 4 日,区长胡心田主持召开。传达学习了《关于新形势下党内政治生活的若干准则》《中国共产党党内监督条例》、全省深化落实全面从严治党"两个责任"视频培训会议精神、《关于我市 4 起违反中央八项规定精神典型案例的通报》和市政府办公厅《关于认真贯彻落实刘奇省长批示精神,进一步做好抓落实工作的通知》;传达了中央、省、市安全生产会议精神并原则同意信州区贯彻落实意见;传达了全省卫生与健康大会精神并原则同意贯彻落实意见,会议决定该议题提请区委常委会审定;传达了全市棚改工作现场推进会主要精神并原则同意贯彻落实意见;审议并原则通过了《信州区建立劳资纠纷联动排查预警和调处机制的实施意见(送审稿)》和《关于全面治理拖欠农民工工资问题实施方案(送审稿)》;研究并原则通过了《关于规范村(社区)干部报酬并建立正常增长机制的实施意见》;审议并原则同意区发改委提出的《因职务调整(变动、遗漏)的公务人员交通补贴发放的请示》,要求对参补人员的名单、身份、补贴标准等相关信息进一步核实无误后,提请区委常委会审定;研究了在信息产业园设立个人零散税收代征点及企业享受相关税收优惠政策事宜;审议并原则通过了《关于做好 2016 年度省、市对信州区科学发展综合考核评价准备工作的通知(送审稿)》;审议并原则通过了《信州区普法依法治区领导小组关于在全区公民中开展法治宣传教育的第七个

五年规划(2016—2020 年)(送审稿)》,会议决定以政府名义印发执行;审议并原则同意《信州区政府投资项目工程变更管理实施细则(试行)(送审稿)》;审议并原则通过《信州区 2016 年农村危房改造实施方案(送审稿)》;听取了全区精准扶贫工作情况和下一步工作措施汇报;审议并原则通过了《信州区深化农村殡葬改革的实施意见(送审稿)》。

【第 3 次政府常务会议】　12 月 19 日,区长胡心田主持召开。传达学习市纪委办公室《关于市就业局再就业小额贷款信用担保中心主任付鹏辉违规组织集体公款旅游问题的通报》和市集中整治办《关于 4 起强农惠民领域腐败案件的通报》;传达中央经济工作会议精神、听取了区政府各分管领导 2016 年工作总结及 2017 年工作计划情况汇报;传达全省县域义务教育均衡发展国家督导检查反馈会主要精神并通报迎检工作情况;传达全省休闲农业与乡村旅游工作现场推进会精神并研究贯彻落实意见;传达全市人防工作会精神并研究贯彻落实意见;审议贯彻《省政府办公厅关于转发省人社厅省财政厅江西省调整机关事业单位工作人员基本工资标准和增加机关事业单位离休人员离休费三个实施意见的通知》(赣府厅发〔2016〕69 号)文件意见;审议了《关于推进党管武装工作深入发展实施意见(送审稿)》;审议了《2017 年信州区重点项目安排表(送审稿)》;审议了《关于请求向区人大常委会提请审议 2016 年区级一般公共预算和政府性基金预算调整方案

(送审稿)》;审议了《表彰 2015 年度综治工作先进单位的报告》;审议了《信州区落实粮食安全省长责任制的实施方案(送审稿)》;审议了《2016 年信州区经济社会发展情况汇报》

【第 4 次政府常务会议】　12 月 29 日,区长胡心田主持召开。传达学习了市纪委《关于我市 3 起违反中央八项规定精神典型案例的通报》;传达了全省经济工作会议精神并研究信州区贯彻落实意见;听取了 2016 年信州区财政收支平衡情况及 2017 年财政收入计划安排情况汇报、2016 年国民经济和社会发展主要指标执行情况并研究 2017 年计划指标(草案);听取了政府性大额资金支付情况汇报;审议了《信州区 2017 年迎新春金融机构座谈会工作方案》;听取了关于实行农民工欠薪隐患包案制度的情况汇报。

办理人大代表建议和政协委员提案情况

【概　况】　2016 年,区政府部门共承办市、区人大代表建议和政协委员提案 226 件。其中,市人大代表建议和政协委员提案 10 件,区人大代表建议和政协委员提案 216 件,均在规定时间内办理完毕,办复率 100%。区四届人大七次会议代表共提出建议 48 件,按建议内容分类:涉及工业交通方面 9 件,占 18.7%;城建环保方面 18 件,占 37.4%;社会福利方面 5 件,占 10.4%;财贸方面 8 件,占

16.7%；教科文卫体方面2件，占4.2%；农林水利方面1件，占2.1%；政法方面1件，占2.1%；其他方面4件，占8.4%。区五届人大一次会议代表共提出建议46件，按建议内容分类：涉及工业交通方面7件，占15.2%；城建环保方面13件，占28.3%；人事劳动和社会福利方面17件，占37%；财贸方面5件，占10.8%；农林水利方面1件，占2.2%；其他方面3件，占6.5%。区政协四届六次会议委员共提出提案39件：关于经济建设方面9件，占23%；政治建设方面1件，占2.5%；文化建设方面10件，占25.6%；社会建设方面13件，占33.3%；生态文明建设方面2件，占5%；其他方面4件，占10%。区政协五届一次会议共提交提案83件：关于经济建设方面14件，占16.9%；政治建设方面11件，占13.2%；文化建设方面14件，占16.9%；社会建设方面35件，占42.2%；生态文明建设方面9件，占10.8%。

【办理工作高位推动】　区长在每年的《政府工作报告》中都要强调办理工作，并对重点建议作出专门批示。区政府办坚持把办理工作作为参与政务、管理事务、综合服务的重要抓手，形成主任总调度，分管副主任分头抓，相关科室经办，督查科室跟踪问效的流水作业线。"两会"一结束，区人大、区政府、区政协就及时召开交办会，区领导亲自部署，要求各承办单位提高认识，强化办理建议的责任感、使命感，围绕"解决问题、代表委员满意、群众满意"的目标，认真提高办理水平和质量。区政府各部门自觉把办理建议提案作为依法履职尽责的重要内容，认真组织办理。对办理过程中遇到的难点、重点问题，承办单位主要领导能够主动协调、尽力解决。通过领导的高位推动，为办理工作提供有力的组织保障。如代表提到的被征地农民参加养老保险事宜的建议，区政府主要领导给予了高度重视，责成有关部门进行了全面细致的调研。区政府各位分管领导，也都结合各自分管的工作，把代表建议所反映的问题，融入实际工作之中加以解决，使代们的一项项建议变成一件件实事。区政府有关部门都能自觉把办理工作作为一项重要工作来抓，如区交通运输局、区建设局把解决问题、促进工作作为办理代表建议的落脚点，促使代表建议中反映的农村公路、里弄小巷等问题得到了解决。

【办理工作规范运行】　办理人大代表建议是一项政策性强、敏感度高、涉及面广的工作，为此，区政府着力在规范化、制度化上狠下功夫。区政府办对各承办单位的办理工作提出具体要求：一是要快。抓紧时间、集中精力，务必在规定时限内办复。对涉及不同单位的建议，要明确责任分工，互相支持，互相配合，防止推诿扯皮。二是要实。对代表委员关心的热点、难点问题，要加强调研，从实际出发，提出切实可行的解决办法和意见建议。三是要好。坚持以解决问题为重点，以代表委员和人民群众满意为目标，认真答复，对能解决的问题抓紧解决，对一时不能解决的问题耐心做好解释，力求代表委员满意。通过进一步健全办理制度和完善办理机制，促进办理工作制度化、规范化。

【办理工作扎实推进】　区政府办每年都采取以会代训的形式，对办理人员进行轮训，着重提高他们的认识水平和业务水平。要求：一要热心办理工作。人大代表建议政协提案体现的是广大人民群众的愿望和要求，蕴涵着人民群众的意志，代表人民群众的根本利益。办理建议提案是政府应尽的职责，是践行党的群众路线教育实践活动最直接体现。二要真心解决问题。区政府要求办理单位在力所能及的范围内，要舍得投入必要的人力、物力和财力。没有投入，就没有产出。是否舍得投入，这是评判是否真心解决问题的一个重要标志。三要虚心接受批评。每年的人大代表建议政协提案，绝大多数是由政府系统来承办的，时间短任务重、压力大，有时可能忙中出错，如沟通不及时、答复不明确、格式不规范、语气不谦逊。对此，区政府办要求办理单位和工作人员，一定要经得起批评，并及时采取补救措施。四要耐心做好解释。对个别因客观条件和政策因素所限，使反映的问题在短时间内难以解决的建议提案，承办单位要主动上门向代表委员当面做好解释。

信州区人民政府办公室工作

【概　况】　2016年，区政府办在区委、区政府的正确领导下，紧紧围绕全区中心工作，积极履行服务发展、服务决策、服务落实的职能,充分发挥综合协调、参谋助手作用,结合开展"两学一做"学习教育,严格落实两个责任,严肃党内政治生活,不断完善工作制度和程序,创新服务方式,超前谋划工作,全力推动落实,较好地完成了办公室的各项工作任务。

【重调研做好参谋献策】 区政府办坚持以服务领导决策为宗旨,紧紧围绕区中心工作,精心组织开展调研活动。坚持把调查研究工作做在前面,切实掌握涉及全区重大问题及制约全区发展的因素,增强参政议政的针对性和实效性,为领导出谋划策、拾遗补阙。为深入挖掘旅游资源,明晰信州区旅游业的发展框架,定位发展民宿经济,在区主要领导安排下,先后赴浙江、江苏等地考察调研民宿经济,制定出台了《关于促进信州区旅游产业发展的实施意见》《关于加快信州区发展民宿经济的实施意见》《信州区民宿管理办法》,为下一步信州区发展民宿经济打下基础。

【办文办会细致周全】 坚持"从严、从精、及时、实效"的公文处理原则,严格按照《党政机关公文处理工作条例》《党政机关公文格式》等规定,正确使用公文文种,规范应用公文格式,准确运用公文语言。从文书处理的收发、印制、传阅、清退、归档、销毁等环节入手,严把政策关、时效关、公文格式关、文字关和校检关,力求观点准确、格式规范、逻辑严谨,公文可操作性、权威性、时效性进一步增强,文件质量有了新提高。同时做到文件收发快捷、急件随到随办,

传阅高效,档案管理科学,有效保障了政令畅通。全年共收文近2000件,制发公文600余件。认真搞好会务的统筹协调,加强对会议决定事项的交办和督促落实,特别是对区政府全区性会议、常务会等一些重要会议,会前对上会议题进行审核,从源头上确保会议的权威、高效,同时加大了会议决定事项的督查力度,进一步保障区政府决策事项的贯彻落实。

【信息工作及时高效】 围绕全区中心工作及经济社会发展中的热点、难点问题,突出重点、体现特点、展示亮点、关注焦点、捕捉热点,全方位、多角度、深层次收集、整理、编发反映全区经济社会发展的政务信息和社会公众信息。一年来,先后组织撰写了各类信息350余篇(条),编印《信州政务》50余期,被上级政务刊物以及各类媒体采用100余篇(条),实行了《信州政务》编辑值周制度和信息报送定量定任务制度,信息工作保持全市先进,连续多年被评为"全市信息报送工作先进单位"。全面推进了政务公开、电子政务建设,全年通过各种渠道公开政府信息总计32288条,其中,政府信息公开平台发布信息25971条;召开新闻发布会3次;微信和微博等新媒体发布4804条;回应公众关注热点或重大舆情数125余次。全年全区受理依申请公开政府信息32件,办结32件,办结率100%。

【督查出实效】 坚持把政务督查作为推动工作开展和决策落实的重要手段,围绕区委、区政府中心工作,以重要会议决定事

项、重大决策、重要工作、重要批示件、督查件和交办事项为重点,加大力度、改进方式、提高实效、细化任务、明确责任、确保落实,有效促进了政府重点工程、民生工程、重点工作和阶段性工作的顺利落实和推进。对各级《政府工作报告》中的各项任务,逐项逐条分解到各有关部门、单位,并定期调度督查,确保了各项工作顺利实施。抓好政府领导批示件的督查办理,确保区领导批示件件有着落,事事有回音。抓好人大代表建议、政协委员提案的督查办理。对一些内容涉及多个部门的建议提案,牵头组织相关部门,深入现场调查,明确办理责任,推进办理工作的顺利开展。

【建议提案办复率高】 按照"政府统一协调、对口部门具体承办、政府办公室跟踪落实"的办理思路,通过完善制度,加强沟通与协调等手段,加大了对人大代表建议、政协提案办理工作的督办力度,巩固好办复率。一年来,共完成市、区人大代表建议、政协委员提案226件,办复率100%,依法依规解决了一批社会关注、群众关切的热点、难点问题。为增进代表、委员与党委、政府的理解和互信,区政府办及时向相关部门召开办理情况通报会,邀请代表委员与承办单位面对面交流、协商,倾听代表、委员的意见,同时对因客观原因不能解决的问题当面向代表和委员进行解释。区人民代表大会授予区政府办"2016年度人民满意单位"。

【编纂《信州年鉴(2016)》】 按照"普及一年一鉴,提升年鉴质量"的工作思路,对《信州年

鉴（2016）》篇目大纲进行了修改完善，下发了组稿计划与撰稿单位分工方案，认真抓好年鉴组稿和编辑工作。《信州年鉴（2016）》采用栏目化、条目体编写，设 35 个栏目，近 50 万字。记载 2015 年信州国民经济和社会发展的基本情况和资料，图文并茂地反映了创新创业、生态宜居信州。

【完成《江西年鉴》《上饶年鉴》供稿任务】 按照省、市地方志办要求，组织年鉴编写小组，广泛征集资料并认真进行编纂。重点梳理了加快信息服务业产业发展、全力推进精准扶贫工作、开展百日攻坚暨棚户区改造工作等信州亮点工作资料。按时完成省、市两级年鉴资料撰写工作，得到省、市志办的认可。

【开展"读志、传志、用志"工作】 积极参与《江西地方志文化丛书》《方志江西》《信州区党史》等撰稿工作。整理的《上饶信州千年夏布绽放异彩》《上饶民歌唱响第十一个文化遗产日》被省级媒体采用。为推出一批有文化特色、有社会影响力、人民群众喜闻乐见、宣传地情的精品力作提供了第一手素材。注重与其他单位交流地方志书籍，不断充实、丰富地方志资料库。做到热情接待每一位上门咨询地情者和热心读志的人员，满足了广大干群读志用志的需求，充分发挥地方志为经济建设服务、为全区工作服务的功能。

【区长热线办理情况】 2016 年度，共接听群众来电 806 个，接收区长信箱 182 封；处理市长热线交办函 1217 封，人民网留言 5

封；办结率 100%，群众满意率 91.14%。在全市热线工作中排名前列，基本做到了群众反映的问题件件有落实，事事有回音。

【市长热线第三级工作平台开通】 9 月 20 日，信州区开通了市长热线第三级工作平台，调整充实了区长热线工作领导小组，要求各单位和部门明确 1 名领导分管此项工作，并指定 1 名专职工作人员具体负责热线日常办理工作，确保热线工作任务的落实。

【"清零"行动】 10 月，在全区集中开展未完成投诉件"清零"行动，要求区长热线各承办单位从力求为群众解决问题的角度，让未完成投诉件"清零"达标。通过"清零"行动，一大批热点、难点诉求得到妥善解决。

（郑行懿）

综合管理

【概况】 2016 年全区深入贯彻中共十八大和十八届三中、四中、五中、六中全会，以及中央经济工作会议精神，认真组织实施《信州区国民经济和社会发展第十三个五年规划纲要》，做好稳增长、调结构、促改革、优生态、惠民生等各项工作，经济和社会保持良好发展态势。全区地区生产总值为 212.6 亿元，同比增长为 8.9%；一产完成 7 亿元，同比增长 3.7%；二产完成 48.4 亿元，同比增长 10.3%；三产完成 157.2 亿元，同比增长 9.7%。全区财政总收入为 21.89 亿元，同比增长 4.3%；公

共财政预算收入为 16.08 亿元。全区全社会固定资产投资为 158.3 亿元，同比增长为 12.9%。全区社会消费品零售总额为 129.2 亿元，同比增长为 10.5%；完成限额以上消费品零售额 65.59 亿元，同比增长 10%。全区城镇居民人均可支配收入为 31656 元，同比增长 8.04%；农村居民人均可支配收入为 14358 元，同比增长 7.29%。

【重点建设工程】 列入 2016 年上饶市重点工程项目共 9 个，总投资 47.43 亿元，当年投资 21.3 亿元。其中，星河国际、万达广场、万力时代综合体等项目竣工并投入使用；信江南岸景观改造工程已实现通车；文化信息创意产业园（一期）、吴楚大道等项目正在施工建设；槠溪南路、上饶三中、上饶城东学校 3 个项目正在开展前期准备工作。

【招商引资成效显著】 结合信州区产业导向，开展了招商引资"百日攻坚"活动。成功在重庆市举办江西上饶信州·重庆汽配产业招商推介会、在上海举行"信州区承接上海工业企业产业转移项目集中签约仪式"等一系列招商活动，集中引进了一批汽配企业、定制家居企业、制鞋企业入驻，全年共引进 42 家企业落户园区。全年利用外资 8071 万美元，同比增长 10.17%；实现外贸出口 23412 万美元。

【金融保险业发展良好】 金融保险业发展态势良好，实现税收 1.39 亿元，同比增长 19.1%。先后引进 6 家股份制商业银行、1 家村镇银行以及 15 家保险机

构和 4 家证券及期货公司,赣州银行、中信银行、永安保险、阳光保险电销呼叫中心等金融保险机构已开业,光大银行、长江证券正在积极筹建中。开展了"信州区普惠金融·政银共建社区"活动。

【信息服务业发展快】　信息服务业迅猛发展,全区信息服务业完成税收 2.5 亿元,增长 22.51%。全年新增 117 家信息产业企业,全区互联网信息服务企业增至 333 家。先后有巨网科技、遥望科技(付网科技)、网库股份、明家联合(创赢科技)、酷炫网络(合一科技)、联创科技(捷酷科技)等六家互联网企业成功上市,并有多家企业正在筹备上市。

【物流和旅游及文化创意产业不断壮大】　物流集聚效应凸显,全区物流产业税收累计完成 2.95 亿元,同比增长 8.3%。全年累计新注册物流企业 30 家,纳税额超百万的物流企业达到 92 家。旅游产业方兴未艾,全区共接待旅游人数 1536.64 万人次,同比增长 45.73%;实现旅游综合收入 131.28 亿元,同比增长 22.23%。文化创意产业不断壮大,信江文化传媒有限公司被评为全省文化产业示范基地。龙谷创客茶馆、7890+众创空间、蓝青创客工场已获批省级众创空间,新业创客科技公司获批市级众创空间。上饶(信州)文化创意产业园被授予"第五批江西省现代服务业集聚区"。

【工业产业创新发展潜力巨大】　全区第二产业生产总值为 48.4 亿元,同比增长 10.3%。

实现区直属规模以上工业增加值 5.8 亿元,同比增长 6.6%,主营业务收入 20.7 亿元。工业用电量累计实现 12744 万千瓦时。制定了"以企业为核心,五年决战三百亿"的战略目标,加强了对工业项目的管理和推进,促进工业健康发展,每月举办一次"工业日"活动,每季度召开一次工业项目集中开竣工活动。精心培育、壮大光学、汽配、苎麻三大产业,索密特汽配和宇瞳光学总部等项目落户园区,光学和汽配产业集群初具规模。园区平台建设进一步加强,园区道路、雨污水管道及污水处理厂等基础设施得到完善,污水处理厂已基本竣工,朝阳二路全线贯通。盘活了 26.67 万平方米(400 亩)闲置土地,提高了园区土地利用效益。

【加大现代农业建设】　积极引导农产品生产企业申报品牌建设,全区"三品一标"有效使用数达 12 个,其中无公害农产品 11 个,绿色食品 1 个。完成日常农产品质量安全监管、检测工作,合格率均达到 100%。全区共有规模以上种养殖基地 98 个,休闲农庄 33 家,规模以上农业企业 36 家,其中省级 3 家、市级 18 家、区级 15 家。市级以上龙头企业固定资产达 2.6 亿元,实现年销售收入 3.8 亿元。全区有各类农民专业合作社 161 家,比去年新增 9 家,已创建市级以上农民专业合作社示范社 17 家,其中国家级 1 家、省级 4 家、市级 12 家。家庭农场新增 20 家,总数达到 43 家。新建有一定规模的茶叶、果林基地 9 个,面积达 1000 亩,新造绿化苗木林 450 亩。启动了以创客中

心、农产品检测中心、现代农业园区管委会为主体的大楼建设,成立了上饶市信州区现代农业示范园管委会,完成 7100 亩现代农业示范区核心区规划,引入了春华菌菇基地、东方仕林蔬菜种植基地等企业,初步形成以蔬菜、菌菇等种植业为主的产业特色。农林水利基础设施得到不断完善,全面推进"河库长"方案,拟订并实施了相关管理制度和考核办法。完成 1000 亩高标准农田建设,4 座小(2)型水库、24 座山塘除险加固整治任务。

【民生事业提升幸福指数】　持续增加民生投入,保障和改善民生。在涉及民生的教育、社会保障和就业、医疗卫生等领域,公共财政预算支出 19.59 亿元,占支出总量的 73.7%,同比增长 25.03%。人居环境不断改善,新农村建设取得新成效。农村环境卫生、饮水安全等问题得到有效解决。宋宅村获批省级生态文明科技示范基地。居家养老服务站建设成果不断扩大,新打造了 4 个居家养老服务站点,累计已到达 34 个。大力推广医养融合发展模式,社区健康养老服务得到补充,健康养老成为全省样板。残疾人"两项补贴"制度全面建立。学校建设力度加大,改扩建校舍面积达 10 万平方米,一小城东分校、沙溪中学一期、信州职教中心三期、实验小学、沙溪向阳小学、第十六小学、朝阳溪边小学及朝阳中心幼儿园已建成并投入使用。新增转移农村劳动力就业 4913 人,城镇新增就业 7654 人,城乡居民养老、医疗、工伤、生育、失业等保险参保人数和基金征缴总额持续上升。

医改取得初步成效,公立医院取消药品加成;村卫生室实现行政村全覆盖,共有 108 家;信州区计划生育服务站已开工建设;沙溪镇中心卫生院入选全国"2015—2016 年度群众满意的乡镇卫生院"。加快推进了区图书馆改扩建,完成了博物馆和文化馆维修改造,区文化馆秧歌队在上海国际民间民俗秧歌赛上荣获一等奖,鄱阳大鼓《孝的音频》获得全国"牡丹奖"入围奖。棚户区改造进展顺利,共有 46 个棚改项目在信州区实施,涉及 7215 户、总面积达 288 万平方米,实际完成 26 个 5738 户,237 万平方米房屋征收工作。朝阳产业园 4.5 万平方米 1056 套公租房即将交付使用。

(肖堂松)

法制工作

【概　况】　2016 年,信州区政府法制办围绕中央全面深化改革、全面推进依法治国的战略决策,大力推进依法行政,加快法治政府建设,各项工作取得新进展新成效,获得全市优秀案卷评选优秀组织奖。

【推进依法行政】　有序推进法治政府建设工作,出台了《信州区 2016 年法治政府建设工作要点的通知》(饶信府办字〔2016〕38 号),把推进依法行政,建设法治政府作为要点的重要内容之一,作出具体部署、提出明确要求,将法治政府建设工作任务分解到各单位各部门,组织相关部门抓好监督落实。执行领导干部学法制度,制定了区政府常

务会议 2016 年学法安排。提前谋划好主题,通过定期学法提高领导干部运用法治思维和法治方式的能力,营造了依法行政、建设法治政府的浓厚氛围。

【履行行政复议应诉职能】　2016 年,收到行政复议申请 3 件,立案受理 3 件,已全部审结。其中,有 2 件行政复议案件因调解成功当事人自愿撤回了行政复议申请;依法作出行政复议撤销决定的 1 件。全年共承办行政应诉案件 3 件,其中一审 2 件,二审案件 1 件。共办理信访复核案件法律审核 1 件,接待来电来访群众 10 余批次近百人次。

【推进"双随机一公开"】　制定出台了《信州区推进行政检查"双随机一公开"工作实施意见》(饶信府办发〔2016〕13 号)《上饶市信州区人民政府办公室关于加快推进"双随机一公开"监管工作的通知》(饶信府办明〔2016〕10 号)。将工作任务层层分解落实。召开部署加快推进"双随机一公开"监管工作会议,明确各相关单位工作时间节点,确保限时保质完成任务。

(谭　邑)

人力资源和
社会保障工作

【概　况】　2016 年,在区委、区政府的正确领导下,在上级主管部门的大力支持下,区人社局紧紧围绕市人社工作会议精神和全区经济工作会议精神,开拓创新,与时俱进,完成上级下达

的各项民生任务指标。2016 年度,信州区劳动就业服务管理局获"全省就业创业工作先进集体荣誉";信州区社会保险事业管理局、信州区农村社会养老保险事业管理局和信州区医疗保险事业管理局荣获"全省社会保险民生工程目标绩效考核先进单位"荣誉称号;信州区医疗保险事业管理局荣获"上饶市第八届(2014—2016)年度文明单位"。

【超额完成就业工作】　2016 年,新增转移农村劳动力就业 4913 人,是任务数的 163.8%。其中,省内新增 3845 人,是任务的 167.2%;城镇新增就业 7654 人,是任务的 239.2%;"4050"人员就业 538 人,是任务的 192.1%;新增家庭从业人员 1079 人,是任务数的 166%;零就业家庭就业安置率 100%;省内工业园区定向培训 3425 人,是任务的 139.8%;创业培训 2147 人,是任务的 183.5%;家庭服务业从业人员培训 1079 人,是任务的 166%;新增小额担保基金 100 万元,是任务的 100%;发放小额担保贷款 11524 万元,是任务的 115.24%;个人创业贷款发放 7474 万元,小企业贷款发放 4050 万元,直接扶持 431 人创业,带动 2192 人就业。实名登记更新 2016 年度信州区籍大学生 785 人,其中实现就业创业 783 人,就业率达 99.7%;调查登记新录取大学生 806 人,2016 年度"三支一扶"计划招募 25 人(因考生本人放弃等原因,实际到岗 22 人),完成任务的 100%,各项民生任务均超额完成。

【就业和社会保障政策的宣传】

在城区开展社会保险政策"进街道、进社区、进家庭"宣传活动，宣传就业创业、社会保障、人事招聘等相关政策；同时利用局自身网站、官方微信平台宣传社会保障政策、劳动就业法律法规等。通过走村入户，大力宣扬社保、就业、劳动等各项政策法律法规，促进各项政策深入乡村。组织各机关事业单位、区内企业及各街道社区医保经办人4个批次累计600余人进行医保业务培训，为下一步开展医保工作打下了良好的基础。

【社会保险覆盖范围不断扩大】

全年参加城镇养老、城乡居民养老、医疗、工伤、生育、失业保险的人数分别达到7.47万人、8.41万人、15万人、4.99万人、2.15万人、1.88万人，是年初预计任务数的103.91%、112.13%、100%、100.04%、100.06%、102.17%；城镇养老、医疗、工伤、生育、失业保险基金征缴总额分别达30292万元、12756万元、515万元、295万元、382万元，是年初预计任务数的120.64%、132.88%、104.04%、192.81%、109.02%；新农合参保人数为19.35万人，参合率为99.86%，基金征收缴10255.87万元；机关事业单位养老保险参保人数7729人，完成任务数的101.74%；机关事业单位养老保险在职参保人数5211人，完成任务数的100.02%；机关事业单位养老保险基金征缴达2852万元（从2016年9月份开始征缴），完成任务数的17.3%。现有企业离退休人员24642人，2016年1月—12月累计按时足额支付养老保险待遇55571万元。机关事业单位退休人员2518人，2016年1月—12月累计按时足额支付养老保险待遇4410万元。

【加大劳资关系管理力度】 先后发放《中华人民共和国劳动法》《中华人民共和国劳动合同法》《劳动保障常用知识》等3000余份，接受法律政策咨询360余人，常规检查各类用人单位158家，审查用人单位规章制度150余条，纠正用人单位违反规章数50余条。督促用人单位与劳动者签订劳动合同1000余份，补签、重签劳动合同300余份，督促10家用人单位补办了医疗保险。在全区范围内开展企业薪酬调查，涉及各行各业总计59家企业。接受日常举报投诉112件，立案53件，已结案50件，涉及拒不支付劳动报酬罪案件3起。其余案件现场解决，法定期限内结案率100%，为劳动者追讨工资800余万元，清退各类押金3万余元，涉及劳动者1600余人。

【创业就业培训】 升级电商培训模式，结合参训人员实际情况，分早晚安排培训课程，特别针对小微企业、个体经营户开办电商创业培训班，帮助他们进行转型升级，开展了18期电子商务培训，培训合格累计530人；通过开展SYB创业培训班、园区企业定向培训班、农村劳动力转移培训等方式，提升各类创业就业人员的技能水平，开展了14期SYB创业培训班，培训学员1205人；园区企业开展自主培训34个班，培训员工2503人。663名家庭服务业从业人员参加家政服务、育婴员等培训，合格率100%。

【搭建创业孵化基地】 信州区先后打造信息服务业产业园（上饶慧谷、上饶淘宝园）、水南文化艺术街区等一批创新创业示范基地。同时，顺应互联网＋迅猛发展的势头，打造新型创业孵化器，7890众创空间、龙谷创客茶馆、蓝青创客工场、新业创客科技公司等一批众创空间。这批众创空间，为众筹项目的发布及约谈提供了便捷而舒适的场所，为跨境电商集聚性发展提供了基础。对已入驻上饶信息服务业产业园大学生创业孵化基地、上饶文化创业一条街的企业，给予了相应的房租、物管、卫生、水电补贴，以及相关税费减免、培训补贴、岗位补贴、社保补贴、就业见习补贴等政策。全区累计创建创业一条街6条，创业孵化基地2个，众创空间4个。累计扶持创业1400多人，带动就业17000余人。

【为园区企业提供就业服务】 为了解决园区企业用工和求职者找工作难题，针对不同的时间段和不同服务对象，区人社局在市中心广场、江西医学高等专科学校、上饶师院、上饶职业技术学院及全区各镇、街道巡回组织13场大型春风阳光就业援助活动。积极开展"降低企业成本、优化发展环境"专项行动，在明珠广场、江南商贸城、西市街道庆丰居委会、朝阳产业园分别举办进社区、园区"两送""两提升"主题活动；通过夏季大型招聘会、网站公布、"信州就业"微信公众号推送等方式，为企业送上就业创业扶持政策及金融服务，累计发放就业创业宣传册

3500 余份，就业援助实现就业 6723 人，提供就业服务 25000 余人次。

【参加双创活动】　积极动员和组织青年创新创业团队、项目参加第二届"中国创翼"大赛，共 7 个创新创业团队、项目参加上饶市中电海康杯创新创业初赛，经激烈角逐，信州区企业以第一名的好成绩晋级到江西省创新创业大赛复赛。10 月份积极组织"众创响·中国"系列活动，扩大全国双创活动周影响，带动市、区群众了解双创、支持双创、参与双创，使全民创业创新氛围更浓厚，激发新一轮创新创业潮。

【整合城乡基本医疗保险】　2016 年 8 月 31 日，将原区卫计委新农合整体移交给区人社局，同时，明确了城乡居民医保的整合总体原则和整合实施步骤。至 2016 年年底，整合工作全部到位。出台了整合城乡居民基本医疗保险的实施方案，即上饶市信州区人民政府办公室《关于印发信州区整合城乡居民基本医疗保险工作实施方案的通知》（饶信府办字〔2016〕81 号）。截至 2016 年 12 月底，信州区将原新农合职能、机构、人员、编制、资产等整体划入人社部门统一管理，完成了新农合与医保局的整合工作。整合后全局有 9 个职能科室，在编 27 人，聘用 16 人。并明确了内设科室职能，按照风险管控机制设立了人员岗位职责和工作流程，各科室已步入正常办公秩序，快速实现了网络信息系统合并工作。

【监管 160 家"两个定点"医疗机构】　区医保局通过现场查房，查出 10 家定点医疗机构违规登记 49 人次住院，发现后已全部作停报处理。抽查 166 份病历，看是否合理用药、合理检查、合理治疗、合理收费等，查出违规金额 56718.38 元。做好突发病现金报销审核工作，共查出 202347.17 元不属于医保报销范围费用。新农合则通过对两级定点医疗机构实行支付方式改革，强化了定点医疗机构的控费意识和管理意识，促使定点医疗机构由被动控费转化为主动控费，并加强对医院服务行为的监管，引导医务人员合理检查、合理治疗、合理用药，不断规范定点医疗机构的医疗行为。

【完善被征地农民的养老保障工作】　从 2015 年 11 月开展该项试点工作，截至 2016 年 12 月 31 日，已认定被征地农民身份 1760 人，实际办理参保手续 809 人（其中参加企业职工基本养老保险 648 人，参加城乡居民养老保险 161 人），政府应配套缴费补贴 3363 万元，个人实际缴费 1306 万元。全区被征地农民参加基本养老保险按老办法参保 14936 人，其中已到龄享受生活补助待遇 6386 人。

【有序推进机关事业单位参加养老保险】　截止到 2016 年 12 月，信州区采集了 179 个单位计 7729 人（其中在职人员 5211 人，退休人员 2518 人）的养老保险数据，已全部上传至省机关事业养老保险数据系统。信息系统上线运行，完成首批单位和人员的参保登记、缴费基数、待遇支付的核定工作。同时，整合经办资源，完善和细化业务流程，建立健全各项规章制度，设置经办岗位，明确岗位职责、权限和服务标准，保障经办服务渠道通畅，保证机关事业单位养老保险经办服务工作有章可循。

【确保离退休人员基本养老金按时足额发放】　利用身份证识别、人脸识别以及指静脉生物识别技术三者合一的先进技术进行养老金领取资格认证工作。利用异地退管系统，实现全国异地协查网上认证，方便异地居住人员进行认证手续。信州区内因瘫痪、残疾、住院等特殊情况无法前往认证点进行资格认证的离退休人员只需拨打电话 8262990，提出上门认证，区社保局统一安排上门认证服务。建立企业退休人员基本养老金正常调整机制，按照《关于江西省 2016 年调整退休人员基本养老金的通知》（赣人社发〔2016〕45 号）文件要求，企业退休人员及机关事业单位养老保险退休人员调增的基本养老金（含从 2016 年 1 月起补发的资金）全部发放到位。

【预防和解决拖欠农民工工资问题】　完善农民工工资保障金的建立落实和应急周转金制度，从源头上防止因拖欠工资引发群体上访事的发生。辖区内通过招投标程序的建设单位与施工建设单位按管理办法规定比例收取农民工工资保障金，暂由区建设局代征管理。累计收取金额达 400 余万元，有力保障农民工工资支付处置能力。1 月，区劳动监察大队联合区建设局、总工会等部门对全区建筑领域开展了农民工工资支付专项检查工作，对区属重点工程项目、商业房开项目等进行重点排查，对于在检查中发现的有重大拖欠工资现象的项目要求积极整改。春节前共检查各类工地21家，下达《限期改正指令书》5份，检查劳动密集型企业、餐饮等服务行业27家，下达《责令支付工资报酬、经济补偿、赔偿金决定书》3份，解决拖欠工资700余万元。

（周智源）

民族宗教工作

【概　况】　2016年，信州区民宗局在区委、区政府的正确领导下，紧紧围绕"团结、稳定、和谐、发展"的工作中心，结合实际、认真履职，依法管理民族宗教事务，继续巩固和保持了民族团结、宗教稳定的良好局面。

【做好民族工作专项资金申报管理工作】　抓好民族工作专项资金的申报管理工作，规范项目档案管理，落实项目管理责任，完成了"2016—2018年全省民族地区发展资金项目库"建库工作，全区上报入库项目14个。同时会同区财政局做好2015年下达安排信州区民族发展资金项目的督促检查指导验收工作。本年度信州区上报民族发展资金扶持项目5个。

【做好少数民族考生的资格审查工作】　协调做好少数民族学生民族成分审核工作。按照有关文件精神，认真审核《江西省少数民族聚居区少数民族考生登记表》。对符合条件的给予上报，对不符合要求的认真做好政策解释工作，2016年，全区共办

理审核符合申报条件的少数民族考生12人。

【推进民族工作进社区试点活动】　按照省、市民族工作进社区试点活动要求，确定了茅家岭街道汪家园畲族社区和东市街道中山路社区为信州区开展"民族工作进社区"和"城市民族工作连心共建活动"试点社区，建立健全了社区民族工作的各项制度，包括学习交流、信息汇报、联系共建、定期走访、信访接待等制度，并充分利用橱窗、宣传栏等阵地大力宣传两个条例和党的民族政策，组织少数民族群众参加文明社区创建活动，共享社区的各种文体、教育活动资源，开展健康咨询、就业咨询、法律服务、走访慰问等活动，全方位关心少数民族人员。

【做好宗教场所安全管理工作】　狠抓宗教活动场所安全管理。加强元旦、春节等重要节日期间的安全管理，深入各宗教活动场所开展以"五防"为重点的安全大检查，及时有效排查了各种安全隐患。开展了全区宗教活动场所安全隐患大排查行动，进一步贯彻落实"安全第一、预防为主"的工作方针。

【依法加强对宗教事务的管理工作】　依法加强对宗教事务的管理。严格把好"三关"（政治关、政策关、政审关），科学合理安排宗教活动场所；与政法、国安、公安等部门加强情报信息交流和工作协作机制，切实提高发现、控制和处置各种不稳定因素的苗头、事件的能力；做好政协提案的办理，依法依规对政协提案进行答复，政协委员对办理答

复表示满意；申报寺观教堂维修补助资金项目1个。

【开展"教风建设年"活动】　根据市局统一部署，以创建和谐寺观教堂活动为抓手，按照健全规章制度抓好民主管理组织建设的要求，以"九个着力解决"（着力解决教职人员信仰不纯、信仰淡化的问题，着力解决教职人员不守教规、触犯教律的问题，着力解决教职人员拉帮结派、投机钻营的问题，着力解决场所教风方面制度不全、执行不力的问题，着力解决场所学风不浓、管理不规范的问题，着力解决场所脱离信教群众、引导不力的问题，着力解决团体对上、对下联系不密切的问题，着力解决团体教务指导不力、不实的问题，着力解决团体班子成员不遵守章程、决议、不履行职责的问题）和"一个打造"（打造风清气正的宗教生态）为基本工作目标，各宗教团体、各场所将教风建设落地实处，使各教职人员成为守法依规、爱国爱教的好公民、好僧尼，全力打造风清气正的宗教生态环境。

【及时排查处理民族宗教工作各类矛盾纠纷】　掌握社情动态，建立处置工作机制，认真排查调处涉及少数民族的各类矛盾纠纷，对涉及的一些具体问题，坚持以政策疏导为主，切实做好各方面的工作。在春节、国庆等节假日期间，建立了突发事件工作机制，做好预测，防患未然；在穆斯林重要的传统宗教节庆日，帮助穆斯林群众解决庆祝开斋节、古尔邦节的活动场所。一年来，全区没有发生一起因民族问题引发的重大群体性事件，继续巩

固和保持了民族团结稳定的良好局面。

【开展宗教"慈善周"活动】
引导宗教与社会主义社会相适应。组织引导宗教界人士关爱人群,回报社会,引导宗教界以宗教特有的道德感召力,广泛联系信教群众和社会各阶层人士,发扬乐善好施、扶危济困、关怀社会、服务大众的传统美德,力所能及地参与了助学赈灾、养老恤孤等慈善救助活动。全年组织宗教慈善周活动,共募捐2.5万多元。

(杨冰冰)

行政服务中心

【概　况】　2016年,信州区行政服务中心在区委、区政府的正确领导下,坚持以中共十八大和十八届三中、四中、五中、六中全会精神为指引,以"集中、精简、高效、便捷"为目标,以"两学一做"和集中整治活动为抓手,进一步强化审批项目管理,不断完善和探索审批运行机制,努力提高工作人员的服务意识,大局意识和责任意识,取得了显著成绩。截至12月,中心大厅共办理各类审批项目15169件,各监管大厅共办理业务537960件,镇、街便民服务中心共办理业务75998件。区行政服务中心荣获全市行政服务中心工作综合先进第三名;区市场质量监督管理局窗口、区地税局窗口、市公交公司窗口、区运管所办事大厅被评为2016年度行政服务工作优质服务窗口。

【打造"四心型"服务大厅】
2016年,区行政服务中心围绕打造让群众和工作人员感到舒心、温心、欢心、安心的"四心型"服务大厅做文章,采取五项措施完善工作、服务的硬件环境。在大厅设立了群众休息填单区,摆放了休息椅、书报栏、电脑、填单台等,并提供免费Wi-Fi,方便群众休息和查询。美化大厅环境,使大厅设施更人性化。增设了上饶传媒液晶显示屏,实时滚动播放一些热点新闻,增强了学习新闻的实效性。开通了行政服务中心微信公众平台,适时发布公告信息,方便群众查询办理流程、所需资料等信息。各审批窗口配齐电脑、打印机等办公设备,办公环境及办公条件较以往有很大改善,中心的审批职能也得到了进一步完善。另有9个镇街便民服务中心及6个监管大厅纳入区行政服务中心统一监管、考核。中心在规模和功能上,较以往有明显提升。

【提高服务质量】　中心以提高服务质量为抓手,将工作岗位前移,在大厅设立带班台,实行领导带班制度。中心领导班子轮流担任值班长,履行4条职责:一是主动、亲切当好群众的接待员;二是及时、有效当好突发事件的调停员;三是细致、周到当好窗口工作人员的服务员;四是客观、公正当好窗口工作人员风纪风貌的督查员。带班制度的创设使服务更加便民利民,进一步拉近了与老百姓的距离。市场质量监督管理局、国税、地税等窗口工作量大,大家接待群众热情、提供服务优质、办理审批高效,树立了良好的公仆形象。

为鼓励先进,中心还制定了每月一评的红旗窗口及服务明星的评选制度,每月召开窗口讲评通报会。全年累计评选出月度红旗窗口共48次,月度服务明星共72人次。

【健全镇街便民服务中心和村(居)服务体系】　进一步加强和改进全区镇、街便民服务中心和村(社区)便民服务代办点标准化建设,全面提升基层便民服务机构服务基层、服务群众的水平和能力。规范组织架构,明确工作职责。要求各镇、街和村(社区)明确主要负责人和工作人员,制定完善镇、街便民服务中心村(社区)便民服务代办点各项规章制度和管理考核办法。规范场所设置,完善服务功能。统一使用便民服务中心和村(社区)标识牌,建成符合规定的敞开的"一站式"服务大厅。规范入驻事项,政务公开阳光。将和群众生产生活密切相关的事项统一纳入便民服务中心办理。组织镇街便民服务中心主任培训。抓好东市街道、北门街道便民服务中心及金山社区、东都花园社区示范点建设工作,通过示范点以点带面推进全区镇街便民服务中心及村(社区)便民代办点建设。

【开展"简政放权,我来@国务院"新媒体线下推广活动】　根据江西省政务服务管理办公室《关于做好简政放权,我来@国务院新媒体线下推广活动的通知》要求,从10月20日开始,区行政服务中心同步开展了线下推广活动。在中心大厅办事大厅醒目位置摆放宣传海报,在大厅填单台摆放活动桌签,在大厅内外张贴活动海报,利用大厅显示屏播放活动宣传片,在上饶信州行政服务微信公众号宣传"简政放权,我来@国务院"新媒体线下推广活动,并下发中国政府网统一配发的宣传品到沙溪镇、北门街道便民服务中心,同步开展"简政放权,我来@国务院"新媒体线下推广活动。充分利用服务中心的职能优势和人群优势,号召基层广大干部群众扫描二维码,关注微信公众号和下载手机客户端,让全区广大干部和群众积极建言献策,踊跃参与。

【党建工作】 中心加强党的思想政治建设,把学习、宣传、贯彻中共十八大精神和学习党章、条例、习近平同志系列讲话,作为党员教育的重点,把学习党章、遵守党章、贯彻党章、维护党章作为一项重大任务抓紧抓好。同时组织党员干部认真学习相关法律和业务知识,努力提高工作人员政策水平和业务技能,增强全体党员干部服务好经济发展的责任感和使命感。其次,狠抓支部建设,不断完善组织生活制度、民主生活会制度,加强党风和政风行风建设。充分发扬民主,认真做好新党员的发展工作。同时,认真开展党员民主评议工作,让全体党员学有先进、赶有目标。中心还深入推进"创先争优"活动,充分发挥先进典型的带动作用。强化"标杆"意识,采取"月考评、年考核",持续开展"红旗窗口""服务明星""先进个人""优质服务窗口"等评选活动,通过考核激励机制,大力宣扬表彰先进典型,进一步激发党员干部的积极性,让党员干部真正成为窗口工作的骨干、

业务技术的能手、政务服务的典范。

（郑志军）

旅游工作

【概　况】 信州区旅发委在区委、区政府的正确领导下,在市旅发委的精心指导下,紧紧围绕"把信州打造成全市旅游发展的核心增长极和旅游强区"的目标,以改革促动力,以创新释活力,以特色优势增竞争力,借力高铁优势快速发展,"旅游＋"与各大产业融合共进。2016年,全区旅游人数突破1500万人次,全年共接待游客1536.64万人次,同比增长45.73%;全年实现旅游综合收入131.28亿元,同比增长22.23%;旅游产业相关从业人数约4.76万人,较去年同期增长20.85%。发展态势良好,完成2016年工作目标。全区旅行社55家,星级酒店5家,旅游客运企业4家。

【深化旅游体制改革】 旅游体制改革工作稳步推进,结合省、市旅游发展委员会三定方案内容,区旅发委方案已获市编办批准,并报区委研究同意,由区旅游局改为区旅游发展委员会,维持其原定机构性质、级别、隶属关系等不变。创建全国旅游标准化试点城市方面,区委、区政府已出台《信州区创建全国旅游标准化示范城市工作方案》和《信州区创建全国旅游标准化示范城市工作领导小组名单》,明确了各相关单位的职责分工。

【全方位开展旅游宣传】 依托

报刊、电视、网络三大主要媒体开展宣传。央视和众多网络媒体多次报道辖区范围内"红色旅游"景点——上饶集中营革命烈士陵园。区旅发委依托微信、微博、微电影等"三微"开展宣传信州区旅游工作。信州微旅游平台,每周定期发布一期旅游资讯,同时定期报送信息至上饶旅游网站,加大宣传力度。第62期江西旅游微信榜中信州区列27位,比上一期前进了63位。精心制作《遇见信州》旅游服务手册和旅游画册,依托旅游文化系列丛书开展宣传,参与编辑推广反映上饶山水风光、文化历史、民俗风情的特色旅游丛书,深受广大游客喜爱,达到了成本投入低,宣传影响面广的良好效果。

【组合推介信州旅游】 与秦峰镇联合举办了秦"食"风光摄影美食大赛。先后参加广西(桂林、柳州、南宁、北海)推介会、"中国旅游日"江西分会、"跟着诗文游江西"北京大型旅游推广活动、江西旅游产业博览会等。具体承办了"品美食、赶大集"为主题的上饶旅游美食文化节。通过开展一系列的宣传促销和招商引资活动,进一步提升了信州旅游的影响力和知名度。

【争创旅游行业品牌】 以环境优化为抓手,提升旅游行业服务质量。深入推进机制创新,完善旅游行业监管及市场规范,引导全区涉旅企业商户健康发展。动员和引导旅游企业、景点和乡村旅游点加强做好自身品质的提升工作,进一步健全全区旅游监管体系,加强旅游市场综合整治,建立健全旅游安全预警和应

急救援体系。积极推进旅游厕所革命,完成新建改建旅游厕所11座,其中"先锋行动"3座,全部达到A级以上标准,完成全年任务。

【乡村旅游发展亮点纷呈】 区里高度重视民宿经济发展,出台了《关于促进信州旅游产业发展的实施意见》等一系列政策措施,区政府每年安排不少于500万元产业发展引导资金用于扶持旅游产业发展。出台了《关于加快发展民宿经济的实施意见》《上饶市信州区民宿管理办法(试行)》,为民宿经济发展提供政策保障。引导沙溪镇铅岭村发展民宿经济,2016年接待80余批次共2000余人次到铅岭村休闲度假。引导灵溪镇围绕古村落、田园风光发展乡村旅游,已开发了灵溪邵新古村、睦州山、候氏宗祠两日游等乡村旅游线路。

【积极服务重点项目】 青青湖旅游休闲项目完成了总体规划和控制性详规,并提交专家评审会;项目范围内原青金村老村委会的旧房改造民宿示范点的外立面、屋檐以及院子、大门等改造已完成,并对外开放;完成项目红线范围内1:1000比例尺测绘;有序推进朝阳镇、秦峰镇林地、田地、山地等地界划定工作。欢乐风暴水上运动健身休闲项目,投资方就旅游投资协议与中心区管委会进行协商。2016年信江南岸景观带二期项目,正与国土部门对接土地报批和征地事项,信江南岸景观带2座旅游厕所正进行内部装修。上饶(信州)文化艺术创意产业园二期工程,已通过专家评审会,主体建筑已开工建设。上饶万达广场项目已完成主体建筑及内、外部装修,11月25日实现正式对外营业。

【发展信州全域旅游】 开展"信州区乘势上饶旅游强市发展战略,打造全域旅游示范区的路径研究"课题,对全区旅游资源进行摸底调查,全方位摸清信州区在发展全域旅游方面的优势和劣势,为发展全域旅游、做精文化旅游产业找准具体目标、主攻方向、具体抓手、工作举措和实施路径。规划建设一批富有特色的购物、美食、住宿、游乐体验街区;以三江水系、信江南岸、丰溪河堤景观为纽带连接龙潭湖、陆羽公园等绿地公园,优化城市景观;依托三清山机场、上饶高铁站、新320国道等,充分发挥旅游集散中心城市功能,吸引往来三清山、武夷山、龙虎山、龟峰、灵山等周边景区游客到信州"吃、住、游、购、娱",把信州区建设成辐射周边景区的游客集散中心。

(温晓建)

外事侨务工作

【概况】 2016年信州区有归侨28人,分别为印尼、缅甸、菲律宾、马来西亚、泰国、越南、日本、新加坡籍。国内居住归侨侨眷、港澳眷属约4000多人,海外华侨、华人、港澳同胞约4000多人。侨资、侨属企业6家。2016年,围绕区委、区政府中心工作,认真履行职能,以服务国家总体外交和全区经济社会发展为宗旨,紧紧围绕信州区的中心工作和重点任务,努力做好对外交流、交往,规范外事管理、优化为侨服务工作,进一步发挥外事侨务独特的资源优势,积极融入"一带一路"建设,真抓实干开展各项工作,取得了积极成效。

【规范管理外事工作】 依照相关规定,规范出国团组审核。按照外事工作管理规定,科学制定信州区因公出国(境)团组计划,出访结束后及时收催护照及出访成果报告。加强对因公出国(境)的党政领导干部的报批审核,控制出访团组人数、国家数和在外停留天数。积极配合区纪委,做好坚决防止公款出国(境)旅游现象的出现。全区共办理出国(境)2批共7人次,为赣港招商周活动、区委、区政府领导出访等外事活动做好服务。认真开展外事接待工作。共接待来自澳大利亚、墨西哥和印度的访问团3批15人次,分别是澳大利亚塔斯马尼亚洲教育代表团、墨西哥尤卡坦半岛华侨华人协会会长白义一行和第五届中印联合医疗队。加强领事保护、礼宾礼仪和APEC商务旅行卡的宣传工作。9月,在朝阳产业园为园区企业和干部开展护照法、领事保护知识讲座,并进行了基本的政务礼仪、外事礼仪、招商礼仪和公务接待技巧讲解。配合市外侨办审批工作,履行好外国人到信州区审核职能,全年共受理外国到上饶审核转报共7批11人次。

【成功举办"中国寻根之旅"夏令营】 7月20日—29日,2016年海外华裔青少年"中国寻根之旅"夏令营——魅力信州营在信州区成功举办。来自爱尔兰、美国、加拿大、赞比亚等国的 49 位华裔青少年参加了此次夏令营。活动新闻被《人民日报》海外版、国侨办中国寻根之旅微信公众号、《江西日报》《上饶日报》和信州新闻等多家新闻媒体刊登和报道，受到了广泛关注和一致好评。通过举办此次夏令营活动，结交了海外华校及华人社团，有效地涵养了侨务资源，加强了信州区形象的海外宣传。

【真情服务侨胞眷属】 在北门街道稼轩社区举办了"迎新春·暖侨心，以文会友赠春联"活动和"迎三八·聚侨心"趣味文体比赛活动。与五三（2）社区联合开展了"学雷锋，树新风""感恩母爱，传承美德，共议家风母亲节茶话会""九九重阳敬老情"和志愿者服务活动。丰富的活动联络了侨界人士与社区居民的邻里情，加深了友谊，充实了闲暇生活，促进了侨界的和谐稳定。举办澳籍华人魏基成"爱心冬衣"捐赠仪式，此次向信州区捐赠了 60 件爱心冬衣。澳大利亚著名华裔企业家、慈善家魏基成的"天籁列车"行动为信州区听力残障儿童发放助听器 30 余套，价值人民币近 20 万元。

【打造国际交流新平台】 巩固已有的友城合作基础，广泛结交国际友城，尤其是拓展发达国家地区的友好城市建设，深化实质性交往，努力在节能环保、战略性新兴产业、服务业发展等方面与友城实现有效合作对接。2016 年，信州区经贸友好访问团赴俄罗斯巴什科尔托斯坦共和国乌法市、英国伦敦市、英国贝德福德市进行了对外经贸洽谈、友好访问等公务活动。与俄方就酒店建设管理、水果栽培技术两方面和代表团进行深入探讨交流，并提出在俄合作建立中医养生疗养院计划；和英国贝德福德市就交通、光缆建设等城市基础设施建设，汽车制造以及检测技术进行交流探讨，并洽谈中英青年文化交流合作事宜。

（张 翼）

应急管理工作

【概 况】 2016 年，在区委、区政府的正确领导下，在上级业务部门的关心指导下，信州区应急管理工作紧抓强化应急值守、完善工作机制、夯实基层基础、整合各方资源、注重源头预防等关键环节，积极应对和处置各类突发事件，为促进全区经济社会的平稳较快发展提供了有力保障。

【完善组织体系】 区应急办对火灾事故、地质灾害、自然灾害救助、重大动物疫情、高致病性禽流感、防汛抗旱等专项应急指挥部成员进行了调整充实，从区级层面到主管部门以及各镇（街道）、各村（居）、企业的"统一领导、分类管理、分级负责、属地管理为主"的应急管理体系进一步健全。同时，区应急办及时修订预案。根据《信州区突发事件总体应急预案》，及时出台了《信州区突发环境事件应急预案》等专项应急预案，并修订完善了防汛工作、处置群体性事件、食品安全事故、自然灾害、信访维稳工作和端午期间民间自发划龙舟活动安全维稳工作等各类专项预案。在硬件设施方面，区应急办加大投入力度。根据市委办公厅、市政府办公厅《关于加强乡镇（街道）应急值班工作的意见》要求，各镇（街道）、各单位对强化应急值守必备的硬件设施进行了完善。同时，对存在安全隐患的重要场所着力加大了硬件设施改造投入力度，如白鸥园市场，在 2015 年 12 月建成全市首家微型消防站的基础上，2016 年又投入 2350 万元全面完成了重大消防隐患整改。

【强化制度建设】 首先，加大督促检查力度。由区应急办牵头，会同相关部门对各镇（街道）、应急委成员单位贯彻落实应急管理工作特别是应急值守情况不定期督查，重点督查了基层应急管理规范化建设情况。其次，注重源头管理。结合"春风阳光""精准扶贫"等专题活动的深入开展，全区干部深入基层、走进群众，增进感情、促进和谐，建立了一支长期联系服务群众的队伍，切实掌握了基层第一手资料，解决了一批事关群众切身利益的现实问题。同时，完善了维稳信息预警机制，专门建立了劳资纠纷联动排查预警和调处机制。区应急办还加强基层应急管理规范化建设。依托教育、民政、安监等部门，继续对东市街道、沙溪镇、东市街道现代城社区、北门街道稼轩社区、上饶市逸夫小学、上饶市第十一小等一批基层应急管理规范化建设精品示范点进行巩固提升，其中东市街道现代城社区荣获"全国综合减灾示范社区"，2016 年全区已有全国综合减灾示范社区 2 个、全省综合减灾示范社区 3 个。

【加快资源整合】　依托综治三项建设的重要内容，按照"街巷定界、规模适度、无缝覆盖、动态调整"的原则，进行了网格划分，完成了网格地图的划分和标识，结合实际，共划分为 581 个网格，建立了配套联动、覆盖全面的排查预警、信息互通和现场处置机制。依托全区电子政务平台，加快了总面积 1400 平方米集综治信息、视联网、公共安全视频监控、矛盾纠纷调处组团式服务为一体的城市管理中心建设，9 个镇（街道）、126 个村（社区）的 136 条有限 VPN 已经全部联通到位，与公安部门"天网"系统实时连接，实现了辖区内主要路段 24 小时全面实时屏画面监控，以及现场指挥、实时调度与信息获取的可视化、信息化、一体化，极大提升了突发事件的指挥调度、快速处置能力。坚持服从服务中心城市发展，按照市委、市政府统一部署，以强化部门协调联动、合力推动任务落实为总要求，做到信息互通、资源共享、形成合力。尤其是三清山机场试飞、上饶万达开业等中心城区重大活动期间，市区两级各部门、各单位紧密团结、相互配合，确保了各项部署得到有效落实。

【应急科普宣传】　在"5·12"防灾减灾宣传周、安全生产月、"11·9"消防宣传日等时段，在全区范围内广泛开展群众性宣传活动，通过社区和红十字会等社会组织，采取发放资料、张贴宣传画以及专家示范、电视媒体和实物展示等多种形式，使应急知识深入人心。区国土分局利用"4·22"世界地球日、"6·25"全国土地日，在地质灾害点现场宣讲防灾知识、避险措施，与当地村干部、村民座谈、答疑解惑，并赠送地质灾害防治宣传画册；区食药监局集中开展了药品安全知识下乡活动；消防大队通过电视媒体宣传火灾隐患举报投诉"96119"，形成了"全覆盖、无盲区、零距离"的宣传效应。

【应急教育培训】　通过多种形式的教育培训，进一步提升了全区各部门、各单位以及社会面的应急防范意识和应急处置能力。5 月份，召开了全区应急管理工作推进暨培训会，对全区应急管理干部进行了业务培训；区红十字会深入开展了群众性初级应急救护培训"五进"（进社区、进学校、进机关、进农村、进行业）活动，全年公益培训 5956 人，持证培训 150 人；区消防大队全年共开展各镇街道、行业系统消防检查培训、社区居民消防知识培训、派出所民警及消防协警消防业务培训、消防安全重点单位"明白人"培训等共计 30 余次；森林防火指挥部开展了森林防火知识培训；区教体局在寒、暑假期间开展学生安全教育，发布《致全区学生家长的一封公开信》，强化了学生掌握交通、旅游、饮食、防火防盗等方面的安全知识教育等。

【应急演练】　先后开展了以"自愿、协作、救援"为主题的志愿者户外应急救援演练活动、特种设备进社区暨电梯紧急事故应急演练、输入性疟疾应急处置桌面推演、防恐处突应急联合演练、综合灭火救援演练、水南街 417 号地质灾害点防汛避灾转移演练、操舟手骨干集训演练、供电反事故演习等各项专业应急救援演练。在各中小学、幼儿园开展避震防火逃生、防踩踏、防暴力侵害等各类安全避险和自救演练近 50 场次，参与演练师生 5 万余人次。在地税局、气象局等行政事业单位多次开展消防应急演练。各类专项应急演练的全面深入开展，极大地提高了应对突发事件的防范、处置能力。

（汤哲卿）

防震减灾工作

【概　况】　2016 年是信州区防震减灾事业开展的重要一年，信州区防震减灾局在区委、区政府的正确领导下，稳固推进了防震减灾科普宣传、地震监测预警、抗震设防监管、项目建设等四部分的建设，为区防震减灾工作建设打下了更加坚实的基础。同时在市防震减灾局的关心指导下，深入贯彻执行《中华人民共和国防震减灾法》，大力普及防震减灾知识，努力增强全社会的防震减灾意识，提高全社会抵御地震的能力，牢固树立"市区联动，协调发展"的工作理念，创新思路，真抓实干，努力在防震减灾工作三大体系建设上思发展、求突破，完成了全年的各项工作。信州区防震减灾局获得"2016 年全市防震减灾工作优秀单位"荣誉称号。

【防震减灾科普宣传】　信州区将防震减灾宣传活动的重点放在宣传《中华人民共和国防震减灾法》的主要内容上，进一步明确区防震减灾局在地震工作主管部门的职责，强化依法规范政府及全社会防震减灾行为的力度。组织人员观看《蟾童》《直面地震》《地震揭秘》等防震减灾科普音像片。同时发放了《地震知识百问百答》《地震来了怎么办》两本地震科普读本的内容。结合突发事件疏散处理方案做好实战演练。积极参与市级开展的平安中国"千城大行动"防灾宣导活动,大力推进防震减灾宣传"进学校、进社区、进农村"活动。印制了地震科普宣传作业本,受到市民和学生的喜爱。与老年大学合唱团、老年书法协会联合举办了防震减灾主题宣传活动,扩大了宣传面。

【地震监测预警】　加强监测,努力提高地震监测水平,及时跟踪了解上饶市地震活动动态。通过微机联网和手机短信,实现了与局数据传输现代化和信息化共享,及时接受地震监测台发布地震活动信息并记入归档,从而能够及时了解上饶市及周边地区地震活动情况。加强地震监测。在继续做好宏观观测的基础上,区防震减灾局选择了灵溪中心小学作为建设地震烈度速报和预警台站建设点,待省局测定后完成建设工作,此举将填补信州区地震预警科技手段的空白,为信州区经济社会发展提供有力的震保措施。

【抗震设防监管】　综合协调各相关部门,有效提高建筑物的防御震害能力。同时为信州区的省、市立项项目通过上级部门的相关审批备案提供服务。努力提高地震应急工作水平,软件方面重点放在地震应急指挥所需的各类基础资料的收集、整理上,及时充实地震资料库、前兆

观测资料、地震目录等。在岗位职责方面,严格考勤制度,明确岗位职责,加强岗位练兵,努力提高人员的业务素质,确保在现有的人员编制和技术条件下,能够快速正确地完成地震应急工作的各项任务。

【项目建设情况】　指导第十六小学积极申报省、市级防震减灾科普示范学校建设项目,提升第十小学防震减灾综合示范项目建设。以学校为教学阵地,在全市各中学的初一、初二和高一增设地震知识课,并结合利用墙报、专栏、讲座、兴趣小组等形式宣传普及防震减灾知识。区防震减灾办无偿向学校提供补充教材、地震科普光盘、录像带、科普书籍、挂图,有力支持和指导了学校的地震教学活动。同时积极引导有关社区创建地震安全示范社区建设项目。

（谢晨康）

机关事务管理和接待工作

【概　况】　信州区委区政府接待事务办公室设综合科、后勤科、接待科、公共机构节能科等4个职能科室,在编在岗干部职工11人。主要负责公务接待、机关事务管理、公共机构节能、党政机关办公用房清理整改、公务用车改革。区接待事务办深入贯彻中央八项规定,《机关事务管理条例》《公共机构节能条例》《党政机关国内公务接待管理规定》,扎实推进节约型机关建设,着力抓好机关事务管理和公务接待保障工

作,全面提升机关事务管理水平,完成各项工作任务。荣获江西省公共机构节能工作先进县(市、区)荣誉称号。

【公共机构节能见实效】　按照信州区节能工作规划,制定并下发了《信州区2016年公共机构节约能源资源工作安排的通知》,明确了年度公共机构节能目标、重点任务和工作要求。各单位根据下达的指标,先后制定了本地本单位的节能任务,确保节能目标任务完成。经过测算,2016年度人均能耗、单位建筑面积能耗、人均水耗均能超额完成节能目标任务。在能耗数据审核上,利用集中会议、公共机构节能QQ群、节能微信群、节能办公共邮箱等平台经常交流数据审核的经验和方法,各项数据和指标更加真实合理,全区能耗数据的合理性和匹配性得到进一步提升。在年初省公共机构能耗数据会审工作培训会期间,对全区能耗数据进行审核,并督促各单位对数据进行审核和修正。全区公共机构节能工作接受以省住建厅、农业厅和省管局第五考核组现场考核,考核结果优秀,获得江西省公共机构节能工作先进县(市、区)荣誉称号。

【加大节能精细管理力度】　联合质量技术监督局等单位,进一步抓好学校、医院、集中办公区等能耗总量较大的重点公共机构计量器具改造,做好节能精细化管理基础性工作。教育系统、卫生系统严格执行公共机构能源资源计量配备要求,实行分户分区分项计量,部分单位建立了智能用电计量和在线实时监测系统,监测校园用能情况。同

时,加强重点部位、高耗能设备能耗情况的监测,发现异常及时排查处理,减少资源浪费。节能科组织物业工作人员加强用能巡查,多次发现水管爆漏、空调设备损坏、用能设备运行异常等现象,并及时进行抢修。

【开展"绿色回收进机关"活动】　联合区商务局、区财政局、区保密局制定下发了《信州区"绿色回收进机关"实施方案》,促成江西中再生资源有限公司与90余家区直单位签订了《信州区"绿色回收进机关"活动合作协议》。各单位积极响应,主动将废旧商品交由回收企业处理,仅在8月29日区直机关"绿色回收进机关"签约仪式的当天,就回收28家单位交来的80余台显示器、电脑主机、传真机、手机等废旧电子设备,近200只废旧灯管和部分废旧电池等。各单位陆续联合中再生资源有限公司开展"绿色回收进机关"活动,并开展实质性回收。全区"绿色回收"活动推进有力,成效明显。

【节能宣传形式多样】　在做好日常性宣传的同时,重点做好节能宣传周活动,2016年节能宣传周期间,区节能办围绕"节能领跑,绿色发展"的主题,组织开展了绿色消费巡回展览、新能源新技术新产品推广、"光盘行动"主题签名等系列活动,各地各部门结合自身实际,组织开展了形式多样的宣传活动,上饶电视台、上饶日报社等多家媒体进行了跟踪报道。向入驻机关大楼的近28家单位发放500余张节水节电标识,进一步增强机关节能文化氛围。通过节能宣传活动的广泛开展,低碳环保理念进一步深入人心。

【开展节水示范创建工作】　充分利用公共机构节水型单位创建的重要抓手,以点带面推动节能工作。联合区水务局等部门下发了《信州区水效领跑者引领行动计划》《关于开展公共机构节水型单位建设工作的通知》和《信州区公共机构节水型单位建设实施方案》,并组成考核组对全区第一批节水型单位进行了验收,全区23家单位被评为区本级公共机构节水型单位。

【公务用车改革】　4月初组织完成了取消车辆处置招投标工作,分别与江西物华拍卖公司、江西金利解体公司签订了车辆拍卖解体服务合同。组织完成了2批次公车拍卖。区直拍卖成交车辆94辆,成交总价169.7万元;条管拍卖成交7台,成交总价170.6万元。督导拍卖公司完成拍卖成交车辆的过户、拍卖资金的入库工作。组织完成了2批次取消车辆报废解体,共完成46辆车辆的报废解体。组织完成了区直非执法执勤单位特种专业技术用车审定保留和换牌工作。事业单位公车改革基础数据统计测算全面完成,为全区公务交通补贴标准、参改范围、车辆的保留和取消等多项改革内容的最终确定打下坚实基础。

【机关事务管理精细化】　区接待事务办转变服务理念,在精细化管理上见实效。落实会议服务精细化,会前与相关单位协调、沟通、最大限度满足用会需求。全年共服务会议235场,参会人数约2万余人,重点做好了区党代会、区"两会"的保障工作,做到零差错率。大院环境提升见实效,对机关大院、大楼部分设施设备进行补充完善,对大院内的停车场、游步道、环形通道、垃圾箱等服务场所进行了功能完善。食堂管理更加规范,制定了机关食堂管理制度,切实履行好监督协调管理职能,不断加强食堂管理,提高餐饮服务质量,保障了机关干部职工的工作用餐和公务接待任务。利用节假日休息时间,完成了外墙清洗和1—20楼部分楼层公用部分进行改造。同时,积极抓好办公区水、电的正常运行,加大对物业管理部门的指导监督力度,做好房屋、设备、设施的维修保养。对区政府大院各单位的用水,用电的实行专人管理,做到常维修、常检查。

【公务接待】　严格落实中央八项规定,完善规章制度,厉行勤俭节约。按照《信州区党政机关国内公务接待管理实施办法》饶信办发〔2015〕8号,明确了职能,整合了分工,确定了接待范围和对象,规范了接待程序和标准,明确了接待要求。区接待事务办召开了全区各部门各单位分管领导及办公室主任参加的培训会,对该办法进行了解读。不定期地开展对全区各部门各单位的公务接待工作管理、指导与监督工作。

(李荣州)

中国人民政治协商会议
信州区委员会

综　述

2016 年是"十三五"的开局之年,信州区政协始终在继承中发展,在发展中创新,"惜"时度势,奋发有为,围绕中心,服务大局,按照"党政工作推进到哪里,政协工作就跟进到哪里"的总体要求,充分发挥人民政协在发展民主协商中的重要作用,广泛凝聚智慧和力量,在高标准建设省域副中心城市核心区中作出了积极的贡献。

协商建言,在服务大局上彰显活力。围绕深化行政审批制度改革、优化企业发展环境、破解中小企业融资难、建设智慧产业集群、发展信州健康产业、谋划建设大型物流园等议题,组织全体会议进行广泛协商,提出协同推进简政放权、放管结合、优化服务、便利企业等合理化建议110 余条。助力创新驱动转型升级。围绕做强做大文化旅游产业,房地产去库存,发展信州夏布文化产业,构建有利于大众创业、万众创新的体制机制,扩大对外开放,城镇化进程中的文化遗产保护利用等课题,开展协商议政 13 次,提出意见建议 40余条。组织部分政协老委员深

入万达广场、赣东北汽车产业园、上饶高铁站、三清山机场等地,开展"感受饶城变化,助推信州发展"主题调研视察活动,积极建言高铁经济试验区产业的创新发展。聚力推进脱贫攻坚事业。先后就秦峰镇秀美乡村建设、沙溪镇脱贫攻坚工作进行主席会议重点协商,提出了完善农村污水处理基础设施、改建农村旧房、推进民宿经济发展、大力开发乡村旅游等脱贫举措 30余条。组织委员开展送科技、送医药、送文化下基层活动,惠及困难群众 200 余人。动员政协各参加单位和广大委员,发挥优势,致力特色产业扶贫、基础设施改善、公共服务提升和扶贫济困,累计捐资 10 多万元,为推进脱贫攻坚作出了重要贡献。合力迎接全市经济巡查。组织政协常委视察了信江南岸河堤景观改造二期工程、信州区社会治理指挥中心、枫炉塘城中村改造,万力时代特色小吃广场、万达广场等 9 个项目群,听取各项目建设负责人的情况汇报,详细了解重点项目建设情况,积极开展协商建言。并以《协商会议纪要》的形式将 31 条意见建议报送区委区政府,得到了党政主要领导的充分肯定,并签送相关部门予以落实。

履职为民,在民生改善上倾

情尽力。坚持共享发展理念,把以人为本贯穿履职全过程,围绕人民群众最关心最直接最现实的利益问题贴心建言,人民政协联系群众、团结各界的桥梁纽带作用得到进一步巩固。开展了"履职为民、服务百姓"系列活动。围绕助岗、助学、助医、助行等内容,开展各类捐资捐物、扶贫帮困、医疗义诊、心理咨询、促进就业等活动 50 多次,参与委员 100 多人次,提供就业岗位 40多个。捐资助学、送医送药、提供公共健身器材等各类公益活动的总价值达 20 余万元,展现了政协委员回报社会、热心公益的时代风采。开展了民生热点专题监督。持续关注学前教育事业发展,针对如何拓展教育资源、科学规划布局、优化教师队伍、健全管理机制等问题提出监督意见,并专题报送区委、区政府及有关职能部门。围绕食品药品安全、环境卫生整治等关系民生利益的课题开展专项民主监督。积极参与评议政风行风活动,提出加大改革探索力度、不断转变政府职能、建立服务型政府等评议意见。收集了反映社情民意信息。开通了第五届区政协委员微信群、"信州政协"公众号,不断便捷委员反映社情民意信息通道。编印了《信州政协》杂志 5 期,摘登社情民

意信息70余条。区相关职能部门十分重视解决落实委员反映的问题,参考采纳委员提出的建议,并以文件形式及时反馈答复,使政协反映社情民意信息工作真正落到实处。做好了挂钩联系服务工作。按照区委的部署要求,把挂钩联系工作作为政协整体工作的重要组成部分。建立主席挂钩联系企业、重点项目、贫困户等制度,明确挂钩联系任务,经常走访、及时掌握各联系点动态,通过反映情况、组织协调、建言献策等方式,有力地推动了有关重点项目进度,受到企业和群众的好评。

把握主题,在团结民主上汇聚合力。始终将团结和民主两大主题贯穿于政协工作的各方面,以坚强的团结保证广泛的民主,以广泛的民主促进坚强的团结,发挥政协独特优势,汇聚各方智慧力量。发挥党派团体作用。坚持"长期共存、互相监督、肝胆相照、荣辱与共"方针,在政协会议、调研视察、协商议政、提案信息等工作中,积极为他们表达意见和主张创造条件,不断增进共同政治基础上的团结合作。加强各方联络联谊。注重与港澳台同胞的联系服务,主动关心在区台资企业发展,帮助港澳台同胞解决实际问题,维护合法权益。认真了解和反映我区宗教工作情况,开展对宗教场所建设等方面的专题调研并提出意见建议,发挥宗教界人士和信教群众在促进全区经济社会发展中的积极作用。积极为区政协老委员联谊会开展老有所学、老有所为、老有所乐的活动创造条件,老干部工作进一步加强。接待了安徽黄山、江苏如皋、山东寿光等地政协到信州区考察工作。发挥文史社会功能。充分发挥文史工作"存史、资政、团结、育人"的功能,做好全区文史资料挖掘、整理、编辑、出版工作,成立区政协文史馆工作提上了议事日程。注重延伸和放大文史工作的社会功能,深入开展了信江书院保护与管理情况调研并提出意见建议。

重要会议

【四届委员会第六次会议】 中国人民政治协商会议信州区第四届委员会第六次会议于2月15日至17日在信州召开。会议认真学习了区委书记蒋丽华在开幕式上的重要讲话精神,听取并审议了四届区政协常委会工作报告和提案工作报告。会议期间,委员们围绕信州区全面深化改革和经济建设、政治建设、文化建设、社会建设、生态文明建设的重要问题,深入协商讨论,踊跃议政建言,充分体现了政协各参加单位和广大政协委员胸怀大局、心系发展的政治责任感。

【四届二十次常委会议】 1月27日,政协信州区四届二十次常委会召开。区委常委、常务副区长周连文应邀参加会议,听取《区政府工作报告》(协商稿)起草情况并开展协商。区政协主席徐中平,副主席纪英政、章淑英、沈道荣、吕晓萍、张莉、柴莉萍、苗天红,秘书长龚小平出席会议。会议听取了《关于区政协四届五次会议以来提案办理情况的报告》;学习了《中共上饶市委关于加强政协工作推进政

协协商民主建设的实施意见》;审议了区政协四届六次全会议程、日程、值日人员名单、分组召集人名单(草案);审议常委会工作报告;审议提案工作报告;审议表彰优秀提案事宜;审议通过有关调研报告;审议专题片《奋进——五年履职综述》。

【四届二十一次常委会议】 2月17日,区政协四届二十一次常委会在信州大酒店会议室召开。区政协主席徐中平,区政协副主席纪英政、章淑英、沈道荣、吕晓萍、张莉、柴莉萍、苗天红出席会议。会议听取了各组关于分组讨论情况的汇报;听取和审议政协信州区第四届委员会第六次会议提案审查情况的报告(草案);听取和审议政协信州区第四届委员会第六次会议决议(草案)。

【四届二十二次常委会议】 9月14日,区政协主席徐中平在国际会议中心主持召开了区政协四届二十二次常委会议。会议审议了五届一次会议主席团成员、主席团会议主持人和大会秘书长建议人选;审议五届一次会议提案审查委员会组成人员建议人选;审议五届一次会议议程(草案);审议五届一次会议日程(草案);审议区政协四届常委会工作报告;审议区政协四届常委会提案工作报告;研究表彰政协履职先进个人、优秀政协委员人名单。

【四届二十三次主席会议】 1月15日,区政协主席徐中平在信州大酒店会议室主持召开了区政协四届二十三次主席会议。会议学习《中共上饶市委关于加

强政协工作推进政协协商民主建设的实施意见》；听取并审议各办汇报 2015 年工作总结及 2016 年打算；审议区政协四届六次全会议程、日程、值班人员名单、分组召集人名单（草案）；审议专题片《奋进——五年履职综述》；审议常委会工作报告；审议提案工作报告；审议表彰优秀提案事宜；审议通过有关调研报告。

【四届二十四次主席会议】 3 月 10 日，区政协主席徐中平在区政协 19 楼会议室主持召开了区政协四届二十四次主席会议。会议传达市纪委、市委组织部有关情况通报；审议 2016 年政协工作要点；审议区政协四届六次会议提案；会议还听取了委员大会发言相关建议情况汇报。

【四届二十五次主席会议】 9 月 14 日，区政协主席徐中平在国际会议中心会议室主持召开了区政协四届二十五次主席会议。会议审议了区政协五届政协委员名单；审议五届一次会议主席团成员、主席团会议主持人和大会秘书长建议人选；审议五届一次会议提案审查委员会组成人员建议人选；审议五届一次会议议程（草案）；审议五届一次会议日程（草案）；审议区政协四届常委会工作报告；审议区政协四届常委会提案工作报告；研究表彰政协履职先进个人、优秀政协委员人名单。

【五届委员会第一次会议】 中国人民政治协商会议信州区第五届委员会第一次会议于 10 月 8 日至 10 日在信州召开。会议认真学习了区委书记王其中在开幕式上的重要讲话精神，听取并审议了五届区政协常委会工作报告和提案工作报告。会议选举产生了新一届区政协领导班子。

【五届一次主席会议】 10 月 21 日，区政协主席程茹在沙溪镇政府会议室主持召开了区政协五届一次主席会议。会议学习了《中国人民政治协商会议章程》；研究了领导分工事宜；会议成立了各专门委员会；审议委员活动小组划分；听取提案办理情况汇报；会议还研究部署近期有关工作。

【五届二次主席会议】 11 月 25 日，区政协主席程茹在秦峰镇政府会议室主持召开了区政协五届二次主席会议。会议专题协商了秦峰镇秀美乡村建设；学习省第十四次党代会精神和《关于新形势下党内政治生活的若干准则》《中国共产党党内监督条例》；审议《关于加强政协工作推进政协协商民主建设的实施办法》；审议《政协信州区委员会全体会议工作规则》；审议《政协信州区委员会常委会议工作规则》；审议《政协信州区委员会主席会议工作规则》；审议《政协信州区委员会专门委员会通则》；审议《政协信州区委员会各专委会工作简则》；审议《政协信州区委员会关于进一步加强和改进区政协机关干部学习的意见》；审议《政协信州区委员会委员管理办法》；审议《政协信州区委员会信息调研宣传奖励办法》。

专门委员会重要工作

【创新提案委员会工作】 坚持"围绕中心，服务大局，提高质量，讲求实效"的提案工作方针，以提高提案质量、提升服务水平、增强提案办理成效为目标，努力推动提案协商广泛多层制度化发展。畅通知情渠道，丰富提案线索。围绕区委、区政府的工作重心，组织调研视察、集中学习、座谈通报等委员活动，充分调动委员运用提案履职的主动性、积极性和创造性，使委员及时了解全区经济社会发展动态，为提案内容紧贴中心、服务大局奠定基础。做好选题引导，拓展提案视野。通过座谈征集、专题调研，鼓励、引导和组织好区政协各参加单位及广大政协委员精准选题、充实建议，促进精品提案的不断涌现。加强提案审查，严格立案把关。甄选各界别优秀委员组建提案审查委员会，坚持会前初审、会中复审的有效做法，立案更严格更慎重，确保了提案言之有物、言之有据。树立精品意识，抓好优秀提案评选。由提案审查委员会无记名投票，评选出一次会议以来各类型的优秀提案 10 件，并将提案内容摘要在《信州政协》期刊上做专题选登。五届政协主席会议将提案工作列入重要议程，多次听取和研究提案工作，对副主席带队督办重点提案、提案委成员督办提案等工作提出了相应的改进意见和措施。多次召开提案委工作会议，对提案的相关工作和文件进行讨论研究，不断总结经验，改进方法，明确新一届政协提案工作思路，增强提案工作队伍凝聚力和战斗力。注重提案工作与其他政协工作的有机结合，综合发挥提案作用，如将提案中一些重要情况和观点及时向区委、区政府领导反映，以发挥提案决策参考作用。

【编纂完成《信州区政协志》】

《信州区政协志》续志的编纂完成，起止时间为1990年5月2日（政协上饶市第九届委员会第一次会议召开之日）到2015年12月31日，整个时间跨度达25年以上，25万字。根据政协志编纂工作实施方案的要求，本次编纂的政协志（1990—2015）除去概述、大事记不列入篇章序列外，共分8篇，记载了2015年信州国民经济和社会发展的基本情况和资料，图文并茂反映了创新创业、生态宜居信州。利用年初召开委员全体会议的契机，向参加会议的每位区级领导和全体委员赠阅《信州区政协志》，有效地扩大了区政协文史工作的影响，充好发挥了志书的资政育人作用。

【举办委员履职能力学习培训班】

11月28日，区政协举办了委员履职能力学习培训班。采取专家授课、交流探讨等形式进行，分政协理论、业务知识、人文素养、时事经济4个专题，邀请到全国政协常委、省政协副主席、民盟省委会主委、省社会主义学院院长刘晓庄，省政协环资委专职副主委樊欣，全国知名礼仪专家郑跃成，市委讲师团团长张江生来区授课，共计200余名政协委员及各民主党派成员参加培训。

重大活动和重要建议

【重大活动】

1月6日，在区政协十九楼会议室召开"三严三实"民主生活会会前谈心谈话会议。

1月15日，在信州大酒店二楼会议室召开四届二十三次主席会议；在信州大酒店二楼会议室召开"三严三实"专题民主生活会。

1月27日，区政协四届二十次常委会议在国际会议中心一楼会议室召开。

2月15日至2月17日，召开政协信州区第四届委员会第六次全体会议。

2月17日，在信州区大酒店二楼小会议室召开四届二十一次常委会议。

3月10日，在区政协十九楼会议室召开四届二十四次主席会议。

5月18日，上午，区政协机关在信州大酒店二楼会议室召开了以"学党章党规、学系列讲话，做合格党员"为主题的教育活动。下午，区政协主席徐中平带领机关一行20余人赴弋阳方志敏故居、方志敏纪念馆参观学习。区政协副主席纪英政、章淑英、沈道荣、张莉、柴莉萍、苗天红等陪同随行。

5月27日，区政协机关党支部在会议室举行了"坚定理想信念 重温入党誓词 做合格党员"的"两学一做"主题教育活动，机关党支部部分党员参与。

9月14日上午，在国际会议中心一楼小会议室召开四届二十二次常委会议；在国际会议中心一楼小会议室召开四届二十五次主席会议。

9月21日，区政协机关秘书长参加省电视台党风政风热线节目。

10月8日—10日，召开政协上饶市信州区委员会第五届一次全体会议。

10月18日，在信州大酒店二楼会议室召开五届一次会议经验交流座谈会。

10月21日下午，区政协主席程茹在沙溪镇政府四楼会议室主持召开了区政协五届一次主席会议。

11月2日，区政协召开"深入学习六中全会精神，努力提升政协工作水平"协商会。

11月18日，区政协组织区政协老委员联谊会委员约40人，开展"感受饶城变化，助推信州发展"视察调研活动。

11月25日，区政协在秦峰镇政府召开五届二次主席会议。

11月28日—11月29日，区政协在信州大酒店二楼会议室举办五届政协委员履职能力培训班。

12月14日—16日，召开第五届第一次主席办公会。

12月23日，在机关举行消防知识讲座。

12月27日，区政协机关在十九楼会议室召开第五届第二次主席办公会。

12月28日，区政协在国际会议中心一楼小会议室召开《关于加强政协工作推进政协协商民主建设的实施办法》征求意见座谈会。

【重要建议】

1.《关于借力资本市场以新三板为契机，助推信州区中小企业加速发展的建议》和《关于扶持创新创业发展的建议》等提案，区政府制定了《信州区支持电子信息企业上市融资专项补助资金管理暂行办法》，对在"新三板"成功挂牌的区内企业每户一次性补助50万元；对在上海、深圳及境外证券交易所上市的区内企业每户一次性补助500万元。

2.《关于法院执行难的一些意见》提案，区法院开展了"夏日风暴""秋季行动"等专项执行行动，共计执结案件132件，实际执行到位金额2321.58万元；按省高院部署，正在开展试行执行案件授权委托律师令和悬赏举报执行制度，至2016年年底已将符合条件的被执行人（含法人单位）纳入失信系统1012例。

3.《加大政协委员参与信访工作力度》提案，区政协在代为区委草拟《关于加强政协工作推进政协协商民主建设的实施意见》中，文稿起草组把该提案意见吸纳到了文件里，明确提出"鼓励具有相关专业知识的委员参与信访接待、司法调解等活动，引导委员服务群众。"截至2016年年底区委常委会已通过该文稿，作为区委文件贯彻执行。

4.《关于信江一江两岸景观亮化建设的建议》提案，截至2016年年底区委、区政府已在高位推动，信江南岸景观带改造（一期）工程已初步完成，新三江大道全长810米，景观带全长1.2公里；信江南岸景观带改造二期工程日新月异，沿河道路改造工程及沿河景观改造工程建成后将成为信州区道路宽敞，并最具特色的绿色生态长廊和现代滨水生态景观。

5.《关于加强中小学文化艺术教育的建议》提案，区教体局为全区中小学添置音美器材148.5万元；中小学课堂严格执行国家课程标准，保障艺术教育课开齐率和开足率达100%；开展"稚绘信水""名歌进校园""饶城古韵"等一批内容丰富新颖的文化艺术教育形式。

6.《抢救性恢复农村传统节日文化 重造浓厚传统节日氛围》提案，区文广新局指导成立了13支业余文化队伍下乡交流演出，对镇文化站进行辅导；建立非物质文化遗产、老艺人保护名录，建立老艺人传承奖励机制；开展上饶民歌进校园，举办青少年文化艺术节等活动，培养传统文化接班人。

7.《关于在土地生产经营条件较好的农村实行土地三权分置的建议》提案，区农水局结合中央政策、上级部署，已开展并计划于2017年上半年全面完成农村土地承包经营权确权颁证工作，这也是启动"三权分置"改革的关键性前置条件。

（蒋　龙）

中国共产党信州区纪律检查委员会

综 述

2016 年，全区各级党委、政府和纪检监察机关深入贯彻落实十八届中央纪委六次全会、省纪委十三届六次全会、市委三届六次全会和区委三届九次全会精神，聚焦主业主责，强化监督执纪问责，党风廉政建设和反腐败各项工作取得了新的成效。

坚持挺纪在前，纪律建设全面加强。出台了《关于进一步加强纪律建设的工作意见》及《任务分工》，推动纪律建设在全区铺开、向纵深推进。强化纪律教育，全区共举办党章、新准则、条例主题宣讲活动 276 场，2 万余人次接受教育，700 余名县、科级干部参加了全市宣讲活动；全区组织了党章党纪知识考试 292 场次，共 11580 名党员干部参加，其中 263 名县、科级干部参加了全市党章党纪知识考试，实现了宣纪、考纪全覆盖。围绕遵守党的"六项纪律"、换届纪律等方面情况，全年开展了两轮巡察，对 9 个镇（街道）的换届风气情况进行了 3 轮专项督查，加强了区委、区政府重大决策、重点工作、重要项目落实情况的监督检查，织密纪律防线，做到挺

纪在前。全区共查处违反"六项纪律"案件 45 件，党纪政纪处分 46 人，涉及副科级干部 6 人，正科级干部 3 人。

持续传导压力，落实"两个责任"坚定有力。区委从严落实党委主体责任，做到班子责任、第一责任人责任、班子成员责任"三责"联动、共同发力。全年区委常委会研究党风廉政建设工作 19 次，听取专题汇报 16 次，作出批示 20 件，交办任务 22 件，研究下发了《关于进一步规范党政一把手履职用权行为的若干规定》《关于建立健全区委常委会谈心谈话制度的规定》《信州区党员干部问责实施办法》等 10 余项制度，进一步扎紧了制度的笼子。通过任务分解、约谈、检查考核等方式，层层传导压力。组织了 6 个镇（街道）和区政府组成部门主要负责人落实主体责任述责述廉，并现场接受民主测评；对 9 个镇（街道）、79 个区直单位落实责任制情况进行了检查考核，对 6 个排名靠后的单位主要负责人进行了专题约谈。强化责任追究，实行"一案双查"制度，全年对 36 个部门单位责任人进行了约谈。

强化执纪审查，惩治腐败持续加力。拓宽信访渠道，建立信访举报信息互联互通工作机制，实现问题线索统一归口管理。

充分运用监督执纪"四种形态"，做到抓早抓小、动辄则咎。全年开展谈心提醒 154 人次，谈话函询 13 人，通报批评 29 人，诫勉谈话 16 人，让咬耳扯袖、红脸出汗成为常态。坚持以"零容忍"态度惩治腐败，全区纪检监察机关共受理群众信访举报 191 件，梳理党员干部问题线索 123 件，立案 72 件，结案 65 件，处分党员干部 71 人。其中，正科级干部 3 人，副科级干部 6 人；党内警告 32 人，严重警告 14 人，留党察看 6 人，开除党籍 14 人；行政记过 2 人，行政记大过 1 人，行政撤职 3 人，开除公职 3 人。严格案件审理、申诉复查和监督管理，高度重视执纪审查安全工作，严格遵守审查纪律，依纪依规进行审查，做到纪律审查零违纪、零事故。

营造勤廉氛围，党风廉政宣传教育成效明显。组织开展了两批 106 名新任科级干部和区纪检监察系统全体人员廉政谈话会。在元旦、春节等时间节点，向全区 800 余名科级以上干部发送廉政短信 7 次 6800 余条。充分利用信州人家网、"廉洁信州"微信公众号、手机短信三大平台以及中央、省、市媒体，及时宣传报道全区党风廉政建设和反腐败工作新举措、新经验、新成效。全区纪检监察机关在市级以上媒体上稿

218 篇,其中《中国纪检监察报》、中央纪委监察部网站采用 51 篇,居全市前列。纪检监察信息在中央纪委《华东之窗》《江西纪检监察》《上饶纪检监察》内刊共采用 45 篇,居全省前列。积极监看和引导舆论传递正能量,向市纪委报送网络舆情信息 410 期,上报网评文章 26 篇。把党风廉政建设社会评价工作与区委开展的"控违拆违""精准扶贫"等活动相结合,建立周报告和月调度制度,实行常态化督查,群众对党风廉政建设的满意度明显提升。

从严监督管理,自身建设进一步加强。巩固深化"三转"成果,扎实推进纪律检查体制改革工作共 4 大项 15 小项。落实"清风讲台"周五学习制度,委局班子 9 名成员开展党章党纪宣讲活动 12 场次,全体纪检干部参加了党规党纪知识考试。选派了 30 名干部参加上级纪委业务培训和跟班学习,抽调了 23 人次参加省及市纪委案件查办和巡视巡察工作,对 45 名镇(街道)纪检干部进行 1 期业务培训,全区纪检干部的业务能力明显提高。加强自我监督管理,建立健全纪检监察干部个人重大事项定期报告制度,完善了个人廉情档案。对纪检监察干部的违纪违法问题,从严从快查处,绝不姑息迁就,严肃查处了 2 名区纪委委员的违纪问题。

(潘晓峰)

重要会议

【区纪委三届六次全会】　2 月 19 日,召开了区纪委三届六次全会,会议学习传达市纪委三届六次全会精神。区委常委、区纪委书记徐志勇代表区纪委作了题为《全面从严治党,忠诚履行职责,深入推进信州风清气正政治生态建设》的工作报告,全面总结了 2015 年党风廉政建设和反腐败工作,对 2016 年反腐倡廉工作进行了全面部署。区委书记蒋丽华出席全会并作重要讲话。会上,区纪委副书记、区监察局局长邱模恺宣读了 2015 年度落实党风廉政建设责任制工作先进单位表彰通报。东市街道、茅家岭街道、秦峰镇、市场监督管理局、粮食局、统计局等 6 个单位党委(党组)主要负责人进行了述职述廉并接受了民主测评。

【区纪委四届一次全会】　8 月 31 日,召开了区纪委四届一次全会,受中共上饶市信州区第四次代表大会主席团的委托,吴武华主持会议。会议选举产生了中国共产党上饶市信州区第四届纪律检查委员会纪委常委、书记、副书记。吴武华、邱模恺、王昭晖、康飞、乐俊、俞叶珍、刘光沐 7 人当选为新一届区纪委常委。吴武华当选为区纪委书记,邱模恺、王昭晖、康飞当选为区纪委副书记。吴武华代表区纪委作了重要讲话,全面分析了当前的形势和任务,对新一届纪委提出了五个方面的要求;永葆初心,对党忠诚,做政治坚定的表率;和衷共济,加强协作,做团结民主的表率;敢抓敢管,履职尽责,做挺纪在前的表率;真抓实干,锐意进取,做务实创新的表率;严于律己,强化监督,做清正廉洁的表率。不断开创党风廉政建设和反腐败工作新局面,为把信州高标准建成省域副中心城市核心区提供坚强的政治和纪律保证。

(潘晓峰)

作风建设

【开展系列专项督查整治】　年内制定了《关于落实省委巡视组巡视反馈意见开展系列专项督查整治的工作方案》,开展落实中央八项规定精神和纠正"四风"监督检查 36 次,发现问题 6 个,立案查处 6 件,给予政纪处分 7 人,诫勉教育 2 人,点名道姓通报曝光典型案例 3 起。

【完善党风政风监督平台】　年内,着力解决群众反映强烈的突出问题,督办群众投诉和求助事项 53 件,办结 53 件,办结率 100%,推动了部门和行业作风建设,提升了群众获得感。

【扎实开展专项治理】　巩固深化"红包"问题治理成果,印发了《关于进一步深化全区"红包"问题专项治理工作方案》,重点推进区交通运输局、区建设局、区房管分局、区规划局等单位"红包"治理工作;持续开展全区领导干部违规插手干预工程项目问题专项治理,坚决把"一律先免职再处理"的纪律规定执行到位;抓好全区科级领导干部《机关公职人员非法集资和违规民间借贷自查自纠情况表》上报工作。在全区范围开展具有私人会所性质的"一桌餐"及单位内部食堂或培训中心专项整治工作,在全区 9 个镇街道、110 余个部门单位中进行专项清理。全区针对"一桌餐"检查共开展明察暗访28次，检查小区数46个；针对单位食堂、培训中心开展明察暗访29次，检查单位数37个。其中，394位科级干部填写《信州区领导干部参与具有私人会所性质"一桌餐"场所请吃问题自查情况登记表》，承诺不参与具有私人会所性质"一桌餐"场所请吃。

【集中整治和查处基层侵害群众利益不正之风和腐败问题】　按照省、市部署要求，制定《信州区关于集中整治和查处基层侵害群众利益不正之风和腐败问题的实施方案》，组织召开全区集中整治工作动员部署会。建立了信息周报送制度，建立了首个全区集中整治工作微信群，向全区编发宣传标语12条，向上级机关报送信息80余条，编印集中整治活动简报25期，制发方案通报报告13份，向市集中整治办报送周、月季度报表70余份，点名道姓通报曝光侵害群众利益不正之风和腐败问题案件6次23件。

（俞叶珍）

反腐败体制机制创新

【全面落实党委主体责任和纪委监督责任】　2016年，贯彻落实《中共信州区委关于落实党风廉政建设党委主体责任和纪委监督责任的实施办法（试行）》和《中共信州区委关于落实党风廉政建设党委主体责任和纪委监督责任工作责任追究办法（试行）》文件精神，加大"两个责任"追究力度。全年共专题约谈6个"两个责任"落实不力的单位党组织主要负责人；严格执行中央修订后的《关于实行党风廉政建设责任制的规定》，完善党风廉政建设责任制情况考核办法，健全党风廉政建设社会评价制度和约谈制度，探索建立评价结果运用机制；印发《2016年度区直机关党风廉政建设和反腐败工作任务分工意见》《关于做好2016年度信州区党风廉政建设社会评价工作实施方案》《社会评价工作督促检查分工方案》《2016年信州区落实党风廉政建设责任制检查考核工作方案及日常检查评分细则》等文件，优化党风廉政建设责任制考核办法，完善全区社会评价工作；出台《信州区党员干部问责实施办法（试行）》，充分运用监督执纪"四种形态"，做到抓早抓小、动辄则咎。

【建立健全纪律建设工作机制】　2016年，印发《信州区反腐败协调小组查办案件协调工作实施办法（试行）》《关于信州区反腐败协调小组及办公室成员的通知》，明确协调小组的职责和工作方式，建立纪检监察机关与财政、司法、审计等单位案件线索协调会商及移送等机制。成立信州区查办大要案工作领导小组，印发《关于调整信州区反腐败协调领导小组、成立区纪律教育工作领导小组和信访举报信息互联互通工作领导小组的通知》《信州区关于集中整治和查处侵害群众利益不正之风和腐败问题的实施方案》，完善各部门向区纪委通报、移送党员干部违纪问题线索制度，加大对侵害群众利益的不正之风和"微腐败"查处力度。充分发挥反腐败协调小组职能，围绕查办案件工作重点，严肃查处党员干部违纪违法行为，以反腐的实际成效取信于民。制定落实中央关于建立健全下级纪委向上级纪委报告工作制度的实施办法，区纪委下发通知，要求年中和年末各镇（街道）纪委、设有纪检组的区直有关单位和部分条管单位向区纪委报告半年和全年工作。建立健全纪律教育大格局机制，以学习贯彻党章、新准则和条例等党内法规为重点，组织开展主题宣讲和党章党规党纪知识考试，以讲立学，以考促学。

【大力加强党内监督和巡察监督】　贯彻落实修订后的《中国共产党党内监督条例（试行）》精神，全面加强对党政"一把手"的监督制约。印发《关于建立健全区委常委会谈心谈话制度的规定（试行）》的通知，强化对各部门（单位）、镇（街道）党政主要领导的监督。认真执行省里出台的全面推进市、县党委巡察工作的意见，结合实际、创新方法、分类开展巡察，实现对区管部门、企事业单位的巡察全覆盖。

【持续深化"转职能、转方式、转作风"】　按照省纪委落实《省委关于落实把纪律挺在前面要求的意见》的任务书、时间表、路线图，完成相关改革工作，并在各镇（街道）铺开。印发《关于进一步加强纪律建设的工作意见》，推动纪律建设在全区铺开、向纵深推进。组织全区700余名县科级干部参加全市党章、新准则和条例宣讲活动，并在全区开展党章党规党纪宣讲276场，2万余人次接受了教育。印发《关于调整第一至第六纪工委、监察分局负责联系部门（单位）的通知》，对各纪工委、监察分局联系部门（单位）进行调整，进一步理顺各纪工委、监察分局和各联系部门（单位）的关系；健全各纪工委、监察分局与各联系部门（单位）领导班子成员廉政谈话、约谈、问责制度。积极配合党委做好纪委换届工作，进一步优化纪委班子结构，明确纪委委员职责，充分发挥纪委委员作用。

（魏士秀）

纪律审查

【切实增强纪律审查实效】　保持高压态势，坚持零容忍惩治腐败。突出重点查处重点领域和关键环节中的违纪违法案件，严厉查处党员领导干部插手工程项目、参与非法集资的行为，重拳整治侵害群众利益的突出问题，特别是在资金、资产、资源方面的问题，严肃查处上级专项惠民资金尤其是扶贫领域的问题。加大问责力度，强化责任追究。认真贯彻落实把纪律挺在前面的要求和《信州区关于落实党风廉政建设党委主体责任和纪委监督责任的实施方法（试行）》，切实做到班子责任、第一责任人责任、班子成员责任"三责"联动，强化党政班子责任制考核，

坚持"一案双查"，既要追究当事人责任，又要倒查追究相关领导责任，包括履行主体责任、监督责任不力的问题，全年立案查处各类问责案件16件，占案件总量的22%。深化作风建设，持续整治"四风"问题。通过持续的明察暗访和监督检查，对依然存在的党员干部的公款吃喝问题、收送"红包"问题进行专项治理，严肃查处变相公款吃喝、公车私用私养的问题，紧盯重大节假日，密切注意"四风"问题的新动向新表现，全年发现该类问题线索8件，处分11人，形成了强有力的震慑。

【持续完善五项机制】　完善健全反腐败协调领导小组机制。加强纪律审查工作的协调配合，形成反腐败工作合力。通过在公安、检察院、法院等相关职能部门梳理移送违纪线索26件，立案26件，处分29人。完善全员办案机制。强化各室、各纪工委、监察分局办案意识，明确基本职责，增进配合协作，做到纪律审查"委局一盘棋"，保持反腐败工作的强劲态势。完善委局领导分片包干机制。切实加强领导，落实责任，实行纪律审查工作分片包干，对全区9个镇街纪律审查工作由委局领导挂点包干，进一步有力、有序推进纪律审查工作。完善主办、协办机制。细化工作职责，提高办案

能力，确保案件质量。明确分级负责规定，避免产生权限不清、职责不明的问题。切实增强案件主办人严格依法依纪安全文明开展纪律审查的意识和高度的责任意识。完善目标管理机制。出台《关于进一步加强纪律审查工作的实施意见》《各纪工委和镇街纪委纪律审查工作目标考核方案》，对纪律审查工作提出指导性意见，依托工作制度，狠抓工作进度，每季度召开一次纪律审查工作调度会，实行考核奖惩，对全年没有办案或有案不办的，年底向区纪委常委会说明情况。

【执纪审查综合治理成效明显】　注重抓早抓小，大力推行执纪审查"四种形态"，充分运用谈心提醒、函询、通报、诫勉等方式对涉及党员干部的问题线索做到早发现、早处置，进一步规范党员干部言行。坚持"以案促防"，通过个案分析，剖析发案原因，从制度、机制和管理上积极探索加强防范的有效途径。及时向发案单位及上级主管部门通报案情，协助发案单位查找问题，完善制度，强化管理，堵塞漏洞。全年在办理各类案件过程中，针对发案单位苗头性、普发性问题下发《纪律检查建议书》6份，进一步规范整治了相关行业领域的惯性问题。

（林芳锋　陈　怡）

民 主 党 派

中国国民党革命委员会 上饶市信州区 总支部委员会

【概　况】　中国国民党革命委员会上饶市信州区总支部委员会由教育支部、文卫支部、综合支部等3个支部组成,有党员52人,分布在党派、经济界、教育、医卫、政府机关等界别。其中,本科学历24名,本科以上学历占56%;高级职称14名,中级职称20名,中级以上职称占78%。党员刘锋曾任省人大代表;5人曾任市政协委员;2人曾任区人大代表;23人曾任区政协委员,2人任区政协常委。时有党员52人。2016年,民革信州区总支被民革江西省委会评为"全省基层组织先进单位",李琼被民革江西省委会评为"基层服务先进个人"。2016年,在中共信州区委、民革上饶市委会领导下,在统战部的支持下,总支团结带领全区广大民革党员,认真履行参政议政、民主监督职能,认真组织开展各项社会活动和支部活动,并取得了较好的成绩和效果,完成各项任务。

【召开民革信州区总支第一届党员代表大会】　2月15日—16日,中国国民党革命委员会上饶市信州区总支部委员会第一次代表大会在信州区国际会议中心举行。选举产生了民革上饶市信州区总支部第一届委员会,郑耀龙当选为主任委员,李琼当选为专职副主任委员。民革信州区总支被设为区里的正科级常设机构,配有全额财政拨款事业编制3人。

【积极参政议政】　充分发挥民革的界别特色,就经济体制改革、法治信州建设、城乡一体化发展、政府职能转变、社会事业改革创新、生态文明建设、两岸合作发展等内容建言献策,以反映社情民意、政协提案、专题调研的多种形式为抓手,不断提升参政议政水平。中共信州区第四次党代会提出:"做实文化旅游业,着力培养山水景观游、城市休闲游、康体健身游、乡村民宿游、文化体验游等业态,打响信州全域旅游品牌。"为策应这一目标,组织部分民革党员到广丰区就"如何打响信州区全域旅游品牌"课题开展实地考察调研活动。

【提高提案质量】　在区政协四届五次会议上,民革党员提案无论是在数量上和质量上均表现突出。大会发言19篇,民革占4篇;大会提案66件,民革有17件提案,约占总数的五分之一,涉及经济、农业、心理健康、教育均衡等方面,多件被列为重点提案。其中,郑耀龙党员和廖利火党员的《关于借力资本市场以"新三板"为契机助推信州区中心企业加速发展的提案》、李琼党员的《完善社会救助保障改善民生》被评为2016年度优秀提案,占全区优秀提案的五分之一。

【开展社会服务工作】　全区各级民革组织坚持按照"发挥优势、突出重点、量力而行、注重实施、持之以恒"的原则,加大惠民服务力度,把关心社会弱势群体,开展扶贫济困、捐资助学,为弱势群众排忧解难当作大事来抓,开展了卓有成效的社会服务工作。利用优秀的教育资源主动与偏僻农村小学路底小学结成长期帮扶对子,促其教育水平显著提高,使得学生人数不断增加。开展捐资助学,发动民革党员开展义卖"平安果",所得购置学习用品捐助南岩小学贫困学生。到敬老院开展"关爱老人"活动,为孤寡老人进行医疗咨询和体检,赠送衣物、水果、书法作品等。走进五小学开展关爱孤童活动，筹资 6000 元资助五小准孤儿群体的学杂费用至小学毕业。

【开展"祖统联谊"工作】　总支带领党员多次前往台资企业调查研究，了解他们的生产生活情况，倾听他们的意见，帮助解决实际困难，从而加深了了解、增进友情，并为信州区招商引资工作牵线搭桥。

（李　琼）

中国民主同盟信州区总支部委员会

【概　况】　民盟上饶市信州区总支部委员会由综合支部、四中支部、三中六中支部、退休支部等4 个支部组成。总支共有盟员 89人，平均年龄 51 岁，中高级职称占 78%，大学本科以上文化占56%，大专以上文化占 100%。担任上饶市政协委员 4 人，信州区政协委员 10 人（常委 2 人）。"两会"期间，提交建议意见、提案 12 件。2016 年在中共信州区委、民盟上饶市委会领导下，在统战部的支持下，总支团结带领全区广大盟员，认真履行参政议政、民主监督职能，认真组织开展各项社会活动和支部活动，并取得了较好的成绩和效果，完成各项任务。被评为民盟全省社会服务工作先进集体。

【召开民盟信州区总支部委员会第一次代表大会】　2 月 17日—18 日，中国民主同盟上饶市信州区总支部委员会第一次代表大会在信州区国际会议中心举行。选举产生了民盟上饶市信州区总支部第一届委员会，龚桃当选为主任委员，付瑶当选为专职副主任委员，林国华当选为副主任委员、秘书长。民盟信州区总支被设为区里的正科级常设机构，配有全额财政拨款事业编制 3 人。

【积极建言献策】　2016 年，民盟信州区总支市、区两级人大代表、政协委员共计提出政协提案12 篇，其中集体提案 2 篇、区政协优秀提案 2 篇。区政协五届一次大会发言材料 2 篇，其中大会口头发言 1 篇。课题调研报告 2 篇：《关于政府信息化网络科学整合的建议》《关于失地农民问题的思考》。其中，《关于政府信息化网络科学整合的建议》在盟省委立项。

【社会服务】　2016 年年初，全覆盖走访慰问上饶市第四中、六中准孤儿。1 月，针对农村教育及留守儿童现状，深入秦峰镇13 所农村学校进行全覆盖调研。5 月，在秦峰镇中心小学开设了秦峰助教心理成长辅导班，进行 3 期心理学辅导。按照区委的统一部署，积极参与精准扶贫行动，挂点茅家岭街道解放村。

【组织建设】　发展新盟员 2人，平均年龄 37 岁，中高级职称占 50%，全部为大学本科学历。推荐了 2 名盟员参加省社院举办的盟务培训班。建立了微信公众号和工作群，及时宣传和布置相关工作。每个支部每年开展 2 次活动，上半年以集中学习为主，下半年以红色教育为主。民盟信州区总支与周边县积极互动，4 月和玉山县总支一起到怀玉山瞻仰革命先辈。重阳节召开了离退休老盟员座谈会，走访慰问离退休盟员 47 人次。按照盟市委的要求，开展了"学系列讲话、学盟章盟史，做合格盟员"学习教育活动。全年，1 人荣获盟省委"全省优秀盟员"荣誉称号，1 人荣获区政协四届"优秀政协委员"荣誉称号。

【社情民意】　为切实加强社情民意信息工作，进一步提高盟员参政议政能力和水平，民盟信州区总支落实专人负责社情民意信息工作，并与基层支部负责人以及特约信息员保持沟通联系，积极约稿。全年，上报社情民意信息 12 篇，被民盟江西省委采用 5 篇，其中《关于失地农民问题的思考》被民盟中央采用。

（杨　明）

中国民主建国会上饶市信州区总支部委员会

【概　况】　民建上饶市信州区总支部委员会由机关支部、文卫支部、经济支部、综合支部等 4个支部组成，2016 年有会员 91人，分布在党派、经济界、普教、医卫、政府机关等界别。民建会员平均年龄为 49 岁，大专以上文化程度 65 人，并有一批经济上有实力的民营企业家入会（占会员总数的 8%）。2016 年，民建区总支始终在中共信州区委和民建上饶市委会的领导下，在区委统战部的大力支持下，坚持以邓小平理论、"三个代表"重要思想和科学发展观为指导，深入贯彻落实中共十八大和十八大以来历次全会精神和中共中央总书记习近平系列重要讲话精神，积极开展协商民主，全面加强自身建设，围绕中心，服务大局，认真履行政治协商、民主监督、参政议政职能，取得了可喜的成绩。

【积极参政议政】 2016 年的市、区"两会"上，区总支会员姜钟建、龚新辉、朱岩富等 3 人被推为市政协委员；龚礼财、朱岩富、臧正雷等 3 人被选为区人大代表，其中龚礼财当选为区人大常委，姜钟建、缪斌、李璇、龚新辉、徐贻忠、李辉富、徐宾等 7 人被推为区政协委员。委员们以饱满的政治热情和高度负责的政治责任感，立足自身岗位，积极参政议政、建言献策，提出的提案近 10 件，涉及市场升级、物流、中小企贷、公共卫生、中小学艺术教育等方面，得到区委、区政府及相关部门的重视。

【召开民建信州区总支部第一次会员代表大会】 2 月 17 日—18 日，中国民主建国会信州区总支部第一次会员代表大会在信州区国际会议中心举行。选举产生了民建上饶市信州区总支部第一届委员会，姜钟建当选为主任委员，缪斌当选为专职副主任委员。民建区总支有会员 91 人，分布在党派、经济界、普教、医卫、政府机关等界别。民建信州区总支部委员会被设为区里的正科级常设机构，配有全额财政拨款事业编制 3 人。

【赴宁德市赤溪镇赤溪村调研】 4 月 23 日—24 日，区总支结合区委"精准扶贫"的任务，组织会员前往福建宁德与民建宁德市委会交流，并赴中国扶贫第一村——宁德市赤溪镇赤溪村调研。在两天的考察中，两地会员各抒己见，就两地的发展情况相互交流沟通，互相学习成功经验。

【龚礼财获全国物流行业劳动模范】 5 月 20 日，人力资源和社会保障部、中国物流与采购联合会在北京人民大会堂举行了全国物流行业先进集体、先进工作者和劳动模范表彰大会。评选出的 2016 年 182 名全国物流行业劳动模范中，江西省仅有 5 人上榜，民建信州区总支会员龚礼财名列其中。龚礼财任董事长的上饶市新华龙集团公司是一家大型民营综合企业。下属的上饶市新华龙物流有限公司成长为 4A 级物流企业，被评为全国优秀物流园区。

【举办"纪念毛泽东宣传展览"】 5 月 24 日，为弘扬爱国主义精神，在毛泽东逝世四十周年之际，民建上饶市委会、民建信州区总支、民建上饶市经济支部在尚优学校联合举办"纪念毛泽东宣传展览"。旨在通过宣传开国领袖毛泽东一生的丰功伟绩，对学生进行爱国主义教育，使学生了解中国从任人欺辱到站起来的历程，引导学生树立民族自尊心和自信心，树立对自己祖国的高度责任感和祖国利益高于一切的思想，树立为祖国、为人民勇于献身的精神。

【民建淮安市潘集支部到信州区总支交流学习】 8 月 12 日，民建安徽省淮安市潘集支部主委李烽一行 7 人，到信州区总支交流沟通，互相学习，并一起积极探讨如何加强组织建设与提高参政议政水平。

【民建中央常务副主席马培华调研地方民建组织建设工作】 11 月 18 日，全国政协副主席、民建中央常务副主席马培华一行莅临上饶调研，在民建上饶市委会召集各支部主委及市委委员，就地方民建组织建设进行调研并召开座谈会，并专门听取了民建区总支的汇报。区总支主委姜钟建就民建上饶信州区总支的组织发展与建设向马副主席作了专门汇报。

【理论学习与培训】 区总支加强理论学习，努力提高会员的政治素养。通过各种形式，组织会员深入学习邓小平理论、"三个代表"重要思想和科学发展观，学习贯彻落实中共十八大和十八届三中、四中、五中全会精神和中共中央总书记习近平的系列重要讲话精神，组织会员学习《中国共产党统战工作条例》等统战理论政策。积极参加省统战部在复旦大学组织的非公经济研讨班学习，先后有 10 余名会员骨干参加了省社会主义学院的研讨班或培训班的学习，20 余名会员参加了不同形式的市、区社会主义学院短训班学习。

（缪 斌）

中国民主促进会上饶市信州区总支部委员会

【概 况】 中国民主促进会上饶市信州区总支部委员会（简称

民进信州区总支)正式成立于2016年2月。2016年2月，召开中国民主促进会信州区总支部委员会成立暨第一次会员大会。选举产生民进信州区第一届总支部委员会，柴莉萍为主任委员，李丽、潘元娟、仝芳、徐晨辉为副主任委员，叶筱莺、徐永文、郑建华、俞慧为委员。设为信州区的正科级常设机构，是江西省民进组织中第一个有编制、有行政级别、有专职干部、有办公用房的"四有"区级组织。5月，召开总支第二次全体会员会议。会议明确了1名主委和4名副主委的日常分工职能，同时选举产生了新一届工会主席、经审委员和女工委员，为党派工作的有序进行打下良好基础。2016年9月，全区民进会员共有35名。2016年市、区政协换届，总支本着高度负责的态度，主动作为，积极沟通，坚持标准，保持特色，多渠道向有关部门推荐了13名会员担任政协委员，其中4名市政协委员，9名区政协委员(1名担任区政协副主席、3名担任区政协常委)，占会员总数的37%，为参政议政提供了强有力的人才支撑和不竭源泉。会员分别来自教育、行政、科技、电商等部门行业。

【参与社会爱心活动】　3月，开展"1%工程"资助信州区贫困女童活动，为秦峰、朝阳镇共10位贫困女童送去祝福和慰问金。5月，组织部分会员到上饶市儿童福利院开展"1%工程志愿服务"献爱心活动，为孤残儿童送去纸尿裤、零食、衣物等，并送上节日的祝福。6月，开展"1%工程放飞足球梦想"志愿服务活动，到灵溪镇中心小学和2所村完小捐赠足球。10月，总支机关干部到信州区秦峰镇五石村，与贫困户开展精准扶贫活动。

【积极参政议政】　5月，总支委员报参政议政课题7篇。委员潘元娟的课题《扶贫先扶智——论如何深入开展信州教育扶贫工作》、委员徐晨辉的课题报告《发展农村电子商务的几点建议》、委员徐永文的课题报告《农业清洁生产技术模式研究》等受到上级高度关注，为党委政府提供有价值的决策参考。10月，总支的区政协委员提交1篇集体提案、5篇个人提案。如：集体提案《扶持龙头骨干企业、建设智慧产业集群》、委员俞慧撰写的《关于加强和规范饶城小区物业管理的建议》、委员郑建华撰写的《关于缓解老城区内停车难的建议》等，受到社会各界的关注和好评。11月，总支的市政协委员共提交4篇提案。如：柴莉萍主委提案《关于在灵溪镇丁家洲村附近，建设田园景观教育园的建议》、委员李丽提案《细化垃圾分类处理，打造宜居美丽家园》，受到市政协立案督办。2016年，柴莉萍主委被评为三届市政协提案工作先进个人，李丽会员评为四届区政协"优秀政协委员"。

【理论学习与培训】　11月，民进省委会组织开展骨干会员培训班、市委统战部组织开展全市党外科级干部培训班、区政协组织开展委员培训班，总支的政协委员和骨干会员共计25人次参加培训。12月30日，总支举办骨干会员培训班，培训课程丰富，案例鲜明，语言生动，深入浅出，为提高骨干队伍的调查研究能力、联系基层能力和联系群众能力提供了强有力的理论指导，确保总支工作实效。

【会员开展活动】　区总支努力探索新形势下基层组织建设的新方法、新形式、新途径，将"创新型支部"作为支部建设的主线，契合大多数民进会员的教师身份，组织策划了"传递正能量、点赞好教师"的系列活动。9月，总支以"颂师德，赞月圆"为主题，以座谈、趣味运动、厨艺大比拼等形式开展庆祝教师节和中秋节主题活动。7月，会员参加表演的小组唱《党是心中点灯人》荣获江西省庆祝中国共产党建党95周年大型群众歌咏比赛二等奖，并入选江西卫视"七一"展演。10月，会员在广丰区、信州区为各校大队辅导员授课，为每位辅导员开展少先队活动提供理论指导。

（俞　慧）

中国农工民主党上饶市信州区总支部委员会

【概　况】　中国农工民主党上饶市信州区总支部委员会成立为区级组织的常设机构，共核定全额拨款事业编制3名，设主委1名，专职副主委1名。全区共有农工党党员58名，以医疗卫生系统的工作人员为主，少数在科技界及政府部门。以中高级知识分子为主，拥有大学及以上学历有53人，普遍具有较高的个人素质。党员中有1人曾任省人大代表；2人任市人大代表；2人任市政协委员；2人任区人大代表;1人任区政协常委,6人曾任区政协委员。平均年龄57.3,已经退休的比例达50.74%。2016年,农工党信州区总支始终在中共信州区委、区政府、农工党上饶市委会和区委统战部的领导下,围绕信州区发展升级、绿色崛起,"打造现代服务业新高地,区域发展新引擎,生态宜居幸福城,高标准建成省域副中心城市核心区"这一目标,全面加强自身建设,围绕中心,服务大局,认真履行政治协商、民主监督、参政议政职能、社会服务职能。

【召开农工党信州区总支第一次代表大会】 2016年2月在上饶国际会议中心召开农工党信州区总支第一次代表大会,来自2个支部的58名党员参加大会,选举产生由10人组成的第一届总支委,谭晓红(女)任主任委员,郑曼华(女)为专职副主任委员,芦茜(女)、杨乐华、周宏伟为兼职副主任委员。

【积极参政议政】 2016年,向区政协会议提交了大会发言材料2篇、集体提案2件、个人提案12件。提案反映了群众的呼声,为中共信州区委、区政府科学、民主决策提供了富有价值的参考。其中,谭晓红提交的《关于失地农民养老保险的几点建议》和黄坚提交的《建立信州区儿童健康大数据,为儿童茁壮成长保驾护航》被评为优秀提案。《关于失地农民养老保险的几点建议》被列为信州区政协重点督办提案。

【社会服务】 农工党信州区总支组织的医疗队坚持定期开展义诊活动,先后在信州区秦峰镇、茅家岭街道等地开展了"送医送药下乡"活动,全年受益群众达1000余人次。谭晓红主委带队走访慰问秦峰镇秦峰村、茅家岭街道塔水村困难家庭,并捐赠慰问金2000元,捐赠物品价值共计3000元。为茅家岭中心小学的8名贫困学生进行捐资助学,共捐款8000元。

【组织建设】 加强总支领导班子队伍的建设。坚持总支领导班子以及全体党员每月工作例会制度。严格议事规则和工作程序,召开班子民主生活会,总支领导班子团结协作有影响力、号召力。坚持总支全体党员学习制度,加强了基层支部凝聚力。重视党员干部后备人才的培养工作。根据农工党上饶市委会发展新党员的要求,把好新党员的入口关,严格入党前的考察程序,为总支后备人才的培养奠定基础。

(郑曼华)

九三学社信州区基层委员会

【概况】 九三学社信州区基层委员会,有社员25人。社员分布教育、卫生、科技等多行业领域。其中,高级职称5人、中级职称13人,占72%。3人任市政协委员,6人任区政协委员,2人任区政协常委。省九三学社青年工作委员会委员1人、九三市青工委副主任1人,市青工委委员8人。2016年,在中共信州区委、九三学社上饶市工作委员会的领导下,在统战部的支持下,团结带领全区广大九三学社社员,认真履行参政议政、民主监督职能,认真组织开展各项社会活动,并取得了较好的成绩和效果,圆满完成各项任务。

【召开九三学社信州区基层委员会第一次代表大会】 2月21日—22日,九三学社信州区基层委员会第一次代表大会在信州区国际会议中心举行。选举产生了九三学社信州区基层委员会第一届委员会,吴雪珍当选为专职副主任委员,蒋勇、姚靓当选为副主任委员。

【积极参政议政】 2016年,九三学社基层委员会成立以来,充分发挥党派优势,调动广大社员积极性,针对经济和社会发展中的重点以及人民群众关心的热点问题深入调研,提出了意见和建议,切实履行参政议政和民主监督职能。多次参与九三学社上饶市工委课题调研:就污水处理问题先后组织了社员到吉安市、广丰区、上饶县、婺源县等地进行调研;就中医药发展状况先后组织社员到玉山县、鄱阳县等地进行调研。在调研中社员参政议政能力得到明显加强。参与形成的调研报告《农村生活污水处理的现状、问题及建议》得到了九三学社江西省委、九三学社上饶市工委的高度肯定,并作为区政协大会发言材料。

【社会服务】 积极参加九三学社市工委各项活动,多次赴广丰区与市工委开展义诊活动,组织青年社员加入九三学社上饶市青工委,开展青工委活动。基层社委还为弘扬尊老美德,组织社员在元旦、春节、重阳等重大节日慰问老社员,赴敬老院看望老人,捐赠大米、水果等食品。同时,广大社员在各自岗位上发挥特长,服务社会,回馈社会:社员陈文武为拓展夏布文化产业呕心沥血,组织了多次国际艺术展、研讨会,将信州文化推向世界;社员王仕宁多次应邀,在信江书院为学生讲授书法,并免费为社区群众赠送春联,送上祝福;社员龚小春多次组织策划到区各中小学学校公益讲座等。通过广大社员的努力,有效扩大了九三学社在社会中的影响力,受到社会的广泛好评。

【信州九三温暖人心】　1 月 4 日上午,九三学社信州区基层委员会组织社员到上饶福海老年公寓开展送温暖活动,为敬老院的老人们送去了慰问品,王仕宁社员精心创作了 5 米书法长卷《心经》。12 月 18 日,九三学社信州区基层委员会到广丰区大石街道为当地农民群众开展义诊、医保知识宣传活动。为民开展测量血压、检测血糖、看诊断报告、查体听诊,传授急救知识。九三学社信州区基层委员会通过开展活动,让更多的热心人士关注老人、敬老爱老。

（吴雪珍）

人民团体

信州区总工会

【概　况】　区总工会下辖335家工会,拥有工会会员数23600人。2016年,信州区总工会在上饶市总工会和信州区委、区政府的正确领导下,以加强工会组织建设为基础,广泛开展劳动竞赛,引导职工群众增强主人翁意识,推广服务职工普惠制,协调解决职工群众最关心、最直接、最现实的利益问题,团结带领广大职工为构建和谐幸福美丽信州作出了工会应有的贡献。

【贯彻落实党的群团工作会议精神】　召开了信州区总工会二届四次委员会和镇(街)基层工会主席会、园区企业工会干部培训会、区总工会干部与职工群众结对见面座谈会等,深入学习贯彻中央和省委、市委群团工作会议精神。积极向区委汇报工会工作,把工会工作的科学谋划落实到全区重大行动中。

【开展职工文体活动】　开展传统节日、庆祝日、纪念日等主题系列活动。组织开展近百件高水平作品的全区职工书画摄影大展、全区400余名工会会员参加的"金秋慢跑、星耀饶城"跑步节、60余名女职工参加的全区"女职工艺术插花"培训班和30名工会干部参观城市规划馆、高铁试验区重点工程等活动。各基层工会组织的登山、拓展训练、篮球比赛、工会龙卡"一日游"、职工联欢等系列职工文体活动丰富多彩,不断活跃职工文化生活。

【弘扬劳模精神】　选树了一批在信州区经济发展、重点工程建设中涌现出来的先进典型,推荐评选表彰全国五一劳动奖章获得者1名、上饶市劳动模范和先进工作者6名、上饶市五一劳动奖状、上饶市工人先锋号各1家。"五一"国际劳动节前,区委、区政府召开大会,表彰了29名区劳动模范和先进工作者。认真做好劳模的宣传推介,在新信州等主流媒体上开辟整版专题专栏,在信州国际会议中心设置了36幅劳模事迹展板。在朝阳产业园区企业车间、食堂制作了劳模事迹宣传栏、标语和电子显示屏,以"学劳模、促发展"为主题,大力弘扬劳模优秀品质和时代先锋精神。加强对劳模的关心关爱,切实爱护、关心困难劳模,建立健全劳模档案,并对省、市、区劳模进行了走访慰问。

【开展劳动技能竞赛】　11月中旬,在朝阳产业园江西利丰鞋业有限公司开展公司重点岗位技能竞赛,不仅促进了园区岗位练兵、技术比武,而且极大地激发了广大职工的工作和创新热情,营造了一种"热爱劳动、争当劳动能手"的良好氛围。

【深化"四送"品牌帮扶】　以困难职工服务中心为依托,认真履行工会帮扶职能,深入开展"春送岗位、夏送清凉、金秋助学、冬送温暖"工会品牌帮扶活动,把党和政府的温暖及时送到最需要关怀的困难职工家中。2016年,为下岗失业人员实业再就业206人,炎炎夏日为朝阳产业园区一线职工送去防暑降温物品,8月底资助了59位学子,春节前夕走访慰问和补助困难职工1000多人次。

【抓实基层组织建设】　深入开展"农民工入会集中行动"和工会工作"进园区、强基层、惠职工、促发展"活动,推进工会组织规范化建设。新组建基层工会36家,发展会员700余人;实名录入工会会员11200人;培育了西市、北门2个街道工会和宇瞳光学、利丰鞋业、惠民科技等3个园区企业工会为样板工会。在朝阳产业园召开了园区企业工会组建工作现场推进会,以会代训,对园区工会干部进行专业指导培训,共培训园区工会干部60余名。

【推进服务职工体系建设】　加强了帮扶资金规范管理和社会筹资,困难职工人均帮扶资金增幅5%;完善困难职工档案,动态管理。采取激励措施,推进工会龙卡普惠服务扩面增覆,采集会员信息3.6万条。通过微信关注等方式,使工会的服务工作更贴近职工群众、更符合职工群众意愿,努力当好职工群众信赖的"娘家人"。

【提升职工文化素质】　充分发挥工会"大学校"作用,着眼培育精益求精的"工匠精神",续建完善了劳模创新工作室1家;建立省总工会下达任务职工书屋1家;及时全面完成了工会报刊订阅任务;结合"七五"普法工作,切实推进职工普法工作,引导广大职工自觉遵法学法守法用法。

【完善维权工作机制】　加强工会源头参与,开展群众性劳动法律监督工作,签约落实了"三师"(法律援助师、工资集体协商指导师、健康工程师)进园区工作。园区工会全年协助处理劳资纠纷60余件,接待1100余人次,涉及700余民工和员工,帮助维权解决600余万元欠薪问题。

【重视职工安全生产】　深入开展"查隐患、堵漏洞、保安全"活动,做好日常,特别是节假日的安全事故隐患排查工作,指导基层工会开展好安全生产活动月。全年开展全区范围安全巡查6次,参与调处安全生产事故7起。

【加强职工互保工作】　积极推行职工互助保障的宣传和投保工作,增强了职工的保险意识和抗风险能力,2016年共完成职工互助保险费49万元,办理职工保障理赔32.9万元。

【加强工会经费管理】　在工会经费的"收、管、用"上,坚持"整合资源,合理调剂、提倡节约"的原则,2016年完成上解经费128万元。同时加强了对下级工会的经费使用管理,督促各基层工会规范使用工会经费,使工会经费的使用达到维护单位发展稳定、增强职工凝聚力和向心力的作用。

(耿开赣)

共青团信州区委员会

【概　况】　基层团组织354个,团员10871名。2016年,团区委紧密围绕党政工作大局,充分认识新时期青年群众工作肩负的光荣使命,以实际行动做到"不忘初心、继续前进",把握青年需求,切实履行好组织青年、引导青年、服务青年的工作职责,推动全区共青团工作不断迈上新的台阶。

【团省委领导调研全区青年创业服务工作】　1月6日上午,团省委书记曾萍一行莅临"7890众创空间"调研青年创业服务工作,团市委书记孔国松、区委副书记夏秀川陪同调研。调研中,曾萍书记参观了众创空间的各个功能区,与入驻空间的创业青年进行了深入交流,并对空间的运营模式给予了充分肯定。

【"春暖童心"关爱行动发放116份爱心礼包】　1月23日—26日,由团区委主办、区教体局团委和上饶乐高科教中心团支部协办"春暖童心"关爱行动有序进行。本次活动共走访慰问6~12岁儿童116名,主要群体为孤儿、留守儿童、单亲家庭且家庭困难的、本人残疾或父母残疾的、家庭处于绝对贫困状态且在精准扶贫范围内的孩子。

【举行城乡少年"手拉手"关爱留守儿童活动】　由团区委、区教体局、上饶市第一小学共同发起的"一本书一个微笑,我们一起成长"为主题的关注留守儿童活动于3月4日上午在沙溪中心小学拉开帷幕,来自市一小的60多名少先队员代表与沙溪中心小学的留守儿童举行爱心结对活动。活动共捐赠1000余册书籍,每一本书的扉页上都留下了市一小孩子们的亲笔寄语。

【开展"春风送岗进校园"活动】　3月9日上午,由团区委、上饶师院团委、"7890众创空间"主办的"春风送岗进校园"活动在上饶师范学院小广场举行。团区委以"7890众创空间"为平台联系了浙江上饶商会等商会组织及其会员企业为青年学生提供招聘信息和就业岗位。此次活动共有30余家企业参加,提供近百个就业岗位,约1/3岗位初步达成就业意向。

【开展"缅怀革命先烈　传承红色精神"清明祭扫活动】　3月

31日上午，由团区委、区教体局主办的"缅怀革命先烈、传承红色精神"主题清明祭扫活动在上饶集中营革命烈士陵园举行。区属各小学的500余名少先队员参与了此次活动，团上饶市委副书记汪剑飞、团中央驻点干部郭城也应邀参加了活动。为进一步扩大活动影响力，团区委、区教体局还深入开展了"缅怀革命先烈、传承红色精神"主题征文活动，引导少先队员在学习生活中不忘历史和先烈，继承革命精神，为实现中华民族伟大复兴的中国梦而奋斗。

【团省委调研组到信州区调研"青年之声"创建工作】   7月21日上午，团省委宣传部"青年之声"工作调研组到信州区调研指导"青年之声"平台创建工作。调研组对"青年之声工作室"这一探索给予了肯定和好评，指出"青年之声"综合服务平台是畅通共青团直接联系、服务、引导青年的渠道，要切实发挥平台的作用，就要把线上和线下的服务紧密结合起来，最大限度地解决青少年在成长成才过程中遇到的各类问题。

【举办"共青团开放日"暨"团聚青春"青年联谊活动】   8月6日，团区委在7890众创空间举办了一场别开生面的"青年之声·信州共青团开放日"活动。来自各行各业的30余名青年代表应邀参与此次活动，实地参观团的阵地，了解团的工作。"团聚青春"青年联谊让青年们在穿针赛巧、投壶取巧等游戏中破冰，在学古礼、包饺子等民俗体验中互动，现场气氛热烈，使青年之间建立了深厚的情谊，更拉近了青年与共青团之间的距离。

【举办全区少先队辅导员培训班】   11月19日至20日，团区委、区教体局联合举办全区少先队辅导员培训班，来自全区各中小学的82名大队辅导员参加培训。全省少先队总辅导员文耀挺、团市委副书记张艳琴、团市委学少部部长王佳玥出席开班仪式。本次培训班采取专题讲座和互动教学相结合、专业知识学习和户外素质拓展相结合的方式。通过此次培训既提升了学员们组织开展少先队活动的技能，又为信州区今后的少先队工作指明了方向。

【开展"共青团交流日"活动】   11月21日上午，团广丰区委、团铅山县委、团弋阳县委、团玉山县委等一行十余人到信州区就共青团工作进行考察交流。考察组一行先后到水南街道金山社区青年空间、青年互联网创业服务中心、众创空间、茶圣中路社区青年空间等地进行参观，详细了解了全区各个青少年服务平台的运行情况和服务内容，并针对青年创新创业、青年志愿服务、青年之声、"1+100团干部直接联系青年"等工作与团区委进行了深入交流。

【"从小学做人"音乐故事会走进信州】   12月26日下午，由团中央《中国少年报》组织的"从小学做人"音乐故事会巡演团到信州，走进上饶市实验小学，开展了一次别开生面的"社会主义核心价值观"教育活动。省少先队总辅导员文耀挺、团市委副书记张艳琴、团市委学少部部长王佳玥等出席活动，200余名学生、家长和辅导员教师参加活动。活动以音乐故事会的形式，让孩子们从日常生活与学习的小事中，感悟做人的大道理，以谈心的方式，和孩子们探讨核心价值观与生活、学习的关系。

【省委领导视察7890众创空间】   12月21日，省委书记鹿心社莅临7890众创空间调研青年创新创业情况。省委常委、秘书长刘捷，省直有关部门负责人随同调研；市委书记马承祖，市委副书记、市长颜赣辉等陪同调研。鹿心社走企业、看展台，听介绍、问前景，和创业青年亲切交谈，为新经济迸发的蓬勃生机感到高兴。他勉励大家要努力抓住国家和省内实施支持"双创"的政策措施，瞄准方向，坚定信心，全力以赴加快创新创业步伐。

（潘 瑶）

信州区妇女联合会

【概 况】   2016年，信州区妇联紧紧围绕区委、区政府的工作中心，在上级妇联的正确指导下，以联系妇女、服务妇女、教育妇女、维护妇女儿童合法权益为根本任务，履行职责、服务发展、打造品牌、统筹发展，团结带领全区广大妇女为把信州区高标准建成省域副中心城市核心区贡献智慧和力量，取得了一定成效。全年中区妇联系统分别获得省级先进集体5人次，获得市级先进集体4个。

【引领女性参与经济社会建设】   3月，信州区妇联承办的上饶市2016女性人才专场招聘会在市人力资源市场举行。失地妇女、大龄妇女以及有就业意愿的女性参加了此次招聘。北门、西市街道组织动员了50多名妇女前往应聘。此次招聘会共有89家企业参会，提供就业岗位1200个，并提供妇女权益保障政策咨询服务。11月28日，区妇联召开全区女性创业表彰暨事迹报告会，参会人员有各镇街妇联主席及妇女代表，会上对勇于创业的郑丽芳等4位优秀创业女性进行了表彰，发放了创业奖励共计16000元。与会人员听取了她们的创业先进事迹介绍，充分发挥了优秀创业女性的榜样示范作用。信州区有5位女性还荣获了"市优秀女企业家"的称号。区妇联、区就业局和职业培训学校联合举办了家政服务就业人员培训班，吸引了来自全区各镇、街50名有意愿从事家政服务工作的妇女接受家政技能培训。培训内容包括孕产妇护理、婴幼儿护理等。通过为期10天的培训迅速帮助学员掌握家政基本理论知识和服务技能。培训合格的学员获得了相关资格、资质证书，进一步提升了就业竞争力、扩大了就业门径。

【丰富妇儿工委会成员生活】
8月，区妇联在全区范围内组织各镇、街道妇联主席和村（居）妇代会主任进行免费健康体检。11月，区妇联针对巾帼联谊会全体会员组织开展了"占领她封面"健步行活动。该活动通过向会员统一发放运动手环，累计日常生活、健身等运动数据来进行比赛，进一步增强了女性的健康意识和自我保健能力，呼吁大家要养成良好的生活方式和运动习惯。

【关爱困难儿童】　全面构建"家庭尽责、源头预防、政府主导、社会参与"的农村留守儿童关爱保护体系，为了让他们感受到社会的关爱，加强与外界的沟通接触。暑期，区妇联高度重视广大儿童特别是留守儿童、流动儿童的暑期安全问题，动员镇（街道）、村（社区）妇儿之家举办暑期安全知识讲座、安全知识竞赛、安全体验活动等，让儿童和家长在活动中认识安全防护的重要性，自觉学习掌握安全防护知识。9月份，信州区妇联收到爱心企业旗帜婴儿乳品股份有限公司捐赠的1200听婴幼儿奶粉，在前期调查摸底的基础上，将爱心奶粉发给贫困家庭的新生儿，并前往上饶市信州区福利院，为孩子们送去奶粉等慰问品。

【进一步畅通信访渠道】　区妇联购买了保障妇女儿童权益的服务项目——上饶市佰家社会工作服务中心，并在电话维权热线的基础上开通了微信公众号"她世界"的网上维权服务，进一步畅通了信州区妇女群众的信访渠道。2016年度区妇联系统共接待处理群众来信来访来电112件次，其中"12338妇女维权公益服务热线"共接待来电15件，办结率达100%，积极化解了矛盾纠纷，维护了社会稳定。

【开展"建设法治中国·巾帼在行动"为主题的"三八"妇女维权周活动】　联合市、区两级民政局、人社局、公安局等在内的20家维权联席会成员单位在市中心广场启动了以"建设法治中国·巾帼在行动"为主题的"三八"妇女维权周活动，集中时间、集中精力在妇女群众中开展法制宣传教育活动，活动现场共为现场群众解答法律政策咨询200余人次，发放《中华人民共和国妇女权益保障法》《12338妇女维权宣传册》《儿童伤害干预知识》《禁毒知识手册》等各类宣传资料近3000份。该活动有效提高全区妇女自觉学法、守法、用法的意识和能力。

【举办"法制中国 巾帼在行动"法律知识讲座】　2016年3月份，区妇联邀请了区法院杨丽芳专委为100多名妇女干部和群众进行了深入解读《中华人民共和国反家庭暴力法》，从理论和实践相结合的角度，通过具体的典型案例全面、系统地讲解了现实生活中妇女如何界定家暴及怎么维权等方面的内容，使妇联干部及居民加深了对该法律的认识和了解。

【优化妇儿发展环境】　为确保《信州区2011—2020年妇女儿童发展规划》顺利实施推进，6月份，区妇儿工委积极与31个成员单位及有关部门取得联系，就本年度各单位所涉及的妇女儿童发展规划目标指标进行深入调研。并就2017年全区妇女儿童发展规划监测统计工作对与会妇儿工委成员和联络员进行了部署和指导。开展"春蕾计划"秋季助学活动，收到了区直单位、镇（街道）的筹集款11万余元，共有200多名留守女童和贫困女生得到资助。利用专项资金对贫病母亲进行救助。母亲节前，为贯彻落实全区精准扶贫工作要求,区妇联分3支走访小分队对前期摸排出的贫病母亲进行入户走访慰问。本次扶贫工作从妇女"1元"经费中安排5万元用于10名贫病母亲的救助。通过走访慰问,进一步增强了妇联联系妇女群众的能力,拉近了妇联和妇女群众的距离。

【以文化活动为载体助推大美信州建设】　开展"三八"女子运动会。3月7日,由区委、区政府主办,区妇联、区教体局、区巾帼联谊会联合承办的2016年中国体彩杯信州区庆"三八"女子运动会在上饶市国际会议中心举行。运动会共有来自全区各镇(街道)、区直机关及其他工商行业机构等41支参赛队近500名选手参加,设有集体拔河、1分钟个人跳绳等多个比赛项目。活动中,选手们互相配合,各尽所能,充分展现了广大女干部职工健康向上、热爱工作、热爱生活的精神风貌。开展"六一"走访少儿活动。5月末,市委书记马承祖一行在区领导的陪同下到市实验小学走访看望少年儿童,给孩子们送上节日的祝福和礼物。6月1日,区巾帼联谊会一行走访慰问了灵溪镇日升小学的小朋友,赠送了书包和体育用品。开展"我爱我家,同悦书香"亲子阅读活动。7月下旬,区妇联发动各镇街妇联在各社区开展了"我爱我家,同悦书香"亲子阅读活动,各街道通过充分利用社区书屋平台,积极开展阅读活动。该活动在传递科学家庭教育理念,引领亲子阅读风尚的同时,也让广大家长、儿童感受到了阅读的魅力,培养了阅读习惯,营造书香氛围,培育了良好家风。

【打造家庭创建特色品牌】　为更好地凝聚全区广大妇女群众的精神力量,大力弘扬中华民族传统家庭美德正能量,区妇联继续打造星级"妇女儿童之家"创评、创建"平安家庭""最美家庭"等活动。通过广泛宣传、调查访问、民主评议等措施,2016年度全区共创建1个五星级妇儿之家、3个四星级妇儿之家、6个三星级妇儿之家,评选出区级"最美家庭"5户、"最美家庭"提名奖12户、9户上饶市"平安家庭"示范户和9户四星级平安家庭。

(詹秀婷　余　佳)

信州区工商业联合会

【概　况】　2016年,充分发挥统一战线人民团体和民间商会的优势,依照章程,履行职能,较好地发挥了"桥梁""纽带"和"助手"的作用,为全区非公有制经济健康、快速、和谐发展作出了积极的贡献。全年,信州区工商联系统共参与开展各类经贸活动6次,邀请客商90人次,走访商协会15家,走访企业80户,签约投资项目1个,投资金额500万元。2016年度区工商联分别荣获了江西省工商联和全国工商联2个"五好"县级工商联荣誉称号;信州区白鸥园商会被评为全省优秀基层商会。

【参政议政】　在10月份闭幕的区人大五届一次会议和区政协五届一次会议上,共递交人大议案和政协提案12篇,其中立案10篇。分别是:《关于进一步激活我区文化产业活力的几点

建设》(龚桃)、《关于设置便民小广告张贴牌的建议》(俞奕鹏)、《关于加强食品安全监督管理的建议》(王世兴)、《关于加大扶持农民专业合作社的建议》(王世兴)、《关于借力资本市场,以新三板为契机助推信州区中小企业加速发展的提案》(廖利火)、《加强市区至各乡镇专线公交车辆劳动管理》(廖利火)、《将信州打造成省域副中心城市核心区问题的思考》(徐晨辉)、《关于解决中小企业资金短缺问题》(杨琍)、《关于诚信教育进入中小学课堂的建设》(马丛良)、《振兴中心区域商贸经济、解决物流停车难》(廖怀相)。区工商联通过政协委员提案的方式,认真履行了政协重要组成界别参政议政的职能。

【社会服务】　在全区范围内开展了"企业进村助力精准扶贫行动",共计安排了区内10家企业,分别挂点区内7个省定、市定贫困村,该行动主要以助学捐赠为主。区委高度重视这一行动,区委常委会进行了专题研究,区委副书记参加了启动仪式和秦峰捐赠仪式。截至2016年12月31日,10个挂点企业一对一捐赠建档立卡贫困学生45人,现金4.82万元。同时,也号召广大会员积极参与社会光彩事业,"六一"节期间,分别到十九小、秦峰中心小学、灵溪张家小学进行了一系列的助学捐赠活动,捐赠书籍3000余册。按照区委的统一部署,区工商联机关全体干部也积极参与精准扶贫行动,挂点灵溪镇张家村,包干10户建档立卡贫困户。

【服务会员】　结合"两个健康"和"服务会员年"活动，做了以下工作：走访了73个执委以上会员、3个基层商会、1个外埠商会，充分了解了他们在经济下滑期的经营状况，为他们出谋划策。在白鸥园商会和建材家具商会的年会上，为广大会员对接区就业局的创业贷款和建设银行、邮储银行的商业贷款，及时解决了部分会员资金短缺的问题。配合区委区政府和相关职能部门，参与举办了2016年江西信州首届微商创业美食节暨民营企业现场招聘周活动，为会员企业提供了招聘平台。在微信公众号的微官网中，开设了政策法规、会员风采、会员活动、招聘信息等板块，及时宣传降成本优环境的省80条、市100条等相关惠及广大会员的政策，有效发布会员企业招聘信息，充分展现会员自身发展和参与光彩事业的风采。挖潜力、树典型，对宇瞳光学在降成本优环境上好的经验做法进行及时宣传，并形成了4000余字的报道材料上报省、市工商联。选派了32名非公有制经济人士分期参加了市委统战部与复旦大学合作办学的培训班及市工商联和区政协组织的各类学习班。

【喜结硕果获得荣誉】　结合上饶（信州）文化艺术创意产业园，成立了信州区水南文化街区商会，2016年会员58人，园区90%以上的商户加入，增强了文化市场凝聚力，信州区水南文化街区商会被评为全市先进基层商会。建立了微信公众号和工作群，并在微信公众号中开发了微官网，及时宣传商会动态、服务广大会员和布置相关工作。做好非公有

制经济组织和社会组织"两个覆盖"工作，迎接了以市委常委、组织部部长为组长的工作考察组，并得到考察组的充分肯定。与招商引资单位江西乐村淘网络科技有限公司签订了500万元农村电商项目，并已入驻信州区现代农业产业园。区工商联荣获了江西省工商联和全国工商联两个"五好"县级工商联荣誉称号；信州区白鸥园商会被评为全省优秀基层商会。

（江　鹏）

信州区残疾人联合会

【概　况】　2016年，全区有各类残疾人2.67万人，占全区总人口的6.25%。其中，已办证6868人。从持证残疾人结构分类来看：视力残疾737人，占10.73%；听力残疾564人，占8.21%；言语残疾194人，占2.82%；肢体残疾3620人，占52.71%；智力残疾729人，占10.62%；精神残疾874人，占12.72%；多重残疾150人，占2.19%。2016年度信州区残联被上饶市人民政府残疾人工作委员会评为"残疾人就业创业工作先进单位"，理事长王晓岗、科长戴华被上饶市人民政府残疾人工作委员会评为"残疾人就业创业工作先进个人"。

【两补工作规范有序完成】　为进一步改善残疾人状况，促进残疾人平等参与社会生活，区残联通过采取未雨绸缪、严把入口，周密部署、稳步推进，规范有序、强化服务等途径扎实开展了残疾人"两补"工作，并进行了政

策解读，组建了"两补"微信工作群，制作了《信州区残疾人"两补"申领须知》微信推送等。同时，成立了工作组深入一线解决实际问题，聚焦瓶颈难点，指导各镇、街残联采取了灵活办理方式。2016年度全区残疾人"两补"为5016人次，其中困难生活补贴3188人，重度护理补贴1828人，两者重复享受1222人。补贴资金总计300余万元，已全部发放到位。

【动态更新工作顺利推进】　为确保动态更新工作顺利实施，区残联成立领导小组，设立了办公室，制定了工作方案。积极做好调查人员的抽调工作，召开动态更新工作会议、开展人员培训、积极落实调查经费及相关保障措施等。共计完成调查残疾人6416人，完成率为100%。其中，入户采集6243人，电话调查90人，其他83人。经审核符合要求并完成上报。为了顺利推进动态更新工作，区残联充分利用广播电视、LED显示屏等途径加大宣传力度，悬挂了横幅、制作了宣传栏、印制了宣传单，并借助微信、qq群网络媒体将宣传资料上传。9月份，省残联派出评估组对信州区的残疾人信息动态更新工作进行评估。根据抽检结果，省评估组认为信州区的工作切实到位，完全合格。

【启动残疾人"云端创业"计划】　按照"扎实有效，有序推进"的方式切实实施好就业创业工程即启动残疾人"云端创业"计划。联合上饶淘宝园组织有志于电子商务创业就业的残疾人士入园培育孵化，在园区内实行培训、就业、创业一条龙服务，打造残疾人

电子商务"三零四免"创业就业模式,即"零门槛、零风险、零资金"和"免费办公场地、免费技术指导、免费店铺设计、免费货源",实现残疾人士和电子商务创业就业的"无缝对接",截至2016年年底,有15名结业学员陆续开办经营了淘宝店。

【康复工程顺利推进】　本着"实事办好、好事办实"的原则,通过采取"抓领导、抓监管、抓覆盖"等针对性的措施确保残疾人康复工程顺利推进。全年投入资金达60余万元,惠及残疾群众1600余名,其中为1200多名残疾人提供了社区康复服务,为285人次精神病患者提供了近20万元的民生工程药物救助和住院救助,为10名截肢残疾人免费安装了假肢,为10名智障儿童和17名聋儿提供了30余万元康复训练补助资金,免费为19人发放20台成人助听器。与上饶弘康精神病医院联合开展了精神病防治宣传工作等。

【民生工程】　认真组织实施残疾人民生工程项目:实施农村贫困残疾人危房改造24户;为156名残疾人发放机动轮椅车燃油补贴;为20户贫困残疾人家庭提供了无障碍改造;落实好80名残疾人专职委员享受政府公益性岗位;80名重度肢体、精神和智力残疾人享受"阳光家园计划"托养服务;落实好55名农家书屋残疾人管理员岗位,做到了人员到岗,管理到位。

【扶残助残】　为把残联打造成残疾人关爱之家,以活动举办为依托不断增强工作的影响力。动员和邀请社会公益机构积极开展扶残献爱心活动,11月上旬,区残联举行了"积善工程——澳门基金会助听行动"助听器捐赠发放仪式,本次活动捐赠了20台助听器,20名处于就业年龄段的贫困听障人士得到了救助,区残联还聘请了专业人士在现场进行适配,受到了残疾群众的点赞好评。积极开展残疾学生助学项目,继续实施"通向明天交通银行残疾青少年计划"助学项目,帮助贫困残疾学生完成学业,为5名残疾学生发放了5000元助学金。抓好春节、"全国助残日"等重大节日走访慰问工作,发放慰问金7万余元,免费发放轮椅、助行器、爱心电饭锅等辅具600余件,帮助1000多残疾群众走出家门,融入社会,参与社会活动。

【信访维权】　加强信访维权维稳工作领导,着重抓好残代车车主的维稳工作,积极与上饶市畅通停车收费服务公司及信州区龙燕农业有限公司沟通、协调。截至2016年年底,累计安置50余名残代车主就业,并为全区156名残疾人发放机动轮椅车燃油补贴4万余元。妥善处理涉残信访事件,解决好残疾人利益诉求。积极配合城区拆迁拆违工作,参与处理了北门龙谭加油站残疾人群体性事件。全年累计接待残疾人及亲属来信来访等50余人次,做到了事事有回音、件件有落实,有力维护了社会的和谐稳定。

【宣传工作出成效】　充分利用报刊、互联网、微信平台等线上线下媒体,大力宣传残疾人事业和政策法律法规,提高残疾朋友的知晓度和参与度,营造理解、尊重、关心残疾人的良好氛围,如《让生命之花绽放》陆续被《江西日报》、中国江西网、网易首页等媒体刊登报道。通过扶持、表彰残疾人就业创业模范,引导更多的残疾人走上自主就业创业的道路。如残疾人郑乐平,从创建农家综合养殖场起步,发展至成立了上饶市龙燕农业开发有限公司,先后安置残疾人员工100多名。通过各类媒体宣传、现场会宣讲等方式弘扬残疾人自强不息的精神。如残疾人徐节海因公致残后历经下岗风波,但他身残志坚,和妻子共同开办了"灵峰泉水裁缝店",用双手撑起了自己命运的蓝天,博得了残疾群众的一致点赞。积极参加省、市残联组织的残疾人文艺活动,区残联选送女声独唱《我在春天等你》和吉他独奏《爱的罗曼史》等优秀节目参加省残疾人文艺汇演的选拔。

【队伍建设】　结合"两学一做"学习教育活动,区残联紧紧围绕"学党章党规、学系列讲话,做合格党员"这个主题,制定学习计划,抓好学习教育。通过学习,进一步提高思想认识,筑牢了思想政治基础。全年,已开展集中学习20余次,并认真做好了学习笔记,积极撰写心得体会,达到了"入脑入心"的目的。围绕指定专题开展讨论,谈认识、讲体会、说打算。开办了"今天我主讲"干部论坛,党支部积极组织中层以上干部每人上党课,以讲促学。

(占晓英)

信州区科学技术协会

【概　况】　2016年,信州区科协团结和带领广大科技工作者,围绕中心、服务大局、奋发进取、创新争先,在服务科技工作者、服务创新驱动发展、服务提高公民科学素质和服务区委区政府科学决策等方面积极作为,多项工作连创佳绩,为信州的发展作出了积极的贡献。获评中国科协"全国科普日"活动优秀组织奖,2名干部在全国技活动周"万名科学使者进社区"活动中获得科学技术部政策法规与监督司颁发的荣誉证书,获评中国科协、财政部"全国科普示范社区"1个,获"基层科普行动计划"奖补资金20万元。

【全国科技活动周成果显著】　以"创新引领、共享发展"为主题,5月14日至21日开展。区科协联合红十字会在上饶市第九小学开展"2016年应急救护防灾避险知识竞赛"活动,全校师生共1000余人参赛。试题内容涵盖地震、火灾等多方面应急救护知识,进一步提高了青少年防灾避险和自救互救意识和技能,让师生对避险和自救互救常识有了更深刻的体会,有效地促进了青少年学习应急救护知识的自觉性、主动性。在东市街道五三(2)社区开展了2016年"科普之春"暨学雷锋科普志愿者服务活动。举办"关爱母亲健康,科普与您同行"母亲节茶话会。开展送科技下乡活动,在沙溪镇举办农业种植培训班,发放科普书籍2000余本,受到了广

大农民朋友的欢迎。周文芳、卢红荣获2016年度全国科技活动周先进个人。

【科普活动周内容丰富】　2016年"全国科普日"的主题为"创新放飞梦想 科技引领未来",围绕这一主题,在学校、社区、基地开展了为期一周内容丰富、形式多样的活动。积极配合市科协做好2016年上饶市"全国科普日"启动仪式,组织科普志愿者、社区居民代表200人参加活动。在上饶市第五小学和灵溪中心小学开展科技创新大赛,将优秀作品如机器人科技创作在开幕式上展出,展现信州学生的科技智慧和创作水平。在一小开展以"玩转科学、放飞梦想"为主题的第五届校园科技节,内容包括"异想天开"科学挑战赛、多米诺骨牌拼字、科技小制作、科技小论文、科技黑板报等活动。联合市科协在信州区滩头社区举办健康科普知识讲座和义诊活动。在朱熹纪念馆举办女性生殖健康科普知识讲座。在沙溪镇何家村科普示范基地举办葡萄种植专业培训班。"全国科普日"期间,区科协发放科普书籍10000余册,进一步在全区营造了"爱科学、讲科学、学科学、用科学"的浓厚氛围,提高了全民科普意识和创新意识,受到了上级科协的高度评价。

【科普宣传有声有色】　充分利用"科普之春""科普之夏""科普之秋""科普之冬",抓住有利时机开展科普宣传活动,共举办规模较大的科普宣传活动7次,咨询群众5000余人次,无偿赠送各种科普资料和科普书籍20000余份,实用技术书籍6000

余册。积极开展"体验科学、放飞梦想"江西省流动科技馆巡展活动,组织全区中小学生参观流动科技馆、开展征文比赛,调动学生学习科学知识的积极性,增强动手操作和实践能力,使孩子们在玩中学、做中学,培养他们的动手动脑和创新思维意识,在体验科技魅力的同时提升自身的综合素质,营造学科学、玩科学、用科学的浓厚氛围。为十五小送去价值近万元的科普书籍300余册,充实学校图书馆,丰富学生阅读内容,开阔知识面。信州区灵溪中心小学被江西省科学技术协会命名为2016年"江西省科普教育基地"。在社区开展了健康养生、科普知识讲座等活动,在紫阳社区开展了"科学,让生活更美好——2016年度江西省百场科普报告进社区活动"以及上饶市女性生殖健康科普知识讲座等。

【农函大培训班惠民利民】　2016年,区科协先后共举办"农函大"长短培训班10余期,免费发放培训资料和书籍1万余份。举办江西省农函大"万名农村党员科技致富带头人"大培训,先后组织农村党员干部,科技致富带头人、种植和养殖户在沙溪镇青岩村举办了黄牛养殖培训班、茅家岭街道车头村举办了食用菌种植技术培训、沙溪镇何家村举办葡萄种植专业培训班、沙溪镇宋宅村举办蛋鸭养殖培训班、朝阳镇下源村举办生猪养殖技术培训班、朝阳镇青金村举办奶牛养殖培训班。在春华食用菌种植基地举办上饶市农函大高效精品班信州区食用菌种植技术培训。通过培训,进一步提高参训人员的种植和养殖技术,增

加依靠科普致富的本领，以点带面，带动农户科学种养，扩大规模，降低风险，增加收入，提高生活水平。积极做好市级党员科普致富示范创建村创建申报工作，通过创建提高全区农村党员科技文化素质，增强农村党员带头致富、带领群众共同致富能力，推进社会主义新农村建设。2016年，信州区沙溪镇宋宅村被评为上饶市党员科普致富示范创建村。

【"银会合作"成效优】　对基层农村专业经济协会、基地有贷款需求的进行调查摸底，帮助他们解决资金困难，发展生产，扩大规模。2016年，区科协帮助11个农村专业经济协会、基地申请贷款近900万元，被市科协评为"银会合作"优秀单位。

【基层科普行动计划获得奖补】　积极开展"基层科普行动计划"和"社区科普益民计划"，认真做好项目的调研、评估、扶持和组织申报工作，加强项目单位资金使用和项目落实情况的监管、督促，发挥项目以点带面、榜样示范作用。2016年，信州区茅家岭街道钟灵社区被中国科协、财政部评为"全国科普示范社区"，荣获"基层科普行动计划"奖补资金20万元。北门街道东都花园社区被江西省科协评为"优秀科普示范社区"。

【创新开展科普工作】　区科协高度重视科普信息化工作，不断创新科普工作方式，开辟网络化科普信息传播途径，与传统媒体科普信息传播途径相结合，建立"信州e科普"微信公众平台，加速推进信州区进入"微科普"

时代，让科普知识变得触手可及、惠及万家。该平台主要分科协要闻、科普新知、科普服务三大版块和聚焦关注、科协动态、健康导航、科学种养、校园科普、专家解疑、在线交易、联系我们8个栏目。同时开展流量赠送活动，增加关注度，扩大"信州e科普"宣传范围和力度，营造浓厚的宣传氛围。截至年底，部分学生家长、社区居民、农民已关注并从中受益。

（卢　红）

信州区红十字会

【概　况】　信州区红十字会大力弘扬"人道、博爱、奉献"的红十字精神，认真履行工作职责，2016全年募集款物129.34万元，发展团体会员41个，建立各类志愿服务队11支，志愿者374人。2016年荣获全市红十字系统年度综合考评第一的好成绩。

【完善组织建设工作】　建立各类志愿服务队11支（应急救援、人道救助、捐献造血干细胞、宣传无偿献血、红十字精神传播、筹资劝募、心理危机干预、医疗应急救护、遗体捐献、红十字蓝天救援——信州直属队、红歌艺术团）。设立救灾备灾仓库1个，社区公益服务点2个，义卖点2个，在全区9个镇、街设立基层红十字组织（其中西市街道设立红十字会）。

【加强救护培训工作】　顺利完成市彩公益进基层及高一新生知识竞赛活动，并协助市红会完成了上饶中学、上饶一中、上饶

二中3所市直中学的高一新生培训和知识竞赛，共培训高一新生3207人。深入推进救护培训进机关、进学校、进社区、进企业、进农村"五进"活动，全年完成持证培训100人。大力开展应急救护普及培训，在全区各中小学开展暑期前防溺水、防踩踏知识和技能培训，共计培训学生8600余人次，提高了中小学生自救、互救能力。

【拓宽筹资渠道增强救助能力】　以"信州爱基金""十分爱基金"为依托，积极推动广大干部职工、爱心企业踊跃捐款捐物。持续开展"66"救助计划，针对贫困学生、特困留守儿童、城乡特困老人、孤儿，有先天疾病的贫困人群，遭受自然灾害人群，贫困残疾人等提供帮扶和救助。为加大对6类人群（助残、助困、助医、助老、助孤、助学）的救助力度。继续开展"博爱送万家活动"。向各镇、街特困党员和特困群众及在校孤儿发放棉被、棉衣、鞋及慰问金，共计人民币28.24万元，惠及1412人。

【开展人道救援工作】　成立红十字蓝天救援队——信州直属队，共有编内队员50人，志愿者132人。奔赴各省市10余处，参与大小救援100余起，出任安保任务80余起，宣教30余起，累计受益人数已超万人。

【促进健康事业发展】　联合区卫计委、市中心血站等部门积极开展无偿献血及造血干细胞捐献工作，献血总人数达2211人，总献血量达44.23万毫升。已有136人自愿加入到造血干细胞捐献志愿者的行列，成为中国

造血干细胞捐献者资料库(中华骨髓库)的入库志愿者。通过宣传和动员,2016年信州区已动员16名志愿者签署造血干细胞《高分辨检测知情同意书》,并有15名遗体捐献志愿者完成了登记工作。

(包　靖)

信州区归国华侨联合会

【概　况】　2016年,信州区有印度、缅甸、菲律宾、马来西亚等归国华侨29人,归侨侨眷、港澳眷属4000余人,海外华人、港澳同胞4000余人,侨资、侨属企业8家。信州区侨联在区委、区政府的正确领导下,在市侨联的精心指导下,紧紧围绕全区发展大局,坚持凝聚侨智,发挥侨力,坚持为侨服务的方针,积极探索中心城区侨务工作的新模式、新方法,团结全区广大归侨、侨眷,推动信州区经济社会和谐稳定。

【搭建联谊沟通宣传平台】　侨联为进一步拓宽侨情民意的来源渠道,及时掌握基层侨联和侨企的动态,区侨联组织由区侨联委员、各镇、街道和有关单位的侨联专(兼)干,区侨联参政议政委员会成员、侨资(属)企业联络员以及侨界热心人士共20余人组成的信息员队伍,开展了《信州区侨务知识与侨联工作创新》的专题讲座。全年,区侨联深入宣传贯彻《中华人民共和国归侨侨眷权益保护法》,并通过新闻媒体、印发宣传材料、涉侨会议等多种形式努力做好服务工作,加大宣传力度,在各类媒体上稿4篇。

【开展多方位的调查调研】　深入大专院校、侨资企业等了解他们的实际情况和困难,听取他们的意见建议,更好地为侨服务。对信州区侨界的知名人士、侨资企业及院校的侨界人士进行登记,共收集登记侨界知名人士20余人,并上报省侨联。积极与留学生促进会的联系,全面掌握信州区海外留学的动态。

【开展帮扶侨眷排忧解难活动】　帮助困难华侨渡过生活生产过程中遇到的难题,开展慰问贫困归侨、侨眷活动,送去物资和慰问金1.7万元。同时继续争取澳大利亚华人魏基成在省"天籁列车"助残行动,将捐赠的棉袄100多件、棉被10床、衣物、鞋袜等100件,赠送上饶市儿童福利院的小朋友、福海老年公寓的老人以及困难华侨、侨眷等,受捐赠人数达100多人。

【积极做好精准扶贫工作】　积极开展精准扶贫工作,侨联帮扶了朝阳镇下潭居的4名贫困对象,每月做到至少一次到贫困户家中了解贫困户的生产生活困难,并在重大节日为帮扶困难户送上慰问物品及资金。

(苏珊梅)

信州区文学艺术界联合会

【概　况】　信州区文联下设7个协会(信州区摄影家协会、信州区音乐家协会、信州区美术家协会、信州区舞蹈家协会、信州区作家协会、信州区书法家协会、信州区戏剧曲艺家协会)和信州诗词学会、信州书画院共19个群团组织。2016年,区文联在区委、区政府的坚强领导,区委宣传部的有力指导和上饶市文联的关心支持下,坚持以人民为中心的工作导向,按照"把握方向,加强联谊;走出去,请进来;打造精品,繁荣文艺"的工作思路,一手搭平台,一手抓创作,积极履行"联络、协调、服务"职能,团结和带领广大文艺工作者,积极深入生活,认真开展工作,各方面的工作都取得了新进展、新成效。

【坚持文化惠民】　以举办文化活动为抓手,把学中共中央总书记习近平讲话,特别是把习近平在文艺工作座谈会上的讲话精神贯彻落实到文联的各项工作中,繁荣信州区的文化事业。一年来,共举办特色文艺活动10余次。1月29日—2月1日,信州区文联在市中心广场、信州区政府大院、东市街道五三(2)社区、水南街道金山社区举办了4场"盛世新年　幸福信州"2016贺新春送春联公益文化活动。十余位书法名家泼墨挥毫给信州区居民带来"吉祥"和"福气"。2月下旬,区文化馆、区戏曲家协会说唱艺术团联合举办"文化下乡"活动。3月中旬,承办了上饶市作家协会信州区水南街采风活动。3月下旬,在水南街道文化创业一条街主办了由信州书画院、信州七贤和九蝉墨象社成员参与的笔会活动。7月初,联合区曲协承办"上饶市第七届少儿曲艺大大赛"。7月中旬,联合区委宣传部、区文广新局举办了区小戏小品选拔大赛,并选送了小戏小品各一个作品参加"新华杯"上饶市首届小戏小品大赛。区文联还积极筹资8余万元，帮助区诗词学会用于编辑出版诗词集《荷之魂》。

【开展各类书画作品展】 1月初，由信州区文联主办，信州书画院承办的"国学经典"书画作品展在水南开展。4月下旬，与市文联联合主办了"精致入微信州七闲首届书画小品展"。5月初，组织区书画院的书法家、美术家10余人赴井冈山采风，创作多幅"中国精神 中国梦"主题书画作品以及"全民画乡景江西乡村游"主题画作。6月中旬协办了"魅力信州、夏布书画艺术精品展"活动。6月下旬，协办了由市委宣传部、市文联牵头主办的"丹心颂党恩 翰墨绘盛世——纪念建党95周年书画摄影展"。7月15日，协办了"虚幻空间——马松林油画新作展"，展出马松林近年创作的油画精品37幅。9月28日，区文联联合信州书画院，承办"迎国庆67周年书画作品展"。10月30日，信州区文联在水南文化艺术一条街汉典堂主办"纪念长征胜利80周年书画作品展"。每场画展都吸引千余人观看，现场活动氛围浓厚，取得市民一致好评。

【"信江之春"谷雨诗歌文化节】 4月中旬，信州区文联承办了上饶2016"信江之春"谷雨诗歌文化节，面向省内外征稿600多篇（首）。

【"送文化进军营"活动】 7月30日，区文联组织书画院书画艺术家赴部队开展"送文化进军营"活动，为官兵送上节日祝福。

【举办"2016年中秋诗会"】 9月16日晚，区文联联合信州书画院在东皇庙主办"2016年中秋诗会"，多位诗词名家齐聚一堂，对月抒怀。

【文艺工作硕果累累】 2016年以来，区文联积极申请、协调区书画院办公场地。坚持"出作品、出精品、出人才"，从协调创作场地、支持创作经费、搭建沟通交流平台等各方面大力支持我区文艺工作者的艺术创作，文艺创作硕果累累。在区文联、区曲协参与主办的上饶市第七届少儿曲艺大赛中，信州区共有10个节目获得一等奖，涌现了很多少儿文艺人才。

（李 璇）

信州区社会科学界联合会

【概 况】 2016年，信州区社会科学界联合会紧紧围绕中心，服务大局，充分发挥职能作用，为进一步推动信州区在产业结构调整、加快城镇化建设、发展高铁经济、重点项目开展打造最美中心城区过程中积极建言献策，为更好地推动社会科学事业的繁荣发展作出不懈努力。

【开展社会科学课题研究】 区社联紧紧围绕区委区政府的中心工作以及目标任务，组织社科专家充分发挥"智囊团"的作用，开展有针对性的社会课题研究，努力推出一批有价值的学术分析报告，为建设最美信州提供强有力的理论支撑和智力支持。

同时，区社联还认真做好组织申报市哲学社会科学规划立项课题评审工作。2016年，着重围绕全区产业结构调整、加快城镇化建设、发展高铁经济、重点项目推进等一系列决策部署，深入开展调查研究并积极上报，在5项申报的课题中有3项通过评审并被予以立项，两篇课题在全市经济社会课题评选中分获二等奖和四等奖。

【编撰信州历史文化丛书】 为了更好地宣传和推介上饶，促进文化与旅游的深度融合，由市社科联牵头组织编写《上饶之最》《上饶史话》《名人与上饶》这三大历史性书籍，根据编委会的统一安排，区社联主要负责将信州区的地理风物、历史文化、风景名胜、名人大家、民俗风情、特色小吃以及经济社会发展成果等方面作详细的文字介绍。为了圆满完成这项工作，区社联的同志查阅了大量有关信州区的史书记载，并实地考证，力求内容真实、完善、丰富、生动。通过3万多字的解说将信州区的昨天与今天立体展现在读者面前。日前，《上饶之最》《上饶史话》《名人与上饶》已由中国旅游出版社出版发行。

【广泛开展社科普及宣传活动】 2016年，区社联举办多场学术研讨会，研讨会的内容主要围绕如何切合自身实际工作贯彻执行中央、省、市、区的重大决策部署。区社联还组织开展"进学校、进社区、进军营、进农村、进企业"宣传中共中央总书记习近平系列重要讲话精神，中共十八届六中全会精神以及全国"两会"精神等等。

【社科普及示范基地建设】　区社联在巩固以往设立的社科普及示范基地基础上,在市中心广场、部分学校、公园新设立了10个社科示范基地,充分发挥场地好、学员多、教学设施先进等有利因素,积极开展社科知识普及活动,深受广大群众好评,收到良好的社会效应。

【深化"春风阳光"行动】　在与市委、市府大院居委会联合开展的"春风阳光"行动中,区社联全体干部密切联系片区帮扶群众,想方设法帮助他们解决生活实际困难。例如:为重病患者申请大病救助,为贫困户办理低保生活补贴,为残疾人寻找适合的工作岗位,为孤寡老人送上节日慰问礼品。主动到信州区社会福利院看望那里的老人和小孩们,并给他们送去时鲜水果和御寒衣物。协调朝阳产业园区1家生产制冷家电设备企业捐献出1台价值3000多元的食品保鲜柜,让福利院的老人和孤残儿童深切感受到社会大家庭的温暖。

(琚　玺)

法 治

公 安

【概 况】 2016 年，面对全市数据强警"风起云涌"的"气候"，信州分局始终坚持"云上公安、数据强警"的核心理念，抢抓"新机遇"，找准"新优势"，抢位"谋发展"，公安工作数字化、智能化水平全面提升。全年分局共立刑事案件 4619 起。破刑事案件 2305 起，破获年前案件 849 起，破获外省市案件 10 起，侦查终结 6 起。

【《新法制报》特别报道】 2 月 15 日，《新法制报》12 版特别关注以《全方位管控打造信州"两统一"》为题，突出报道了信州分局紧跟省厅"法治公安建设"步伐、把握"两统一试点"机遇，深化"执法规范化"建设。法制大队一方面着力推行夯实基础健全执法制度，一方面积极开展法治教育培训，连续 4 年取得全市执法质量考评第一的好成绩。

【信州公安夺得全市绩效考评"五连冠"】 2 月 22 日下午，上饶市公安局召开全市公安局局长政委会议，对 2015 年度全市公安机关绩效考评先进单位和表现突出的个人予以了隆重表彰。信州公安蝉联第一，成功实现"五连冠"目标，被授予"全市绩效考核优秀单位"，并申报记"集体三等功"一次。市局副局长、信州区委常委、政法委书记、信州分局局长戴峰被授予"全市优秀公安局长"，政委刘道胜被授予"全市优秀公安局政委"。会上，信州分局还被授予"全市公安机关'五个能力'考试工作先进单位"，信州分局科信大队被授予"全省和全市优秀公安基层单位"，2 名民警被授予"全省优秀人民警察"，4 名民警被授予"全市优秀人民警察"，5 名民警因获得全省公安"大比武"前三名被荣记"个人三等功"。

【举行 2016 年综治宣传月活动】 3 月 24 日，由市政法委、综治委主办，区政法委、综治委承办的 2016 年综治宣传月活动在市中心广场举行。市委常委、政法委书记张之良出席并宣布活动正式启动，市人大常委会副主任汪友良，市政协副主席程观焰，市人民检察院检察长黄严宏，市委政法委常务副书记周琳，市委政法委副书记、市综治办主任张海风，市委政法委副书记柯维松，信州区委书记蒋丽华，市公安局副局长、信州区委常委、政法委书记、公安分局局长戴峰等领导出席仪式，信州区公、检、法、司系统干警、社会治安青年志愿者服务队队员、党政机关治安义务巡防员和社会治安群防群治队伍代表共计 500 余人参加了活动。

【第二期警务实战技能和"五个能力"考核集训班正式开班】 4 月 18 日，信州公安第二期警务实战技能和"五个能力"训练考核集训班在上饶市人民警察学校正式开班。分局党委委员、纪委书记徐立新出席开班仪式并讲话，来自分局各单位的 36 名参赛民警参加了开班仪式。

【《人民公安报》通讯员异地采访报道活动（上饶站）启动】 为锻炼通讯员队伍，进一步提升通讯员的采访报道能力，省厅宣传处、人民公安报社联合组织开展了通讯员异地采访报道活动。4 月 19 日，《人民公安报》通讯员异地采访报道活动（上饶站）启动仪式在信州公安分局举行。根据活动安排，《人民公安报》记者王惠以及景德镇市公安局、鹰潭市公安局和抚州市公安局的 6 名通讯员将分别围绕市公安局信息科技革新、信州公安警务模式创新和弋阳公安寄递业管理创新进行为期 5 天的深入采访报道。活动开展后，《人民公安报》要闻栏目刊发了王惠、陈希采写的长篇通讯《服务群众24小时不打烊探访上饶市公安局信州分局人民广场合成警务工作站》,文章围绕"24小时动中备勤,打造群众身边最小警务单元""24小时无障碍沟通,微信群助力打防违法犯罪""24小时开放服务,建设永不熄灯的警务超市"等3个方面对信州公安积极探索警务改革的经验做法及显著成效进行了重点报道。

【信州合成警务工作站】　3月23日上午,省长鹿心社到人民广场合成警务工作站调研;3月30日,省委常委、常务副省长毛伟明到高铁警务站调研;8月16日上午,国家反恐办副主任、公安部反恐局局长安卫星到信州分局广场警务站调研,看望慰问一线执勤民警。

【率先在全省推出"一站式"办理身份证业务】　春节前夕,率先在全省推出了合成警务工作站"一站式"办理身份证业务,将服务群众工作从派出所延伸至街面,进一步提升了服务民生效能和群众满意度。这一做法获得中央主流媒体《新华每日电讯》以《江西上饶:身份证自助办理"一站式"》为题,图文报道了信州公安率先在全省推出了合成警务工作站便民服务新模式。新华网、法制网、今日头条等媒体纷纷予以报道。

【圆满完成2016年高考安保工作】　6月7日至9日,全国高考如期举行,2016年全区设上饶中学、上饶市第二中学2个考点,158个考场,共4700余名考生参加了考试。为做好今年高考期间的安全保卫工作,信州分局以"防泄密、促安全"为目标,超前谋划,强化措施,认真履责,扎扎实实开展各项安保工作,完成任务。

【做好端午赛龙舟安保工作】端午时节,饶城信江处处是龙舟竞渡的盛景,为切实做好群众自发赛龙舟活动安保工作,信州公安精心组织,周密部署,提前介入、反复勘测、全面摸排,500余警力顶高温,战酷暑,确保233艘次龙舟顺利下水、安全上岸,完成了安保任务。

【开展"护昌1号"行动】　10月2日晚,信州分局在中心城区开展了"护昌1号"混编查缉及清查整治统一行动。当晚共出动警力260人次,检查车辆1200余辆,盘查人员1370余人,清查旅馆85家、网吧47家、娱乐场所16家、出租房屋62家。破获盗窃案件1起,刑事拘留2人;查处吸毒案件1起,行政处罚1人;捣毁传销窝点1个,解救5人;收缴管制器具1把,抓获嫌疑人员1人;协助交警查处酒驾3起,其他交通违法5起。通过"护昌1号"行动形成了严打、严防、严查、严管的高压态势,有效地挤压了违法犯罪空间,提高了对辖区的防控能力。

【亮相全国公安技防实战应用成果展】　10月25日,2016年中国国际社会公共安全产品博览会在中国国际展览中心新馆开幕,作为安博会备受瞩目的重要环节,公安技防实战应用成果展区在当天上午拉开帷幕。公安部精心遴选22个省级公安机关及地市级公安机关在视频监控建设、技防入户工程、城乡技防一体化等方面的优秀成果和应用亮点进行集中展示,信州分局在视频监控建设方面的成就作为江西省技防实战应用成果的代表,亮相此次全国展。

【召开"决战五年 再创辉煌"务虚工作会】　11月6日,信州分局召开了"决战五年 再创辉煌"务虚工作会,副区长、公安分局局长祝少敏出席并讲话。局班子成员从补齐短板、保持优势、强化素质、转变理念、文化育警、队伍建设等方面进行了细致阐述和深远规划。各部门主要负责人围绕打击主业、社区警务、防控网络、信息系统等方面提出了新的思路和具体措施。

【喜获全省公安机关微课程评比特等奖】　12月14日至16日,省公安厅、各设区市公安局、各县(市、区)公安(分)局教育训练部门负责人、微课程制作核心团队成员共计80余人齐聚上饶市人民警察学校,参加了全省第三期公安微课程开发应用暨评选培训班。在为期一天半的评比活动中,23名专家评委和36名大众评委共同对入闱的70件参赛作品进行认真审核、仔细打分。此次比赛共设特等奖3名,一等奖5名,二等奖12名,三等奖、优秀奖若干及"微课程建设工作先进单位"6个。经过激烈角逐,最终,信州公安精心制作的微课程《警察执法被拍摄了怎么办》以全场最高分88.53分的成绩一举夺得特等奖。

【举行集中退赃】　12月20日上午,上饶市公安局信州分局集中退赃暨法律宣传活动在市中心广场举行。退赃现场，民警将近期追回的高档烟酒、电脑、金器、手表、玉器、字画等总计价值100余万元的赃物进行了展示。现场8名群众从民警手中领回了部分被盗物品，6名群众现场将精心制作的"人民卫士、罪犯克星""破案神速、人民公仆"等锦旗赠送给办案民警表达谢意。

（鲁 英）

检 察

【概 况】 2016年，信州区人民检察院围绕全区发展大局，忠实履行职责，扎实推进司法体制改革，不断强化法律监督、自身监督和队伍建设，各项检察工作发展健康有序。全年共批准逮捕621人，提起公诉691人。立案侦查职务犯罪案件18人。被评为2016年度省文明单位。区反贪局孙军军省检察院嘉奖、市检察院三等功；公诉科贡碧芝、案管办李竞市检察院三等功；反贪局李少林、办公室郑江虹市院嘉奖；反贪局邱峰、吴国桢省院三等功。

【依法惩治刑事犯罪】 2016年，受理提请批准逮捕案件425件716人，依法批准逮捕354件621人，人数同比上升24.2%；受理起诉案件523件893人，决定提起公诉438件691人，人数同比上升5.6%。重点打击严重影响人民群众安全感的犯罪，批捕故意杀人、故意伤害、抢劫、强奸等严重暴力犯罪案件82件108人，起诉56件70人。在办理双塔公园"9·12"聚众斗殴案件中，坚持提前介入，以故意杀

人、聚众斗殴等罪名依法批准逮捕吴某等5名犯罪嫌疑人，打击了犯罪分子的嚣张气焰。积极配合公安机关开展打击"盗抢骗""非法传销"和"缉毒会战"等专项活动，起诉盗窃、诈骗等侵财案件143件191人，非法拘禁、抢劫等案件51件162人，涉毒案件23件40人。

【准确适用宽严相济刑事政策】 以化解矛盾和修复社会关系为出发点，积极贯彻宽严相济刑事政策，严格把握社会危险性条件，坚持少捕慎捕，依法对32名犯罪嫌疑人作出不批准逮捕决定，对犯罪情节轻微、依照刑法规定不需要判处刑罚的，决定不起诉26人。进一步落实未成年人犯罪案件法定代理人到场、社会调查、附条件不起诉、犯罪记录封存等制度，加强对涉罪未成年人的教育挽救，不捕未成年犯罪嫌疑人14名。

【全力做好信访接待工作】 严格执行首办责任，领导包案和检察长接待等制度，认真落实涉法涉诉信访改革办法，尝试建立引入第三方调解机制，妥善解决当事人诉求。对缠访、闹访的当事人，配合公安、法院依法予以坚决打击，维护正常的信访秩序。全年共接待来信来访53件，办理刑事申诉案件2件，办理国家赔偿案件2件，提请抗诉1件，发现并成功化解可能激化的矛盾纠纷12起。2016年，区检察院控告申诉检察科连续4届被高检院授予"全国文明接待室"荣誉称号。

【查办贪污贿赂犯罪案件】 突出重点领域，深挖窝案串案。以

征地拆迁领域职务犯罪为重点，严肃查办控违拆违、拆迁补偿环节发生的贿赂犯罪，先后查处了灵溪镇人民装部原部长张某发、城管大队原大队长鲍某龙、巡防大队原副大队长方某等10人受贿窝串案。在查处国家工作人员职务犯罪的同时，加大打击行贿犯罪的力度，对在征地拆迁中为谋取非法利益而向国家工作人员行贿的苏某剑等5人立案侦查，并没收违法所得。

【查办渎职侵权犯罪案件】 按照省检察院的部署，认真梳理沪昆高速公路湘潭段"9·25"重大交通事故存在的渎职问题，对涉及交通事故的交警、运管部门及相关人员开展细致的调查，立案查处了市交警支队干警徐某国玩忽职守案。

【开展职务犯罪预防工作】 充分运用"侦防一体化"机制，结合职务犯罪侦查情况，通过到案发单位走访座谈、发出检察建议、开展警示教育等方式，帮助案发单位查找监管漏洞、完善规章制度、筑牢思想防线，确保个案预防落到实处。完善行贿犯罪档案查询机制，全年提供行贿档案查询623次3626人。

【履行诉讼监督职责】 不断延伸监督触角、拓宽监督领域，加大监督力度、破解监督难题、增强监督实效。针对侦查审判监督，着力纠正有案不立、有罪不究、以罚代刑等问题，全年共监督立案6人，追捕5人，追诉18人，发出纠正违法通知书4件、检察建议6件，对纠正案件定性及重罪轻判、轻罪重判等问题提请抗诉4件4人。针对民事行

政检察,审查民事生效裁判申诉案件6件,提请抗诉6件,市检察院采纳并抗诉4件,审查民事执行监督案件1件,发出检察建议1件。针对刑事执行监督,开展了羁押必要性审查,对不需要继续羁押的11名犯罪嫌疑人依法提出变更强制措施的书面建议。加强对社区矫正的交接、执行及解除等监管环节开展重点监督,对违反社区矫正监管条例的2件2人依法提出收监建议,有效防止了脱管、漏管等现象发生。

【创新开展司改试点】 认真贯彻落实中央、省委关于深化司法体制改革的总体部署和要求,坚持"统筹兼顾、积极稳妥、循序渐进、分步落实"的原则,严格遵循改革路径图、时间表,周密部署、精心组织,稳步、有序地开展试点工作。通过层层选拔,遴选出23名员额检察官;制定了配套机制,明确了员额检察官职责;试行大部制改革,优化了案件审批程序,办案效率大幅提高。

【加强队伍建设】 自觉接受人大及其常委会的监督,主动向人大及其常委会报告工作,落实人大及其常委会的决议,配合人大及其常委会开展专项调研和执法检查。自觉接受政协和舆论监督,通过走访座谈的方式,虚心听取人大代表、政协委员和廉政监督员的意见和建议。全面落实关于对终结性法律案件信息实行网上公开的要求,进一步拓展检务公开和接受群众监督的渠道,促进执法规范化建设。全年共公开案件程序性信息1017条,法律文书550份。以一线执法办案干警为重点,积极开展出庭评议、诉辩对抗和案件质量评比活动,积极选派干警参加上级检察院举办的各项岗位练兵,不断提升队伍的业务能力。突出岗位培训的针对性、实效性,有系统、分层次选派干警赴国家检察官学院培训达40余人次。

（胡　鑫）

法　院

【概　况】 2016年,信州区法院共受理各类案件8901件(其中新收6547件,旧存2354件),同比上升37%;审执结6908件,同比上升57.6%;审执结率77.6%,同比上升10.1%。一线法官平均1.25个工作日审结1件案件,个人办案最多达到278件。涌现出全省优秀法官1人、全省"夏日风暴"集中执行行动先进个人1人、全市法院执行工作先进集体、个人三等功等先进典型,2篇论文在全省法院学术讨论会中获得三等奖。

【案件审执情况】 共新收刑事案件447件,旧存52件,收案同比下降12%;审结463件,同比下降9.5%。判处罪犯722人,其中判处五年以上有期徒刑35人,免予刑事处罚4人。依法打击"两抢一盗"、故意伤害等危害群众人身财产安全犯罪,共审结此类案件215件311人,增强社会公众安全感。审结交通肇事、危险驾驶犯罪案件80件80人,同比上升26.98%,维护了公共安全。依法对过失犯罪、轻微犯罪等罪行较轻的124名被告人判处非监禁刑。贯彻"教育、感化、挽救"的未成年人审判方针,共审结未成年人犯罪案件18件26人。

共新收民商事案件4223件,旧存1338件,收案同比上升26.8%;审结4082件,同比上升35.57%。其中,审结婚姻家庭、继承纠纷案件455件,注重保护婚姻家庭关系。审结医疗纠纷、劳动争议、道交事故赔偿等涉民生案件553件,依法保障民生权益。审结借贷类案件1701件。其中,金融机构借款案件394件、民间借贷案件1307件,同比分别上升237%和49%。维护了金融秩序稳定,规范了民间借贷活动。坚持调解优先,努力实现案结事了,以调解、撤诉方式结案1627件,调撤率达40%。

共新收行政案件98件,旧存31件,收案同比上升30.3%;审结111件,同比上升58.6%。其中,判决维持行政机关行政行为和驳回诉讼请求的58件,驳回起诉的8件,判决撤销、确认行政行为违法的16件,经协调,原告撤诉的24件,移送的4件,不予立案的1件。加强非诉执行的审查工作,新收非诉执行案件23件,旧存7件,审查执行23件,维护了社会管理秩序。

共新收执行案件1756件,旧存926件,收案同比上升89.8%;执结2229件,同比上升194.5%。执结标的达7063.51万元。加大对抗拒、规避执行的打击力度,将1399名"老赖"纳入失信被执行人名单,拘传138人,拘留32人,搜查24起,强制扣押43起,强制清场38起,司法建议22条,打击拒执罪2起,限制出入境52人,罚款27万元,张贴悬赏公告1次,出动警力共1482人次,迫使55名被执行人主动履行，促进案件有效执结。加强查控力度，通过网上、现场查询方式查询被执行人及其存款、车辆、房产信息4500余次。大力开展集中执行活动，相继开展"夏日风暴""秋季行动""冬日融冰"等集中执行活动，邀请人民陪执员参与执行，媒体直击执行现场，取得良好的社会和法律效果。

【服务防控拆违工作】　审结被告人信州区灵溪镇巡防队队员徐某、毛某、李某等受贿案，被告人上饶市城管支队灵溪大队阮某受贿案，有效打击了控违拆违工作中的犯罪行为，有力地推进控违拆违工作，取得了较好的法律效果和社会效果。抽调2名法院干部参与区委、区政府防控拆违工作。

【发挥司法案例引导作用】"江西建亨建筑工程有限公司诉上饶市人力资源和社会保障局工伤行政确认案"和"朱雁等诉上饶市房管局房屋行政处理案"2起行政案件入选2016年省高院发布第二批行政典型案例，对社会生活起到规范和引导作用。

【开展送法"三进"活动】　法官走进社区、街头、乡村、校园，积极向群众宣传法律，在村、社区驻点宣传与流动宣传相结合，给上饶师院、市直属小学等学校师生送去法律知识讲座5次。

【加强司法救济】　在刑事诉讼中，为16名符合援助条件的被告人指定了辩护人，切实保障其合法权益。为55位当事人减、缓、免交诉讼费75.538万元，保障生活困难当事人的诉权。进

一步完善司法救助制度，为7名经济困难当事人、被害人发放救助金33万元。

【被确定为全省法院司法改革试点法院】　5月24日，信州区法院全体干警到市政府会议中心与市中院、横峰县法院全体干警参加江西法院司法改革试点工作动员大会，开始实施司法改革试点工作。信州区法院和上饶、九江3个法院被省委、省高院作为全省法院司法改革试点单位。

【推进人员分类管理改革】　6月28日省法官遴选委员会确定区法院首次入额法官29人。按照1名法官配1名书记员即1＋1模式配置审判和审判辅助力量，聘用了37名书记员和8名辅警。改革后，区法院首批员额法官29人，占中央政法编制数的33%；审判辅助人员42人，占中央政法编制数的48%；司法行政人员10人，占中央政法编制数的11%。完全符合人员分类管理比例要求。

【推进司法责任制改革】　打破固有的庭室界限，以专业化为标准组建了4个员额法官审判团队和未入额法官简易民商事案件审判团队，按照"让审理者裁判，由裁判者负责"的改革要求，强化法官办案责任。深入推行院、庭长办案制度，院、庭长审结案件2833件，占全部已结案件的60.5%。

【完成法官职务套改工作增加任务】　法官等级套改工作已完成，建立以专业等级为基础的法官单独职务序列配套的薪酬制度，落实增加司改基础工资和绩

效工资。

【落实法院人财物统一管理制度】　在财物统管方面，人员编制已上划省编办管理，资产清查工作基本完成。经费收支从2017年1月1日起正式纳入省级预算管理。

【大力开展争先创优活动】　开展"坚持弘扬井冈山精神，争创一流工作业绩"活动，打造"司法改革信州样板""案件繁简分流制度""执行工作警务化""刑事审判心理辅导机制"等工作品牌，提升干警精气神。

【加强信息化建设】　投资400多万的科技法庭信息化改造全部完成，11个大中小法庭全部建成为高清数字化法庭，实现科技法庭全覆盖。完成执行指挥中心、远程接访系统等项目建设，提高信息化应用水平。在上饶市看守所的支持下，利用多媒体、通信、数字视频及计算机网络技术，首次实现远程开庭。

【主动接受监督】　主动办理人大交办信访、政协委员建提案2件，共办结人大交办信访件8件，回复政协委员提案2件。发挥人民陪审员的监督作用，适用普通程序案件人民陪审员陪审率达63.54%。

（徐　芳）

司法行政

【概　况】　2016年，信州区司法局围绕法治信州、最美信州建设的总目标，加强领导，突出重

点,全面推进依法治区和法治信州建设的进程。年内信州区被评为全省"六五"普法法治创建先进县(区)。

【夯实基层常态工作】 2016年,司法行政基层工作结合实际,加强了对人民调解、司法所、基层法律服务等各项工作的落实。截至12月底,全区各级调解组织共调处各类民间纠纷518起,调解成功509起,调成率98.2%。其中,调处婚姻家庭、邻里、宅基地类等常见性、一般性纠纷418起,占纠纷总数的80.7%;损害赔偿、生产经营、征地拆迁等新型、易激化纠纷为100起,占纠纷总数的80.7%。防止群体性上访18件近300人次,防止群体性械斗2件15人次。全体基层法律工作者共代理诉讼、非诉讼40件,提供法律援助25件;解答法律咨询近500余人次。"两会"期间,各司法所、调解委员会共调处各类矛盾纠纷89起,重点排查解决征地补偿、城市拆迁等群众反映强烈的问题,及时发现和就地化解不稳定因素,维护了"两会"期间和春节的社会稳定。

【努力拓展公证业务】 2016年,信江公证处共办理各类公证计1413件,涉外公证220件,其中法律援助19件。公证数量于上年度相比有所下降,主要表现在房产交易量下降,二手房买卖市场不活跃,导致公证数量近年来首次下降。信江公证处积极探索电子证据保全公证新领域,在开展通话录音公证的同时,又开设了电子邮件、网络聊天记录、网络视频、抓取、传真、流量、版权登记等系统的电子证据公证,为公证事业发展开辟新的思路。

【努力提升法律服务群众的水平】 2016年,信州区司法局将法律援助规范化建设工作作为法律援助的工作重点,年初下发了《关于促进全区法律援助工作规范化管理的几点意见》的文件,严格规范法律援助办案流程、受案范围,办案程序,归档时间。全面提升了法律援助的办案标准和质量。在抓好法律援助中心规范化建设的同时,加强基层法律援助工作站的规范化建设。结合创建"五好"司法所,以"规范、务实、便民、高效"为总体思路,围绕落实有办公场所、有人员、有经费、有制度、有公示栏、有工作台账的"六有"工作目标,积极开展工作站规范化建设,做到机构健全、制度完善、管理规范、运行顺畅,切实方便困难群众申请和获得法律援助。信州区各镇法律援助工作站规范化达标率达到100%,全部通过达标验收。全年共办理涉访涉诉案件58件。加强与部队等有关部门的联系与沟通。配合上饶军分区干休所、上饶消防支队、上饶武警支队分别设立了法律援助工作站,更好、更快捷地为方便军人军属申请和获得法律援助。2016年,信州区法律援助中心共受理各类法律援助案件262件,其中刑事52件,民事案件195件,接待法律咨询2410人次。

【确保社区矫正工作科学规范运行】 依据上级有关文件,社区矫正监管中心尝试多种手段和方法开展社区矫正工作,逐步形成门类齐全、手段多样、实用性强的管理方法体系。信州区社区矫正中心对信州区籍省内监狱服刑人员家庭进行了走访,对家庭成员的生活就业情况进行了调查摸底,帮助他们解决困难。为10名有困难的矫正或刑释对象办理了最低生活保障,帮助1名矫正对象自主创业,帮助12名矫正对象家庭解决就业、就医和廉租房等困难。据统计,全年为刑释人员发放接送经费和最低生活保障费达到20万余元。

【法治信州创建工作有声有色】 推进法治共建。落实"谁执法谁普法"原则,推动各相关单位共同承担责任。构建普法平台,建有一小税法基地、逸夫小学安全基地、庆丰路百米普法长廊、三江法治公园、廉政法治中心广场等20余处实体性法制宣传教育基地。推进普法载体创新。充分运用"信州资讯""信州廉政""信州手机报"等微信平台开展法治宣传。开展法制电影进村(居),组织法制文艺宣传大蓬车下乡村,以更具亲和力的方式将法治理念广泛融入百姓生活。

(郑宇丽)

国防建设事业

信州区人民武装部

【概　况】　区人武部在军分区党委、首长和区委、区政府的正确领导下，坚持以中共十八届六中全会和中央军委主席习近平系列重要讲话精神为指导，认真贯彻落实上级党委全会精神，牢固树立"身处主城区，建设当样板"发展理念，抓经常打基础、抓全面创佳绩，抓特色求突破，圆满完成了年初既定的守住"八连冠"主阵地、抢占"九连冠"新高地的总目标，先后被国防动员部表彰为"先进团党委"、省军区表彰为"军事训练先进单位""征兵工作先进单位"，连续第9年被省军区评为"全面建设先进单位"。

【普及国防教育】　年初，区人武部立足实际，依托信州智慧谷、建设信息化社区契机，率先完成了"信州国防在线"微信公众号的建立，通过微信平台将国防教育辐射党政军民各类群体，全面展示信州区国防建设成效，有效提升全民国防意识。特别是区四套班子领导换届到位之后，就组织了以"忆长征、走进军营、扬传统、再建新功"为主题的"国防日"活动，得到了军分区主要领导的高度评价，省军区政工网进行了专栏报道。

【征兵工作达标】　坚持以狠抓征兵宣传工作为突破口，做到了早宣传、早发动，充分利用农民工返乡、民兵整组、学生高考等时机，广泛开展征兵宣传工作，2016年征集的新兵中，大学生比例占61.6%，创历史新高。针对2016年征兵工作的新要求，人武部不等不靠，积极向区委、区政府提出合理化建议，在全市率先完成了信息化体检中心建设，得到了省及市征兵办的一致好评。为积极响应省军区提出的"入伍先教育"要求，联合区委、区政府，组织新兵，在上饶集中营举行"2016信州之子新兵入营宣誓仪式"，省军区政工网和省及市主要电台都给予了大篇幅报道，得到了应征青年家长的一致好评。

【融合国防动员力量】　按照非战争军事行动要求，成建制组织应急分队、舟艇分队等力量，积极参加美丽家园、春风阳光、扶贫帮建活动，在"战场"与"市场"的双重摔打中提升能力。2016年，先后在市自来水厂、万达广场，2次组织民兵应急分队开展大型民生目标实兵演练，特别是2016年汛期，人武部前指率舟艇分队，2次驰援鄱阳湖抗洪抢险，连续11个昼夜与部队一起参与抢险，民兵分队的操舟技术、突击能力，不仅赢得了群众的赞誉，也得到了抗洪部队官兵的肯定。

【开通省军区系统首家国防教育平台《信州国防在线》】　为充分利用新型社交平台和网络技术，创新拓展国防教育和征兵宣传。3月20日，区人武部在全省首家开通《信州国防在线》微信公众号。主要内容有3类15项：热点关注（国防要闻、上级快讯、家乡新貌、信武动态、往期回顾）、信武专栏（掌上课堂、军营文化、基层武装、情注国防、双拥风采）、政策法规（国防法、兵役法、国防教育法、入伍须知、征兵动态）。截至12月底，共推送99期435篇文章。

【完成民兵整组工作】　4月24日至5月5日，区人武部采用"听、看、查、拉、评"相结合、逐分队过的方式，对全区31个镇（街道）、区直和市人民直武装部或组建单位共44支分队1639名基干民兵进行检查验收。通过点验，进一步提高民兵分队应对多种安全威胁、完成多样化军事任务能力。

【保障全市舟艇操舟手骨干集训】　4月18日至23日，依托信州舟艇训练基地，区人武部保障了上饶市操舟手骨干集训，承训操舟手骨干72人。区人武部超前筹划、精心准备、全力以赴。不仅完成了集训的教学、器材、车辆和医疗保障，而且参与了集训的组织实施和安全管理。

【组织专武、民兵干部训练】　4月13日至4月22日，信州区人武部组织全体专武干部、民兵营长及兼职人民武装工作的社区干部共165人开展了为期9天的集训。集训采取理论授课、队列训练、对接方案、观摩拉动、现地教学、体会交流、考核评定等方式方法，进一步提高了民兵预备役基层干部的使命意识和纪律意识，培养了参训干部矢志打赢的战斗精神和雷厉风行的工作作风，提高了两支干部队伍的军事素质和业务技能。

【参加省军区信息化建设现场会】　5月11日至18日，信州区民兵分队参加了军分区组织的演练。演练行动果断迅速、指挥处置得当、信号传输清晰。达到了当好军分区民兵代表队的要求，获得了省军区首长表扬和现场会领导肯定。

【保障端午节龙舟赛】　6月9日、17日，根据信州区委区政府工作部署，区人武部出冲锋舟和应急分队20人赴辖区内灵溪下水点执行龙舟赛现场救援保障和市区沿河路武装巡逻任务。共处理5次龙舟翻船险情，营救落水群众60余人。

【舟艇分队赴鄱阳抗洪抢险】　6月20日晚接军分区抢险命令后，区人武部紧急出动，星夜赶赴鄱阳。连续开展了3天4夜的抢险行动，成功营救（转移）群众110余人，运送各类物资1.5吨。舟艇分队快反能力得到了省军区首长、地方领导的高度赞扬，并作为抗洪抢险行动的先进集体、民兵预备役力量的光荣代表，先后被央视7套、江西卫视转播，取得了良好的政治、军事和社会效益。6月23日，完成跨区应急支援任务返回营区。

【信息化体检中心省内首批运行】　按照各县（市、区）征兵办7月15日前必须设立信息化体检中心的要求。部党委高度重视，接通知当天即召开专题会议研究建设方案。部长、副部长第二天向区主要领导作汇报，协调建设经费近30万元，第三天协调区财政局拨款到位。信州区信息化体检中心于7月10日在上饶市中医院急诊大楼高标准建成，成为市里第一家、省内前三名建成单位，经验被省征兵办转发，先后有上饶县、玉山县、横峰县、弋阳县人武部等单位参观。

【完成新兵征集任务】　区人武部紧紧扭住征兵宣传、初检初审、体检、政治考核、定兵、新兵输送等关键环节，通过召开征兵工作推进会、下基层督导、征兵微信众每日一通报等措施办法，完成了2016年度征兵任务所定新兵中，大学生征集比例为61.6%，实现了保质、保量、保廉的征兵目标。

【信州区四套班子过军事日】　在纪念长征胜利80周年之际，10月14日，信州区新一届四套班子领导换届全部到位的第二天，区委组织了以"忆长征、走进军营、扬传统、再建新功"为主题的纪念长征胜利80周年"国防日"活动，王其中、胡心田、王兆强、程茹等区"四套班子"领导、区国防动员委员会全体成员、镇（街道）主要领导及基层人民武装部部长参加。通过走进部队，体验部队生活，接受国防教育，增强了党政领导的国防观念，密切军政、军民关系。

【组织重要目标协防演练】　11月21日—25日，按照指挥要素编成，部长率人武部前指，组织武警、公安、消防、民兵协防分队共210人进行了重要民生目标（万达广场）协防联合演练，重点磨炼指挥要素和任务分队快速反应、迅即能动、协调控制、应急救援等综合能力。主要围绕快速动员集结、开进展开、战斗实施3个阶段及指挥员下达处置决心，恐怖袭扰、道路管制、安全警戒、战场救护、火灾救援等8种情况进行演练。

【开展脱贫攻坚活动】　开展助学兴教和精准结对帮困相结合的扶贫活动，向朝阳镇下源村小学捐赠教学设施、文体器材和学习用品共3万余元，同时，主动对接区民政局、区扶贫办，将部分军烈属、老红军、退伍老战士、失学儿童列入精准扶贫对象，受到地方政府和人民群众的一致好评。

【空余房地产租赁清理工作】
根据总后《全军工程建设项目和房地产资源管理专项整治的指导意见》及《军队空余房地产租赁问题整改实施细则》等文件精神，成立了空余房地产租赁清理领导小组，由部长负总责，副部长牵头，后勤科科长具体负责此项清理工作。协调区法制办、中山社区等部门合力对所属 12 个租赁项目进行了清理，可托底项目 9 个于 6 月 30 日前清理到位，"复杂敏感"项目 3 个租赁于 12 月 30 日前完成。

【落实职工编制及养老保险工作】　按照军分区后勤部、市人事局、市劳动和社会保障局、市编办、市财政局、市民政局职合下发（后战〔2009〕5 号）文件规定，协调地方政府对人武部职工按照《事业单位登记管理暂行条例》进行了登记，解决职工养老保险、退休移交等问题，并顺利完成了职工章益海、黄辉荣退休移交工作。

（林上洪　范文昇
张黑喜　王辉平）

信州区公安消防大队

【概　况】　2016 年，信州区消防大队全体官兵坚持以中共十八大和十八届五中全会精神为指引，坚决贯彻中央军委主席习近平关于国防和军队建设的重要论述，坚持围绕中心、聚焦主业，科学谋划思路，竭力破解难题，全力夯实业务根基，确保了社会面火灾形势和部队内部安全"双稳定"，消防工作和部队建设取得明显成效。在党和人民最需要的时刻果断出击，出色完成了各类火灾扑救和社会抢险救援任务。上饶广丰洋口鸿盛花炮制造有限公司"1·20"爆炸事故、鄱阳县抗洪抢险救灾、G20 杭州峰会消防安保等工作中积极发扬了英勇顽强、不怕牺牲、连续作战的作风，赢得了地方党委政府和百姓的高度赞誉。大队被共青团中央、最高人民法院、国家发展和改革委员会、公安部等 22 个单位联合表彰为"2015—2016 年度全国青年文明号特别推荐集体"，5 月；被江西省文明办评为全省第十四届文明单位；7 月，大队列管特勤中队党支部被江西省消防总队党委评为先进基层党组织，2 名党员、1 名党务工作者受到总队党委表彰。

【班子建设】　大队认真贯彻落实《公安消防部队党委班子建设标准》，积极构建学习型、团结型、规范型"三型"党委班子。一是努力建设学习型班子，坚持落实每月党委集中学习和政治教育每周学习制度，始终用科学、先进、正确的理念武装头脑，确保了班子队伍的纯洁性和可靠性。二是努力建设和谐共事的班子，坚决贯彻民主集中制，全面推行研究重大事项票决制、"四不一末"和党务公开机制，坚持党委议教、议训、议管、议财、议法等。对事关部队建设、重大经费支出和官兵切身利益的重大问题，坚决做到调查研究到位、研讨论证到位，保证党委议事决策的民主性、科学性，班子凝聚力、决策力、亲和力、公信力大大提升。三是努力建设干事创业的班子，紧紧围绕年度中心任务，审时度势，统筹规划，为消防部队建设和消防工作提供了方向和保证。

【思想建设】　大队扎实组织开展了"改革强警""两学一做"重大教育和纪念建党 95 周年、纪念红军长征胜利 80 周年系列活动，部署开展了"手抄党章 100 天"活动，采取集中授课辅导、开展学习研讨、实地参观见学、仪式纪念教育、运用网络思想政治教育平台等形式，进一步牢固了官兵的思想根基。在做好官兵思想政治教育工作的同时，大队大力加强警营文化建设，2016 年来总计投入 60 余万元高标准建成了 3D 影院、制作了营区户外大型强军目标宣传牌，添置了台球桌、跑步机、电子钢琴、电吉他等文体器材，更新了文化墙，更换了 60 余台电脑，组建了书画、摄影兴趣小组和特勤乐队、水鼓队 2 支特色文化队伍，并邀请了地方专业教师进行指导，充分提升了警营文化文化品位。警营文化成效明显，大队在全市俱乐部大奖赛中获得团体总分第五名；在支队庆祝建党 89 周年书画摄影作品展中 3 人获一等奖，1 人获二等奖，1 人获三等奖，大队和市电视台创作拍摄的微电影《诺言》引起社会各界强烈反响。

【锻造铁军强素质】　坚持从严治警、依法治警，不断加强队伍的规范化管理，并坚持以"全员参训、全额练兵、强化能力、提升素质"为出发点，深入开展岗位练兵、整建制中队实战化训练、纵深内攻和紧急避险专项测试训练，并以重点单位情况"六熟悉"的训练为重点，选取大跨度大空间、易燃易爆场所、人员密集场所等有代表性的重点单位进行了实战演练,部队的整体战斗力得到明显提升。特勤中队包揽了全市岗位练兵竞赛、通信比武竞赛的第一名,大队也取得了全市岗位练兵竞赛第五、辖区熟悉"两项竞赛"评比第一、通信比武竞赛第二、多种形式消防队伍比武竞赛第二的好成绩。2016年,大队共接警413起,出动车辆560辆次,出动警力3913人次,抢救被困人员146人,抢救财产2404.15万元,出色完成了各类火灾扑救、应急救援、抗洪抢险等急难险重任务,圆满完成了G20会议安保、南昌会议等重要敏感时期消防安全保卫任务。

【防控整治】　深入开展了冬春火灾防控工作、景区消防专项治理工作、夏季消防大检查工作和社区"四清一查"专项整治等系列专项行动。在各专项行动过程中,大队结合实际,科学制定专项治理工作方案,适时作出安排和部署,认真落实消防安全责任,积极开展火灾隐患排查整治,使社会抗御火灾能力得到全面提升,全力营造了全区和谐稳定的社会环境。全年,大队共检查单位3025家,发现火灾隐患1893处,督促整改火灾隐患1853处,下发责任改正通知书1555份,下发行政处罚决定书130份,下发临时查封决定书46份,责令"三停"单位41家,罚款20.78万元。全区共建成社区微型消防站25个,重点单位微型消防站187个,联合西市街道办事处为沿街商户、居民住户发放独立式感烟探测器1000个。国务院安委会挂牌督办的重大火灾隐患白欧园市场于5月份摘牌销案,已于10月份整体改造完成后重新开业。全区未发生一起有影响火灾事故,无火灾事故人员伤亡,隐患整治工作取得显著成效。

【消防宣传】　大队坚持消防社会化宣传教育道路,以宣传形式多样性、基础性、多渠道性为主要工作思路,采取"引导、教育、监督"有效措施,着力打造"三个全覆盖工程":即消防宣传"新旧传媒全覆盖",报刊、网络有文,电视有像,广播有声,手机平台有信,创意资料有量;"街巷厅堂全覆盖",街头巷尾有横幅,户外LED屏有提示,营业视频有开机画面,单位内部有标识;"上门入户全覆盖",学生有消防家庭作业,农村有消防志愿者小分队,企业社区有联合活动。大队设置各类广告牌、横幅300余条,发放各类宣传资料1万余份,先后开展社会培训60余次,消防安全"进课程""进军训"普及率达50%以上,大队微信公众号"信州消防"2016年关注粉丝量已逾6000人,新闻发布量和点击量均排全市前列。积极开展社区消防宣传大使评选活动,大队编排的小品《暗访》荣获上饶市首届社区消防宣传大使才艺大赛第一名。

(罗　翀)

工　　业

综　述

2016 年，信州区工信委在区委区政府的总体部署和正确领导下，紧紧围绕"主攻工业，决战园区"这个经济中心工作，积极进取，开拓创新，扎实开展各项工作。但受国内经济整体下滑影响，信州区直属规模以上工业经济总体在保持稳定增长前提下有所下行。全区 25 家直属规模以上工业企业累计实现工业增加值 5.8 亿元，全市排名第 12 位，同比增长 6.6%，全市排名第 12 位，实现主营业务收入 20.7 亿元，全市排名第 12 位；同比下降 4.3%，全市排名第 12 位；工业投资完成 6.1 亿元，同比下降 78.4%；工业用电量累计完成 12744 万千瓦时，同比下降 13.64%。

【科技创新、转型升级】 2016 年，全区工业凭借强大的科研实力、行业领先的创新能力。上饶市惠明科技发展有限公司与上饶市江旺数控机床制造有限公司，于 2016 年 11 月喜获国家"高新技术企业"荣誉称号。这一称号是国家对企业科研实力的权威认证，此次获得这一殊荣

的两家企业正是其科研实力以及公司整体水平获得了社会的肯定和认可，也标志着信州区工业企业转型升级、科技创新上取得阶段性成果。为信州工业经济跨越式发展提供了强有力支撑，有效助推了信州工业企业实现自"传统制造"向"传统智造"转变。

【规模工业主营业务收入总体发展稳中有降】 2016 年，全区 25 家直属规模工业企业主营业务收入发展平稳。全年区直属规模以上工业企业累计完成主营业务收入 20.7 亿元，同比下降 4.3 个百分点。其中，朝阳产业园实现主营业务收入 10.9 亿元，同比增长 35.5%；沙溪片区实现主营业务收入 8.0 亿元，同比下降 21.0%；其他片区实现主营业务收入 1.8 亿元，同比下降 48.3%。由于受国内经济整体下滑影响，全区大部分工业企业也受到不同程度影响，各项经济指标出现负增长，呈下降趋势。

【规模以上工业情况】 2016 年，全区 25 家直属规模以上工业完成工业产值 22.0 亿元，同比增长 0.0%。其中，朝阳产业园完成工业产值 12.0 亿元，同比增长 47.6%；沙溪片区完成

工业产值 8.1 亿元，同比下降 24.3%；其他片区完成工业产值 1.9 亿元，同比下降 39.7%。25 家直属规模以上工业实现增加值 5.8 亿元，同比增长 6.6%，增长幅度较为缓慢。直属规模以上工业企业用电量为 12744 万千瓦时，与去年同期对比下降 13.64 个百分点。产品销售率 99.5%，全市排名第六，同比下降 1.9%，全市排名第十一。

【工业投资趋势】 2016 年，全区工业投资完成 6.1 亿元，同比下降 78.4%；占全部固定资产投资的比重为 3.9%，完成年初预期目标的 19.6%。

有色金属产业

【概　况】 2016 年是"十三五"规划的开局之年，各行各业奋勇争先，实现了经济的平稳增长。通过供给侧结构性改革的深入实施以及"优环境、降成本"政策的推行，信州区工业迎来增长的发展形势，特别是有色金属产业逐步发展成为全区规模较大的优势产业。全区 25 家直属规模以上工业企业中有色金属产业企业 2 家：上饶市博泽铜业有限公司、上饶市宏丰铜业有限公

司。从业人员 176 人，其中各类高技能人才 7 名。实现主营业务收入 8.1 亿元，占全区 25 家直属规模以上工业企业的比重为 39.15%；实现利税总额 1251 万元。

【重点企业】 2016 年上饶市博泽铜业有限公司依托自身优势条件，通过技改改进了环保设施，在资源综合利用方面；企业综合利用材料耗用废旧电机 2016 年度 5038.65 吨、湿法泥 25698.40 吨，全年实现主营业务收入 5.0 亿元，在全区有色金属产业中排名第一；实现利税 1245 万元。上饶市宏丰铜业有限公司实现主营业务收入 3.1 亿元，利税 6.5 万元。

【产业升级】 结合工业和信息化部制定的《有色金属工业发展规划（2016—2020 年）》即有色金属工业"十三五"发展规划（工信部规〔2016〕316 号），引导粗铜冶炼企业加速产业升级，向精深加工方向延伸。相继有上饶市宏丰铜业有限公司、上饶市博泽铜业有限公司进行技术改造，延伸产业链，由粗铜冶炼向精铜冶炼方向发展，形成粗铜、冰铜、阳极铜及电解铜的加工生产、销售，建成铜加工的生产流水线，提升产业发展层次。

纺织服装工业

【概　况】 2016 年，信州区有规模以上纺织服装企业 12 户，其中 9 户麻棉纺织企业（上饶市隆润麻纺织品有限公司、上饶市顺利夏布有限公司、上饶市宏鑫实业有限公司、上饶市信州区百宏纺织有限公司、上饶市和原麻纺织品有限公司、上饶市深辉夏布纺织有限公司、上饶市煜兴实业有限公司、上饶市鑫鼎纺织服饰有限责任公司、上饶市步豪实业有限公司），1 户服饰加工企业（上饶市跳跳鱼服饰有限公司），1 户棉织手套加工企业（上饶市机智实业有限公司），1 户户外旅游包加工企业（上饶市德瑞达户外旅游用品有限公司）。由于受国际、国内市场及国家政策等因素的影响，全区纺织服装工业发展参差不齐。麻棉纺织产业发展较快，户外旅游包加工行业平稳运行，服饰加工行业困难重重。2016 年，12 户规模以上纺织服装企业完成工业总产值 5.1 亿元，同比下降 46.9%，比上年同期净减 4.5 亿元；实现营业收入 5.1 亿元，同比下降 46.3%，比上年同期净减 4.4 亿元；年末从业人员 2656 人，同比减少 30.1%。麻纺织产品畅销日本、韩国以及东南亚地区，麻纺织产业已成为信州区三大主导工业产业之一，是信州区工业经济中的一个重要支柱。

【重点企业】 上饶市隆润麻纺织品有限公司、上饶市宏鑫实业有限公司、上饶市和原麻纺织品有限公司、上饶市德瑞达户外旅游用品有限公司等几家企业，对地方财政税收贡献较大。尤其是上饶市隆润麻纺织品有限公司主营业务收入达 1.2 亿元。在全区纺织服装行业中排名第一，利税 1020 万元，排名第 1。上饶市宏鑫实业有限公司、上饶市和原麻纺织品有限公司、上饶市德瑞达户外旅游用品有限公司等企业，实现主营业务收入均超 5000 万元以上，上缴税收也比较可观。

【做大信州麻纺织产业】 根据《江西省省级产业基地认定管理办法》，经江西省工信委评估认定，同意授予信州区朝阳产业园"江西省苎麻纺织产业基地"称号。近期全区开展招商引资工作，引进纺织工业入驻基地，不断壮大信州区麻纺织服装行业，形成信州区麻织、棉纺、服装一条龙优势产业链工业园，带来全区工业经济的发展，产生积极的经济效益和社会效益。

机电光学产业

【概　况】 机电光学产业是信州区重点扶持发展的三大主导产业的重要组成部分。2016 年，全区 25 家直属规模以上工业企业有机电光学企业 1 家，坐落在信州区朝阳产业园的上饶市宇瞳光学有限公司，年末企业从业人员约 468 人，公司拥有强大的技术研发队伍。企业全年实现主营业务收入 8546 万元，利税完成 630.41 万元。

【光学制造业发展状况】 光学产品制造加工业是上饶市信州区的传统优势产业。做大做强光学产业是上饶市委、市政府加快新型工业化进程，大力发展工业经济的重大战略决策，也是信州区委、区政府"主攻工业、决战园区"重要举措之一。2016 年，发展光学产业的注地效应已然显现，光学产业技术完备，产业配套完整，产业链逐步完善。

【重点企业】　上饶市宇瞳光学有限公司是一家专业从事CCTV镜头研发、镜片制造、镜头组立、销售及售后服务的一体化公司。安防高清镜头领域取得了领先位置，2016年获广东省"优质VIP客户"等一系列特殊荣誉。公司产品主要应用于：安防监控、汽车行车记录器、车载、数码相机等高精度光学系统。产品70%以上销往美国、德国、日本、俄罗斯、巴西、韩国等国家和中国台湾、香港地区。公司的主要产品CCTV镜头已获得业界的广泛认同与好评，并与国内外数家大型监控摄像机专业生产厂商建立起良好的合作伙伴关系。企业坚持坚持"共赢和谐，卓越创新，尊重人性，永续经营"的经营理念，大力推进产品技术革新，不断提高管理水平，竭诚为客户提供一流的产品和服务。

【光学产业配套基地】　经省发改委批复，同意信州区在上饶经济开发区建设江西上饶光学产业配套基地。科技部认定信州区上报的光学产业配套基地为国家高新技术产业化基地。

建材工业

【概　况】　信州区建材工业发展迅速，主要产品有混凝土等加工制造。新型建材是信州区主导产业之一。全区规模以上建材工业企业共有2家，2家企业全部坐落在朝阳镇境界内，分别是上饶市步鑫混凝土有限公司、上饶市恒达新型材料有限公司。2016年，由于受房地产等行业市场不景气，建材行业也受到不同程度的影响，企业各项经济指标下降较明显。上饶市步鑫混凝土有限公司实现产值2907万元，同比下降34.9%，实现主营业务收入2186万元，同比下降48.1%。上饶市恒达新型材料有限公司是2016年年底新增企业，当年实现产值2618万元；实现主营业务收入2613万元。

产业信息化

【概　况】　辖区内工业企业中只有忠兴夏布等极少数在公司内部成立专门信息化机构，一部分企业建立了电子商务平台，开展电子商务交易。大部分制造业企业都广泛应用了CAD技术。大批企业通过引入CAD技术，优化了产品设计，加快了新品研发速度，有效地促进了企业做大做强。有个别企业正在不断加快二维CAD、三维CAD技术改造应用，以及自动化、智能化装备的改造和MES系统的应用。也有部分重点企业开始应用ERP系统。从整个信息技术应用水平上来说，截至2016年部门或单项的信息技术应用较多，尚未进入协同集成应用阶段，如管理和生产控制系统的集成与协同，生产过程与能源系统的衔接，决策支持系统应用程度。

【加大信息安全管理力度】　落实信息安全责任，强化信息安全意识，有针对性地采取技术和管理防护措施，切实提高防病毒、防攻击、防篡改、防瘫痪、防窃密能力。9月，区工信委信息科协同区电子政务办对区法院、检察院、教育局、计生委、安监局等多个部门和部分规上企业进行了全面检查评估。通过认真查找安全隐患，全面分析评估信息安全风险和防护水平，纠正安全漏洞4项，有效预防了重大信息安全事件发生。

工业国有资产经营管理

【概　况】　2016年国有资产经营公司在区委、区政府和工信委党委的正确领导下，以中共十八届三中、四中全会的精神，一手抓好改制企业的国有剩余资产的监督管理工作，一手抓好改制企业人事档案管理和系统内改制后遗留问题的解决，并取得较好成效，确保了国有资产监管到位和改制职工提档办理退休、社保、医保和区政府交办的其他任务顺利完成。

【保障民心政策落到实处】　为80位能提供有效原始材料的未参加城镇职工基本养老保险的人员申报办理养老保险手续。凡是2011年6月30日前曾经与信州省城镇企业（包括城镇集体企业、劳动公司、五七工厂、家属工作等）机关、事业单位，社会团体等用人单位建立劳动关系或形成事实劳动关系，后因各种原因解除劳动关系或离开原单位的人员都享受到这一国家惠民政策。

【监督管理好改制企业的国有剩余资产】　经营公司根据各企业改制情况，多次组织人员深入原企业职工家属区、食堂、仓库等区域，有重点的做好剩余国有资产的摸底建档、影像、跟踪管理工作，针对有些国有资产被原职工侵占情况复杂，公司请律师和监管部门依法规范并公开透明招租程序做到国有资产不被侵占、不流失、保值增值。

【抓好改制企业遗留问题的解决】 为了确保 2300 名改制前退休职工每年调资工作顺利完成，公司组织人员按各企业进行登记造册，并制成数据库电子版存档，配合区社保根据省政府文件进行审核、调资。同时做好 3300 名改制后的企业未退休人员的人事档案保管工作，审核上报 4500 名改制前退休职工和改制后离法定退休差 5 年的医保申报和医保证的发放等相关工作。改制国有企业历史遗留问题较多，有万余名职工进行了改制和身份置换，因企业破产改制时间不同安置标准也不同。如部分改制职工当时拒领，有的职工改制时存在与企业有债权债务关系，有的改制前离职联系不上造成个别职工未能及时办理解除劳动关系改制手续等，为做好这些企业历史遗留问题，工信委实行党委领导和党委成员对各改制企业包干负责。倾听改制企业职工反映的情况，尊重历史实事求是受理解决合理的诉求，把矛盾化解在基层，确保系统内和谐稳定。

（李小兵）

信州区供电分公司

【概　况】 国家电网江西省电力公司上饶市信州区供电分公司担负着信州区以及上饶县部分行政区域的供电任务。供电范围包括沙溪镇、灵溪镇、朝阳镇、秦峰镇、北门街道、茅家岭街道、水南街道、三江片区以及上饶县茶亭镇、罗桥街道部分范围。面积约为 339 平方公里，供电人口约 39.48 万人。供电区域内拥有综自化变电站 2 座、10 kV 开闭所 3 个；35 kV 主变 4 台，有载调压 4 台，总容量 28.6 MVA；35 kV 线路 3 条共计 30.153 公里。2016 年，公司上下坚决贯彻国网公司、省、市公司各项决策部署，紧紧围绕区委区政府工作大局，全面落实公司一届二次职代会暨 2016 年工作会议部署，团结拼搏，攻坚克难，各方面工作取得新成效。售电量完成 3.8177 亿千瓦时，同比增长 16.59%；综合线损率完成 6.94%，同比下降 0.15 个百分点；35 kV 变电站主变实现零跳闸，同比下降 2 次。完成固定资产投资 2938.55 万元，其中电网基建 2627.87 万元。实现利税 8483.59 万元，全口径劳产率完成 52.39 万元/（人·年），同比增长 375.29%。电费回收率 100%。公司获上饶市优秀企业、上饶市学雷锋活动示范点荣誉称号。

【安全生产局面保持平稳】 坚持安全第一，扎实开展"三查三强化"、安全大检查、安全性评价等重点工作，落实各级安全主体责任，确保人身、电网和设备的安全。深刻吸取丰城电厂"11·24"等安全事故教训，强化基建施工、大修技改等作业现场的风险管控，优化安全稽查工作机制，常态开展"四不两直"现场安全稽查，全年累计查处违章 41 起，处罚金额 4.1 万元。强化常态化安全检查、隐患排查治理，累计完成 171 条隐患整改并录入安监一体化系统。10 KV 线路跳闸 34 次，同比下降 39%；线路平均停运时长 1.71 小时，同比下降 25.9%；线路总可用系数 99.902%，同比提高 0.056 个百分点；公用变累计过载 8 台，同比下降 86.8%。认真落实迎峰度夏（冬）工作部署，加强重点设备的运行监测维护，成功应对 89.52 MWA 历史最高负荷。健全三级联动应急体系，实施重大保电工作机制，圆满完成区委、区政府下达布置的各项重要保电任务。截至 2016 年 12 月 31 日，实现连续安全运行 4749 天。

【电网设施建设稳步推进】 启动主网架和配电网"十三五"规划并下发《配网工程建设属地化管理实施方案》，全力配合市公司做好主网架、配电网滚动规划和电网设施布局规划三项工作。积极响应市公司安排部署，调配内部资源，于 4 月份组建成立配网工程项目部，全方位开展电网现状的研究分析，重点全面开展中低压配网诊断分析。完成 2016—2018 年项目储备及项目可研工作。针对春节保供电存在的问题，结合电网实际情况和市公司指导意见，着重解决沙溪供区电网瓶颈问题。新建改造线路 315.8 公里，新建改造配变 68 台。完成农村低电压治理 2400 余户，推动 1 个农村配电网"整乡整镇"建设改造工程建设，启动 9 个小城镇（中心村）电网改造升级工程和 2 个"村村通动力电"专项工程建设。

【优质服务明显提升】　扎实开展优质服务竞赛，强化服务事件的调查、考核与问责，营造了上下齐心协力抓服务的浓厚氛围。自3月份起每月召开优质服务宣贯大会，对产生的投诉案例进行分析、通报、学习及整改，采取行之有效的措施转变员工的服务理念。积极开展"降投诉"专项治理、客户经理进万家等活动，客户投诉总量降低70%，在迎峰度夏期间实现第三季度零投诉，全年实现5个月零投诉。按要求实现经开区（工业园）"上门驻点"供电服务模式全面落地并进入实体化运作，真正做到园区供电服务模式全覆盖。细化服务上饶市重点项目建设十项措施，制定与重点项目的对接计划，成功对接9个并安排专人负责全程跟踪。完善提升营销专业化管理，重新调整了供电所供区，制定供电所标准化建设倒排计划，大力推进秦峰、茶亭中心供电所的标准化创建工作。加强组织，智能电表覆盖率从年初的45%提升至100%，实现全覆盖。日均线损达标率从年初的32%提升至85.2%。积极支持政府建设国家光伏领跑者计划示范基地，全年新增光伏并网三户。

【从严治企经营管理不断加强】　深化"双轮驱动"引领，强化"专业主导＋归口督导"管控模式，完善基于"五位一体"的实施方案，坚持指标"预算、预控、预测、预警"，健全"指标说话"的评价考核机制，进一步强化目标导向和争先共识。健全工作推进机制，加强督察督办、业务协同、提升例会效率、向上沟通汇报、微信群管理使用等制度，进一步固化"强化执行、主动作为"的意识。积极对接市、县一体化管理，深入推进县所一体化，按时完成"子改分"和集体企业改革改制工作。积极构建推进管控机制，持续推进项目预算执行进度工作，严格执行项目到期关闭机制。3月恢复电力警务室并成立核算班和用电检查班，实现集中审核、发行电费以及用电检查业务的管控。积极落实电网新建项目"三免三减半"、享受节能节水专用设备两项优惠政策，同时做好"营改增"税收筹划工作。开展资金安全大检查，加强资金安全宣讲。开展"集中整治"工作，进一步完善业扩报装、预收电费、新装用电、临时用电、供电所管理等多个制度，共查处问题7处。全面完成人事档案审核整理及改版工作，加大"吃空饷"专项治理。

【加强"三个建设"】　坚持思想建党，"两学一做"学习教育深入开展，紧盯"基础在学、关键在做"，公司党委带头学习研讨、传承红色基因，广大党员在创先争优中模范践行"三亮三比"，"四讲四有"落细落实，立行立改彰显成效。5月份承办市公司中心组学习并组织公司党员一同深入茅家岭烈士陵园现场进行红色再教育，获市公司好评。党建主体责任、第一责任、"一岗双责"进一步落实，"四查"工作高效完成，支部负责人公推直选、党员认领支部日常工作形成常态，支部"四个规范化"建设水平明显提升。围绕中心工作抓党建，支部责任区建设、党员责任区和党员示范岗创建、共产党员服务队竞赛、党员

项目攻关促进公司争先进位成效显著。围绕队伍建设创新思想政治工作，开展全员"传承红色基因，打造卓越名片"大讨论，全面推行"三知四访五必谈"思想工作方法、党员"一带二"和党员干部直接联系群众制度，推动思想政治工作。围绕提升公司核心竞争力推动企业文化落地，深化"四服务"，聚焦提高员工和客户认知率抓传播、增强认同率重实践、约束言行举止强管理。重新恢复供电所食堂，解决了一线员工的用餐问题。

【喜结硕果】　2016年，公司获上饶市优秀企业、上饶市学雷锋活动示范点荣誉称号，公司团支部荣获国网江西省电力公司五四红旗团支部，2名员工分别获国网江西省电力公司第四届道德模范提名奖和国网江西省电力公司优秀党务工作者，1名员工获信州区劳动模范称号，2名员工获国网上饶供电分公司优秀共产党员，1个基层党支部获国网上饶供电分公司"电网先锋"党支部。

（倪凌燕）

信州区轻工集团公司

【概　况】　2016年度抓经济工作，发挥二轻曾经是集体工业经济主管部门的优势，主动招商引资，从浙江引进一个投资近5000万元的学前培训项目，为信州区提供一个良好的综合教育平台。其次重点工作是开展精准扶贫，与秦峰镇占村村结对帮扶，负责34户贫困户脱贫工作，通过走访、定期上门服务，宣

传党和政府健康、教育、产业等政策,节日慰问送温暖、送政策及完善"一证两册"等措施,建立起帮扶双向联动机制,获得村民好评。

【加强行业管理】 继续按照省轻工行业管理办《关于对全省手工业联社大集体企业尚未参加职工基本养老保险实行生活补助工作的通知》精神,集团公司负责受理全区 9 个镇、街道和 27 家企业在 1966 年和 1977 年两次手工业联社企业下放到公社的人员及尚未参加职工基本养老保险的大集体退休人员申报工作。对已办理生活补助手续的 189 名退休人员,做好 2016 年度年检工作,对发放养老生活补助,做到按时、足额、无差错发放,确保这项民心工程落到实处。

【探索轻工行业集体经济发展新途径】 集团公司在朝阳产业园建成 5 栋(占地 25997 平方米)共 1.2 万平方米的标准厂房和 4000 平方米综合办公楼,作为"筑巢引凤"招商引资的平台和扩增税源的渠道,现租赁给台资企业新升橡胶有限公司和中镁镁业有限公司使用,支持朝阳产业园进一步做大做强,同时实现轻工集体资产实力的不断壮大和保值增值。

【处理好轻工企业改制遗留问题】 做好原 33 家企业近万名改制前已退休和改制职工个人档案的管理工作。2016 年为到龄退休的改制职工提取个人档案 240 多人次,办理接转社保关系 45 人次,办理上海知青到龄退休回沪享受相关补贴待遇 2 人次,为到龄退休的改制职工因档案招工表与户籍身份证姓名不相符提供原始证明材料 35 人次。做好改制前退休职工 2016 年度调资和医保工作。为了确保近 2000 名改制前退休职工 2016 年度调资工作顺利完成,公司组织人员按企业进行登表造册,配合区社保局进行审核、调资。同时,继续做好改制前已退休和改制后离法定退休差 5 年的大集体职工参加城镇职工医保做好的登表造册、审核上报和医保证发放等相关工作。做好 33 家改制企业遗留问题处理工作。二轻改制企业历史遗留问题较多,为做好这些改制企业历史遗留问题,集团公司实行公司领导和党委成员负责制,积极开展信访接待工作,倾听他们反映的问题,受理合理诉求,提供亲情服务,把矛盾化解在基层,确保了一方平安。

(杨祖春)

农 林 水 利

综　述

2016 年,围绕区委、区政府的总体工作部署,全面服务"三农"工作,扎实推进了全年各项工作目标任务的顺利实现。荣获全省春季森林防火平安县、全市防汛抗洪工作表扬单位。

全区共有规模以上种养殖基地 98 个,有一定规模的农业休闲农庄 33 家,规模以上农业企业 36 家;市级以上龙头企业固定资产达 2.6 亿元,实现年销售收入 3.8 亿元,年创利润千万元;带动农户 1.4 万户,辐射带动 2 万余人就业。全区有各类农民专业合作社 161 家,比上年新增 9 家。其中,已创建市级以上农民专业合作社示范社 17 家(国家级 1 家、省级 4 家、市级 12 家)。全区经工商行政管理部门注册和农业部门认定的家庭农场总数达到 43 家,比上年新增 20 家,提前实现年初区政府提出的目标任务。

全区农村土地确权工作完成入户摸底调查、外业勘测、信息录入、数据库建立、归户表签字确认、档案整理归档、数据库送审以及省检测中心专项技术检查验收、区级自验、市级验收

等工作。年初召开了全区农产品质量安全监管工作会议,向各镇(街)下达年度"农产品质量安全责任书",与全区各种、养殖大户、农产品生产和加工企业签订"向社会保证质量安全承诺书"。积极引导农产品生产企业申报品牌建设,全区"三品一标"有效使用数达 12 个。积极开展日常农产品质量安全监管、检测工作,完成部、省、市下达全区包括蔬菜、猪肉、猪尿等在内的检测任务共计 2185 批次,合格率均达到 100%。通过春、秋两季集中防控和常年补针工作,动物防疫工作基本上做到"四个百分百"和"五不漏",全区未发生一例重大动物疫病,有效防止了重大动物疫病的发生和传播。

采取政策性项目资金,调动企业大户参与造林绿化的积极性,协调、帮助林地流转,因地制宜,利用荒山荒坡和稀疏林地新建有一定规模的茶叶、果林基地 9 个,面积达 1000 亩,新造绿化苗木林 450 亩,合计 1450 亩,超额完成省、市下达的 1300 亩造林绿化任务。完成了 2015—2016 年度的松材线虫病除治工作目标、任务,并通过省林检局验收。

全力推进"河库长制"工作的落实,制定《信州区 2016 年"河库长制"工作要点》和 5 项

管理制度及考核办法。确定了区级总河库长、副总河库长,5 名"区河库长"、7 名"镇(街)河库长",60 名村(居)河库长,设置 17 块县、乡、村三级公示牌,明确了具体责任。2016 年,实施塘坝维修改造 32 座,总投资 420.0 万元,使用省级资金 350.0 万元,区级配套资金 70.0 万元。已全部完成。重点开展"违法取水专项整治""河道采砂专项整治""违法侵占河道专项整治"工作。建立了水资源管理"三条红线"管理制度,明确了《信州区用水总量控制指标》、制定了《信州区取水许可和水资源费征收管理实施意见》,划设了 6 个水功能区,制作设置了 8 块水功能区标识牌,开展并完成了入河排污口调查登记工作。全面落实了水土保持"一方案""三同时"制度,有计划开展检查、督查工作,针对性责令有关单位限期整改,水土流失现象得到了有效遏制。2016 年,全区提前部署防汛抗旱工作。确保了年度未倒一库一坝的防汛总目标实现。

(吴慧兰)

种植业

【概　况】　为做好2016年的粮食生产工作,信州区按照全省农村工作会议和全省农业工作会议精神,紧紧围绕推进农业供给侧结构性改革工作主线,以粮油效益为目标,以绿色发展为导向,以适度规模经营为抓手,以全程机械化为重点,以社会化服务为支撑,夯实产能基础,调优品种结构,创新技术模式,促进三产融合,积极引导农民种植粮食作物,确保粮食面积产量相对稳定。

【粮食农作物生产情况】　粮食播种面积稳定在12.9万亩左右,粮食总产稳定在4.5万吨。其中,水稻播种面积稳定在10万亩左右,稻谷总产稳定在4.48万吨。水稻良种覆盖率达96%。农药利用率达37.6%,化肥利用率达38.3%。

（徐国萍）

水产业

【概　况】　2016年,信州区大力发展现代渔业健康养殖。以现代休闲渔业示范点为抓手,加快规模化、标准化养殖,加大渔政执法力度,提高水产品质量安全水平,全区渔业经济保持平稳运行。全年实现水产品总总产量1.13万吨,特种水产品总产量达2373吨;渔业经济总产值5.22亿元;水产养殖面积保持稳定,达13800亩。受洪涝灾害及病虫害影响,致使渔业灾害损失较为严重,受灾养殖面积达1410亩,损失水产品产量1210吨,直接经济损失达1332万元。

【休闲渔业发展强劲】　以现代休闲渔业示范点为抓手,大力发展休闲渔业。出现一大批发展规模大、布局完善,规划合理的休闲渔业企业服务城区、依托城区。占地66.67万平方米(1000亩),核心休闲景观26.67万平方米(400亩)休闲渔业企业渔乐山庄有限公司,成功申报省级休闲渔业示范点。

【特色渔业发展迅速】　以信州区农业产业化“1211”工程规划为抓手,大力发展以刺鲃鱼为主的特色渔业,刺鲃鱼公司通过“公司+基地+合作社”发展之路,带动700多户养殖户,户均增收15000元。上饶市万水湾特色水产养殖,依托岩底水库得天独厚的养殖条件,大力发展特色水产养殖,已发展为养殖面积2580亩,精养鱼池100余亩,网箱养殖面积2000平方米,合作社养殖户百余户,年产量达200万公斤,年销售额4000多万元的特色龙头企业,特色养殖发展为全区渔业支柱产业之一。

【健康养殖及品牌渔业建设】　大力发展名优养殖,积极推广先进养殖模式,深入开展农业部渔业健康养殖示范创建工作,开展水产品专项执法行动,提高水产品质量,加快无公害、绿色、有机以及名牌产品认证步伐。提高品牌效益。

【加大渔政执法力度】　结合“河长制”,出台多项措施打击电、毒、炸专项整治。保护渔业资源专项整治,与市渔政、市水警、区公安巡防大队和区森林公安建立长效联动机制。保护渔业资源,大力打击电、毒、炸等有害渔具渔法,坚决取缔电捕鱼工具,严厉查处制造、加工、销售电捕捞渔具的单位和个人,全年查处渔业违法案件3起,有效地保护了全区渔业生产环境。

【加强水产品质量安全监管】　加强水产品质量安全的监管力度,加大了水产品市场和产地的质量抽检力度,开展水产品药残专项整治,确保全区水产品质量安全,全年配合部、省、市抽检5次,自检10次,合格率达100%。

（杨普江　翁福纯）

畜牧业

【概　况】　2016年,全区畜牧业立足市场需求,利用资源,积极引导农民发展品种良种化、饲养规模化、生态标准化、管理科学化、防疫程序化、排污达标化的现代畜禽养殖业,养殖业已迈入标准化、规模化、生态型发展轨道。全区规模场(户)达236户,其中猪171户、肉牛肉羊9户、禽42户、肉鸽2户、蜜蜂11户、奶牛1户。拥有畜禽龙头企业9家,成立畜禽专业合作组织19个,形成以生猪为主,肉牛、羊、肉禽、蛋鸭、肉鸽等畜禽为辅的养殖发展格局。畜牧业也成为农民增收、农村经济增长的动力之一。

【重大动物疫病防控】　为进一步深入贯彻执行《中华人民共和

国动物防疫法》《江西省动物防疫条例》等法律法规，全区严格按照"政府保密度、部门保质量"总体要求，分别于3月9日和9月19日召开春、秋两季重大动物防疫防控会议，全面部署和落实各项防控措施。通过春、秋两季集中防控和常年补针工作，动物防疫工作基本上做到"四个百分百"和"五不漏"，全区未发生一例重大动物疫病，有效防止了重大动物疫病的发生和传播。据统计，全年共预防接种免疫生猪7.5万头，牛、羊0.65万头，家禽67.45万羽，使用免疫证5万张。

【强化农业血防达标监测】 农业血吸虫病防治工作自2011年通过省、市相关部门达标验收以来，已连续5年组织开展监测工作，年内全区农业血防工作的重点是开展耕牛血吸虫病采血化验和疑似病例防治工作。通过召开部门专题会议，组织培训等措施，工作人员对朝阳镇青金村、下源、十里村，沙溪镇青岩村，灵溪镇邵新村等5个行政村的耕牛展开了普查，涉及参与农业血吸虫病监测的工作人员共计35人次。共普查耕牛310头，其中粪孵查病69头，采血化验查病241头，检测结果全部合格。

【狠抓畜产品安全生产】 2016年，全区以动物防检工作为重点，以动物防疫工作为中心，重点打击非法使用和销售假劣兽药、饲料和违禁药品与饲料添加剂的行为，果断处理突发动物疫情等各项工作。据统计，共开展"瘦肉精"检测1000多批次，抽取和检测生猪尿样3200份。开

展畜禽疫病流行病学调查10次，采集与检测畜禽血清样品2100份。开展种猪场传染病学调查2次，抽取猪血清样本100份。开展兽药经营市场违禁药品专项检查工作5次，抽取兽药样品150份，饲料抽样送检100份。处理突发动物疫情5次，无害化处理病死牛11头，生猪5头。

（何田华）

林　业

【概　况】 信州区在着力保护好森林资源的同时，为了加快发展绿色富民产业、破解林业发展投入瓶颈、有效提升全区的森林质量、改善林业产业结构，对各类林业企业和大户的发展高度重视，给予了及时和充分的引导与帮扶，在林地流转、项目扶助等各个环节上大力支持，充分调动企业和大户的造林积极性，突出提高全区造林绿化水平，提高林业经营效益和可持续发展能力，为确保全区生态安全作贡献。

【造林工程提质增效】 2016年，全面完成了1000亩的造林任务。所有造林采取"封造结合、造管并重"等措施，大力提升森林质量，造林全部使用良种壮苗，采用机械与人工相结合的方式进行整地，造林整地质量良好，成活率极高，确保各项造林任务保质保量按时完成。

【森林资源管理保护得到提升】 2016年，森林资源管理保护得到提升，完成永久性林地征占

用行政许可14起，面积54.06公顷。临时性林地征占用行政许可9起，面积5.66公顷。5—11月，完成第二次江西省重点保护野生植物资源调查，境内发现国家Ⅱ级保护植物野生喜树数量654株，樟树移栽行政许可7起，计1050株，木材经营加工行政许可3起。

【2016年度林地变更调查暨森林资源数据更新】 年底，进行全区林地变更调查暨森林资源数据更新，林地总面积为13583.6公顷，有林地面积12334.4公顷，活立木蓄积量560194立方米，森林覆盖率40.44%，林木绿化率42.12%。

【森林防火成效显著】 做好森林防火宣传工作，发布森林防火通告，印制并发放森林防火宣传资料到每家每户，全年共印制森林防火宣传单、禁火令、森林防火通告、公开信等宣传标语20余万份。做好重点防火期间的人员值班，确保政令畅通。加强专业森林消防人员培训。2016年，已连续8年荣获全省春季森林防火平安县（市、区）先进单位。2012—2016年度，荣获全省森林防火工作先进单位。2016年度，荣获全市森林防火目标责任状考核三等奖。

【森林病虫害防治工作有效开展】 完成了2016年度松材线虫病除治工作，全区共清理枯死松树1416株，伐桩、枝桠均按技术要求进行了处理，完成率100%，并按照省、市部门有关要求督导责任单位全面完成后续巩固、强化工作。对水南街道、朝阳镇采取了松褐天牛的综合

防治,防治面积 2000 亩。开展全区马尾松毛虫摸底调查及综合治理工作,治理面积 1000 亩。完成了 2016 年度的森林病虫害测报工作。

【科技强警】 10 月 1 日,信州区森林公安局业务技术办公用房奠基。从下半年开始,着手推进信息化建设,先后购置无人机及整套的信息采集编辑软件、三维立体式采集信州区林相等涉林资料。

(徐 鹏 郑 琳)

水 利

【概 况】 2016 年,全力推进"河长制"建设,把河道当街道来管理、当景区来保护,前期工作进展顺利,成效初步显现。2016 年度争取中央资金 784 万元,续建了朝阳镇防洪工程。争取省级资金 350 万元,维修改造塘坝 32 座。防汛抗旱工作成效显著,实现了未倒一库一坝的年度目标。

【中小河流治理项目】 中小河流治理项目朝阳镇防洪工程,是 2015 年批复实施的项目,2016 年继续实施。2016 年,批复总投资 2169.3 万元,到位资金 1071 万元(其中,2015 年下达省级资金 287 万元,2016 年下达中央资金 784 万元)。已完成中央及省级投资约 1100.0 万元,后续工程待上级补助资金到位后继续实施。

【塘坝专项工程】 2016 年,实施塘坝维修改造 32 座,总投资

420.0 万元,使用省级资金 350.0 万元,区级配套资金 70.0 万元。已全部完成。

【防汛工作】 2016 年,全区提前部署防汛抗旱工作。4 月 1 日汛期来临前,就完成了水库度汛明白卡填报、度汛方案调整修正、水库、堤防管理员调整。落实各级责任人、抢险应急队伍及防汛物资存储,落实防汛目标责任书签订等工作。汛期开展汛前、汛中防汛检查,强化水库调度,汛后组织水毁工程修复,确保了年度未倒一库一坝的防汛总目标实现。

【河长制工作】 2015 年 12 月 24 日,区委、区政府印发了《信州区实施"河长制"工作方案》。2016 年,落实实施区镇村三级河长制,实行常态化管理。研究制定《信州区 2016 年"河长制"工作要点》和《区级"总河长"会议制度》《区级"河长"会议制度》《区级责任单位联席会议制度》《信州区"河长制"信息通报制度》《信州区"河长制"工作督办制度》《信州区"河长制"工作考核办法》等相关制度。确定秦峰镇为"河长制"工作县级试点镇,玉山水信州段为县级"河长制"试点河流。区"河长办"结合上级要求及其他县市的先进经验,分 3 个层面分别拟订了相关管理制度并统一制作上墙。区级层面制定了《河长办工作职责》《河库管理策略》《河长职责》《河长制责任考评内容》。乡级层面制定了《乡镇级河长工作职责》《乡镇河长工作考核内容》《河长办工作职责》《巡查员工作职责》。村级层面制定了《村级河长工作职责》《村级河

长工作考核内容》《巡查员工作职责》等相关制度。制定印发了"保护母亲河倡议书""致信州区父老乡亲的一封信"。在各河段显要位置树立了公示牌,接受群众监督和举报。在市八小开展了"小手拉大手 河长制进校园"主题课外活动,开展了河长制宣传。开展信州区水系图勘测,为下一步全面落实河长制管理提供了依据。开展"清河行动"。各牵头单位均制定了各自的实施方案并根据各自的管理范围,逐项予以推进。

【法规宣传工作】 2016 年,开展《中华人民共和国水法》《中华人民共和国水土保持法》《中华人民共和国防洪法》《中华人民共和国河道管理条例》等法律法规宣传,重点开展"最严格水资源管理制度""河长制"宣传。出动宣传车 20 台次,发表通讯 12 条,召开座谈会 3 次、举办培训班 2 次。制作永久性宣传标语牌 5 块,张贴宣传画 500 余份,散发各类宣传材料 20000 余册。在上饶市第八小学、第六中学等学校开设"保护母亲河,从我做起"为主题的宣讲课程。

【水资源管理工作】 加快推进最严格水资源管理,落实用水总量控制红线、用水效益红线、水功能区纳污红线管理制度。制定《信州区用水总量控制指标》,在主要河道划设水功能区 6 个,其中国家级一级水功能区 1 个,二级水功能 3 个,省级一级水功能区 1 个,二级水功能区 1 个。制作 6 块水功能区标识牌。对区域内的入河排污口进行调查登记,提出整改意见。严格取水许可和水资源论证审批

管理,制定本部门权利清单和责任清单,建立网上在线审批制度。

【水行政执法工作】　严厉打击非法取水、非法采砂、非法侵占河道、破坏水土保持设施等违法行为。年内开展了"违法取水专项整治""河道采砂专项整治""涉河工程专项执法检查、在建工程建设项目水土保持执法检查"等工作。全年共开展专项执法巡查65次,查处各类水事违法行为12起。

【水土保持和水生态文明建设工作】　2016年,加快推进水生态文明试点村和自主创建水生态文明村建设工作,沙溪镇英塘村、灵溪镇龙泉村、朝阳镇朝阳村等水生态文明试点村和自主创建水生态文明村通过省水利厅验收。推进水土保持生态建设,严格水土保持"一方案""三同时"制度,认真审批,严格把关,全年审批水土保持方案报告6份。开展水土保持执法检查13次,防止人为活动造成的水土流失面积2.3平方公里,封禁治理水土流失面积1.2平方公里。

（占永华　黄明）

农业机械化

【概　况】　2016年,信州区农机管理站着力优化农机装备结构,加大科技创新和技术推广力度,不断提高科技水平、装备水平、作业水平和安全生产水平,以提高水稻生产全程机械化水平为重点,特别是水稻机械化种植技术为突破口,大力推广粮食烘干、果业、茶业等农机化实用技术。年底,全区农业总动力达51640千瓦,比上年增加2692千瓦,增长0.5%。其中,柴油发动机动力50205千瓦,汽油发动机动力112千瓦,电动机动力1323千瓦。农业机械原值达1.5万元,大中型拖拉机拥有量达58台,小型拖拉机114台,耕整机91台,插秧机10台,联合收割机65台。全区水稻机耕面积10890公顷,水稻机收面积8680公顷,水稻机耕、机收综合化水平分别达68%、73%。

【农机购置补贴工作】　为贯彻落实中央和省、市强农惠农政策,根据省农机局赣农字〔2015〕21号《江西省2015—2017年农业机械购置补贴实施方案》的通知文件精神,信州区切实加强了本地区农机购置补贴工作的管理,严格购机程序,强化检查监督,规范、有序推进全区农机购置补贴工作。全年累计推广各类农机具203台套,受惠农户198户,享受农机购置补贴资金35.03万元。农机购置补贴机具有:大中型拖拉机4台,谷物联合收割机3台,手扶拖拉机5台,粮食烘干机2台,微耕机183台,其他补贴机具6台。

【开展拖拉机年检年审工作】　根据省、市农机监理部门的工作部署,4月对全区所有参检拖拉机进行年检年审工作,拖拉机一律上检测线,保持外观整洁、参保了交强险,年检率和参保率达到95%以上,完成了上级农机监理部门下达的任务要求。结合年检、年审工作,全区对参审、参检拖拉机驾驶员进行了《中华人民共和国道路交通法》法规知识教育和培训工作。全年度拖拉机检验244台,全区拖拉机在册数658台,大中型58台,小型114台(其中手扶式114台),联合收割机65台,拖拉机驾驶员575人。根据省农业部、省监理总站的要求,区农机监理工作人员进行了拖拉机存量录入,推进全区变型拖拉机信息系统管理工作。

【农机安全生产工作】　为认真贯彻落实省赣农机综〔2016〕28号文件和市饶农机字〔2016〕6号文件《关于开展2016年"安全生产月"活动的通知》精神,信州区农机站坚持"安全第一、预防为主、综合治理"的方针,突出"安全发展、科学发展"的活动主题,积极组织区农机站工作人员深入开展农机安全宣传,农机安全下基层服务,农机安全隐患排查和专项整治工作。经过安全月活动进一步提高广大群众和农机驾驶操作人员的安全意识、守法意识,提高区农机管理人员的安全服务意识,清理排查农机安全隐患,预防农机事故的发生,促进全区农机安全发展。全年农机安全生产形势持续稳定,辖区内无一例重特大安全事故。

（徐竞颖）

农产品质量安全

【农产品认证工作稳步推进】　截至2016年年底,全区种植、养殖业有效内"三品一标"农产品认证共20个,其中无公害产品认证11个,无公害产地认定8个,绿色食品认证1个。

【强化农产品质量安全监管及检测】 为扎实抓好农产品质量安全工作，及时了解农产品安全状况，切实维护广大消费者切身利益，坚持日常抽查和重点抽检相结合。全年对区城范围内种养基地、定点屠宰及农贸市场和超市进行抽样检测。截至 12 月底，累计抽取蔬菜速测样品 876 批次，合格率达 100%；定点屠宰抽取生猪猪尿 2289 批次，合格率达 100%。定量检测任务委托南昌允正科技有限公司完成，全年累计完成蔬菜样品 150 批次、猪肉 100 批次、生猪猪尿 100 批次和鱼肉 50 批次共计 400 批次的定量检测任务，合格率均达 100%。配合省、市农产品质量安全监管部门对信州区农产品质量安全风险监管和执法监测，从步步高超市、五三集贸市场和全区种养基地抽查农产品样品 34 批次，其中：蔬菜 6 批次、葡萄 4 批次、禽肉 11 批次、禽蛋 13 批次，检测合格率达 100%。完成上饶市农产品质量安全市级监督抽查任务 32 批次，其中，蔬菜 10 批次、猪尿 5 批次、禽蛋 6 批次、猪肉 6 批次、淡水产品 5 批次。

(徐国萍)

农村土地承包经营权确权登记颁证工作

【概　况】 信州区农村土地确权登记颁证工作共涉及 7 个镇街的 61 个行政村（居）、728 个村民小组，所涉农户 3.71 万户，二轮承包耕地面积约 8.61 万亩。自 2014 年 5 月启动至 2016 年年底，先后完成入户摸底调查、外业勘测、信息录入、数据库建立、归户表签字确认、档案整理归档、数据库送审以及省检测中心专项技术检查验收、区级自验、市级验收等工作。截至年底，全区农村土地确权档案整理归档工作已基本完成，为信州区 3 万多户农户建立了土地确权档案，全区可发证农户数为 3 万户。

【招投标专业机构完善档案整理】 12 月，结合实际，全区通过政府采购服务的办法聘请专业的档案整理服务单位集中进行土地确权档案审核、整理、归档等工作。区确权办积极与区档案局、档案整理服务单位沟通交流，根据中央、省、市土地确权档案整理规范，结合全区实际，形成了一套较为完备的土地确权档案整理工作规范。区确权办与档案服务单位组建临时工作组，采取"各个击破"的形式提前深入各村（居）"以点带面"做好档案整理的指导培训工作，确保有价值的材料不遗失，做到档案齐全完整。

【切实保障确权登记颁证必要工作经费】 区本级承担的经费一是村（居）、村民小组工作经费。主要用于适度的村（居）干部加班补助、村民小组理事会成员的误工工资、村（居）、村民小组适度的宣传、办公等开支。根据省、市有关要求，结合全区实际，依据二轮承包统计面积 9.07 万亩每亩 10 元的标准分二次拨付予以补助，计 90.7 万元，最终以实际测绘面积据实兑现。二是测绘单位经费及档案整理服务费，按照招标公告和招标文件约定，采用合理低价法，严格履行公开招投标程序后测绘单位的中标价计 163.26 万元，折算每亩 18 元，最终以实际测绘面积据实增或减，档案整理的服务费打包价格为 37.39 万元。三是区确权办各项工作经费。根据省、市明确的区级确权办工作职责、工作量，参照其他县、市情况，结合全区工作实际和工作量的一个初步预算，计约 80 万元。主要用于大量的各类资料、各类表格印制，上下各类培训、各类会议开支和迎接省、市正常的督查及验收等各项开支。区农水局设立了专账，确保专款专用和备查，各项经费均按照实际工作推进进度据实申请财政拨付。

(宋媛媛)

农业综合开发办

【概　况】 2016 年度，上饶市信州区农业综合开发项目财政总投资为 1004.4 万元，其中中央财政资金 611 万元，地方财政配套资金 244.4 万元，自筹资金 149 万元。土地治理项目区设在沙溪镇、朝阳镇。

【土地治理项目】 信州区 2016 年度国家农业综合开发土地治理项目计划总投资 825 万元，其中中央财政资金 550 万元，地方财政配套资金 220 万元（省级财政配套资金 176 万元，市级财政配套资金 22 万元，区级财政配套资金 22 万元），自筹资金 55 万元。土地治理主项目区分别为沙溪镇白石村、朝阳镇西园村。按照"田成方、渠成网、树成行、路相通、桥涵闸综合配套"的原则，建成 907 亩高标准农田示范区，蓄水池加固 2 座，开挖疏浚渠道 17.9 公里，衬砌渠道 17.9 公里，新建田间道路 4.43 公里，营造农田防护林 100 亩。技术培训 800 人次。建设各类措施项目 18 个，水利措施投资 421.8 万元，占总投资的 51.13%。

【产业化发展项目】　2016 年度农业开发产业化发展项目共投入资金 179.40 万元，其中中央财政资金 61.00 万元，省级财政配套资金 19.52 万元，市级财政配套资金 2.44 万元，区级财政配套资金 2.44 万元，合作社自筹资金 94 万元。分别是上饶市信州区 300 亩水果基地扩建项目、上饶市信州区沙溪镇青岩村 300 亩优质葡萄基地建设项目、上饶市信州区 2500 亩休闲渔业养殖基地扩建项目。

【大力培训技术人员】　采取"以会代训、现场示范"形式分批、分期举办各类技术培训。通过邀请果树专家现场指导接受果农咨询，共培训栽培技术人员 800 人次。

【顺利通过省（市）农业综合开发检查】　在接受省、市级农业综合开发工作检查中，检查组对区农发办准备工作、计划编报、项目监管、工程质量、财务管理等方面给予充分肯定。

（王　健）

现代农业示范园区

【概　况】　2016 年，信州区现代农业示范园区适应新常态、运用新理念、引领新发展，对农业再认识、促农业再出发，坚持改革线、产业升级线、品牌线"三线联动"，突出调结构、强产业、抓改革、补短板，坚定不移地走好"四区四型"发展之路，做强核心区、提升示范区、扩大辐射区，把园区打造成为要素集中、产业集聚、经营集约的农业综合体。

【建设规模】　信州区现代农业示范园区是区委、区政府按照"百县百园"的省级农业发展战略和建设"创新创业、生态宜居信州"战略目标打造的以现代农业为核心、市场为导向、创新为动力的现代化、示范性农业园区，园区总体规划按照核心区、示范区、辐射区 3 个功能区域划分。其中，核心区位于素有"千年古镇，夏布之乡"的沙溪镇境内，涵盖东风、青岩、五里、何家等村，核心区面积 7107 亩，主要承担设施农业的科技示范展示和生态农事体验功能；示范区面积 4 万亩，规划周期为 2016 年至 2018 年，涵盖灵溪、朝阳、沙溪、秦峰 4 个镇，主要承担农业科技项目引进、孵化和新品种培育以及农产品深加工市场建设；辐射区面积 40 万亩，规划周期为 2016 年至 2020 年，覆盖信州区所有镇、街道，主要为已完成市场化和成熟产品示范、技术培训、规模化推广和提供生产加工企业所需农产品。

【着力打造现代农业"一区多园"格局】　春华菌菇生态科技示范园：生态农业科技园项目是上饶市鲜禾生态农业有限公司在现代农业示范园区内投资建设的食用菌、中药材、多肉植物培植、加工、研发项目位于示范园核心区。该企业属上饶市龙头企业，占地约 350 亩，总投资约 5000 万元，包括食用菌生产、加工、展示和研发等建设项目。建设日产 50 吨食用菌种植恒温大棚 146 个，面积 2.7 万平方米；菌菇加工和科普展示连体大棚 1 个，面积为 8000 平方米。该园实现年产食用菌 1.5 万吨，年利用秸秆 16 万吨，年产生物酶 10 万吨，经济效益过亿元。基地还规划以菌菇生态循环产业为主体的二期建设项目，包括食用菌驯化研究、菌菇多糖肽提取加工和食用菌培训基地等建设项目。

五里生态农业示范园：项目选址沙溪镇五里村，规划面积 2000 亩，位于信州区现代农业示范园区核心区内。项目区域交通便利，基础设施完善，距离 320 国道 0.5 公里，沪昆高速 7 公里。项目规划投资 1.5 亿元人民币，主要建设内容有高效设施农业基地建设和现代农业科普示范基地建设。项目招商意向为蔬菜、花卉、中药材等农业高效种植。

青岩农业体验示范园：项目选址沙溪镇青岩村，规划面积 1000 亩，位于沙溪镇青岩村现代农业示范园区核心区，距离上饶市中心城区 15 公里。项目由生态村改造、生态景观带建设、民宿旅游村建设 3 个子项目组成，主要建设内容有村庄升级改造、信江河 3 公里生态景观带建设、民宿休闲旅游功能布局。

东风高效设施农业示范园：项目选址沙溪镇东风村。项目占地 1200 亩，位于信州区现代农业示范园区核心区。项目基础设施完善，1200 亩土地经过园田化改造；土地流转工作完成，与农户签订 13 年土地流转合同;产业基础良好,已实施蔬菜种植两年。项目规划投资1亿元,主要建设内容有传统蔬菜种植的高效设施提升建设和现代农业展示中心建设。

农产品运转中心项目:农产品转运中心项目选址秦峰镇秦峰村,规划面积1500亩,位于信州区现代农业示范园区示范区内。项目区域交通便利,靠近新320国道;基础设施完善,区域范围1500亩土地经过土地整理和园田化改造。项目规划投资1.5亿元人民币,主要建设内容包括农产品仓储、物流、冷链中心建设。

【基础设施情况】　示范区已建成高产稳产高标准粮田达6900亩,农业综合机械化率达到55%;示范区园艺作物设施面积402亩,设施化比重20%;农产品网络营销店2个,示范区先后建立了1个行政村远程教育平台,2个企业网站,覆盖了主要的农业产业。

【农民教育培训情况】　示范园为农函大产业扶贫训练基地,并结合区农工部、科协、妇联、团委、扶贫办等不断加大示范区农民教育培训工作,开展了阳光工程培训、新型农民培训、专业技能就业培训、巾帼创业培训、青年志愿者培训、扶贫开发培训等相关培训工作。全年累计培训1.6万人次。通过一系列专业技能培训,极大地提高了示范区内农民的整体素质和创业就业能力,增加了农民收入。

【技术推广示范工作】　示范园高度重视农业技术推广示范工作,大力推广农业实用技术。用组织办培训班、现场会或请外地专家授课等多种形式,向农民群众传授实用技术。让广大农民掌握农业实用技术,熟练应用于生产实践,提高科技对农业的贡献率,为农业增产、农民增收目标的顺利实现奠定了基础。积极引进农业新品种、新技术,走试验、示范、推广的路子。全年,累计引进推广高产优质品种28个。这些新品种、新成果的引进、推广应用,逐渐改变了农民群众陈旧的生产观念和传统的生产方式,极大地推进了信州区农业生产快速健康发展。

（杨文洁）

园 区 建 设

朝阳产业园

【概　况】　朝阳产业园位于上饶市中心城区东南约7公里的信州区朝阳镇盘石村。园区规划范围北起上广公路两侧，东邻广丰县界，南达丰溪河畔，西靠朝阳镇集镇，规划区面积5.83平方公里，一期规划面积3.6平方公里，可利用工业用地4000余亩，可安排落户企业100余户。2016年，园区企业实现主营业收入13.145亿元，税收1.5亿元，分别增长17.3%和15.4%；园区签约落户企业48家，其中投产企业30家（有8家规模以上企业），在建企业10家。

【园区规模】　园区已建成面积3.6平方公里。完成基础设施投入5.43亿。建成朝阳大道等主次干道二纵五横路网8.6公里并实现了亮化美化。纵贯园区南北的水渠4.08公里，雨污分流管网各12公里。征用平整土地140万平方米（2100亩），拆迁房屋面积3万余平方米，兴建赵家、慈坞新农村建设安置小区10万平方米。新建日供水5000吨水厂和110千伏变电站并投入使用。新建公租房1056套4.5万平方米已交付使用。天然气改造、有线电视、通信宽带、银行网点、快递物流、副食品超市等配套设施均已服务园区。

【提供"一条龙"服务】　园区建立了企业服务中心。利用每周三相关职能部门到园区联办工作机制，为企业注册公司、立项审批、办理"两证一书"、缴纳水费、工程建设指导等高效便捷的"一条龙"服务。同时，积极搭建园区企业服务平台，加强企业用工信息发布和人员培训，解决企业用工难问题；对接区行政服务中心，落实好企业入园服务联办工作，进一步优化了园区发展软环境。

【完善基础、配套设施建设】　2016年，全长2020米的朝阳二路全线贯通。全长1470米的朝阳六路在建360米，完成雨污水管道埋设300米，园区四纵五横路网格局基本形成。朝阳大道近2公里绿化景观带提升改造全面完成，美化了园区创业环境。水晶园标准厂房建设已完成图审等前期工作，正在做施工前招标准备。污水处理厂图审、设备采购、规划环评等前期工作已完成，正在加紧施工建设。4.5万平方米1056套公租房已交付使用，企业员工已分批入住。新增园区内的公共医疗设施、建立园区公众微信平台、实现园区通信网络全覆盖。酒店餐饮和劳动就业服务平台、休闲文体活动设施篮球场、羽毛球场、乒乓球场、电影放映厅等均已投入使用。开通26路园区至中心城区公交车，园区发展环境进一步得到改善。

【土地有效利用】　提高土地利用效益，依法处置闲置土地26.67万平方米（400亩）。盘活回收龚杏光学、硫酸厂、水晶园等地块，引进机智实业等企业3家，实现产值2600万元。把"退郊进园"的索密特汽配等6家企业安置在原龚杏光学地块上规划建设，打造汽配产业园，原龚杏光学4栋厂房已租给阳光保险网电中心。原硫酸厂12.67万平方米（190亩）土地已腾换为宇瞳光学项目，已完成该地块地面附属厂房设备拆除和土地挂摘牌手续。原永峰电器和银晶玻璃两地块2.40万平方米（36亩）已腾换为宏达路面项目，已开工建设。

【加大招商引资力度】　实施好招商引资"一号"工程和"一把手"工程，加强对专职招商小分队管理，对接汽摩配、光学、苎麻三大产业进行精准招商；成功引进国内 500 强企业阳光保险华南区电销中心项目并开业运营。正式签约总投资 4 亿元的宇瞳光学园项目落户园区,该项目占地 14.67 万平方米(220 亩),已开工建设。

【党建带工建】 园区结合实际,进一步创新"党建带工建、工建服务党建"工作,取得了明显成效,获评省、市、区劳模 8 人。宇瞳光学技术人员陈庭火荣获"江西省劳动模范"光荣称号,利丰鞋业技术工人许小英、德瑞达职工蒋奕香 2 人荣获市劳模光荣称号,饶电电杆的琚瑞祥、利丰鞋业的杨娣等 5 人被评为区劳模光荣称号。帮助宇瞳光学、利丰鞋业等企业组建样板工会,丰富了员工业余生活,增强了员工归属感,并在园区上下兴起"学劳模促发展"新风尚。

【助推企业发展】 大力实施精准帮扶,解决企业困难。通过区委、区政府主要领导在园区召开现场办公会和每月"工业日"调度会以及园区召开企业协调会,贯彻落实江西省委、省政府赣字〔2016〕22 号文件精神(省 80 条)和市 100 条减负惠企政策措施。园区通过发放宣传单、微信、电子滚动显示屏等宣传方式,配合市领导走访 6 家挂点联系企业,梳理意见 10 条,通过精准帮扶,为江西惠明科技、上饶宇瞳光学有限公司等多家企业解决生产生活问题 40 余个;成功解决龚杏光学、锦宇公司等建设施工纠纷遗留问题,维护了园区和谐稳定。认真落实扶持政策,完成"财园信贷通"近 5.4 亿元。累计为 131 家企业办理"财园信贷通"贷款业务 5.385 亿

元,同比增长 260%,增幅在全市 13 个工业园区位列前茅,连续 3 年提前超额完成省财政厅下达的任务。

【创建和谐平安园区】 全年有效调处矛盾纠纷 60 余起。共调处饶电电杆企业农民工欠薪、碧盛米业工程借款、二路建设等 50 余起治安、劳资纠纷、征地拆迁矛盾事件,涉及人员 500 余人,维护了园区大局稳定。同时高度重视企业安全生产,定期检查走访,加强宣传教育,排除安全隐患,园区未发生重大安全生产事故。

【园区产城融合】 2016 年,在完成现有 3.6 平方公里规划建设的基础上,园区沿朝阳镇方向向西扩区发展,实现园区整体提升,打造集生产、仓储、商贸、生活、科教等各功能区域在内的综合园区,为城镇化建设预留足够的空间,实现园、镇资源共享和可持续发展。

(王烨鹏　陶燕堂)

信息服务业产业园

【概　况】 在区委区政府的正确领导下,信州区信息产业起步早,发展快,规模大,增幅迅猛。信州区信息服务业产业园已形成了以信息服务业产业园为主平台,配套上饶慧谷大厦、上饶淘宝园的"一业三园"及 7890 众创空间、六号仓库、经济园、智慧信州共七大信息产业集聚区,占地面积 20.6 万平方米的发展格局。荣获"江西省电子商务示范基地""省级现代服务业集聚

区""大学生创业孵化基地"、中国电子商务发展大奖——朱雀奖等荣誉。2016 年引进纳税互联网企业 117 家。园区共有互联网企业 333 家;完成营业额 34.67 亿元;实现税收约 2.6 亿元。超出财税目标 2000 万元,位列全市同行业纳税额第一,约占全市信息服务业纳税总额的三分之一,园区的企业纳税总额超过全市第二的广丰区和第三的万年县两地企业纳税总额总和的 2.18 倍。

【鹿心社到园区考察】 12 月 21 日,江西省委书记鹿心社到信息产业园及园区下辖的集聚区——7890 众创空间考察,鹿心社表达了对园区扶持企业的发展成果的肯定,他希望园区继续服务好企业,为社会的经济发展做第一推动力。

【全市非公经济党建现场会】 2016 年 11 月,信息产业园承办了有史以来规格最高、规模最大的一次重大现场会——全市非公经济党建现场会。会议由上饶市委组织部主办,全市各县市区参加。现场会的成功举办,受到检查组的一致好评。上半年,园区设立党总支,下设了 8 个党支部,3 个月时间,列入党建基数企业已达 43 家,党员已达 27 个。

【编制《上饶市信州区信息服务产业规划(2016—2025 年)》】 信州区作为市大数据中心的"一核两翼"中的"一核",是大数据产业发展的中心区域,信州区与市联动,聘请东莞中科院大数据中心专家编制《上饶市信州区信息服务产业规划(2016—2025

年)》,力争在 10 年内打造大数据协同创新研发、大数据创新创业孵化、大数据人才培养等领域,在新型产业发展、传统企业转型升级、智慧城市建设等领域发挥积极作用,为信州区信息服务业的发展提供支持和要素支撑。

【成立全市唯一信息服务业的招商小分队】 为了加快全区招商引资工作战略升级,发挥信息产业在经济发展中的弯道超车作用,拉动全区经济总量迅速扩张,优化产业结构,加快经济转型,全面推进全区经济社会可持续发展,信州区成立了全市唯一一支以信息服务业为主的招商小分队,园区主任郭丽为组长。2016 年新引进企业 117 家,其中一批具有国内外影响力的"独角兽"企业。

【设立信息产业代征点】 随着信息服务业的快速发展,园区的企业数量、从业人员、企业税收也在逐年增多。为了更好地服务企业,园区借鉴发达地区经验,设立全省唯一的信息产业零散税收代征点,将园内企业下游个人业务税费进行代征,并由园区代为开具普通发票,作为合法列支凭证。

【园区企业上市】 2016 年园区企业中的上市公司越来越多。继巨网科技在新三板上市后,先后培育了遥望科技(付网科技)、网库股份、明家联合(创赢科技)、酷炫网络(合一科技)、联创科技(捷酷科技)等互联网上市企业,悦人科技、奇天乐地等 5 家企业正在筹备上市,热度时代、德奥互动等 10 家企业正在计划上市。

(李佩龙)

信州区驻上饶市经济开发区办事处

【概　况】 信州区驻上饶市经济开发区办事处位于距上饶市行政中心约 1.5 公里的上饶市经济技术开发区,驻区办主要承担全区引进项目的各项行政和社会管理、对授权范围内的入园项目进行登记并做好服务工作。在企业落户过程中协助企业办理相关手续、解决矛盾纠纷、配合企业解决融资问题,并及时向企业宣传国家、省、市制定的各项经济政策和规定,帮助解答有关政策并及时告知各部门的办事流程。

【园区企业效益】 信州区引进落户于经济开发区企业共计有 16 家,其中规上企业 9 家,规下企业 7 家。统计口径规上企业共有 32 家,其中开发区规上企业 23 家,信州区落户于经济开发区规上企业 9 家。2016 年,新增规模以上企业 3 户(江西宇辉线路器材有限公司、上饶市金利合新型建材有限公司、上饶市中盛新材料科技有限公司),主营业务收入过亿元的企业有 5 户(江西天正带钢有限公司、上饶市广通工程材料有限责任公司、上饶市江心锅炉有限公司、上饶松明竹草制品有限公司、江西天昊汽车部件有限公司),地方级税收过百万元的企业达到 10户。2016 年,32 家企业实现规模以上主营业务收入 64 亿元,增长 24%;产值 98 亿元,增长 27%;实现国地税 2000 万元。

【为企业服务】 在优化企业发展环境方面,先后帮助天昊、华隆等重点企业解决基础设施配套、劳动纠纷、市场开拓、建设手续验收等工作,最大限度地扶持企业加快发展。帮助企业准备有关"财园信贷通"资料,积极与区"财园信贷通"领导小组,各大银行对接,为企业筹措资金 1000 万元。在科技创新方面,积极引导企业大力实施名牌战略,推动科技创新,提升高新技术产值比重。

(廖兴军)

开 放 型 经 济

综 述

2016 年，区招商局紧紧围绕"外企入饶、民企入饶、央企入饶和饶商回家创业"的主题，把扩大开放作为主战略，大力实施招大引强，不断夯实开放平台，积极优化发展环境，开放型经济工作取得了一定成绩。全年，全区完成省外投资规模 5000 万元以上项目进资 42.09 亿元人民币，完成市计划数 100.88%，同比增长 12.94%。全区共新批外商投资企业 2 家，实际利用外资 8071 万美元，完成市计划数 100.10%，同比增长 10.17%。全区外贸进出口总额 23627.36万美元，同比下降 27.47%，

招商引资

【突出"一把手"招商】 区党政主要领导以身作则，每月轮流外出招商达 40 余次，赴北京、深圳、香港、上海、浙江、重庆、四川、江苏、福建等地，走访中国建筑第五工程局有限公司、香港乐翻天投资集团有限公司、北京创云科网络科技有限公司、北京

市上饶商会、阳光保险集团通州总部、上海沪工集团、上海福地在线旅游发展有限公司、中国（杭州）跨境电子商务产业园、杭州钱江弹簧集团、四川省咏信麻纺织业有限责任公司、重庆市江西商会、重庆市企业联合会、北汽银翔汽车有限公司、东莞宇瞳光学技术有限公司，做到重要客商亲自会见、重要项目亲自洽谈。区四套班子其他领导也亲力亲为，先后奔赴招商一线，带队外出招商 30 余次；镇（街）和区直相关部门党政一把手 200余次在长三角、闽东南和海西经济区等重点区域开展招商活动。

【贯穿产业招商】 信州区坚持把招商引资作为扩大经济总量、优化经济结构的重中之重，紧紧围绕光学、汽配、家居定制等重点产业，加大产业招商力度，延长产业链，不断优化项目载体，项目积聚步伐明显加快。总投资 4 亿元的东莞宇瞳光学总部迁建项目已经落户开工；佳扬实业、三纺机气弹簧等汽配项目已经投产；汽车配件、家居定制等13 个项目已经签约落户。

【注重会议招商】 2016 年 10月 21 日，信州区在重庆市举办了江西上饶信州重庆汽配产业招商推介会。推介会邀请了重

庆市企业联合会、重庆市江西商会的领导及一批有实力、有外出投资意向的企业家参加。会上胡心田区长致欢迎词，朝阳产业园作汽配产业推介，并举行了汽配产业项目集中签约仪式，共签约 5 个项目，签约总金额达 4.5亿元。

【实施百日攻坚】 区委、区政府利用 100 天时间，在全区开展招商引资"百日攻坚"活动，下发了专门方案，明确了工作目标和工作要求。全区组建招商小分队，深入长三角、珠三角和海西经济区等重点招商区域，接洽客商，对接项目，取得了一定成效。在整个百日攻坚活动期间，全区洽谈了 78 个项目，签约了41 个项目，开工了 25 个项目。

【开展上海招商工作】 根据市委主要领导"尽可能把上海退出的企业引入我市"的批示，全区迅速贯彻精神，全面部署，积极对接。派遣了专业招商小分队同上海市辖区经信委、上饶市驻沪办、上海信州区商会的联系，重点对接饶商较集中的区域，以及各大园区。借助了专业招商平台——上海东方龙商务咨询有限公司，互通优势资源。利用上海信州商会资源，考察上海汽配产业。派出 3 个招商小分队

和上海市 5 个区作了产业转移主动对接工作,与 40 余家企业进行了产业转移洽谈,并在上海成功举办了"信州区承接上海产业转移工业项目集中签约仪式",签约仪式上,正式签约工业项目共 11 个,总投资 7.4 亿元。

【完善招商机制】　完善招商考核机制。出台了招商引资工作考评办法,对招商项目考核标准进行了调整,使考核措施更加科学、细化。完善项目调度机制。实行每月一通报,半月一督查,每月一调度制度,加强对招商项目动态化、常态化的跟踪调度,加快了落户项目进程。同时,对项目落户全程跟踪,落实具体责任人,提供全程式、保姆式服务,及时解决协调解决有关问题 100 余项。完善项目评审机制。严把项目准入关,对引进项目先由分管领导召集相关部门预审,预审通过后再上评审会,彻底改变了"捡到篮子都是菜"的现象,实现了由"招商引资"向"择商引资"的转变。同时,坚持土地跟着项目走,提高了入园项目门槛,促使土地集约利用、产业集群发展。

区域合作

【概　况】　2016 年,全区区域合作工作紧扣区域协调发展的主体,围绕区委、区政府的工作总体部署,开拓创新,积极参与区域经济技术合作与交流,进一步推动全区区域经济合作向纵深发展。随着沪昆、合福高铁的开通,为在更大范围、更广领域、更高层次发挥高铁效应,吸引外

来资金促进信州发展,在"长三角""珠三角"和海西经济区等重点地区召开各类招商恳谈会、项目推介会,通过这些活动,进一步达成了与这些重点区域的经济合作,达成投资意向。2016 年,长三角地区客商投资项目 11 个,珠三角地区客商投资项目 6 个,海西地区客商投资项目 3 个,其他地区客商投资项目 27 个。

【召开江西上饶信州·重庆汽配产业招商推介会】　10 月,在重庆市成功举办了江西上饶信州·重庆汽配产业招商推介会。推介会邀请了重庆市企业联合会、重庆市江西商会的领导及一批有实力、有外出投资意向的企业家参加。会上区长胡心田致欢迎词,朝阳产业园作汽配产业推介,并举行了汽配产业项目集中签约仪式,共签约 5 个项目,签约总金额达 4.5 亿元。

【举办承接上海产业转移工业项目集中签约仪式】　12 月,在上海市举办了"信州区承接上海产业转移工业项目集中签约仪式",签约仪式上,正式签约工业项目共 11 个,总投资 7.4 亿元。

对外贸易

【概　况】　2016 年,围绕纺织服装、汽车配件及农副产品加工等出口产业和产品,面向国际市场,积极引导企业着力提高产品质量和产品附加值,对重点企业、重点产品加强扶持指导,不断扩大出口产品范围。同时,主动深入和原麻纺、千福工艺品、拓诚实业等

重点出口企业进行上门指导,帮助企业解决在融资、出口产品开发、市场开拓等方面存在的困难,帮助企业用足用好省、市、区三级扶持政策,从而不断做大外贸出口总量。为有效缓解中小微外贸企业融资难题,积极利用和发挥"财园信贷通"融资模式,以财政存量资金为保证金,撬动银行贷款,以帮助解决工业园区中小微企业贷款难问题。2016 年,为全区 9 家生产型出口企业共融资 2970 万元。全区进出口总额 23627.36 万美元,总量在县(市、区)排第四位。

【注重引进增量】　坚持引资优惠政策向外贸出口企业倾斜,优先选择引进外贸出口企业落户,并全程派人做好新企业的业务指导服务,及时将国务院、国家相关部委以及省、市政府以及省及市涉外部门出台的促进外贸稳增长的相关政策向企业宣讲,让企业了解和掌握。积极鼓励和扶持外贸进出口的各项政策,按照"调结构、转方式"的总体思路,统筹两个市场、两种资源,兼顾对进出口企业的政策扶持,指导企业用足用活政策。2016 年,新增备案上饶市信州区雅丽纺织有限公司、上饶市力波实业有限公司、上饶市钰帛麻纺织品有限公司等 30 家企业。

【积极开拓国际市场】　2016 年,组织专门人员深入各出口企业进行业务调研,了解企业生产经营情况,掌握企业有何需求,特别是在引导企业开拓国际市场上,主动和省及市商务部门进行沟通和协调,着力为企业争取更多的展位,先后组织上饶市凯帝汽车配件有限公司参加 2016

莫斯科国际汽车零配件、售后服务及设备展览会;上饶市唯识贸易有限公司参加 2016 美国拉斯维加斯消费品展;上饶市润达实业有限公司参加环球资源电子产品展;上饶碧源茶业参加 2016 香港国际茶展、美食展览会及广交会、华交会等展会,不断完善和扩大出口的销售网络。

(李 颜 章智敏 屠 峰)

2016 年信州区开放型经济重大项目落户情况表

单位:亿元

序号	引资单位	项目名称	投资方	投资额
1	东市街道	民用消毒液生产	本地客商	0.5
		恒邦财险	浙江杭州客商	2
		金融证券	国泰君安证券股份有限公司	2
		龙华世纪城	江西龙华地产有限公司	6
		汽配生产	本地客商	1
2	水南街道	中药深加工	本地客商	1
		汽车玻璃升降器生产	本地客商	1.5
3	西市街道	万达嘉华酒店	万达集团	4
		万达影城	万达集团	0.5
		长江证券	长江证券股份有限公司	2
		光大银行	中国光大银行股份有限公司	1
		金融保险	太平财产保险有限公司	1
		服装生产	本地客商	0.5
		汽配生产	浙江奥盛特汽配有限公司	1
4	北门街道	气弹簧产品生产、销售	北京三纺机气弹簧制造有限公司	1
		上饶市宏源再生资源有限公司	上饶市宏源再生资源有限公司	0.5
		中粮广场城市综合体	广东深圳客商	5
5	茅家岭街道	汽配、五金加工	本地客商	0.5
		光学产品生产	本地客商	0.5
		重工机械配件生产	河南客商	0.5
6	沙溪镇	四季花园	上海客商	0.8
		盛鑫嘉园	浙江杭州客商	1
		纺织品加工生产	本地客商	0.5
		苎麻纺织	本地客商	0.5
		苎麻纺织	本地客商	0.5
		新能源	江西瑞金客商	0.5
7	灵溪镇	沥青、混凝土搅拌机	江西现代路桥集团	1
		医疗器械仓储、配送、管理	江西九江客商	0.5
8	朝阳镇	商品混凝土生产	浙江江山客商	0.5
		光学产品生产	广东中山客商	0.6

续表

序号	引资单位	项目名称	投资方	投资额
9	秦峰镇	医疗器械生产	本地客商	0.56
		纺织加工	本地客商	0.5
		信息服务业	本地客商	0.5
10	招商局	信息服务业	台湾客商王	500
11	工信委	五金制品、玩具用品等原辅料加工、生产	浙江宁波客商	0.5
12	中小企业局	—	—	—
13	轻工集团	—	—	—
14	朝阳产业园	商品混凝土生产	本地客商	0.6
		电动车生产	本地客商	0.5
15	工业基地办	—	—	—
16	发改委	上饶高铁财富广场商贸综合体	广东广州客商	4.2
17	财政局	家具生产	浙江杭州客商	0.5
18	商务局	金融	中信银行股份有限公司	2
		金融	赣州银行股份有限公司	1
		润丰国际家具城	润丰集团	3
19	粮食局	—	—	—
20	交通运输局	赣东北汽车园二手车交易市场	浙江和众集团	0.5
		机动车监测中心、重型4S汽车	江西南昌客商	0.5
21	农林水利局	—	—	—
22	国资办	食品加工	本地客商	0.5
23	建设局	融晖城城市综合体	广东深圳客商	6
24	供销社	—	—	—
25	驻区办	—	—	—
26	教育体育局	幼儿园	广东广州客商	0.5
27	卫生局	—	—	—
28	民政局	—	—	—
29	房改办	—	—	—
30	工商联	—	—	—
31	外侨办	—	—	—
32	台办	—	—	—

合计:5000万~1亿元项目47个,1亿元以上项目21个。

财政 税收

财政管理

【概 况】 2016 年,区财政部门主动适应经济发展新常态,牢牢把握"稳中求进"总基调,统筹落实好"稳增长、促改革、调结构、惠民生、防风险"的各项政策举措,财政各项工作取得了明显成效。2016 年,信州区财政局被江西省委、江西省人民政府授予"第十四届文明单位"称号。

【全年收入与支出情况】 2016 年,全区完成财政总收入 218866 万元,比上年同期增收 8860 万元,增长 4.22%,完成调整预算的 100.21%。公共财政预算收入完成 160812 万元,比上年同期减收 7217 万元,完成预算的 100.31%,剔除营改增因素同比增长 5.56%。公共财政预算支出完成 265768 万元,同比增支 33242 万元,增长 14.3%。财政自身组织收入完成 31211 万元,比上年同期增收 9375 万元,增长 42.93%。全区政府性基金预算收入 36022 万元,同比增长 110%。其中,国有土地使用权出让收入 19505 万元,国有土地收益基金收入 628 万元,其他各项基金收入

1378 万元,债务转贷收入 4442 万元,上级追加基金专项收入 10069 万元。全区政府性基金预算支出 34652 万元,同比增长 110.69%。其中,城乡社区支出 32884 万元,其他各项支出 1768 万元。全区社会保险基金预算收入完成 100597 万元,增长 31.17%。全区社会保险基金预算支出完成 88633 万元,增长 17.33%。本年收支结余 11964 万元,年末滚存结余 44879 万元。全区国有资本经营预算收入 92 万元,与上年持平;全区国有资本经营预算支出 92 万元,与上年持平。

【财政收入质量保持稳定】 在整体经济增长趋缓和政策性减收情况下,财政收入质量继续保持稳定,税收收入占财政收入比重 83.5%,高于全市平均税收收入比重 12.8 个百分点,在全市各县(市、区)中排名第二。

【自身组织收入较快增长】 通过创新理念、依法清理、挖潜堵漏、应收尽收来保持财政自身组织收入合理、稳定增长,取得明显成效,财政自身组织收入实现了较大幅度的增长,为确保完成全年既定目标作出了贡献。财政自身组织收入完成 31211 万元,比上年同期增收 9375 万元,

增长 42.93%。

【落实政策支持企业发展】 认真落实中央、省、市扶持实体经济发展的政策举措,2016 年,预算安排产业引导资金 6.63 亿元支持发展,对物流、信息服务业实行过渡性财政扶持政策,对稳定税收收入发挥了积极作用。积极落实中央、省、市支持企业发展的各项政策,实施结构性减税,开展降低企业成本、优化发展环境专项行动,取消涉企行政事业性收费 7 项,取消和停征政府性基金 2 项。全年全区共向 87 家企业发放"财园信贷通"贷款 35175 万元,累计发放"财政惠农信贷通"贷款 6540 万元。

【积极争取上级资金】 努力吃透上级政策,争取上级部门对申报项目工作的支持。2016 年,在国家、省重点扶持的社会保障和就业、农林水利、保障性安居工程等领域,争取上级资金 5.66 亿元,同比增长 9.3%。

【突出重点保障民生投入】 2016 年,坚持新增财力向教育、困难群众和社会事业薄弱环节倾斜,拨付 8342 万元用于区属中小学校改扩建及校舍改造;拨付城镇居民养老保险 2720 万元、企业职工养老保险 54220 万

元推动全区城乡基本养老服务体系建设。投入 4828.7 万元用于城乡最低生活保障，进一步提高城乡困难群众的生活保障水平。安排各类城镇居民基本医疗、困难企业退休职工医疗、新型农村合作医疗等配套资金 22551 万元，提高群众基本医疗保障水平。投入 3392 万元支持新农村建设、农田水利设施建设、农村环境卫生整治；投入 650 万元用于三江片区城市保洁经费、改善人居环境。

【财政改革有效推进】　按照区委全面深化改革的工作部署，根据新《中华人民共和国预算法》要求，完善了政府预算体系，规范预算管理，实现政府及部门预决算、"三公"经费预决算信息的全面公开。稳妥推进"营改增"扩面工作，全面分析营改增对企业、经济发展、财政收入、税制改革行业发展的影响，积极协调国、地税，及时掌握全区"营改增"试点工作情况，确保营改增试点工作顺利进行。积极配合其他部门做好医疗卫生体制改革、公务用车制度改革、机关养老保险制度改革等各项改革。

（陈巧灵）

国家税收

【概　况】　2016 年，辖区内纳税人 18545 户，其中一般纳税人 1676 户，小规模纳税人 7994 户，个体户 8875 户。共组织税收收入 88396 万元，同比增收 8157 万元，增长 10.17%。剔除 2016 年 5 月营改增四大行业 7301 万元，原口径入库税收 81095 万元，同比增收 856 万元，增长 1.07%。财政口径收入 91717 万元，同比增收 10472 万元，增长 12.89%。

【全力以赴打好组织收入攻坚战】　局领导班子一对一挂点重点税源，进行收入督导。对重点税源企业的生产经营和纳税情况按月详细分析，密切关注变化。加强纳税申报数据进行分析，对税负率异常偏低的及时预警和通报。强化征管力度，对风险行业加强评估，对新兴产业税源进行扶持，对个体工商税收实行动态管理。联合区地税、市文化市场综合执法支队成立区文化市场综合治税小组，对文化市场税收进行清理整顿，查补税款 43 万元。打响"奋战 80 天"组织收入攻坚战，全体人员双休改单休，严格落实市局 20 条挖潜增收措施，确保了组织收入工作完美收官。

【全面推行营改增顺利完成】　2016 年，增设营改增政策咨询岗、营改增应急办税点，开辟营改增绿色通道和营改增专职窗口，成立营改增应急服务队。结合第 25 个税收宣传月，会同区地税局举办"营改增"税企恳谈会、媒体座谈会，创建信州税务微信公众号、开展"税法进校园""税法进千家万户"等系列活动，有效改善了全面推行营改增工作的内外环境。截至 12 月 31 日，区局共登记营改增四大行业纳税人 3750 户。

【深化国地税征管体制改革】　与区地税局成立联合领导小组，建立联席会议制度，制定《2016 年度合作工作计划》《信州区国地税联合办税实施方案》。对"纳税宣传辅导、税务登记办理、税源管理、纳税申报、风险应对、信誉等级评定、纳税人权益维护"等 18 项进行了联合办理，进一步加强了在"信息交换、委托代征，联合评查，联合评定税负"等方面的合作。成立了上饶市第二、第三联合办税服务厅，国税、地税双方互派人员进驻对方办税服务厅，实现纳税人"进一家门、办两家事"。

【金税三期系统成功上线】　2016 年，整合各部门力量，认真分析异常数据，及时清理垃圾数据 5 万余条，抽调人员进行双人双机同步录入；多次组织全局干部开展金税三期业务培训。严格落实局领导坐班制和中层干部值班制，及时处理突发事件；增设办税服务点 3 个、办税窗口 8 个，实行办税疏导分流，有效提高办税质效。根据工作需要，添置 21 台计算机及配套的金税盘和打印机，确保双、单轨运转平稳正常。对国税局的网络机房、主机运行情况和网络线路进行了全面检查和维护，金税公司派遣专业人员全天值守，全力确保"金三"运行期间系统零故障、网络全畅通。

【持续优化纳税服务】　严格落实各项税收优惠政策，全年增值税减免退税 3508.98 万元，所得税减免 386.3 万元，出口退税 1028 万元。实施"一窗式"业务联办，推广应用"二维码"涉税事项告知、手机 APP、网上办税平台和自助办税终端，编制通俗易懂的《常见涉税业务指引》《手机 APP 申报操作指南》，便利纳税人。以"三证合一、一照一码"改革为契机,落实纳税信用管理办法,建立"黑名单"制度,推进"税银互动"合作。开展纳税人满意度调查活动,对纳税人反映较突出的问题加以整改,落实到位。

(郑慧青)

地方税收

【概　况】　2016年,信州区地税局进一步优化税收服务、强化依法治税和创新征管举措。面对经济下行压力大、"营改增"等结构性政策减收因素叠加影响,挖潜增收,完成地方各税9.11亿元,剔除营改增的因素,同比增收5709万,增长6.68%。政府口径累计完成9.41亿元,剔除营改增因素,同比增收5493万元,同比增长6.2%,为驱动发展引擎提供了坚实的财力保障。信州地税获得第十四届省级文明单位、2011—2015年全省法治宣传教育先进集体、上饶市五一劳动奖状,计财股获得上饶市巾帼文明岗等荣誉。

【主要职责】　负责营业税(2016年5月1日"营改增")、企业所得税、个人所得税、资源税、城市维护建设税、房产税、印花税、城镇土地使用税、车船税、土地增值税、契税、耕地占用税、烟叶税等13个地方税种及教育费附加、地方教育费附加、防洪保安基金(2016年4月1日停征)、工会经费、残疾人保障基金等5项基金(费)的代征工作。

【"两场战役"提升征管质效】　打好"营改增"攻坚战。成立"营改增"工作领导小组,设立了6个工作小组确保营改增各项工作的开展。打好"金三上线"大会战。按照总局和省局金税三期上线安排,经过8个多月的集中攻坚,圆满完成初始化配置、数据迁移、特色软件培训、小双轨测试等任务,7月4日起单轨一次上线成功。

【"三个突破"促进改革升级】　个人所得税的征收管理取得新突破,着重加大对自然人股权转让、银行股息分红、企业注销清算、互联网企业支付下游个人环节劳务报酬等业务的个人所得税征管。综合治税、信息管税取得新突破,对《信州区重点工程税收征收管理办法》提出修改意见,针对"营改增"后纳税人开具发票地点的变化,将国地税完税证明纳入建设单位支付工程款项(包括预付工程款)的前置条件中,并对承接区重点工程的外来建安企业在项目中标后须在区内成立独立核算机构,以破解"营改增"后地税部门对建安工程税收管控手段缺失的难题。加强风险管控,牢牢把握风险管理中的风险分析、应对和评价这3个环节,累计推送中等风险292户,风险应对税款入库5150万元。"国地合作"办税取得新突破,与国税联合建立"信州区国地税联合办税服务厅",国地税前台人员进行换岗轮训,努力实现从"进一家门"到"到一扇窗"的国地税联合办税模式。国地税联合办理了9820户税务登记,共代征增值税802.01万元,通过国地税互控业务,累计征收税款1542.8万元。

【纳税服务水平提升】　深入开展"便民办税春风行动",积极落实纳税服务规范,持续优化办税流程,运行"移动地税"手机客户端,持续多元办税、提高服务效率,提升纳税人满意度。加强纳税信用管理,共推荐和评定10户A级企业,1590户B级企业。

(余　卉)

2016年纳税大户

单位:万元

序号	单位名称	纳税金额
1	上饶市信州区国有资产经营公司	4090.43
2	上饶农村商业银行股份有限公司	3538.66
3	上饶市亿升实业发展有限公司亿升滨江花园项目部	2888.24
4	上饶市华远房地产开发有限公司	1987.07
5	上饶市恒基实业发展有限公司	1063.39
6	江西省上饶市第二建筑有限责任公司	996.06

续表

序号	单位名称	纳税金额
7	上海浦东发展银行上饶分行	885.34
8	招商银行股份有限公司上饶分行	840.24
9	中国大地财产保险股份有限公司上饶中心支公司	758.59
10	上饶市朝扬产业园开发有限公司	701.23

续表

贸　易

商　业

【概　况】 2016 年,全区各项商贸工作稳步推进,截至 12 月底,信州区商务局完成税收任务 11302.11 万元,占年度计划的 104.21%,占年度奋斗目标的 103.21%,同比增长 8.6%,位列全区第三、经济主管部门第二;全区引进商贸流通企业 112 家;全区限额以上社会消费品零售总额 66 亿元,占全年度计划的 116.34%,增幅 11.6%,总量均位居全市第一。

【白鸥园市场整体改造全面竣工】 白鸥园市场停业搬迁前,围绕国务院及国务院督查组提出的该市场 9 条重大火灾隐患进行了整改前期摸底并与消防等部门对接,做实整改前的准备工作。3 月 1 日,市场停业搬迁后,实施市场全面整体提升改造。通过倒排时间进度,进行项目立项、图纸设计、造价审核、施工招标、政府采购等,按照最新国家消防安全标准和规范进行设计与施工。市场整改面积达 1.2 万平方米,10 月 24 日,整体改造全面竣工,消防验收合格后重新正式营业。

【废品回收站整治工作】 废品回收整治小组会同城管部门对水南片区、北门片区、郭门片区、东市片区、西市片区、茅家岭片区 30 余家废品回收站进行整治,严格落实整治工作要求,明确所有站点在经营过程中不得出现违章搭建、乱排乱放、占道经营等脏乱差现象。并通过采取整治"回头看"和不定期督查措施,力求该项工作取得实效,促使经营业主养成良好习惯,使整治效果保持常态化。已整治规范 11 家,其余 19 家正在整治中。

【各类市场规范管理工作】 区商务局协调城管、交警、各市场所在街道等部门单位,持续联合开展中心城区农贸市场环境整治行动,针对八角塘、五三、江光、带湖、胜利、汪家园等重点菜市场存在的环境卫生和市场秩序问题,逐一整改。各市场经营环境的整治工作取得了显著成效。

【加大对再生资源回收体系站点的建设】 2016 年,改造回收站点共计 28 个,按照全市回收体系建设时间进度要求,电动三轮车、电子秤、服装、消防器材和人员培训等配置全部到位。

【加强电子商务扶持】 2016 年,积极为 2 家 2015 年度省级电子商务示范企业协调扶持落实资金 20 万元,2 家市级重点电子商务企业协调落实扶持资金 10 万元。同时,继续申报 1～2 家省级电子商务示范企业,充分发挥龙头电子商务企业领军作用。

【市场运行监测】 2016 年,区商务局组织开展了对商务部生活必需品、重点流通、重要蔬菜资料、酒类流通、成品油运行、食品安全、应急商品数据库监测系统样本企业的近 20 家企业进行重点监测,市场运行监测月度和年度工作考核全部排名全市第一。

【积极组织商品促销和交流活动】 从 4 月份开始,区商务局相继组织清晶米业、碧源茶业、大众食品等 15 家企业,参加江西地方特产(广东)展、江西地方特产(上海)展、全国农产品上海大联展、2016 首届江西省地方特色商品博览会、第六届中国绿色食品博览会、北京"江西商品大集"、上饶市优质农产品销售对接大会等省内外举办的展示促销和商贸交流活动。参展企业现场销售额总计近百万万元,签订购销合同总额超 1

亿元。

（汪新平）

供销合作

【概　况】　2016 年，信州区供销社按照中央、省、市关于加快供销社改革发展要求，制定通过了《信州区供销社综合改革的试点方案》并按方案进行了前期调研论证工作。大力开展为农服务及积极指导各类农民专业合作社建设工作，扶持农民专业合作社建设，强化烟花爆竹安全经营管理。开展践行"两学一做"活动，进一步做好精准扶贫工作，做到党风廉政建设工作常抓不懈。

【农资供应服务】　信州区供销社大力开展为农服务，以"春风惠农助备耕，阳光帮扶促生产"为主题送农技农资政策下乡，通过走访农户、种植基地等方式，向广大农民群众和种植大户发放集惠农政策、农业科普知识、农业新技术、新品种等信息的手册。积极帮助困难农户开展好春耕备耕生产，并提供力所能及的帮扶，确保信州区农业生产备耕的顺利开展。

【基层供销社社有资产维修改造】　沙溪、灵溪基层供销社社有资产由于年久失修，存在安全隐患。2016 年，信州区供销社对其进行了维修改造，极大地提高了社有资产经营管理效益，实现社有资产保值增值，及时消除了安全隐患。

【做好烟花爆竹安全管理】　为强化烟花爆竹安全经营管理，对烟花爆竹专营企业开展标准化建设工作，健全了安全生产责任体系、检查体系、突发事件应急预案等，春节期间以全面开展烟花爆竹安全检查工作为基础，进行烟花爆竹专项整治，公布有奖举报电话加大烟花爆竹整治力度，重点实施安全经营，确保了春节烟花爆竹市场货源供给，对信州区 130 多家烟花爆竹零售网点开展重点检查工作和换证登记工作，坚决杜绝事故发生，全区没有发生过一起烟花爆竹安全事故。

【防汛工作落到实处】　信州区供销社制定了全社系统《2016年防汛抗旱、减灾工作预案》，做好应急物资储备，对基层社所辖沿河的经营网点、仓库等地，对易出现安全隐患的地段和部位进行汛前安全、防洪抢险应急准备等工作的督促检查，并要求各基层社在汛期要随时与当地党委、政府及相关部门保持联系，坚持汛期 24 小时领导带班和职工值班制，确保汛期安全生产。

（叶春燕）

粮　食

【概　况】　2016 年，信州区粮食局全面贯彻全省粮食工作会议精神，较好地完成了区委、区政府年初下达的各项目标任务，确保全区粮食安全和粮食流通市场平稳有序。共成功引进物流企业 5 家、信息服务企业 4 家。财税任务计划数 5315 万元，完成 5316 万元。

【落实粮食安全省长责任制工作】　为全面落实粮食安全责任制，有效确保全区粮食安全，根据《市粮食安全省长责任制实施意见》（饶府发〔2016〕11 号）的文件要求，制定了信州区粮食安全省长责任制实施方案，成立了落实粮食安全省长责任制领导机构和工作机构，制定了粮食安全责任追究机制，由区长任组长，分管领导任副组长，区发改委、区财政局、区粮食局、区农林水利局、区环保分局、区国土分局、区市场和质量监督管理局主要领导为成员，下设办公室，粮食局局长为办公室主任，确保了各项工作有序推进。

【做好粮食收购工作】　严格落实《关于认真做好 2016 年中晚籼稻最低收购价收购工作的通知》文件精神，通过走访、座谈等形式开展粮食市场形势调查，以多种方式宣传国家和地方粮食收购和质价政策，让农民卖"明白粮"。严禁"打白条"和代扣、代缴各种税费，严禁弄虚作假、以次充好、以陈顶新，严禁无资格、无证照入市收购，严格遵守粮食收购安全生产制度，严格遵守粮食收购工作规则。组织企业干部、职工认真学习托市粮收购政策，严格按照国家有关文件进行收购。没有出现违反质价政策，扰乱市场秩序等违规行为，向社会公布政策性库点名单。2016 年粮食收购企业采取"一卡通"的办法支付，方便了农民、种粮大户及粮食经纪人，资金到账不隔夜。

【增强地方粮食储备能力】　2016 年，完成了危仓老库的维修改造，中心粮库全部满足环流熏蒸技术要求、机械通风技术要求、电子测温技术要求;区政府出台了区本级储备粮管理办法,健全地方储备粮管理、协调、保障机制,严格按照轮换计划进行轮换,按《粮油储存安全责任暂行规定》(国粮储〔2016〕136号)精神,制订各项管理制度,落实责任,开展储粮安全检查,制定区级地方储备粮保管利息、费用补贴制度和办法,并按补贴标准落实到位,确保了地方储备粮收购、保管、轮换。

【成功举办"第七届中国网上早稻交易会"】 8月份,"第七届中国网上早稻交易会"由上饶市粮食局、衢州市粮食局、温州市粮食局、台州市粮食局、绍兴市柯桥区粮食局、马鞍山市粮食局、金华市粮食局、景德镇市粮食局、宁德市粮食局共同主办,上饶市粮油收储公司承办,浙、赣、闽、皖、粤等省的460位客商到会。早稻交易会上共成交了4.7万吨,总成交金额达到1.32亿元。

【开展"世界粮食日——爱粮节粮宣传周"活动】 10月16日,上饶市粮食局、信州区粮食局、上饶县粮食局3家联合在市中心广场开展了"世界粮食日"宣传活动,上百名市民观看了宣传展版,领取了宣传册。区粮食局下属企业——上饶市粮油收储公司还组织了市第七小学的师生到朝阳粮库参观学习,使他们对粮食行业及粮食相关知识有了更多的了解,进一步提升了普通民众对粮食行业的认知。

【狠抓储备粮管理】 2016年,积极推进安全生产标准化建设,

抓好安全责任制的落实,做到人员、责任、工作"三落实"。在全区粮食企业中深入排查治理安全生产隐患,堵塞安全监管漏洞,强化安全生产措施,对辖区内所有的粮食企业、粮食经营点、局属单位的出租仓库、门点等进行全面检查,对危仓险库、违规作业、无证上岗、隐患排查制度不健全等进行全面普查、专项治理,确保了全区粮食企业的生产、消防、防汛和储粮安全。

【完善市场调控和预警机制】 有效发挥粮食储备吞吐、加工转化的调节作用和财政补贴的导向作用,确保粮食市场基本稳定。认真执行国家粮食进出口政策,积极配合检验检疫等部门加强进口粮食质量安全把关,配合海关等部门严厉打击粮食走私。完善粮食产量抽样调查制度、价格抽样调查制度、城乡居民供需平衡调查制度,确保调查数量及时准确。落实粮食经营信息统计报告制度,督促各类涉粮企业认真执行粮食流通统计制度,建立经营台账,定期向粮食行政管理部门报送统计数据。加强粮食市场监测、分析,及时准确做好粮市场信息发布工作。

(何 媛)

烟草专卖

【概 况】 2016年,信州区烟草专卖局(分公司)围绕"一个核心"、实现"两个增长"、落实"四项举措",通过夯实基础工作,提升队伍素质,优化管理服务,突出品牌培育,狠抓规范经营,推动各项工作有序开展。全年,实现销

售收入5.54亿元(含税);实现税利1542.08万元,同比增幅1.73%。全年共查获各类违法案件264起,查缴卷烟11167.6条,查处万元以上案件17起,5万元以上案件14起,查缴市外码卷烟4703.3条,破获符合国家局标准网络案件1起,判刑4人,取缔零售户5户,上缴罚没款225300.54元。2016年,被江西省烟草公司评为"2016年度实现税利总额典型县级分公司"。被上饶市委、市政府授予"第八届文明单位"称号。

【提高党建工作水平】 扎实开展"两学一做"活动。采取党员自学、班子成员上党课、开设学习专栏等形式,加强党纪党规学习,运用"微信群"短信、视频等功能,定期组织开展学习讨论,交流心得体会,巩固学习成果。召开专题民主生活会,紧密联系实际查摆问题、开展批评。抓好廉政建设工作。年初,局领导与各部门负责人签订了从严治党主体责任状,明确工作职责。组织全局党员干部学习中共中央总书记习近平系列重要讲话、《中国共产党章程》《廉政准则》等内容,组织观看警示教育片、开展重温入党誓词活动。认真开展治理收送"红包"专项工作,切实筑牢反腐败防线。

【提升营销网建质量】 调整状态,深挖工作潜力。扎实开展"消费者在哪里,我们就到哪里"主题营销活动,通过"走基层、访终端、进农村"实地走访卷烟零售户,深入一线倾听零售户的意见建议,找到卷烟营销方向和潜力,完善卷烟营销工作机制。健全机制,密切专销结合。

完善考核制度，加强营销片区有效信息考核，促进专销有机联动，并以打大户管小户稳固市场为根本，促进了销售市场的进一步规范。

【强化烟草专卖管理】　严格按照《烟草专卖许可证管理办法》和《烟草专卖许可证申请与办理程序》的办证条件和程序实施专卖许可行为。严格程序。严格遵照有关规定和程序，依法依规做好零售许可证申请受理、注销、延续、歇业等各项工作。强化服务。对符合办证条件的商户，严格按照法定程序和时限办结、送达；对不符合条件的要求证件管理员耐心做好解释工作，争取群众理解支持。加强监管。认真开展许可证清理整顿专项行动，对部分"人证不符""证照不符""证址不符"等行为按照程序进行了清理。严肃纪律。明确规定凡是在零售许可证管理工作中随意增加办证门槛、推诿扯皮或借助办证向申请人吃拿卡要、刁难申请人的，一经发现，将严肃进行责任追究。

【凸显联合执法成效】　认真贯彻"端窝点、断源头、破网络、抓主犯"的工作方针，积极运用联合执法机制，加强与公、检、法的联系协作，认真分析案情，研究案件侦查方式，随时保持案件发展情况的信息互通。在名烟名酒店涉烟非法经营活动整治中，协同公安、工商行政管理等部门联合执法12次，出动执法人员280余人次，执法车辆56台次，共查处各类违法案件36起，其中名烟名酒店涉烟违法案件9起，5万元以上案件8起，查获违法卷烟659.6条，假冒注册商标卷烟190.9条，取得了良好的市场整治效果。

【狠抓卷烟规范经营】　全年共处理各类预警14006条，其中国家局预警7449条、省内预警6557条。检查送货车辆192辆次、检查送货车辆96辆。对辖区内出现零售户异动订单、异动品牌销售情况，共下发联系工作函和抄告单8份，处理各类预警率为100%。严格按照上级内管工作要求，提升内部管控水平，把监管关口前移，加强对卷烟销售、配送的事前、事中、事后实施全过程监管，防止卷烟外流，切实维护好卷烟市场经营秩序。

【主要负责人】
党支部书记、局长（经理）：
　　邬奇中
党支部成员、副经理：郑永红
党支部成员、副局长：王　锐
　　　　　　　　　　（秦珊珊）

公 路 交 通

地方交通管理

【概况】 2016年,信州区交通运输局深入学习贯彻中共十八届六中全会精神及中共中央总书记习近平系列重要讲话精神,切实践行"三严三实",认真开展"两学一做"学习教育,认真贯彻落实区委、区政府工作部署,紧紧围绕局党委确定的工作目标,攻坚克难,主动作为,强化交通行业管理,促进全区物流业稳步发展,加快交通基础设施建设步伐,切实抓好了各项交通工作任务的落实。全年,交通物流产业税收累计完成3.1亿元,与去年同期2.40亿元相比增长29.2%,纳税额超百万的物流企业已达到86家,比去年同期增加17家,累计新注册物流企业23家。共办理新增道路运输证514本,新增货车310辆,吨位2105.79吨,新增营运客车45辆,(转出、报废、下线)更新38辆。

【抓好交通基础设施建设】 全年抓好交通基础设施建设,突出3个重点:一是抓好民生项目,通自然村公路项目全面完成。二是强化机构建设,抓住市局规范农村公路管理养护工作的契

机,增设了农村公路综合服务站、交通工程质量监督站,完成了农路所更名,并增加编制9名,所有镇也均设立农路站。三是提升路网等级,完成县乡道升级改造30余公里,辖区内县道三级及以上公路达72.37%、乡道四级及以上公路达100%,交通自身管养的县道三级及以上公路也已达54.87%,提前并超额完成了县道三级及以上公路达50%、乡道四级及以上公路达80%的"十三五"规划目标。主动服务重大交通项目建设,320国道上饶城区段改建项目、上丰大道建设作为市本级构建中心城区的重大交通项目,信州交通主动服务,积极协调沿线各镇全力推进征地拆迁和施工保障工作。全面完成上丰大道、320国道上饶城区段改建项目征迁任务,确保了新320国道、上广快速通道如期通车。充分发挥交通行业的专业优势,成功引进并促成赣东北汽车园项目落地,规划用地约33公顷,建筑面积达36万平方米,预期投资10亿元,计划5年全部建成。

【上丰大道建成通车】 上丰大道全长17.17公里,其中信州区段12.87公里,占全长的75%,途经秦峰、朝阳和灵溪等3个镇。一级公路双向6车道,路基32

米,沥青砼路面,工程总投资7.2亿元。信州区段须征用土地88.27公顷(规划区内1.14公顷),征收房屋73栋约4.2万平方米(规划区内24栋1.3万平方米),征地拆迁资金约1.47亿元,于2016年12月25日通车。

【320国道上饶城区段改建项目建成通车】 320国道上饶城区段改建项目起点为信州区沙溪镇,终点为横峰县司铺镇,全长约59.74公里,在信州区境内有29.997公里,占了全线的一半,是5个区(县)最长的。途经信州区沙溪镇向阳村,秦峰镇下湖、秦峰、东塘、老坞、占村、路底村,朝阳镇光明、团结、下源、西园、溪边、十里、狮山、中潭村,以及茅家岭车头、塔水、周田村,共4个镇(街道)18个行政村。需征收和使用各类土地约152公顷,拆迁各类建筑物约79000余平方米,需迁移坟墓3000余座。该项目于2016年12月25日建成通车。

【启动天佑大道二期项目】 天佑大道二期项目(庆丰路—吴楚大道)于2015年11月23日经上饶市城乡规划局选址同意,项目占地698517平方米,总长5666.578米,宽55米,两侧景观绿化各30米,双向六车道,途经

上饶县石狮乡、信州区北门街道办和灵溪镇。信州区北门街道征地约19.33公顷，拆迁约4.5万平方米；灵溪镇征地约31.2公顷，拆迁约2.5万平方米（不包含580安置区）。该项目的相关协调工作指挥部于2016年4月成立，由区交通运输局牵头负责，征拆工作于2016年5月启动，8月全部完成，全线交付施工，计划2017年3月通车。

【启动老320国道升级改造项目】 320国道升级改造项目涉及信州区20.4公里，本次实施17.7公里，分两段实施。第一段项目（广丰毛家山至信州何家段公路改建工程）线路全长3.95公里，涉及信州区和广丰区，为两区共同申报项目，其中我区辖区线路里程1.16公里，仅涉及沙溪镇向阳村，2016年项目建议书已获省发改委批复（赣发改交通〔2016〕303号），项目规划选址论证报告已通过省住建厅专家组评审，环境影响评估报告、地灾、压矿、水保、地震灾害等技术性支持报告已编制完成，规划选址论证报告和用地预审的县级初审已办结，会同广丰区报送市级部门审批。第二段项目（上饶市城区公路沙溪至司铺段拓宽改造工程）涉及多个县区，其中信州区辖区线路里程16.5公里，涉及沙溪、灵溪两镇8个行政村，沙溪镇段应征土地面积10.31公顷，累计已完成9.61公顷，完成93.2%。应迁坟墓8座，已全部完成；应征迁房屋25栋，已签约25栋，拆除23栋，面积458.75平方米；新增征地4926.1平方米，累计完成4926平方米，完成100%，新增征迁房屋6栋，正上户做工作。

沙溪镇辖区市项目处已展开3个工作面，沙溪镇交付里程约6公里。灵溪镇段应征土地面积42745平方米，其中农用地30227平方米，已完成征用27995平方米，完成92.6%。附属物已完成拆迁74.1平方米。交付里程2公里。

【建设赣东北汽车园项目】 赣东北汽车园项目工程建设方面，截至2016年11月底，园区累计开工面积4.82万平方米，累计开工栋数14栋，累计建成商铺、经营性用房106套、建筑面积1.72万平方米（已经办理产证的面积），在建商铺、经营性用房111套，建筑面积3.1万平方米。7—14号商业楼、交易市场、办证大厅的配套、装修工程已完成。5号楼主体结构的建设和外墙粉刷已完成。6号楼1—4层的水泥浇筑已完成，12月份封顶。

【加快农村公路建设】 2016年，集中推动各类较大农村公路项目建设计划的实施，主要有县道升级1个2.2公里，客运网络2个11公里，危桥重建2座，新建独立桥梁1座。县道升级项目朝阳镇已进入招投标阶段，客运网络项目在建1个（秦峰镇已完成1.5公里，灵溪镇未开工），危桥重建完成1座（沙溪镇宋宅村），新建独立桥梁已完成下部墩台建设（秦峰镇五石村）。

【提升农村公路管养水平】 信州区农村公路管理所在做好日常公路养护的同时，通过项目建设和推进"四好农村路"建设活动促进信州区农村公路养护水平的不断提升。2016年争取到

安保工程1个，农村公路养护工程9个。

【扶贫攻坚工作】 加快贫困村自然村（25户以上）通水泥路项目建设，其中省定贫困村3个、市定贫困村4个。涉及项目38个18.6公里，已完成16个9.5公里。

运输管理

【概 况】 2016年，信州区道路运输管理所在上饶市道路运输管理局的有力指导和信州区交通运输局的正确领导下，全面贯彻落实中共十八大四中全会精神，按照省、市、区各级交通运输工作会议部署，以加快转变道路运输发展方式为主线；以抓安全保稳定强基础树形象，促发展、惠民生为重点；以学习培训提高执法队伍素质，完善规章制度，全面落实责任，创新机制，打造提升规范服务型机关，全力构建现代道路运输体系，不断提高道路运输行业的公共服务水平和运输保障能力。在做实基础工作、规范行业管理，做细安全监管、打牢基础，做好市场监管、保障良好运营秩序，改善基础建设、创建规范基础所，转变干部作风、全面提升工作效率上下功夫，较好地完成了各项工作。

【强化道路运输安全监管】 通过四项举措强化道路运输安全监管，确保行业稳定。一是与企业签订安全生产责任状，落实安全生产责任主体。二是加强日常GPS动态监管和安全隐患排查工作。结合"道路运输平安年""市

运管局 2016 年全市包车客运专项整治工作方案""安全生产月"等安全生产年工作开展交通运输行业安全隐患排查整治工作，重点检查企业安全管理制度的落实，客车安全告知制度、凌晨 2 点至 5 点停车休息制度、车辆及场所消防安全设施配备、驾驶员安全学习情况、GPS 监控平台及车载终端使用情况及在线率、GPS 超速和疲劳报警处理、包车客运经营者的安全例检、客运站执行"三不进站、六不出站"规定落实情况、"三品"查堵等。三是严厉打击非法经营活动，重点对非法营运、包车客运等违法行为，以及群众投诉、媒体曝光、交办转办案件，实施"定点清除"式的打击，纠正客运经营者不规范的经营行为。四是规范运政执法行为，严格执法纪律，坚持文明执法，注重调查取证，统一执法标准和额度，坚决杜绝乱设卡、乱罚款、乱扣车等公路"三乱"行为的发生。

【加强运政执法稽查】　信州区运管所通过确定重点巡查区域，加强日常巡查，增加运政执法人员路面可见率。稽查执法用车共出动近 700 余辆次，共查处违规违章车辆 1600 余辆，到 10 月底，共查处未经许可擅自载客车辆 10 余辆，查处未经许可擅自载货车辆 20 余辆，查处不按站点停靠客运车辆 42 次，查处未经许可擅自改装货运车辆 90 余辆，查处客运车辆、货运车辆驾驶人员没办理从业资格证件 20 余人，查处摩托车载客 160 余辆，查处危险品货物运输车辆无从业资格证件 2 人，查处危险品货物车辆无押运人员 3 辆，查处货运车辆私自改装载危险品车辆 15 辆。多次开展多部门、跨

区域联合执法。春运期间对"两客一危"企业的安全检查，G20 期间入浙入杭车辆安全检查等安全检查活动。参与上饶市交通综合整治等上级部门安排的中心工作。自 11 月 1 日起，开展信州区维修企业清查工作，查处汽车美容装潢经营店未经许可擅自经营的 148 余家。11 月 7 日，开展信州区驾培行业市场整治，查处未经许可非法设立的驾驶员训练场点 3 处，查处地方车辆用于训练场练车 1 辆，无教练资格证件 1 人，其他违规行为 10 例。12 月 14 日，开展信州区物流配送网点清查摸底工作，走访物流配送点 90 余家。

【连续 11 年道路春运安全零事故】　春运期间，信州区参加春运客车 231 辆（其中班线客车 173 辆、旅游客车 52 辆、储备运力 6 辆），总计发车 182999 班次（加班 226 班次、包车 678 车次）。发放包车客运线路标志牌 40 张（其中进出广东春运证 10 块），共发送旅客 790102 人次。整个春运期间信州区未发生一起旅客滞留现象，实现连续 11 年道路春运安全零事故。

【完成运输企业年度质量信誉考核工作】　信州区道路运输管理所完成对驾培、客运、维修、货运企业的 2016 年度的质量信誉考核工作。驾校方面：AAA 级驾校 2 家，AA 级驾校 5 家，A 级驾校 1 家；客运方面：AAA 级企业 4 家，AA 级企业 1 家，A 级企业 6 家，B 级企业 1 家，葛枫公司法院封存无法考评；租赁企业方面：A 级企业 1 家，B 级企业 2 家；维修方面：一类维修企业考核 4 家（AAA 企业 1 家，AA 企

业 1 家，A 企业 2 家），二类维修企业考核 41 家（AA 企业 2 家，A 企业 39 家），三类维修企业考核 122 家（均为 A 企业）；货运方面：对 41 家物流企业进行了质量信誉考核，其中 AAA 级企业 1 家，AA 级企业 19 家，A 级企业 21 家。

【加强信州区客货运应急保障车队建设】　2016 年，信州区道路运输管理所与上饶市兴荣汽车运输有限公司（驾驶员 10 名、客车 10 辆）、上饶市华晨旅游客运有限责任公司（驾驶员 5 名、客车 5 辆）、上饶市三江成品油运输有限公司（驾驶员 2 名、货车 2 辆）、上饶市佳丰物流有限公司（驾驶员 20 名、货车 20 辆）按年度签订应急保障协议，并要求企业认真筛选驾驶员和客货运车辆。在年初的低温雨雪冰冻天气、春运期间及现在的防汛期间，均制定值班方案，领导班子成员带头，安排 24 小时值守，落实应急保障运力，确保应急保障有响应、能响应、快响应。

【交通运输业务办理情况】　1—12 月共办理新增许可 190 件，新增道路运输证 514 本。物流企业新增 26 家，新增货车 310 辆，吨位 2105.79 吨，全年物流产业税 3.05 亿元。新增营运客车 45 辆，转出、报废、下线、更新 38 辆。驾培行业到 10 月共培训结业 12988 人次。新增一类维修企业 1 家，二类维修企业 1 家，三类维修企业 34 家。

【率先制定实施道路运输证审验时间与机动车行驶证有效期同步的审验制度】　2016 年，信州区道路运输管理所在上饶市率

先制定实施了县内班车道路运输证审验时间与机动车行驶证有效期同步的审验制度，此举有效杜绝了行驶证失效而道路运输证依然有效的情况发生，并且方便了车主，不需要跑两次。

（苏文　余塑　肖勇）

公路建设与管理

【概　况】　2016 年信州公路分局公路桥梁 21 座（其中大桥 5 座，中桥 5 座，小桥 11 座），桥长共 1710.5 米。全年重点加大公路预防性养护工程投入，保障公路安全畅通。共修复沥青路面 81800 平方米，新砌排水沟 1600 米，上范线公路养护大中修工程 5.6 公里，绿化路树 25 公里，G320 牛头山抢修塌方 1300 米 3，对老 320 国道升级改造 17 公里。

【公路建、管、养成效显著】　对 G320 线、大二线、郭七线和上杨线的波形护栏和防撞墙及警示桩的维护检查，确保安全标志完整醒目。加大危桥加固工程投入，加强公路日常养护工作投入。减少了养护职工的劳动强度，切实有效保障了突发事件处置能力，做到公路安全畅通、路面平整美观、桥涵设施完善、交通标志完备、沿线绿化完好，达到公路"畅、洁、绿、美"要求，为车辆及居民提供更安全更便捷的出行环境。以省道干线公路养护为重点，不断提高管养水平，实行公路养护常态化，积极探索和开展预防性养护，有计划地开展路面养护小修工作，较好地保持了路况稳定良好。2016 年，共整修路肩 78000

平方米，疏通边沟 51780 米，巡路保洁 8947.62 公里，疏通涵洞 16 道，修路肩边坡草 920000 平方米，修补路面坑洞 320000 平方米，平均优良路率 85.3%，其中主干线优良路率 95.7%。

【确保公路安全畅通】　切实落实应急保通工作责任制，做到责任到位、指挥到位、人员到位、物资到位、措施到位、抢险及时，确保公路安全畅通。加强桥梁（涵洞）的经常性检查，排除隐患，确保运营桥梁的安全。加强对 320 国道牛头山处、郭七线森林公园、上杨线象鼻山处等易发山体滑坡和泥石流的监察及布设醒目的安全标志警示牌，保障交通安全。加大公路沿线路树的排查，特别对 320 国道约 28 公里的公路沿线，胸径超过 20 厘米以上的路树进行了排查和修枝清理，消除安全隐患。及时抢修水毁后的路面，清挖排水沟，修复防护工程。

【开展治理超限、超载工作】围绕市公路管理局下达的路政管理工作目标，治超工作在时间短、任务紧的情况下，建立朝阳治超点。按照"依法严管、标本兼治、责任倒查、长效治理"的总原则和"标准更高、要求更严、治理更彻底、监管更到位"的总要求，全面彻底治理各种形式的非法超限超载运输行为，严厉打击车辆超限超载、污染路面、非法改装等违法行为。通过综合整治，有效保障了人民生命财产安全，规范了道路运输秩序，保护了路产路权。截至 12 月 31 日，信州区联合治超共出动执法人员 708 人次，执法车辆 185 辆次，共检测余 816 辆，查处超限

超载货运车辆 35 辆，卸货 520.84 余吨。

【加大路政管理力度】　积极与交警、运管等职能部门联动，对非标、污染路面等违法行为进行专项整治，同时切实加强公路管理法律法规宣传，强化路政队伍建设，较好地履行了保护路产、维护路权的职责。以《江西省公路条例》为宣传重点，采取手机短信、报刊、报道、书写永久性标语、发放宣传单、出动流动宣传车等方式，进行入户宣传，耐心地向群众讲解法律知识。集中开展"路政宣传月"活动，组织路政人员严格按照责任分工多形式开展宣传。制作墙体路政宣传标语 8 条，出动宣传车 8 次，走访厂矿、车主和沿线群众 850 余人次，发放宣传单 850 余份。提高广大群众爱路护路意识，促使路政执法人员与群众共同维护公路，共建"品质型、平安型、生态型、服务型、阳光型"五型公路。加强普通国省干线公路排查力度，深入开展路域环境整治行动，与交警大队事故科形成联动机制，建立了良好的协作机制，确保路产损失百分百赔付到位。加强同公路沿线的镇、派出所、土管、规划、城建、村委会等部门的联系，争取支持与配合，较好地保护了路产路权。全年共开展路域环境集中整治 3 次，清理非标 580 块，清理各类堆积物 109 处 1495 立方米，严格控制公路两侧建筑红线，拆除违章建筑（含围墙）5 处，清理违章摆摊设点 14 处（次），全年共办理各类公路赔（补）偿案件 12 起，收取路政赔（补）偿费 116865.35 元。

（龚海洪）

非公有制经济

2016年，信州区非公经济稳步发展，全民自主创业、投身社会主义市场经济发展浪潮的意识不断加强，非公经济的主体数量比例逐步提高，在促进信州区经济发展方面发挥了更加重要的作用。

【实施企业五证合一改革和个体户两证合一改革】 自10月1日企业正式执行"五证合一"。截至12月31日，新登记各类企业584户，比上年同期增加71.26%。12月1日个体户执行"两证合一"，截至12月31日，新登记个体298户，比上年同期增加21.14%。

【招商引资服务树立市管新形象】 2016年，区市管局充分利用企业登记注册窗口直接面对投资者和企业的优势，树立信州区良好形象，广泛宣传信州区的投资环境。对重点项目的咨询、登记等具体工作，采取责任人办法，专人全程服务。积极发挥外商投资企业登记的优势，对外资项目实行特事特办，加班加点为外商服务好，凡其要求的，在材料齐全的情况下实施当日办结，让外商充分感受到信州区的热情和高效的办事效率。

私营企业

【概 况】 2016年，信州区新登记注册各类企业1951户（有限责任公司1762户；个人独资企业86户；合伙企业66户；农民专业合作社38户），与去年同期增加26.56%；注册资本59.73亿元（100万~200万元注册资本712户，同比增长28%；200万元以上注册资本的有397户，同比增长25.63%）；截至2016年年底，全区私营企业总户数7245户。

【大力实施商标品牌战略】 引导企业从"上牌"到"创牌"转变。积极为企业申报知名商标、著名商标、驰名商标献策献力，为企业品牌发展助力。为企业提供商标信息与咨询服务，积极探索建立商标交流平台，争取成功盘活一批闲置商标。2016，区市管局前往沙溪认真调研信州区苎麻市场发展情况后，全力引导扶持信州苎麻产业注册和申报"中国地理标志保护产品"和中国地理标志证明商标，力求填补空白，提升信州知名度，促进经济发展；积极帮扶企业利用商标权质押贷款。做好与上饶银行对接，帮助获得知、著名商标的企业开展商标权质押。

【助力小微企业拓宽融资渠道】 为了破解企业融资难题，区市管局和区个协联合发力，积极搭建银企对接平台，推出"诚信商贷通"服务，开通了绿色服务通道，帮助企业特别是小微企业拓宽融资渠道。就十佳诚信单位同江淮村镇银行签订意向性协议，全年贷款授信2000万元。

【重点项目提前介入服务】 2016年，上饶合力万胜商业有限公司和上饶万达嘉华酒店入驻信州区，区市管局获得相关信息时，就提前介入，全程服务，主动联系企业，提供企业登记注册咨询服务、主动帮助和指导填写相关表格，针对办理过程中企业出现的各种问题，工作人员积极出主意想办法，使登记注册的各个环节无缝对接。为确保他们在注册登记环节上不滞留，市管局安排专人负责，全程跟踪服务，从名称核准到设立登记，从受理到发证，均一人负责，提高办事效率。两家企业深受感动，在开业之际均向市管局赠送表扬锦旗。

【评定"守合同重信用"企业】
区市管局继续大力支持和扶持各类企业发展，同时，围绕企业合同履约记录，引导企业依法经营，诚信守约，并继续推进"守合同重信用企业"创建活动，提升企业自身信誉和市场竞争力，为企业招商引资、招标签约和获得资金贷款发挥重要作用，推进社会信用体系建设。全区共有3A企业4户，2A企业8户，A企业2户。

【推动动产抵押登记助推企业融资】　2016年，区市管局除开设企业融资"绿色通道"外，在企业申办动产抵押物登记中实行"受理、审查、核审"一条龙、一站式帮扶。在法律规定的范围内，对动产抵押登记程序进行合理简化，在符合条件的情况下，确保动产抵押登记随到随办，大大缩减了办理时间。建立了抵押登记台账，与信贷部门密切联系，在企业与金融机构之间牵线搭桥，为企业融通资金提供服务。

【采取多项措施帮扶大学生自主创业】　区市管局组织队伍到上饶师范学院等高校开展"服务大学生创新创业政策咨询活动"，宣传国家有关大学生创业的优惠政策和工商登记法律、法规，帮助大学生了解国家相关政策、熟悉创业流程及了解市场动态，消除大学生创业的畏难情绪，提升其创业主动性、积极性。开辟"大学生创业绿色通道"，安排专人为创业大学生提供法规政策咨询以及选择企业名称、经营范围、组织形式等方面的参考，避免大学生首次创业因政策不清、程序不明而跑冤枉路。建立辖区内大学生创业主体登记台账，组织工作人员定期不定期上门开展走访调研、跟踪服务，重点了解大学生主体的经营现状、创业中遇到的困难和问题，并立足职能提供针对性的帮助和指导。对发展潜力好、科技含量高、成长较快的大学生创业主体，积极引导转型升级、促进其进一步做大做强。

个体工商户

【概况】　2016年，信州区新开业个体工商户4353户，个体工商户总数达17989户，注册资本总额为215560万元，总从业人员43587人。

【个体工商户数量稳步增长】　2016年，新增个体工商户4353户，比上年同期增长8.85%；新增注册资本72079万元，新开业个体工商户4353户均登记资金数额为16.56万元/户，比上年同期增长7.95%。

【新增个体工商户产业分布】　在新增4353户个体工商户中，从事第一产业农、林、牧、渔业的共有56户，占新增户数的1.29%，登记资金数额3211万元。从事第二产业的个体工商户共有123户，占新增户数的2.8%，登记资金数额2498万元。其中，制造业98户，注册资本2000万元，建筑业25户，注册资本498万元。从事第三产业的个体工商户4175户，占新增户数的95.9%，注册资本138450万元。其中，交通运输、仓储和邮政业14户，注册资本111万元；信息传输、计算机服务和软件业17户，登记资金数额251万元；批发和零售业2406户，注册资本34718万元；住宿和餐饮业1102户，注册资本22767万元；租赁和商务服务业17户，注册资本203万元；居民服务和其他服务业490户，注册资本6404万元；文化、体育和娱乐业26户，注册资本479万元。

【新增个体工商户第三产业占比最高】　2016年，全区个体工商户在三大产业中，仍是第三产业发展良好，所占比重较大，第一产业与第二产业所占比重持续下滑。

2015—2016 年度个体私营企业发展情况对比

项　目	个体工商户		私营企业	
	2015 年	2016 年	2015 年	2016 年
新增户数(户)	3531	4353	1538	1879
总数(户)	16527	17989	6845	7160
同比增长(%)	−26.92	8.85	37.67	4.60
从业人员(人)	38234	43587	18462	22548
新增登记资金数额(万元)	54165	72079	289752	589840
登记资金数额总额(万元)	143481	215560	721038	1310878
同比增长(%)	−28.51	50.23	57.92	81.8

（周　珏　李晓光）

信 息 产 业

电子政务

【概　况】　2016年,信州区电子政务工作紧紧围绕区委、区政府的工作部署,在省、市业务部门支持和指导下,继续夯实全省政务网络基础,以服务为宗旨,在"两学一做"教育活动、信息惠民国家试点城市建设、全区政府网站建设、重大活动、会议网络保障等方面扎实工作,推进全区电子政务应用持续发展。2016年1月,被江西省信息中心授予全省电子政务创新服务先进单位。

【加大政府网站普查力度】　为切实做好全区政府网站日常更新维护工作,区电子政务对9个区直部门网站,经常性查看其更新情况,发现问题通过电话、专题交办会的形式,提醒、督促其改正。对无法保障更新维护的信州审计网站建议关停,对确实内容保障不到位的信州区社会保障网建议整合到人社局网站,并关停两家政府部门网站。全年全区政府网站未受到上级通报批评。

【政务内网工作名列前茅】　2016年,完成政务内网主干新线路的调试安装,完成4次内网视频会议的调测,完成机要电话在内网上的安装部署工作,配合做好纪委内网的安全升级工作,政务内网机房管理和建设工作在全市名列前茅。

【全力保障视频会议及直播平稳】　保障中央、省、市视频会议122次,克服多次大型会议因会场变更网络连接困难,全年视频会议平稳安全。完成江西人民广播电台"政风行风"网络直播活动、"新经济·新信州"大型网络直播活动网络保障。

【加强信息系统安全管控】　按照全省的工作部署,区电子政务办加强与区综治办协调,按照全省政务网接入技术规范,做好综治成员单位政务网联网实施工作。加强与全区各部门沟通协作,落实工作责任制,确保会议期间全省信息网络上下贯通,运行顺畅,保障信州区政务外网骨干网纵向、横向全部畅通。

【加快政务外网建设工作】　2016年,市安分局信州分局、市交警一大队、上饶市第五人民医院、曙光医院、区文广局、信息产业园、区规划局等7家单位接入政务网外网,完成区档案局政务外网迁移工作。

【维护"乡乡通"网络】　11月,茅家岭街道办公场所进行升级改造,区电子政务办及时拆除设备并妥善保管,改造完成后全面恢复网络。东市街道、朝阳产业园移动"乡乡通"百兆线路升级完成,解决了带宽不足问题。

【确保政府信息公开】　2016年,全区认真贯彻落实《政府信息公开条例》要求,继续坚持"以公开为原则、不公开为例外",围绕党委、政府中心工作,对社会关注度高、涉及群众切身利益的政府重大决策、重要举措和热点话题,主动及时发布权威信息或回复信息。2016年,区政府网站公开发布的信息多次被人民网、新华网、新浪网、光明网、中工网、凤凰网、豆丁网、搜狐网、新民网、东方网、和讯网等全国各大网络媒体转载。全年区政府门户网站及政府信息公开平台发布信息25971条,回应公众关注热点或重大舆情数80余次。

（童明轩）

电子商务

【概况】　2016年，全区继续推进电子商务产业发展，推动传统零售创新转型，全区电子商务企业240家，其中规模以上企业46家；交易额101亿元，位居全市第一，其中销售额64亿元，采购额37亿元。

【园区建设】　上饶淘宝园是一所专门为网络零售企业提供专业化培训、同业交流、物流配送和客户习惯大数据分析等相关服务的专业化园区。淘宝园占地面积5.73平方米，建筑面积1万平方米。自2014年8月开始建设，截至2016年12月，已有48家网络零售商与焦点公司签订合作协议并进入园区开展业务。

【加大扶持】　加大政策支持。积极为2家2015年度省级电子商务示范企业协调扶持落实资金20万元，2家市级重点电子商务企业协调落实扶持资金10万元。重点发展电子商务及软件、信息技术服务、互联网相关服务、网络动漫、承接服务外包等产业。扶持发展一批全省乃至全国知名的电子商务企业。加快电子商务产业基地建设，不断做大电子商务产业总量，提升电子商务产业竞争水平。加大金融支持，政府协助引入创业就业资金、电子商务扶持资金和天使投资基金等。同时，积极探索搭建互联网股权融资平台，协助企业上市融资等。完善基础设施，做好园区改造建设，扩大园区规模。

【强化培训】　依托各类电子商务学校共建电商人才培育基地，引导各类培训机构与电子商务企业合作，组织开展电商人才培训。据不完全统计，全区组织电商培训、会议培训、讲座论坛20多期，培训人数5000多人次。做得比较好，影响比较大的如蓝青电子商务学校，培训白鸥园市场经营户和创业人士2000多人次，受到学员的普遍欢迎。

（汪新平）

上饶移动信州区分公司

【概况】　2016年，上饶移动信州区分公司围绕省公司"1236"发展战略，不断深化转型发展，努力提升客户价值，实现了"七大突破"，完成省、市二级公司下达的各项目标任务，运营收入超3亿元，收入同比增幅达13.13%，高于全省重点区县均值。内设综合部、市场经营部、集团客户部、渠道管理中心、家客中心以及校园区域中心，有员工127人。荣获2016年度上饶市优秀企业称号。

【4G规模优势夯实】　2016年，公司围绕新引擎、新维系、新通路、新服务、新动力、新活力的六"新"理念，争创"六星"服务，打造"六星"团队。通过抓销量、提参与、盯渗透、促转化持续做大4G规模，4G客户渗透率达62.1%，全市排名第一。推行点金计划，提升渠道力量，优化服务支撑，做精流量运营，4G套餐渗透率达68%，4G套餐全年净增完成14.29万户，完成全年指标103.2%。

【宽带品质份额内外兼修】　2016年，以移动和苏宁合作为模板，积极与药店、苏家爱华等连锁加盟店开展谈判，通过异业产品＋宽带的模式，营销移动高品质宽带，通过各行业广泛宣传移动极光宽带品牌，拓展宽带新的增长点。全年完成74个宽带小区的建设，总计信息点32435个；完成光改小区勘查149个，完成小区建设6个。全业务净增26500户，同比增幅10.7%，全市排名第七。

【创新服务理念】　注重文化氛围的创新，以打造现象级的上饶移动为践行目标，通过关爱员工系列活动，全面提升员工幸福指数，形成积极进取、团结协作、勇于创新的文化氛围，促进中心健康、和谐发展。2016年，信州区分公司共有37名员工通过内部招聘。通过月度"生日会""家庭日""快乐星期五"一系列主题活动关爱员工，全面提升员工幸福指数，形成积极进取、团结协作、勇于创新的文化氛围，促进中心健康、和谐发展。

（苏　伟）

中国电信股份有限公司上饶分公司

【概况】　2016年，中国电信上饶分公司在全面落实江西电信党建工作会议各项要求，以推动信息化和工业化深度融合、建设智慧城市、服务地方经济和社会发展为己任，积极融入区域经济社会发展战略，推进"智慧上饶"建设，不断使信息化成果惠及上饶市民，扎实开展各项工作，企业在经营发展、支撑服务、精神文明建设等方面取得了一定成绩。2016 年，获得江西省五一劳动奖状、江西省第十四届省级文明单位、集团公司 2016 年农村"天翼标杆示范村"建设最佳组织奖（江西省唯一一个获奖地市）、2016 年江西省宽带"全光网"建设冲刺 PK 赛金奖、全光网省建设先进单位、全省"百日冲刺"组织奖一等奖、上饶市优秀企业等一系列荣誉。

【率先建成全光网省】 积极贯彻国家"宽带中国"战略，不断推进"宽带普及提速工程"，大力提升城市通信基础能力，持续推进上饶全光网建设。12 月 9 日，中国电信江西公司在昌举行新闻发布会，正式对外宣布：江西省率先在中部地区建成全光网省，作为地市分公司，中国电信上饶分公司全年完成光网覆盖用户 202 万户，到 2016 年年底完成了城镇以上的光网全部覆盖，完成了 95% 的行政村通光网工作。全市光网接入能力达 160 万端口，4G 网络覆盖到乡镇及发达农村以上区域，最高下载速率可达 300 M，高速 WiFi 热点总数超过 1.8 万个。随着全光网省的建成，光网融入经济社会的每一个角落，创造出了一个个工业、服务业、教育、医疗、新农业、社会管理等领域的"互联网+"生态圈，使产业创新成为推动上饶发展的主导力量，将深刻改变人民群众的生产生活。

【天翼 4G 给用户带来畅快网络】 截至 12 月底，电信 4G 网络已完成所有中心区域的覆盖，全市 188 个乡镇及 95% 的行政村可以享受到天翼 4G 带来的畅快网络；2016 年年底，提前启动了 2017 年一期 4G 基站建设，预计将完成新增 512 个基站，建设完成后，4G 信号将无缝覆盖到乡镇及周边地区。同时进一步加快 LTE 800M 优化进度，打造4G 精品网络，服务大众。

【建设"智慧城市"】 中国电信上饶分公司坚持高位切入，把建设"智慧城市"作为服务上饶发展大局的最重要抓手，已成为全市"智慧城市"基础设施建设的主导者、信息化平台的提供者、内容和应用的创新者。在"智慧城市"建设中，上饶电信积极推进智慧班级、精准脱贫信息平台、社区网格化服务管理信息系统、交警"两站两员"综合管理平台等重点项目，大力助推教育信息化、综治信息化、城市管理信息化以及扶贫信息化等，通过聚焦重点领域，创新创优各项重点应用，为上饶市的社会、经济提供了有力的信息化支撑。

【提升客户满意度】 中国电信上饶分公司紧紧围绕"新消费、我做主"这一主题，把"用户满意度"作为衡量电信服务质量的重要标准。针对网络质量、装维服务、渠道服务、规则政策等重点服务项目，强化服务管控，改善客户感知；推进本地总经理热线宣传的力度，狠抓渠道服务规范、落实"首问负责制"，做到天天"3·15"，实现了整体服务水平的提升，更好地服务于广大市民。

【维护企业稳定与社会和谐】进一步强化网络支撑保障，圆满完成了全省重大项目推进动员会议保障。在 6 月底全市发生的特大洪灾过程中，全体干部员工全力抗洪保通信，受到了各级政府和广大群众的肯定。关爱员工提升活力，开展"送温暖""送清凉"等走访慰问活动以及丰富多彩的文体活动，关心员工身体健康。全面强化安全生产管理，为企业发展保驾护航。

【主要负责人】
党委书记、总经理：周斌翔

（谢文艳）

中国联通公司上饶市分公司

【概 况】 中国联合网络通信有限公司信州区城东分公司、信州区城西分公司，是中国联通公司上饶市分公司在上饶信州区的分支机构，下设城东、城西、乡镇等 3 个营销中心，截至 2016 年年底信州区共有营业网点 40 余个，员工 42 人，平均年龄 30 岁，大专及以上学历的专业人员占员工总数 100%。在网用户 45222 万余户，年营业收入 2895.75 万元。

【营销管理】 2016 年，聚焦市场发展，实施营销管理改革。压缩管理层级，撤销主城区经营部和县公司前端部门，缩短管理半径，使营销单元组织变得灵活、高效、富有弹性，具有更强的市场反应能力和竞争能力。实施营销垂直穿透管理，划分和建立功能专一的区域营销中心,销售组织由原来的"大而全"转变为"小而专""细而专"。深化区域营销中心内的网格化营销,经营策略直接落地到区域营销中心,刚性匹配区域营销资源,实现"责权利"统一,信息对称,减少损耗,提高执行力。公司为区域营销中心的物资、财务、佣金结算等事务性工作提供集中服务支撑,建立后台支撑与区域业绩挂钩、自下而上的业绩责任承接体系,提高区域销售的纯粹性和专注性。建立全市统一的区域营销中心业绩评价体系,强化区域对标和薪酬激励,通过激励培育人才,建设团结高效、充满活力的营销队伍。

【镇宽带覆盖】 2016 年,完成对沙溪、朝阳、秦峰、灵溪 4 个镇的宽带代理招商,采用主干由公司建设,光交以下由代理商接入到户,公司和代理商 55 分成的双赢合作模式对镇进行覆盖,在通过高额佣金鼓励分销商对镇宽带覆盖的同时也提升了对客户的服务水平。全年全区共完成 338 个分纤箱建设,新增宽带接入端口 2704 个。

【城区宽带光改】 为了提升信州区城区宽带用户的感知及响应国家降费提速的号召,对城区 22 个 ADSL 及 FTTB 小区进行光改,惠及 3000 余个用户,信州区联通家庭宽带接入由原来的 10M 提升到可接入 200M 带宽,基本消灭 20M 以下用户,宽带费也用由原来的 10M 宽带 600 元包年降到 50M 宽带 1000 元 2 年。

【提升服务客户水平】 不断创新完善服务质量监督体系,开展三个专项行动"服务零容忍""服务流程优化""联通为您而变",实现对公司全业务、全流程的服务质量监控,提升公司整体服务水平。开展移动网络"三个百分百"承诺服务,率先开展宽带限时承诺服务试点,全市一日通水平达到 98%,72 小时及时率达到 100%。

【主要负责人】
信州区城西分公司总经理:
　　余亚瀚
信州区城东分公司总经理:
　　徐　峰

　　　　　　　　　　(余格菲)

金　融　业

金融服务

【概　况】　2015年12月批准设立信州区金融工作办公室，2016年1月正式挂牌工作。区金融办作为正科级区政府工作部门，是当时全市唯一一个将其纳入政府工作部门的县（市、区）。区处非办公室设在区金融办，处非办配备专职处非干部处理日常工作。2016年，全区金融系统紧紧围绕服务地方经济社会发展大局，着力加大对实体经济的支持力度，不断健全金融体系，扩大融资规模，优化金融生态环境，全区金融业保持良好的发展态势。截至年末，全区银行业金融机构人民币存款余额696.1亿元，较年初增加110.66亿元，增长18.9%。其中，全区个人存款余额263.19亿元，增长12.75%。全区银行业金融机构人民币贷款余额590.51亿元，较年初增加59.92亿元，增长11.29%。

【引进金融机构】　继续做好金融机构落户的相关协调服务工作。全区先后引进6家股份制商业银行和1家村镇银行在信州区设立分支机构，同时在信州区设立分支机构并纳税的保险机构有15家，占全市保险机构的50%，证券及期货分支机构4家，新落户的永安保险公司已经开展业务。区属还有省金融办审批备案的1家小额贷款公司、1家担保公司。新审批成立上饶市信州区民间融资登记服务中心有限公司1家；赣州银行上饶分行、中信银行上饶分行已开业；光大银行上饶分行、长江证券上饶分支机构正在积极筹建中。

【帮助化解不良贷款】　根据饶办发〔2016〕11号《关于做好帮助金融机构化解不良贷款有关工作的通知》的文件精神。区金融办紧密配合上级部门，根据银行金融机构提供、市金融办转发的区属各单位干部职工、辖区居民不良贷款名单逐一通知单位和个人，及时处置，帮助化解不良贷款。

【鼓励和促进企业上市融资】　为推动企业上市融资，加快资本市场建设，制订了《信州区支持电子信息企业上市融资专项补助资金管理暂行办法》，对在"新三板"成功挂牌的区内企业每户一次性补助50万元；对在上海、深圳及境外证券交易所上市的区内企业每户一次性补助500万元。全区共有4家企业成功上市，分别是江西巨网科技股份有限公司、北京巨网科技股份有限公司、上饶市付网网络科技有限公司、上饶市创赢科技有限公司。

【帮助中小微企业贷款】　2016年，全区通过"财园信贷通"方式从工行、农行、中行、建行、上饶银行、浦发银行、江西银行、农商行、邮储银行等9家银行机构，累计向84家企业发放贷款34145万元，通过信州区中小企业融资担保中心为42家企业提供担保金额6060万元，解决中小微企业贷款难、贷款贵问题。政府拟通过鼓励、支持组建1家国有或混合制，注册资金5000万元以上的融资性担保公司，帮助中小微企业解决资金困难。安排各相关单位上户走访、电话联系等方式了解辖区企业正在银行的贷款情况，依法依规帮助企业沟通银行加快贷款审核、审批进度，争取资金早日到位。

【防范和打击非法集资】　1月成立"e租宝"专责领导小组和"昆明泛亚"非法集资事件工作领导小组开展相关工作；2月至3月，开展非法集资风险排查集中整治活动，联合经侦、市场监督管理局对辖区内博金贷、金算子、信和汇金信息咨询（北京）

上饶分公司、江西省瑞鼎投资管理公司、上饶市丰源投资发展有限公司等进行摸底、排查，对于存在风险点的企业下达了督查整改通知；5月19日，联合市处非办共同开展防范和打击非法集资宣传日活动；6月中旬，金融办根据统一部署，联合相关执法部门，通过7个工作日，针对亿升广场和洪客隆写字楼等多发地、风险点开展重点区域和重点对象的集中排查、整治活动。9月下旬，区金融办联合人民银行市中心支行、赣州银行以北门街道凤凰社区为中心开展了"普惠金融、政银共建社区"活动，同时向其他社区覆盖。活动为社区居民宣传防范非法集资和金融诈骗、反洗钱、反假币等金融知识，参与居民达3000余人次。通过上述工作的开展和落实，有效的防范和打击了一些非法投资、集资企业，震慑了一批涉嫌民间投资集资金融类公司，保证了百姓财产安全和金融秩序稳定。

（吴　剑）

中国银行饶城支行

【概　况】　饶城支行地处信州区中心广场五三大道51号，已有近30年的经营历史，周边居民集中，商业发达，是上饶市中心城区的主要经济活动区。营业大厅宽敞明亮，环境优美，是客户首选的品牌银行。饶城支行现有员工14人，其中支行行长1人，副行长1人，大堂经理、理财经理、客户经理共5人，柜面设置对公、对私、派驻业务经理3个团队，平均年龄30岁左右，学历均在大学本科以上水平，支行队伍朝气蓬勃、积极进取、开拓创新，是1支能征善战的优秀团队。配有1台智能终端、2台自动取款一体机、两台自助存折补登终端、两台网银体验机、1台叫号排队机，2台点验钞机、便民实施等自助设备，能够较好地满足客户体验现代金融服务的需要。2016年，中国银行上饶市饶城支行在市分行党委的领导下，全行员工坚持"拼搏、开拓、创新"的精神，秉承"担当社会责任，做最好的银行"的宗旨，坚持以"在依法合规下经营、防范风险的前提下发展"的经营宗旨，饶城支行外拓市场、内练内功，坚持以人为本，强化职工素质教育，各项业务稳健发展。争创最佳服务、最佳形象、最佳业绩。

【规范优质化服务】　重点抓好对《中国银行业柜台服务规范》《中国银行员工行为守则》《中国银行柜台服务规范》等制度的全面落实。把文明优质服务与创建总行级"青年文明号单位"活动相结合，切实抓好营业环境、服务设施、员工仪容仪表、文明用语、业务技能、服务质效等方面的规范化和标准化建设。通过对柜台人员"德、能、勤、绩"的考核，授予相应的星级。实行"挂星上岗、以岗定薪、星薪挂钩"，充分调动员工的积极性。积极营造优美、舒适的服务环境。

【加强多能化培训】　支行对新入行员工进行了专业知识与体能心智的双向结合培养。通过开展学习中行企业文化和有关专业知识，使新员工具备独特的中行素养；通过集中式军训体验，使新员工领会服从安排与团队精神的重要性；通过工作外的兴趣活动发展，使得新员工体智美结合发展，打造一股积极向上，青春热血的新能量。定期组织全体员工学习有关业务知识操作规程，学习《中国银行业文明示范服务工作指引》《中国银行业文明示范单位管理办法》《中国银行业文明服务示范考核标准》《中国银行业网点大堂经理服务规范》《中国银行业网点柜台服务规范》等，通过邀请市行专家来部授课和员工共同学习座谈，对文明优质服务工作进行学习与探讨，不断提高员工的服务技巧和业务素质。支行还进行了上岗培训、岗位练兵和业务技能测试，定期进行考核及专业技术比赛，要求员工业务上做到"准、快、严"，达不到标准不能上岗。通过严格的技能培训，使员工熟悉、准确地操作各种业务，员工能手率达到了100%。有多人次获一级能手，同时本部还通过开展内部岗位交叉轮岗，培养业务多面手，进一步实现服务多能化。

【做好合规化内控】　在业务发展上，支行牢固树立依法合规经营的思想，认真执行国家金融政策和法规，严格执行上级行的有关制度和规定。在抓团队的内控意识上狠抓内控制度的学习，利用每周四晚上学习时机组织员工学习各种规章制度和收看各类警示教育片，并要求员工撰写心得体会，员工的内控意识大大增强。从抓员工的内控执行力入手，通过定制度，抓考核以及问责等办法促进员工内控意识的提高。通过一手抓文明优质服务，一手抓内控外防管理，营业部的各项工作未出现重大业务差错和风险案件。

【提升云端化业务】　在业务创新上，支行大堂设立多台自助服务终端机，向客户提供高效能服务，让客户自主体验智能优化业务，提高支行工作效率。支行大力营销手机银行、网上银行，为个人业务和公司业务提供多渠道移动终端业务服务。此外，支行着力营销和推广江西分行线上金融 APP "易惠通" "易惠通"，这一手机综合应用云端平台，内含智能预约、生活缴费、货币兑换、金融理财、消费购物、授信等丰富链接，提供客户足不出户的便捷优惠的服务，让客户愿意用、享受用。经过云端银行的拓展，支行的金融网络渠道愈加丰富与宽广，为支行的智能化服务做了更进一步的诠释，也为银行云端体验作出了积极的影响作用。

【主要负责人】
行　长：毛红玲
副行长：徐　润

（王　琦）

中国工商银行股份有限公司上饶信州支行

【概　况】　2016 年，中国工商银行上饶信州支行隶属上饶分行，坐落于上饶市信州区步行街中心铜钱旁（信江中路 11 号），是上饶工行最大支行。支行内设综合管理部、公司金融业务部、个人金融业务部、个人信贷业务部；下设营业部（支行办公楼一楼）、中融支行（中山路 11 号）、水南支行（水南街劳动路口）等 3 个对外营业网点。2016 年，有在编员工 63 人，党支部 1 个。工行上饶信州支行是上饶市最大县级金融分支机构，经营业务品种齐全、资金规模大、业务平台先进、服务文明规范，主要经营：办理人民币存款、贷款；同业拆借业务；国内外结算；办理票据承兑、贴现、转贴现；各类汇兑业务；代收代付；代理证券资金清算业务（银证转贴）；保险兼业代理业务；保险箱业务；买卖政府债券；金融债券；证券投资基金；银行卡业务；电话银行、网上银行、手机银行业务；办理结汇、售汇业务及经中国银行业监督管理委员会批准的其他金融业务。截至 2016 年 12 月 31 日，全行各项存款较年初增长 2.39 亿元，各项贷款较年初增长 3.83 亿元，创中间业务收入 2770 万元，实现拨备前利润 1.13 亿元。实现了全年全行经营绿色安全。

【加快推进"大零售"发展战略】　组织员工深入学习 2016 年度全省行长工作会精神，理解"大零售"业务战略意义和经营转型的内涵和基层行加快"大零售"业务发展的重点。充分发挥优势，扎实开拓工作，稳健推进大零售业务发展。把私人银行业务为主打产品，针对私人银行客户的优势，以产品吸引客户，以服务打动客户，通过做成私人银行业务带动理财产品、个人存款、银行卡、贵金属业务的全面发展。采取切实可行措施，鼓励客户经理尝试新兴业务营销，如发展个人融资业务、在线按揭贷款等，让个人客户了解工作新兴业务，挖掘客户潜能，提高客户的依赖性和贡献度。以网点标准化建设为抓手，切实发挥大堂经理的职能作用，转变服务模式，提高智能设施效能，努力提升服务水平，增强市场竞争力。

【做大信贷资产业务】　2016 年，针对近年来信贷资产业务发展滞缓的实际情况，以提升资产质量降低风险定投向，锁定优质目标客户，用银行新产品吸引客户，扩大客户群。瞄准政府项目、国有企业、PPP 项目，把辅助项目作为促进发展重点来做，高度重视民营中小企业。做工业园区内发展好的客户，做优质个贷客户。以服务为抓手，创新服务手段，营造特色服务，调整了结构，提高了贷款效益。

【调整经营结构优化资产业务】　坚持深化改革创新，调整经济结构，不断优化资产业务。找准市场，主动上门营销大宗商品代理企业，在客户领域中挖掘优质客户。成功与上饶市新华龙集团有限公司进行了融资业务对接，洽谈了双方的业务合作意向，并成功参加了上饶市新华龙电器有限公司与下级经销商的年度会议，营销工行的个人金融产品。全年贷款累计投放 20 亿元，有力支持了信州经济发展。

【主题教育有效促进经营发展】　根据上级行党委"两学一做"学习教育活动的部署，针对基层行的实际，扎实开展"两学一做"学习教育活动。成立了由书记为组长，纪检监察员为副组长，其他支委为成员的"两学一做"学习教育活动工作小组，明确了活动工作小组成员的工作、职责。制订了适应基层行开展教育学习活动计划,实现"两学一做"学习教育活动与经营管理、其他专题活动齐头并进。开展争创"五强"党支部和争当"五优"党员活动。

【坚持促进安保工作常态化】
完善综治安全保卫工作机制,充实了平安银行创建工作小组,明确了支行、网点的责任,并定期进行督查考核,以使各项综治安全保卫工作按计划落实。坚持综治安全保卫工作教育,树牢安全意识。坚持客户投资金融风险防范宣传,筑起安全外部"防火墙"。坚持综治安全保卫工作检查,督促工作落实。坚持防抢、盗、骗预案演练,掌握防范基本技能。坚持员工异常行为排查,及时掌握情况。坚持总结分析,发现问题及时采取措施加以改进。开展平安银行创建中,注意品牌形象的树立,在全行倡导为客户提供"精准业务服务",最大限度防范因员工业务操作失误造成事故、差错,防范舆情风险,提高社会美誉度。严格执行内控管理制度,防范业务、员工道德风险。

【做好员工工作】 支行以机制激活力,随着全省十三项改革的稳步推进,结合本行实际,认真推广对员工冲击大的"MOVA员工系统""客户经理管理体制改革""岗位等级工资改革"等,讲清其重要性、必要性,仔细做工作,公平、公开进行考核,让绝大多数员工认可后实施,真正发挥改革的作用。员工是发展的原动力。以挖掘员工潜能为抓手,凝聚推动发展的原动力首先是引导员工创新业绩,获取最佳薪酬。加强素质工程投入,把提升员工素质作为员工重要福利来做,让员工素质适应改革发展需求。做好"减负"工作,关爱员工心身健康,关注员工家庭,关心员工生活,让员工放下包袱轻装上岗工作,创造条件,让员工更好地发挥才能。注重优化劳动组合,让每位员工在能信任岗位和和谐的人际关系中工作。推行小微网点经营模式,改变员工传统网点服务形式,在践行改革中进行人生价值体验。凝聚正能量,在经营困境时,更加注重思想政治工作,弘扬身边的积极向上的人和事,坚定做好工作和发展信心,加快转型发展步伐。在新老员工青黄不接阶段,加强青年员工的培养尤为重要,在青年员工中,以帮助青年员工成长吸引人、激励人,开展围绕青年员工成长的主题报告、业务竞赛等活动,让青年员工有机会展示自我的空间。重视全方位培养青年业务人才,给机会、压担子,使青年员工得到锻炼,部分青年业务骨干脱颖而出。充分发挥"职工之家"作用,组织开展形式多样的文体活动,陶冶了员工情操,锻炼了员工的体能,加强了员工之间的交流、丰富了员工的业余生活,营造了一个充满活力和团结的企业团队,在经营困境的大环境下,团队的心齐劲足,提升了人力资源效益,推动了经营发展。

【主要负责人】
行　　长:罗黎明
副 行 长:邹剑侠
纪检监察员:张　华
内控专管员:施玉云
行 长 助 理:汤艳芳

　　　　　　　　　　(徐亿生)

建行上饶信州支行

【概　况】 建行上饶信州支行隶属建行上饶市分行,支行内设综合部和个金部;下设4个对外营业网点,分别是支行下属的营业室、五三大道的广信支行、凤凰大道公园道1号的中心区支行和市住房公积金一楼的住房城建支行。2016年,有在编员工42人。建行上饶信州支行是上饶城区金融体系的重要组成部分,也是上饶城区四大国有银行之一。建行信州支行经营业务主要包括:存款服务、综合贷款服务、人民币理财、银行卡、汇款及外汇结算、代缴费服务、代发薪服务、电子银行服务、国内支付结算、基金相关业务、企业理财服务、金融机构服务。同时还提供各种公司银行和零售银行产品和服务、开展自营及代客资金业务,业务范围还涵盖基金管理、人寿保险等。2016年,建行上饶信州支行在区委区政府的关心和支持下,在市分行的正确领导下,信州支行攻坚克难,奋力拼搏,各项业务得到了稳步发展,市场表现得到了进一步提升。截至2016年12月末,信州支行各项存款余额277379万元,其中对公存款余额229334万元,个人存款48045万元。

【创新支持实体经济发展】 在对公信贷投放上,大力支持建筑业客户、"三农"、重点项目建设,全力支持地方经济发展。坚持以平台为依托,积极与信州区政府合作,搭建政府增信业务平台,大力发展"财园贷""税易贷"、大数据产品。

【坚持从严治行】 根据"雷霆行动"专项治理、"一加强两遏制"回头看等工作部署，结合实际制定了各类专项排查活动实施方案，对私售"飞单"行为、票据业务、合规主题教育、柜面操作风险、网点环境情况进行专项排查，实行每月督促推进。强化信贷基础管理，坚守信用风险底线，提升信用风险管控能力；优化审批机制，提升审批效率，有效防止信贷风险和政策风险。

【党建引领发展】 以党建促发展，将党建工作和业务工作同谋划、同部署、同推进、同落实、同考核。扎实开展"两学一做"教育活动，始终坚持把党的思想建设放在首位，引领党员干部把"两学一做"的最终成果体现在立足岗位、履职尽责上，体现在勇于担当、破解难题中。集中开展了《员工违规违纪行为集中排查》问卷调查活动，组织签订了廉洁合规从业承诺书，组织全行员工开展个人信用情况申报、开展防止利益输送的自查自纠和相关报告工作。开展落实党风廉政建设、案防制度和特派员履职督导检查，继续深化作风建设，认真落实"一岗双责"和党风廉政建设责任制，促进廉洁从业，切实形成作风建设新常态。

【主要负责人】
行　　　长：周拥军
纪检监察员：赵章龙
内控专管员：毛勇夫
（王　坚）

上饶银行信州支行

【概　况】 上饶银行信州支行以服务地方经济、服务中小企业、服务市民为市场定位，以效益、质量、规模协调发展为战略指导思想，大力拓展业务，努力提升服务。2016年，上饶银行信州支行坚持以合规经营、持续创新、优质服务为经营理念。各项业务有较大幅度的增长，盈利水平持续增长，资产质量保持了优良。服务内容涵盖负债业务，中间业务，对公代收代付业务，网上银行业务，手机银行业务，自助银行业务，理财业务，银行卡业务，信贷业务（含"金易达"卡业务）等。行内设有会计审计部和银行部，下设5个营业网点，拥有社区支行2个。时有职工共102人，是上饶银行在上饶市辖区内资产规模最大、服务能力最强、网点分布最广的金融机构之一。截至2016年年底，各项存款余额384388万元，各项贷款201169万元，实现利息收入17675万元，各项指标均位于本地同行业前列。

【稳健增效促发展】 继续加大营销力度，拓展营销渠道，不仅维持日常的柜面营销，而且利用各个节假日主题进行活动营销，保证存款的良好增势，取得了卓越成绩。截至12月末，各项存款余额384388万元，比去年同期增加121041万元，同比增长45.96%。全年日均332108万元，较上年底增加75962万元，同比增长29.66%。一季度提前完成了存款增长一个亿的营销目标，存款日均更是增长6个亿，为全年存款的稳定和增长奠定了良好的基础。

【改善信贷资产结构】 上饶银行信州支行始终坚持"服务地方经济，服务中小企业"为自身发展定位，以服务市民、服务中小企业及个体经营户为理念，不断优化信贷结构，丰富信贷产品，形成适合多层次客户需求的金融超市，拓展贷款业务规模。该行在寻求规模化优势的同时，也在增强自身抗风险能力，信贷投放进一步向优良客户集中，逐步退出"散小差"劣质客户，有效规避经营风险。截至12月末，各项贷款计201169万元（含信托），较去年同期增加13985万元。

【增加中间业务营销特色】 为保证业务种类的齐全和完善，信州支行在发展传统的存贷款业务的同时，也在致力于拓展中间业务。在个人业务上，该行推出了"月得利""利生利""经营通"贷款、"安居乐"贷款、"物业贷"贷款、"周转易"贷款、"消费易"贷款、"白领通"贷款、"薪福贷"贷款、"车位贷"贷款、"车易贷"贷款等金融业务。在公司业务上，该行推出了重点客户金融服务计划、"小巨人"金融服务计划、"小雄鹰"金融服务计划等。在互联网金融方面，信州支行依托网络通信的便捷性，推出了个人网银、企业网银、电话银行、短信业务、缴费一卡通、支付宝卡通、商旅通等一系列电子银行业务。

【创新内部管理办法】 在去年细化员工考核的基础上，采取自学为主、以会代训、以考促学的方法，狠抓员工队伍素质的提高。在贯彻落实上级相关要求的基础上,针对自身实际,强化了以人为中心的风险防控体系,采取了综合治理、管训结合、在健全完善制度和提高员工素质上下功夫的方法,全面促进员工执行制度的自觉性和严谨性,不断增强防范风险的意识和能力。定期组织前台柜员技能竞赛,加强网点前台人员对各项业务的熟练程度,全面提升员工的整体素质。

【积极抢占客户市场】　在强化员工营销与服务意识的同时,紧紧围绕立足市场争份额,积极部署,多措并举,抢占优质客户市场。紧抓客户市场不放松,大力加强区域市场资源调查,积极主动地与同业抢市场、争份额。以产品推介销售为重点,大力拓展优质客户,加快产品向优质客户渗入步伐,推动业务发展。提高优质客户的忠诚度和贡献度,以加强老客户维护为基础,以发展新客户为增长点,大力开展定向组合营销,加强与优质客户的感情联结提高优质客户的忠诚度和贡献度,巩固扩大优质客户市场份额。

【主要负责人】
行　长:马志群
副行长:游苑青
副行长:葛　彦
行长助理:王　河

（罗来坤）

上饶农村商业银行股份有限公司

【概　况】　2016 年,面对复杂多变的经济金融形势,上饶农村商业银行股份有限公司在党委、政府、上饶银监分局的关心和有效监管下,牢牢把握"固本强基、提质增效"的工作总要求,始终坚持"稳中求进"的工作总基调,不断推动业务网点转型,通过抓发展、调结构、优管理、控风险,实现了各项业务平稳健康发展。上饶农商银行内设:办公室、人力资源部/党群工作部、财务会计部、信贷管理部、审计部、风险合规部、运营管理部、信息科技部、电子银行部、业务拓展部、金融市场部、微贷事业部、三农事业部、清收事业部、后勤中心、安全保卫部等 16 个部门,下设 1 个营业部、22 家支行,时有在编员工 323 人,基层党支部 17 个。业务范围涵盖:吸收公众存款;发放短期、中期和长期贷款;办理国内结算;办理票据承兑与贴现;代理发行、代理兑付、承销政府债券;买卖政府债券、金融债券;从事同业拆借;从事银行卡业务;代理收付款项及代理保险业务;提供保管箱业务等。截至 2016 年 12 月末,上饶农商银行各项存款余额 584875 万元,较年初增加 26442 万元,增幅为 4.73%。各项贷款余额 549068 万元,较年初增加 37682 万元,增幅为 7.37%;2016 年全年缴纳各项税费 6334.14 万元(含补缴 2015 年税费 1845.86 万元),各项监管指标总体稳定。

【服务水平显著提升】　围绕客户满意度,践行"服务至上、客户至诚"的服务理念。全面加快升级物理渠道。通过撤并和优化物理网点,积极设立离行式自助银行方式,全面升级为综合网点;继续开办了夜市银行、"领导坐大堂"活动,深化了文明规范服务专项行动,切实巩固了服务质量。丰富了"村村通"服务功能。通过增加服务业务范围与种类,增强客户体验感,切实提高了服务效益。强化电子银行平台建设。以"e 百福"平台推广为契机,整合渠道资源,实现物理网点、自助设备、网上银行、手机银行、微信平台、客服中心的信息共享、互联互通、体验一致,努力打造全方位、一站式的互联网金融服务体系。

【支农支小效果显著】　坚持"立足本土、服务社区、支农支小"市场定位不动摇,积极调整信贷投向,压缩房地产等非农贷款,重点加大对"三农"和中小微企业等实体经济的支持力度,信贷资源优先投放,确保涉农和小微贷款总量持续增长,对符合相关政策规定的客户,开通绿色通道,缩短办贷流程,执行优惠利率,有效解决涉农经营主体、小微企业的融资贵、融资难问题。截至 2016 年 12 月末,各项贷款中涉农贷款 414136 万元,较年初增加 28525 万元,较年初增长 7.40%;中小微企业贷款 335492 万元,较年初增加 44948 万元,较年初增长 15.47%,有效支持地方经济发展。

【开展"百福"慈善捐助活动】　自 2012 年起,每年与上饶中学合作,选择 50～100 名家境贫困、勤奋好学的高中学子,向他们捐赠助学资金。截至 2016 年 12 月末,已累计帮助贫困学子 450 人次,金额 54 万元。

【获上饶市综合治理先进单位荣誉】　发展业务的同时，做好社会管理综合治理工作，营造和谐平安的金融环境，2014 年至 2016 年连续 3 年被上饶市综治办评为"上饶市综合治理先进单位"。

【重民生履行社会职责】　上饶农商银行主动履行社会责任，推行普惠金融服务，对接信州区资助管理中心、市扶贫办、劳动就业局等部门，积极发放助学、扶贫、再就业等政策性贷款。截至 2016 年 12 月末，共计发放助学贷款 3477 笔，金额 2249 万元；发放精准扶贫贷款 154 笔，金额 42718 万元；发放下岗再就业贷款 134 笔，金额 3959 万元，社会认可度不断提升。

【主要负责人】
党委书记、董事长：付少平
党委副书记、行长：刘全华
党委委员：何　民
党委委员、纪检书记、监事长：
　　　　　　　　邓裕林
党委委员、副行长：王祥生
　　　　　　　　胡冬标
行长助理：林尚忠
　　　　　　　　（张　扬）

交通银行股份有限公司上饶分行

【概　况】　2016 年，交通银行上饶分行在省分行的领导下，在党委、政府、上饶银监分局、人行上饶中心支行的关心和支持下，围绕"深化改革、转型发展、从严治党"三大任务，顺势而为练内功，乘势而上谋发展，按照"控风险、强资产、拼利润、挣绩效"十二字方针，积极推进质量提升，增长转变、改革转型、客户结构、消保服务和从严治党六项工作，实现了年初既定的目标任务，保持了持续稳健发展。分行坐落于上饶市信州区五三大道 148 号，内设综合管理部、财务与营运管理部、授信与风险管理部、公司业务部、个人金融业务部；下设营业部、米兰春天支行 2 个对外营业网点，其中分行营业部为五星级网点、中银协千佳示范网点，在分行一楼对外营业，米兰春天支行位于江南商贸城米兰春天小区正对面。分行现有在编员工 46 人，基层党支部 3 个。交通银行上饶分行经营业务品种齐全，本外币结合，能够办理国际、国内通行的各类金融业务，拥有面向大型企业的蕴通财富系列理财管家，面向中小企业的"展业通"品牌，面向高端客户的财务服务品牌以及面向中端客户的交银理财服务品牌，拥有包括个贷、银行理财、基金、保险、外汇等丰富的产品线帮助客户全面规划财务资源。2016 年，交通银行上饶分行荣获中银协"千佳服务示范网点"、上饶市金融青年文明号、上饶市诚信金融单位、计划生育工作目标管理先进单位、上饶市综治工作（平安建设）先进单位和上饶市银行业"打击电信网络违法犯罪暨普及金融知识万里行活动"先进单位称号。

【业务规模持续发展】　截至 2016 年年末，分行总资产余额 26.89 亿元，较年初新增 4.51 亿元，增幅 20.15%。人民币各项存款日均余额 23.91 亿元，增幅 20%。其中，储蓄存款日均余额 3.28 亿元，较年初增加 0.4 亿元，增幅 13.89%；对公存款日均余额 20.64 亿元，较年初增加 3.56 亿元，增幅 20.84%。各项贷款余额 22.33 亿元。其中，零售贷款余额 9.13 亿元，较年初增加 1.71 亿元，增幅 23.08%。分行实现了高速稳健发展。

【普惠金融逐步推行】　积极开展"打击电信网络违法犯罪暨普及金融知识万里行活动"。通过走进社区、走进商圈，宣传金融法律知识。年内相继开展 8 元观影、银联刷卡有奖、加油折扣、华润万家百货刷卡有礼等活动，进一步将金融服务惠及上饶市民的日常生活。升级商户 POS 机刷卡系统，制定费率优惠措施，对中小商户资金结算提供便利和实惠。服务实体经济，2016 年分行紧跟当地政府经济发展部署，以全力支持实体经济，服务供给侧结构性改革为导向，落实资产业务做早做优，负债业务稳步优化的工作思路，实现了资产端"增效"、负债端"降本"，大力支持经开区龙头企业晶科能源业务发展，鼎力配合晶科能源国际业务顺利开展。另一方面发展零售贷款业务，扶助小微企业发展，截至年底，分行已全面达成小微企业贷款增速不低于各项贷款平均增速、小微企业贷款户数不低于上年同期户数、小微企业申贷获得率不低于上年同期水平的"三个不低于"任务。

【风险管控稳步提升】　定期召开各类风险例会，夯实信贷风险管理基础。分行每季度召开全面风险管理委员会议、每半年度召开反洗钱领导小组会议，从制度层面定期对分行的全面风险、反洗钱等方面工作进行梳理总结。不定期进行专项宣导工作，细化既有排查防范方案，通过持续开展各类警示教育活动，深入推进党风廉政与案防体系建设。加强员工行为规范。一方面积极开展各项内部管控和违法犯罪的自查自纠工作，多次传达合规经营精神；另一方面分行坚持谈心谈话制度，通过观看警示宣传教育片、开展知识竞赛、组织风险知识考试等形式，营造了合规经营氛围，加强员工的风险合规意识。

【企业文化稳固发展】　开展丰富多彩的文体活动。提升团队凝聚力和战斗力。开展以"同心共筑交行梦"为主题的系列活动，通过特色活动的开展，营造积极向上、勇于拼搏、团队合作的文化氛围。组织员工参与公益事业。通过组织开展福利院送温暖，扶贫点慰问走访，金融知识进万家等活动引导员工奉献爱心，回报社会。关爱员工。分行领导班子带头开展家访工作，及时了解员工的工作、生活情况，帮助困难员工解决实际困难。

【党建工作扎实推进】　严格落实党风廉政建设责任制，持之以恒贯彻中央八项规定精神。推进"两学一做"常态化，除进行集中学习、讨论交流和心得分享等规定动作之外，分行还创新形式开展了现场参观党风廉政教育基地、知识竞赛、烈士故居现场上党课等方式，丰富学习形式，落实学习成果。通过设立党员示范岗，挖掘平凡岗位上的党员优秀事迹，发挥党员先锋模范

带头作用，分行党员共获评总行级表彰1人次，省行级表彰5人次。坚持规范与创新相结合。着力增强党员队伍活力，严格按照交通银行总行下发文件要求，年初既制定分行党员教育培训计划，加大党员教育培训力度，并认真组织民主评议党员，对党员进行民主评议。

【主要负责人】
党委书记、行长：鲍江燕
党委委员、副行长：陈启明
　　　　　　　　赵　剑
　　　　　　　　　（徐乐文）

江西信州江淮村镇银行

【概　况】　江西信州江淮村镇银行由安徽桐城农商银行主发起，具有独立法人资格的股份制银行业金融机构，经中国银监会批准成立，注册资本1亿元。2015年9月8日在上饶市区开业，内设综合办公室、业务管理部、市场营销部、营业部及财务会计部等5个部室。全行共23人。行内开设3个服务窗口，设有自助存取款机2台。经营范围：吸收公众存款；发放短、中、长期贷款；办理国内结算；手机银行、网上银行业务；同业拆借；银行卡业务；代理收付款项；经监管部门批准的其他业务。江西信州江淮村镇银行是信州区人民政府重点招商引资项目，是一家以支持"小微""三农"为主的新型商业银行。2016年，江西信州江淮村镇银行获得上饶市政府颁发的"村镇银行综合考评先进单位"奖项。

【业务发展稳步推进】　截至2016年年底，江西信州江淮村镇银行总资产为44987.11万元，各项贷款余额19508.57万元，总负债35303.28万元，所有者权益9683.83万元，2016年全年实现各项收入1974.97万元，各项支出1783.96万元，利润总额191.01万元。业务的良性发展，确保了2016年全年收入利润目标的实现，信贷业务保持快速增长，资产质量和结构继续保持"双优"，该行始终定位辖区内"三农"、个体经营户和中小企业的信贷需求，不断优化信贷结构，丰富信贷产品。

【加强企业文化建设】　2016年，村镇银行以践行社会责任为己任，先后举办了"普及金融知识，提升金融素养""支持双创"等活动，多次走进社区、商圈、市场，通过不同形式较好地服务"三农"，服务中小企业，支持地方经济发展，树立了村镇银行良好的社会形象。举办了各种文体活动，"三八"节活动、职工运动会等文体活动，丰富了职工文体生活，增强了企业的凝聚力和向心力。

【开展"金融知识进万家"活动】　9月1日，举行"金融知识进万家"活动启动仪式，通过发放印制《江西信州江淮村镇银行预防电信诈骗温馨提示》《江西信州江淮村镇银行非法集资案件特点及危害》等内容宣传单，给消费者普及金融知识，提高社会公众的金融素质，保护金融消费者免受违法违规金融活动侵害。

【开展"反假货币宣传"活动】　9月12日，在红星建材城宣传

反假币活动,本次宣传活动深入人心,得到了消费者的普遍欢迎和一致好评。前往的人络绎不绝,许多人对人民币的防伪只是一知半解,通过反假币宣传,使群众更多地掌握了识别真假货币的知识,达到了预期的宣传效果。

【开展"反洗钱"活动】 11月18日,在本行门口和半岛花园小区门口举行反洗钱宣传活动,此次活动使更多的社会公众掌握了反洗钱的知识,帮助他们了解反洗钱的基本常识、认识反洗钱的危害性,增强了社会公众的自我保护能力和辨别能力,并得到了社会公众的一致好评,从而提升了该行的社会形象,取得了良好的宣传效果。

【主要负责人】

行　　长:鲍雪松

监事长:胡　志

副行长:屈　松

（郑孝康）

中国人民财产保险股份有限公司信州支公司

【概　况】 2016年,中国人民财产保险股份有限公司上饶市信州支公司以"人民保险、服务人民"为使命,秉承"以人为本、诚信服务、价值至上、永续经营"的经营理念,弘扬"求实、诚信、拼搏、创新"的企业精神,坚持以市场为导向、以客户为中心,积极履行优秀企业公民责任,为促进改革、保障经济、稳定社会、造福人民提供了强大的保险保障。同时,在服务经济社会发展全局

和广大客户的实践中,创造和积累了市场领先的企业核心竞争优势。2016年,累计实现保费收入5494万元,为1万多户企业、家庭及个人提供了近150亿元的财产和人身保险保障,全年实施灾害救助、组织经济补偿方面累计赔付支出2964万元,及时有效地帮助众多出险保户渡过难关。全年累计上缴地方税收287万元。

【诚信服务稳健经营】 继承和弘扬"笃守诚信理念,提供优质服务"的优良传统,以诚信服务铸就品牌,以诚信服务赢得市场。公司相继承保、共保了昌德高速、三清山机场等上饶重点工程建设项目,充分发挥了人保财险在上饶经济建设中的保驾护航作用,得到了国家和社会的认可。健全营销渠道,优化服务流程,改善服务手段,努力为客户提供专业化、个性化和差异化服务,用服务创造竞争优势,以服务造就行业标杆。

【拓展多种新型销售模式】 为适应市场新需求、新形式,2016年,公司新拓展的"电话营销""网络营销"业务获得了广大消费者的关注和支持,这种新颖的销售模式节约成本、节约时间,一切从消费者利益出发,达到了资源的最优化配置。电网销营业额达到2600多万元。

【真诚服务"三农"】 始终将发展政策性农业保险作为一项重要政治任务,投入大量资源,持续深入推进政策性农业保险又好又快发展。2016年,信州人保财险独家承保的信州区政策性农业保险业务,建有乡镇三农

保险服务站1个,累计承保各类农作物2.89万亩,承保能繁母猪300多头,承担种、养、林、农房等惠农险种,风险责任超亿元,政策性农险业务规模100余万元,为广大农民朋友创业增收系上了"保险带"。

【主要负责人】

经　　理:毛　军

副经理:孔繁德　余　滢
　　　　郑茂花

（郑云庭）

中国人寿保险股份有限公司上饶分公司

【概　况】 2016年,中国人寿保险股份有限公司上饶市信州支公司从实际出发,紧跟市场节奏,紧盯绩效指标,加速发展。全年实现总保费1072.9万元,同比增长17%。有效人力12人,同比增幅50%。

【依托品牌形象加强政保合作】 年内,公司依托品牌形象,主动对接政府推出的各项民生工程,促进政保合作业务的发展。公司承保公安民警及教职工意外伤害保险,保费收入达70余万元。

【队伍驱动发展战略初步构建】 公司通过常态增员和运用SIS超级增员系统开展增员活动,以此来扩大团险业务销售队伍规模,截至12月31日,销售团队1个,业务销售员15人,系统持证人力达12人。

【主要负责人】

经　理:王　莉

（王晓兰）

中国大地财产保险股份有限公司信州支公司

【概　况】　2016 年,中国大地财产保险股份有限公司信州支公司在信州区委、区政府和上级公司党委、总经理室的正确领导下,狠抓各项工作落实,在全体员工的努力下,公司经营管理工作再上新台阶,保费收入稳定增长,内控管理有所提高,员工工作热情进一步被激发,完成 2016 年全年任务目标。2016年,实现保费收入 3389.37 万元,同比增幅 30%。全年向信州区地税上缴税款总计 290 余万元。

【团队比拼激发活力】　随着保险行业的不断发展,在引进人员、建设团队方面,信州支公司正在逐步转型,致力于打造一支年轻化、专业化的队伍,员工不仅拥有业务技能,还要有较高的服务意识,从整体素质上对员工提出了更高的要求。公司还鼓励内部竞争,各个团队之间相互比拼,互相促进,以此在公司内部形成你追我赶的良性竞争氛围,确保公司的可持续稳健发展。

【立足服务赢取市场】　客户进门,一个微笑,一声问候,一杯茶水是员工服务的基本要求;多年不间断给较为地址偏远地区客户提供上门收取保费和送单服务受到客户的肯定。在上级公司的支持下加强了对理赔服务的提升,在客户最为关心的理赔环节,公司推出了电话直赔、微信理赔、人伤温情关怀、非事故道路救援等多种全新的服务模式。努力加快结案速度,缩短理赔周期,提高理赔时效。同时不断完善优化理赔流程,根据实际情况增加人性化服务环节。

【诚信经营回馈社会】　信州支公司一如既往秉承“诚信为先,稳健经营,价值至上,服务社会”的经营理念,并用社会给予的关怀积极回馈社会。按照总公司的部署,于 5 月 20 日举办了第一届主题为“感恩有你,与爱同行的 5·20 客服节”活动,通过客服节与客户互动,为客户解决问题。在每年的保险公众宣传日,公司派出人员积极参与市行协组织的“义务献血”等公益活动,用爱心和行动回馈客户和社会。

【主要负责人】

经　理:关汉平

副经理:汪　燕　徐勇军

（陈佳佳）

教 育

综 述

2016 年，信州区教育部门积极开展"万师访万家""三员三巡"活动，健全"信州区教育系统教师爱心驿站"，深化教育教研创新，探索片区教研"1 + 4"发展模式，不断促进城乡教育优质资源均衡发展，圆满完成年度的工作任务。信州区教体局先后被评为江西省第十四届"文明单位"荣誉称号、2015—2016 新蕾杯全省中小学师生优秀教育期刊读刊用刊活动优秀组织奖励、"江西省依法治校示范"校荣誉称号、上饶市"先进基层党组织"、第十九届全国青少年五好小公民"老师您好　我的好老师"主题教育活动先进集体、上饶市委和市政府关心下一代红旗单位、上饶市关心下一代先进集体、关爱帮扶先进集体。秦峰霍村小学教师翁俊水获"感动江西十大教育年度人物"提名、沙溪镇向阳小学吴木兴被评为江西省十大最美乡村教师。

积极开展"两述两评"活动。为加强对全区中小学学校校长和机关科室、事业单位负责人的管理，区局积极开展"两述两评"活动。"两述两评"活动即年中暑期学校校长述职接受机关科室、事业单位负责人点评。年底，局机关科室、事业单位负责人述职并接受学校点评。

开展"一疏一通一整治"活动。"一疏"即加大留守儿童心理健康疏导工作力度，加强中小学生心理健康教育，积极开展中小学心理健康教育特色学校创评工作。"一通"即着力解决教育系统未婚大龄青年的婚姻问题，关注未婚男女青年的婚姻大事，让教育工会牵头定期举办青年联谊会，为未婚青年架起通向婚姻殿堂的桥梁。"一整治"即城区 13 所热点学校与市交警一大队、农村中小学校与交警三大队和郊区中队联合开展"整治校园周边交通环境"，为学校配备"学校交通安全辅导员"，提高学校周边交通安全管理水平，防范学生上下学交通安全事故的发生。

推动"一校一品"内涵发展。在规范办学行为，推动内涵发展工作中，通过挖掘当地及学校特色项目，培育学校特色，全力推行学校特色化素质教育活动，积极探索"一校一品"内涵式发展之路。如：一小的"香樟文化"、逸夫小学的"阳光教育"、三小的"仁和教育"、五小的"尚美"教育、十一小的"崇善"教育、十二小的消防安全教育、十八小的劳动实践基地、茅家岭中心小学的"红色教育"、二十小的"实文化"、沙溪中学的"荷文化"、朝阳中心小学的"竹文化"等。各中小学校的特色办学理念丰富了校园精神文化内涵，也促进了教育满意度的持续快速提升。

学前教育

【概　况】　2016 年年底，信州区有幼儿园 45 所，民办幼儿园 152 所。省级示范园 1 所，市一级一类幼儿园 8 所，区二级二类幼儿园 16 所，三级三类幼儿园 89 所。全区适龄儿童 2.02 万人，在园幼儿 1.64 万人，三年入园率 81%。全区幼儿教师合计 1905 人。初步形成"以公办园和普惠性民办园为主体"的学前教育服务网络。

【大力发展公办幼儿园】　信州区大力发展公办幼儿园，构建覆盖城乡、布局合理的学前教育公共服务体系。实施第二期三年行动计划（2014—2016 年）以来，先后为建设农村公办幼儿园争取发展农村学前教育资金共计 3248.09 万元，用于朝阳、沙溪、秦峰、灵溪建设乡镇中心幼儿园和村完小附属幼儿园。2016年，新建朝阳中心幼儿园并投入使用，改建沙溪中心幼儿园基本完成（在沙溪中心小学原址改建），规划建设秦峰中心幼儿园和灵溪中心幼儿园，四镇每镇1所公办中心幼儿园工作完成40%。扶持村完小附属幼儿园建设，促其办成独立园，2016年，登记注册独立园3所，分别是：朝阳中心幼儿园，朝阳王家幼儿园，秦峰路底幼儿园。加大时有市区公办幼儿园投入，学前教育资金966万元用于升级改造，优化美化市区公办幼儿园办园环境。改造美化后，一保通过省级示范园复评，二保、三幼评为市级示范园，办园层次提高一个等级。

【扶持普惠性民办幼儿园】
2016年，制定了《信州区普惠性幼儿园认定标准（试行）》和《普惠性幼儿园奖补实施细则》，对普惠性民办幼儿园的认定条件、收费标准进行规定，对普惠性民办幼儿园实施奖补扶持，同时对其财务、教育质量进行监管。鼓励办园规范、保教质量达到区内同级公办幼儿园水平的民办幼儿园办成普惠性民办幼儿园，完成区内第一批普惠性民办幼儿园认定工作，对其给予扶持：一是利用中央、省级财政学前教育发展资金支持普惠性民办幼儿园发展。二是将普惠性民办幼儿园教师纳入各类幼儿园培训项目，与公办幼儿园园长、教师享受同等的培训政策。三是给予社会信誉良好的普惠性民办幼儿园玩教具和生活设施物资等奖励。

【督导评估规范管理】　以督导评估为抓手，形成力促整改的长效机制，在对全区幼儿园实行分类指导、分类管理的基础上，每年组织专家评估组对幼儿园办学条件、办园行为进行评估，日常管理过程中，对不规范、不科学的办园行为列出"负面清单"，各级各类幼儿园自查自纠，边整边改，教育主管部门和幼教管理机构，经常开展随机督查、专项指导、追踪督查，引导幼儿园及时纠偏、科学保教。

【师资培训强化队伍建设】　聘请专家解读1月教育部公布的新《幼儿园工作规程》，组织各幼儿园参加学习，据此指导规范办园。充分发挥公办幼儿园的优质教育资源，实行开放日活动，组织公办优秀教师送教，发挥公办幼儿园示范辐射作用，带动民办教师提升素养。分期分批组织教师参加省、市、区三级岗位培训，以《3～6岁儿童学习与发展指南》为抓手，采取集中培训和网上培训相结合，更新幼儿园教师理念。采用"请进来、走出去"的办法，聘请上海特级教师来信州区授课，组织民办幼儿园园长教师到上海示范幼儿园跟班学习，浸入式跟岗学习，开阔园长和教师的视野，找到差距、促进提升。

【学前教育宣传月活动】　5月20日至6月20日，开展第五个全国学前教育宣传月，主题是：幼小协同科学衔接。信州区教体局向各幼儿园发放"幼小协同科学衔接"宣传张贴画，张贴在幼儿园宣传栏，向教师和家长宣传幼小协同科学衔接理念。通过微信朋友圈向幼儿园和幼儿家庭分享教育部宣传月活动主题公益宣传片，指导家长为幼儿做好生活常规、学习品质、社会交往等方面的入学准备，宣传提前学习、片面准备的危害。鼓励各幼儿园结合实际开展形式多样的幼小衔接主题活动，如："参观小学""我和小树一起成长""自主整理书包"等，通过主题活动帮助幼儿获得适应小学生活的能力。倡议小学坚持"零起点"教学，幼儿园和小学双向衔接，相互配合，有效缓解家长"跟不上"的担忧，营造良好的社会氛围。

【学前教育管理信息系统】　9月，为推进学前教育管理科学化和信息化，组织开展全国学前教育管理信息系统区级培训，组织各类幼儿园学前教育学籍管理员集中学习，搭建"信州区学前系统"QQ群，提供交流和操作分享的平台。10月，开展了学前阶段学籍信息数据采集、录入、汇总、监管等工作。

【学前贫困幼儿资助】　2016年度，中央和省级财政共拨付学前教育资助金99.8万元，用于资助经区教育行政部门审批设立的普惠性幼儿园就读的家庭经济困难儿童、孤儿和残疾儿童等，通过各幼儿园认真摸底排查确认在园就读的贫困幼儿合计1450人次，占在园幼儿数的9%，享受每人每年不低于500元标准的资助金（其中建档立卡贫困户家庭在园幼儿44人，享受每人每年不低于1500元标准的资助金），由财政专户直接打入受助贫困幼儿账户。

【安全监督管理】　高度重视安全管理工作，不定期召开安全管理工作联席会议，加强各成员单位联系与沟通，形成工作合力。消防安全审批工作是幼儿园办园资质的前置条件，教育、消防、卫生、食品药品监督局、交通、运管等职能部门各负其责，对民办幼儿园的园舍环境、保教质量、儿童卫生保健、消防设施、膳食、交通等跟踪排查安全隐患，下发整改通知书合计237次，督促整改，通报整改效果。区教体局、市交警部门、区交通局通力协作，对信州区民办幼儿园校车（共有标准校车13辆）实行联审联批，审批校车资质、审批运行线路。注重日常监管，开展校车安全专项整治行动十余次，集中整治校车超员、超速等交通违法行为，排查校车运行线路上的道路安全隐患，依法查处未取得校车标牌非法接送学生车辆，保障全区校车运行安全，确保乘坐校车学生平安出行。

义务教育

【概　况】　2016年，全区拥有各级各类学校共计90所。其中，城区公办小学26所，农村公办小学41所，公办中学14所（初中9所，九年一贯制3所，完全中学2所），民办学校9所（完全小学1所，九年一贯制5所，完中1所，十二年一贯制学校2所）。秋季，在校学生51837人。

【设立教师爱心驿站】　为弥补进城务工人员子女和农村留守儿童家庭教育的缺失，及时发现并帮助他们解决生活、学习上的困难。切实做好全区进城务工人员子女和农村留守儿童关爱工作，结合全区开展的“三严三实”活动和全区教育系统开展的“把纪律挺在前面，争做‘四有’好教师”系列主题活动。2016年全区各中小学均设立了“教师爱心驿站”。信州区教育系统教师爱心驿站是一个纯公益的活动组织。服务项目包括学习辅导、课外阅读、安全提醒、心理辅导、政策宣传、接受社会捐助、家庭教育咨询。不管是酷热的暑期，还是寒冷的冬天，每个周六，“教师爱心驿站”都按时开放，温馨服务。

【加强中小学生心理健康教育】　2016年，结合迎接国家义务教育均衡发展督导评估工作，全面实施心理咨询（辅导）室建设，将心理咨询（辅导室）纳入学校办学的基本条件。积极开展心理健康教育特色学校争创工作。全区中小学校踊跃申报省级市心理健康教育特色学校。上饶市第五小学被评为全省首批中小学心理健康教育特色学校，上饶市第十一小学被评为全省第二批中小学心理健康教育特色学校。为进一步促进全区青少年心理健康教育发展，区教体局联合区文明办等5家单位举办“关爱健康 呵护成长”青少年心理健康教育大型公益讲座。

【举办中小学生素质教育成果展】　为更好展示全区中小学素质教育成果，大力宣传推广先进典型，2016年11月29日在上饶市逸夫小学举办中小学生素质教育成果展，并推选英语演讲（讲故事）和优秀学生现场书法、优秀综合实践活动成果及校本教材参加全市中小学素质教育成果展。

【实施“河库教育长制”】　为认真贯彻落实信州区委办公室、区政府办公室《关于印发〈信州区实施“河库长制”工作方案〉的通知》（饶信办发〔2015〕23号）精神，建立健全覆盖全区的河流、水库、溪渠、水塘保护管理体制机制，指导和组织开展中小学生河库保护管理教育活动，保障生态文明先行示范区结合全区实际建设，全区教育系统实施“河库教育长制”。“河库教育长制”的建立，有效加强了学生的环保教育，进一步强化防溺水安全教育，促进培养全体学生的河库保护意识，有利于实现河畅、水清、岸绿、景美。

【开展省、市级语言文字规范化示范校建设活动】　为进一步推动全区中小学校语言文字规范化建设，在全区中小学校（幼儿园）开展省、市级语言文字规范化示范校建设活动。全区各校积极争创，踊跃申报，上饶市第一小学、上饶市逸夫小学、上饶市第一保育院、上饶市实验小学、信州区沙溪中心小学被命名为“上饶市语言文字规范化示范校”，上饶市第一小学、上饶市逸夫小学被推荐参评省级语言文字规范化示范校。

【注重开展科技创新活动】　7月26日至9月30日，组织中小学生参与中国流动科技馆在上饶市科技馆举办以“体验科学”为主题的巡展活动，并开展以“体验科学，放飞梦想”为主题的有奖征文活动。为深入推进“科教结合 协同育人”计划实施，进一步落实“个十百千万”工程（即一个科技城堡、十项高新科技项目、百所基地校、千名科技教师、万名小科技工作者五项工程），全区中小学校积极开展青少年创新人才培养基地校申报工作，经市青少年创新人才培养基地校建设评审委员会评审，最终确定 12 所中小学为首批上饶市青少年创新人才培养基地，分别是上饶市第四中学、上饶市第一小学、上饶市逸夫小学、上饶市第五小学、上饶市第六小学、上饶市第八小学、上饶市第十一小学、上饶市第十二小学、上饶市第十三小学、上饶市实验小学、信州区沙溪中心小学、信州区茅家岭中心小学。

【开展"红色、绿色、古色文化教育活动"】　2016 年，区教体局根据省教育厅、市教育局的精神，组织开展了信州区"红色、绿色、古色文化教育活动"。活动共收到征文 271 篇，小学组讲故事视频 26 个，中学组演讲视频 21 个，经典诵读视频 34 个，研学旅行 13 个。经过评选，将优秀的作品层层上报，每项作品都获得了较好的成绩，其中十一小还被评为江西省三项文化教育活动先进单位。

【开展优秀家长暨"书香家庭"评选活动】　根据江西省教育厅《关于贯彻落实〈教育部关于加强家庭教育工作的指导意见〉的实施意见》（赣教基字〔2016〕3 号）文件精神，信州区教体局组织开展了优秀家长暨"书香家庭"的评选活动。首先是由学校筛选、推荐，报送区教体局，后经过区教体局组织专家进行审核、评选，共评出了 31 名优秀家长和 31 个书香家庭。

【开展"学宪法讲宪法"活动】根据江西省教育厅《关于组织开展全省学生"学宪法讲宪法"活动的通知》（赣教办函〔2016〕229 号）文件精神，区教体局组织学生利用晨读、专题教育、社会实践、班队活动、远程学习、升国旗仪式、文艺活动、知识竞赛等多种形式开展宪法学习宣传教育活动，形成全区教育系统学宪法、维护宪法权威的浓厚氛围，并组织开展了宪法主题演讲活动。演讲分为小学、初中、高中 3 个组别，小学组的上饶市第一小学选手苏琪然参加省级比赛，获得了江西省特等奖，代表江西省参加国家级比赛，获得小学组全国第十二名的好成绩。

职业教育

【概　况】　2016 年，信州区职业教育全面复苏步入正常发展轨道，全区公办职业学校上饶市职业中学学校基本建设取得了重大进展，随着综合办公楼的竣工，标志着学校三期工程建设的完成。校园占地面积约 3.67 万平方米，校舍建筑面积为 1.8 万平方米。有高一、高二两个年级，信州区职业中学 2016 秋季招生 178 人，在校生共 498 人。民办职校艺术学校春季招生 2 人，秋季招生 51 人，共计 53 人，在校生共 162 人。两校在校生合计 660 人。上饶市职业中学以学前教育专业为主，新增旅游管理、电子商务、汽车工程等专业。12 月 13 日，上饶市职业中学提前两年通过了省教育厅认定的省级达标中等职业学校评估；12 月 27 日上饶市职业中学

申报信州区普通中等专业学校，力争 2017 年通过省级普通中等学校评估。

【校建工作如火如荼】　8 月，上饶市职业中学继续搞好学校的基础设施建设，建筑面积 1300 平方米的男生宿舍建成并投入使用，并在 9 月份新生到来之时投入使用，确保了正常开学。新建的 6000 平方米现代化综合办公楼 12 月 31 日投入使用，彻底改变了无办公室的窘景。

【招生工作圆满完成】　9 月，上饶市职业中学招生工作取得了重大突破，在学前教育专业未招的情况下新招学生 178 名，一举扭转职业学校长期以来招生异常困难的局面，学校的社会形象有了根本的好转，教师的精神面貌有了很大的改观，学校的教育教学步入了良性发展的快车道。

【培训工作有声有色】　2016 年，上饶市职业中学非常重视师资能力水平和双师培训方面的工作，在校级领导工作非常繁忙的情况下，冯健、陈静、刘萍三位校级领导参加国培校长班学习。此外学校根据专业教师比较欠缺的实际情况，以及为了学校的管理工作，外聘了 10 名年轻的教师当班主任每天 24 小时住在学校参与学生的管理工作。

【专业开办与时俱进】　2016 年，上饶市职业中学非常重视专业开办工作，采用中高职对接的方式新开办了工艺美术、播音主持、电子商务专业。这些专业深受广大学生的喜爱，招生状况比

较理想。

【校园文化绘声绘色】 2016年，上饶市职业中学非常重视校园文化建设，注重学生各方面素质的提高。先后组织学生户外野炊、十佳歌手比赛、男子篮球赛、趣味运动会，精心举办了第三届艺术节，丰富了学生的校园生活。

【联合办学达成共赢】 4月，上饶市职业中学与上饶市先峰文化艺术培训有限公司就继续联合办学和秋季招生安排进行了协商，并达成了依托先锋画室的美术专业特长，开创学校艺术生高考培养新模式，专业课教学由先锋画室负责，文化课教学由学校负责，力争实现学校艺术专业高考零的突破的共识。5月，上饶市职业中学与鸿钧影视传媒有限公司洽谈联合办学的相关事宜，充分发挥该公司与省广播电视台紧密合作的优势，开办学校首届播音主持专业，培养方向立足于艺术类高考，多渠道圆中职学生的大学梦。

民办教育

【概　况】 2016年，全区有民办学校共19所，小学、初中、高中教育民办学校10所（其中小学学校2所、九年一贯制学校4所、小学至高中学历教育的民办学校2所、普通高中学校1所、职业艺术学校1所），各类非学历短期教育培训学校9所。民办学校（不含非学历短期教育培训学校）在校生人数共5488人，其中高中（包括职业高中）1521人、初中2383人、小学1584人；各类短期培训学校的学生约有1000多人。全区民办学校固定资产投入达到8000万元以上，民办学校占地面积约13.87万平方米。在校教职工人数达400余人，学历100%达标。其中，教师本科学历的占60%以上，研究生学历也有几名。大多民办学校设有图书室、微机室、多媒体教室、物理实验室、化学实验室、心理辅导室等专用教室及球场，各室设备齐全，管理到位使用率高。

【加强管理规范办学】 开学期间，对全区各民办学校和短期培训学校进行了开学检查：要求民办学校加强师资培训、优化教师队伍；优化课程内容，推进教学质量；完善并落实各项规章制度；开展德育研究，加强校园文化建设。民办学校高度重视本校的各项工作，建立了一系列有效的管理制度和责任制度，做到责任到位。

【重视理论学习和业务学习】 8月中旬组织民办学校负责人参加了全市董事长培训班，为民办学校董事长提供了一个学习平台。11月，组织各民办学校、各短期培训机构认真学习新《中华人民共和国民办教育促进法》和全国人民代表大会常务委员会关于修改《中华人民共和国民办教育促进法》的决定及教育部有关负责人就《民办教育促进法》修改情况答记者问的相关内容，并及时向上级汇报学习情况。继续借助公办学校的力量，开展传、帮、带活动，鼓励师资力量雄厚的公办学校主动帮助民办学校，如：联合区督导室、区教研室开展划片区教研活动，民办学校通过参加公办学校的教研、听课、学习、交流等活动，还组织民办学校到上饶市第十九小学学习，使得民办学校各方面都得到了提升。

【严格依法审批办证】 在审批民办教育机构工作中，成教科始终坚持按民办教育相关法律法规要求和审批程序开展工作。3月份受理"树人学校更换举办者和法人的申请"并作出批复和换证；7月底受理"翘楚英语培训学校更换地址的申请"并作出批复和换证；12月受理"昂立英语培训学校更换法人、更换名称"的申请并作出批复和换证。成教科对校车严把审批关，还联合局校车办、交警大队、区交通局对民办外国语实验小学、华龙学校的校车加大管理力度、规范了校车行驶，确保了校车运行零事故。年底区属民办短期培训部分学校的办学许可证到期，学校按要求递交换证申请，区教体局依法对学校递交的材料认真审核并进行年检，完成换证工作。

【做好学生学杂费的补助工作】 省教育厅、省发改委、省财政厅联合下发了《民办义务教育阶段学生学杂费补助的通知》。为做好这项工作，成教科联合区财政局、局核算中心的工作人员到每一所民办学校进行人数核查，督促学校及时将补助发放到每一个学生手上，确保让每一个民办学校学生都能感受到党和国家的温暖。2016年全年（含两学期）学生享受杂费补助8119人次，补助金额共计906523元。

教育教学科研

【概　况】　2016年，信州区教育体育局教研室以深化学科基地建设为重心，以片区教研互动的新型运作模式为依托，不断推进"研、训、赛"三路并进的实践策略，优化教研模式，强化师资培养，深化服务意识，进一步推进了信州区教研科研的均衡发展。

【开展"名师带教展评暨送研下乡"活动】　4月启动了"名师带教展评暨送研下乡"活动。区教研室采取名师、学员"同课共研"现场课和教研互动的形式，中学在沙溪中学和朝阳中学，小学在6个教研集团共23对师徒共同作了课堂教学展评，涵盖语文、数学、音乐、美术4个学科，受益420多名乡村教师，为镇学校呈现了一场丰盛的教研盛宴，加快了城乡教研均衡发展的脚步。

【创新学科研讨模式】　为做实做强学科教研，通过片区捆绑评的方式，充分发挥片区内名校优秀教师的引领作用，帮扶青年教师的专业成长。先后开展了小学语文识字教学研讨，小学数学"生本高效课堂教学的研究"研讨，全区中学地理、中小学信息技术教师微课制作研讨，中小学综合实践"落选课"研磨，历史学科"一课多型"教学研讨等多学科活动均以集团校互动交流为主线，以公开课展评、汇报集团校内磨课工作、教师现场评课的三部曲为主要形式，有效促进

了集团校学科教研组之间的相互交流和合作，探讨和提升。

【推进学科基地主题活动】　为打造学科"精品"，倡导校际间资源共享，12月中旬六中集团赴灵溪中学开展了集团教学教研开放日活动暨学科基地"主题＋三环"特色教研活动。确定主题：来源于日常研究中比较聚焦的问题，由问题确定主题。三环：团队研磨（围绕主题，在骨干教师引领下，根据青年教师的需求，尝试教学设计）——现场研讨（现场展示，研讨课，骨干教师点评）——反思拓展（反思重建，形成新的问题），该活动对新构建的教研模式进行了有益的尝试。

【组织骨干教师专业素能提升培训】　为提高中小学骨干教师学科专业化素质，区教研室4月请市教研室副主任方建新作了理论通识培训，教研员进行了专业素养提高培训，组织全部骨干教师赴玉山瑾山小学和玉山文苑学校进行了教学观摩交流活动，5月小学部分骨干教师到上海市梅园小学，中学部分骨干教师参加了上海浦东新区优秀教师的教学展示与教学论坛；列席了上海金杨教育省学区和建平教育集团联合主办的"潜心教研、提升素养"学科命题交流研讨活动。

【组织全区中小学教导、教科主任岗位培训】　9月，区教研室组织了中小学教导、教科主任培训，采取以集中授课、分组讨论、自主研修、观摩进修等多种形式，从学校教学常规建设、课程管理、科研管理、教学质量监控

与评估等方面进行系统的培训。区属各中小学及民办学校的教导、教科主任共73人参加。通过培训提高教导、教科主任全面规划和具体操作校本研修、课堂教学评价和教科研的能力。

【组织中小学艺术教师专项技能培训】　6月，信州区教研室组织全区中小学音乐、美术教师分别在上饶师院音乐学院和美术学院开展了专业技能培训。音乐学科进行了音乐欣赏、舞蹈编创、钢琴即兴伴奏专项培训，美术学科进行了吹塑版画的理论和实践指导，受训人员多达90余人，如此大规模的集中培训，丰富的专业培训，在全区艺术学科中尚属首次，专项技能培训夯实了全区音乐、美术教师的艺术修养，弥补了教学中的短板，实现了教师的专业技能和业务水平的提升。

【教学竞赛月活动翻新篇】　5月和10月，分别开展了中小学教学竞赛月活动。活动以"科学整合、创新高效、赛研并进、城乡共进"为愿景，采用赛课与录播同步的方式，采取学科骨干教师组建评委团，现场亮分，赛后主题研讨，让教学竞赛月活动真正成为教师通向专业化成长、成就魅力教师的快车道。据统计，小学语文、数学、英语、美术、音乐五门学科75位教师参加了竞赛，共评出一等奖31名、二等奖44名；中学5个学科（语文、数学、英语、物理、生物）的44位教师参加了竞赛，共评出一等奖21名、二等奖23名，并为中小学一等奖选手设立了指导教师奖。

【各类竞赛结硕果】 2016年度,在上饶市中小学(幼儿园)课例评比活动中,全区中小学共选送368篇,其中幼教42篇、小学258篇、初中65篇、高中3篇。在2016年全国"一师一优课、一课一名师"评比中,全区共推荐114节录像课,圆满完成任务。全区全年省级课题立项12个,结项26个;市级立项111个,结项139个;报送市级论文237篇;19节现场课获国家级奖励;"预学 互动 思辨的课堂教学研究"的研究成果荣获江西省基础教育教学成果培育项目。

教育资源

【概 况】 有义务教育学校中小学教职工2568人,其中城区小学1153人(专任教师1128人),城区初中484人(专任教师469人),农村小学613人(专任教师609人),农村初中318人(专任教师309人)。另外,高中教职工120人(专任教师120人),公办幼儿园教职工86人(专任教师82人)。义务教育学校教职工中具有中小学高级职称的408人,具有中小学一级职称的1208人,中小学二级及以下职称901人,工勤岗位50人,管理岗位1人。教师学历达标率为100%,小学教师具有专科及以上学历达95%,初中教师具有本科及以上学历达77%。义务教育教职工中,男874人,占比34%;女1694人,占比66%。35岁以下1105人,36~50岁1126人,51岁及以上337人。

2016年全区主要中、小学校一览表

学校名称	校长	学校名称	校长
上饶市第一小学	程一红	信州区第三幼儿园	黄琪
上饶市逸夫教育集团	马艳	上饶市第三中学	程一晶
上饶市第三小学	梅爱琴	上饶市第四中学	孙学银
上饶市第五小学	朱有礼	上饶市第五中学	周文胜
上饶市第六小学	郑水洋	上饶市第六中学集团	周方田
上饶市第七小学	卢剑	上饶市第七中学	徐肃亮
上饶市第八小学	陈东萍	上饶市职业中学	冯健
上饶市第九小学	宋敏	上饶市信州区凤凰学校	吕明耀
上饶市信州区第十小学	程敏	上饶市沙溪中学	郑军
上饶市第十一小学	王建春	上饶市信州区宋宅中学初级中学	郑小华
上饶市第十二小学	郑有飞	上饶市信州区秦峰中学	郑宜伟
上饶市第十三小学	郑忠	上饶市秦峰乡第二中学	郑德忠
上饶市实验小学	汪晓瑾	上饶市信州区朝阳农业中学	王安宁
上饶市第十五小学	余建	上饶市朝阳中学	刘谟忠
上饶市第十六小学	刘玉萍	上饶市灵溪中学	方丁旺
上饶市第十七小学	胡有旺	上饶市信州区茅家岭中心小学	邱伟华
上饶市第十八小学	周星彤	上饶市信州区沙溪中心小学	祝建华
上饶市第十九小学	万俊	上饶市信州区灵溪中心小学	叶华强
上饶市第二十小学	吴瑶	上饶市信州区朝阳中心小学	郑维锋
上饶市第一保育院	舒亚倩	上饶市信州区秦峰中心小学	许大敬
上饶市第二保育院	陈哲剑		

(王晓媚 王贤彬)

体 育

综 述

2016 年是实施"十三五"规划的第一年,是贯彻落实《全民健身条例》十分重要的一年。区体育局根据省、市体育工作会议精神,在区委、区政府的正确领导下,制定了《江西省第五届全民健身运动会信州区赛区实施方案》和《上饶市信州区全民实施健身计划(2016—2020)》。

2016 年,群众体育服务体系日趋完善,群众体育发展迅速,竞技体育水平不断提高,体育产业稳步增长。区体育局先后获得全市综合先进单位,江西省第十届青少年百县运动会足球比赛二等奖(第十三名),田径比赛优秀组织奖,全省青少年竞训工作排名 21 名,江西省乒乓球协会会员段位大赛团体第二名。

群众体育

【开展丰富多彩的体育活动】
区体育局积极开展群众体育活动,全年组织丰富多彩的比赛。元旦举办了第六届台球争霸活动,近百名省赛内外的台球爱好者参赛,提高了信州区的台球运动水平。1 月,成立了信州区足球协会。3 月,举行了五小教研集团青少年足球比赛,举行了老年人门球比赛,与妇联联合举办了第二届全区女子运动会。6 月,组织了全区农民自发划龙舟活动。7—8 月,举行信州区足球联赛,共有 20 支代表队 200 余名运动员参加了比赛。8 月 8 日,在市民广场举办了"全民健身日"展示活动,共计 16 支代表队参加展示,进一步推动了信州区全民健身运动的开展。9 月,组织参加了全市乒乓球比赛,荣获团体冠军。10 月,组织百名运动员参加江西省乒乓球协会会员段位大赛上饶站比赛。11 月,组织 12 人参加了江西省江西乒乓球协会会员段位大赛总决赛,荣获团体亚军,2 个单打冠军、2 个单打亚军、3 个第三名的好成绩。12 月,承办了 2016 年上饶国际半程马拉松比赛,共有来自 11 个国家和全国各地的万余名马拉松爱好者欢聚一堂,享受着体育的快乐,信州区共组了 4 个街道和教体局组成的 5 个方阵 3000 多人参加马拉松赛事。这些活动的开展,提高了市民科学健身意识的增强,使健康文明生活方式的予以普及。

【社会体育指导员培训】 按照《全民健身条例》关于大力发展社会体育指导员的发展要求,4 月,组织三级体育社会指导员的培训,共培训 36 名。7 月,组织了 10 人和 16 人参加省、市举办的一、二级社会指导员培训。为大力开展全民健身运动,科学指导群众健身培养一批骨干人才。

竞训体育

【体育竞训工作】 体育竞训工作以参加备战 2016 年江西省百县级青少年运动会和市第四届运动会为抓手。年初,局领导到各训练单位慰问走访了教练员和运动员,增进了解和沟通,从思想上为运动员鼓劲。制定了详尽训练计划,全年狠抓训练队伍集训。对夺金目标进行了分析和预测,做到心中有数。全区共有田径、跆拳道、羽毛球、游泳、篮球、武术等 15 个大项的 300 余名运动员在训练。在江西省百县运动会中足球比赛荣获全省二等奖(全省第十三名)。在江西省中学生足球比赛中荣获冠军,田径荣获优秀组织奖。在全省少儿系列赛中取得了较为优异的成绩。2016 年,信州区竞技体育在全省 101 个县市区中排名第21名。

【青少年选才工作】 狠抓青少年的选才工作,区体育局到全区的各个学校和11月份举办的全区中小学生运动会中进行选才,完成了2016年的160余名运动员注册任务。

【运动员创佳绩】 信州区羽毛球运动员张艺曼、李云在全国青奥会中荣获全国女子羽毛球团体冠军,两人均为主力队员,并双双入选国家队。

体育产业

【体育场地场馆建设】 围绕区经济建设工作任务,合理布局全民健身工程。其中,7个健身工程(茅家岭畴口村、水南街道下滩头、带湖路居委会、茅家岭周田村、朝阳产业园管委会、国际公馆小区、茅家岭同心村)于12月全部竣工完成,投入使用。在职业中学的信州区田径场工程建设已完成过半。完成了5个体育民生工程选址、申报工作,并在年底全部竣工投入使用(带湖花城社区、朝阳镇石龙孔、茅家岭船头自然村、区人民武装部、大兴花园社区)。

【体育彩票】 全年加大力度,在增机布点、营销策略做了大量的工作,截至12月完成1200万元,超额完成1000万元的销售任务。

【招商引税】 2016年,区体育局招商引税任务为10万元,截至12月份已完成70余万元,超额完成了招商引资任务。

(周红权 冯圣华)

文 化 艺 术

信州区文化广播新闻工作

【概　况】　2016 年，区文广新局在区委、区政府的坚强领导下，在市文广新局的悉心指导下，以中共十八大及十八届三中、四中、五中、六中全会精神为指导，全面贯彻落实"四个全面"战略布局，坚持以"文化信州"为目标，乘着文化发展大繁荣的东风，干事谋事、创新发展，着力推进了全区文化事业的蓬勃发展。

【大力推进文艺精品工程】　以挖掘传承信州文化品牌为导向，创作出一大批文艺精品力作。为纪念红军长征胜利 80 周年、建党 95 周年精心创作了鄱阳大鼓《一副寿枋》，并获全国曲艺牡丹奖。

信州区文化馆秧歌舞蹈队参加中国上海国际民间民俗广场健身秧歌舞蹈大赛获得 A 组自选套路一等奖和 A 组规定套路一等奖。鄱阳大鼓《孝的音频》获得全国"牡丹奖"入围奖。饶万龙的《停车坐爱枫林晚》荣获 2016 年中国工艺美术"百花

奖"(莆田)作品评比银奖。

【积极组织群众文化活动】　截至 2016 年 12 月份，全区共计开展了 41 余次大型文化活动。积极开展各类文化活动下基层、上社区、入园区、进军营。全年组织文化馆、越剧团等单位到全区各镇(街道)、社区开展"春风阳光"文艺巡演共计 20 余场，送戏下乡 47 场，送电影下乡 469 场，到学校 126 场，放映公益露天电影 36 场，观映近 4 万人；到朝阳产业园区合作放映 22 场，丰富园区员工业余文化生活；与市地震局合作宣传防震减灾知识，放映电影《5·12 汶川不相信眼泪》6 场；与《大爱上饶·微笑联盟》举行电影互动活动，放映电影 8 场。镇街自办活动 18 场次。

【展示非物质文化遗产】　春节前夕，在区政府大院、金山社区、五三社区、市中心广场等地，举办"文化进社区、名人送春联"活动。在春节期间，组织开展"信江花月夜元宵灯会"，活动现场有龙灯、高跷、狮子表演队伍，广大群众在饶城中心广场热情参与活动，营造了春节期间的欢乐祥和的气氛。

【开展业务培训】　2016 年，组

织街道、镇文化站长、通讯员、业务干部进行了培训，参与培训共计 600 余人，通过开放授课、专家讲座等形式提高了基层文化站工作人员业务能力和水平。在骨干人才的带动下，全区社区文化开展的红红火火。西市街道的腰鼓队、茅家岭街道的排舞、沙溪镇的团体操等在各类文化活动中大显身手。

【举办书画、摄影展】　2016 年 4 月，在信州区国际会议中心举办了"中国梦·劳动美"信州区职工书画摄影展，本次活动由区总工会主办，区文化馆承办，八方画院协办。区委四套班子主要领导，参加"五一"表彰会的机关干部和作者 2000 多人参观了展览。作品总计 300 余幅，作者都来自广大干部职工和群众，充分展示了全区广大职工群众在实现"中国梦"的伟大历史进程中展现出的"最美劳动者"风采，唱响"劳动光荣、知识崇高、人才宝贵、创造伟大"的主旋律，引导广大职工践行社会主义核心价值观，激发广大职工以领跑者步伐解读中国梦，以劳动者的佳绩共创中国梦，以创新者的姿态拥抱中国梦，为全面推动建设富裕文明、和谐活力信州而努力奋斗。6 月，区文化馆组织上饶一些书画名家和免费开放书画

班成员赴铅山进行采风创作，先后到学校和社区进行现场笔会创作。

【组织免费文化辅导】 信州区文化馆开展了多项学科的免费辅导，每周一个专业都安排二节课时，尤其是古筝、二胡、钢琴、美术、摄影等课程受到市民欢迎。全年累计授课800余节，受益市民2万余人。

【组建多元艺术团队】 全区共有6大直属团队。青年乐团：成立于2014年年末，团队人数20余人，表演形式为乐队演绎形式，包含吉他、BASS、架子鼓、键盘，经常活跃在本土各大音乐类舞台上。信美合唱团：组建于2013年，团队人数80余人，表演形式以合唱和舞蹈为主。红星百姓说唱艺术团：组建于2015年，团队人数90余人，表演形式以合唱、舞蹈、戏曲等表演为主。百姓艺术团：组建于2015年，团队人数60余人，该团队是一个大型多元化艺术团。夕阳红民间艺术团：组建于2010年，团队40余人，表演形式以非遗地方特色为主。文化馆红星艺术团：组建于2017年，团队人数40余人，表演形式以广场舞为主。2016年，共吸纳成立了包括青年艺术团、百姓说唱艺术团、信美舞蹈团、雅韵越剧社在内的14个优秀艺术团队，全方位的培育文化团体，使文化活动开展具有坚实的组织基础。

文化市场

【概　况】 2016年区文广新局坚定不移地为区委、区政府工作大局服务，牢牢把握正确导向，发挥信州区中心城区的文化优势，不断繁荣文艺创作。2016年全区新增文化企业20余家。

【演出产业蓬勃发展】 越剧团坚持以市场为导向，及时调整发展战略，进一步强化创新意识，积极开拓演出市场，着力拓展多元化表演形式，使剧团焕发出新活力。自6份开始远赴浙江台州、宁波等地演出，演出市场呈现出强劲的发展势头。截至12月份，演出和对外演出共202场次。观众人数达31.18万人。其中文化送戏下乡演出49场次，演出收入共计142万元。

【电影市场竞争激烈】 2016年，饶城电影市场竞争日趋激烈，面对多家数字影院的竞争下，上饶影城在逆境中寻求突破。6月开始对原有的6个厅逐个全面改造，一楼扩建2个放映厅，增加了147个座位。影城共有8个放映厅，623个座位。影城与上饶晚报社合作，举办了上饶市第一届"上饶影城杯"少年儿童书法比赛。与微影时代科技公司合作，分别在微票儿、微信钱包、QQ钱包、上饶影城官网、上饶影城微信公众号分别举行7.7元、8.8元购票活动，取得较好的效果。全年，上饶影城共放映电影12609场，接待观众22.2万人，票房收入581.45万元，吧台收入56.25万元。

图书馆藏

【概　况】 信州区图书馆是一家综合性的公共图书馆，成立于1977年，坐落于赣东北大道10号的图书馆新馆大楼将于2017年4月23日建成开放，楼高7层，建筑面积2200平方米，旧馆面积2000平方米，共计4200平方米。信州区图书馆基本机构设置包括：报刊阅览部、图书流通部、文献编目部、社会服务部、网络咨询部及馆办公室。馆内开放服务窗口包括：综合性报刊期刊阅览室、少儿阅览室、外借室、电子阅览室、多功能影视厅、特藏文献阅览室、地方文献阅览室、残障阅览室、政府信息公开查询区、文献查阅复印室等。年定购报纸期刊300余种购置图书2.2万余册。馆藏各类文献18.9万册，其中包括古籍文献7234册，地方文献8000册，视听资料560种，电子图书2.5万种。

文物保护

【概　况】 信州区文物保护工作由信州区博物馆、上饶民俗博物馆和文物管理所负责，实行三块牌子一套人马。博物馆负责信州区范围内的文物、收藏、研究、展示、教育工作。信州区博物馆收藏有1093件（套）文物，其中国家一级文物3件，二级文物10件，三级文物42件。文物管理所管理着全区境内9处文物保护单位，其中省级文物保护单位1处，市级文物保护单位8处。

【开发利用相府路17号民宅】 根据博物馆馆舍（江西省文物保护单位相府路17号民宅）特点，加大上饶民俗博物馆的建设。信州区博物馆坚持"有效保护，合理利用，加强管理"的文物方针,编制了省级文物保护单位相府路 17 号民宅的维修方案,经省文化厅批准,完成相府路 17 号民宅北门维修。复原该建筑的整体建筑形制,中轴线建筑梁架屋面整体维修,西厢房整体维修,主体建筑地面维修。馆内设基本陈列展为《美食上饶、粿味飘香》,2016 年举办各类临时展览 6 个,开展社会教育活动 6 次,全年接待观众 5 万余人次。

【完成信州区第三次全国不可移动文物普查】　所有普查数据已上传国家文物局平台,并验收通过。加强文物安全的管理,全面完善文物库房及馆舍的人防、物防和技防的管理措施,聘请了保安人员、安装消防以及电视监控设备,确保文物及馆舍的安全。

非物质文化遗产

【概　　况】　2016 年建立了信州区"非遗"数据库,共有《夏布制作技术》《姚金娜民歌》《信州火针》3 项省级项目,《信州茶灯》《信州串堂》《陈文武石雕石砚》3 市级项目,均录入省数据库系统。做好以往项目的资料整理,收集并挖掘"信州采茶戏"项目的资料。

【非遗活动精彩纷呈】　7 月份,由中国侨务办和信州区侨务办主办的中国寻根之旅"魅力信州营"非物质文化展示,让华侨们感受到了上饶传统非遗项目的民族风和地域特色;重阳佳节之际,主办"九九重阳·我们陪着您"——敬老爱老活动,为社会各阶层的老同志们送去了文化服务爱心;民俗艺术团和"永鸣堂"穿堂班参加"2016 非遗日信州民歌"展演;上饶民歌代表性传承人姚金娜组织"民间民俗艺术团"赴各地演出,宣传上饶民歌 100 余场,观众达万人以上,为上饶传统音乐的推广普及作出了卓越贡献。

文化资源

【概　　况】　信州区历史悠久,物产丰富,人杰地灵,文化积淀深厚,最具地方特色的当属戏曲文化、茶文化、书院文化、民俗文化。

【戏曲文化】　上饶民歌体裁主要分为号子、山歌、小调、灯歌、风俗歌、渔歌、革命历史民歌等。形式多样,节奏自由,题材广泛,内容丰富,有浓郁的地方生活气息,反映人们的日常生活、劳动和爱情等方面内容及对各种事物不同的道德观念,充满自娱自乐的幽默感。

【茶文化】　信州陆羽泉位于上饶市区茶山寺,史载"茶神"陆羽曾在此筑山舍隐居。其间,在此凿井品茗,四周种植茶树。因井水清澈,滋味鲜纯,素有盛誉。后人为纪念"茶神"陆羽开井品茗的功绩,遂命名为"陆羽泉",也有称"陆子泉"。又因土色赤而名"胭脂井"。清末,泉边圈上井圈,刻有广信知府段大诚所题"源清流洁"篆书。井内围呈八角形,井壁为红青麻石垒。其水清如明镜,可照人眉目,色白如乳,投币不沉,沏茶香郁甘甜,有"天下第四泉"之称。被列为市级文物保护单位。

【书院文化】　信江书院,位于信江南岸钟山西北麓,曾有曲江书院、钟灵讲院、紫阳书院等名称,坐落在黄金山(又名道观山),占地面积为 25200 平方米。清康熙三十三年(1694),设义学于此,名"曲江书院",乾隆四十六年(1707),知府康基渊改名"信江书院"。拓青云阁、凌云精舍、文汇轩、万锦书屋、一榻轩、中道亭、四照亭、半山亭,并广植松竹,修筑围墙,规模大为改观。同治五年(1866),知府钟世桢重修院舍,加魁星阁、钟灵台,添置日新书屋、课春草堂等。

【民俗文化】　夏布制作和奇石文化是信州发展较好的民俗文化精髓,夏布以苎麻为原料,由苎麻原料的品质、质量制作成不同品种和质量的夏布。整个生产工艺过程分为原料种植、原料制作、绩纱、经沙、织布等工序。信江两岸盛产黄蜡石,黄蜡石品质优、品种全、颜色最为丰富,自古以来信州人民喜好收藏。

(周　正　王　政)

卫生　计划生育

综　述

信州区有三级综合医院1家，二级甲等中医医院1家，二级综合医院2家（民营），一级综合医院7家（其中民营医院6家）、一级中西医结合医院1家（民营）、妇幼保健院1家，儿童防病保健中心2家，血防站1家，卫生院6家，卫生管理站6家，个体诊所142所，村卫生室（服务站）174所，社区服务中心（站）35家，门诊部11家，医务室3家。1家三级综合医院建立了感染性疾病科。

根据《关于整合市、县（区）城乡居民基本医疗保险职责和机构编制的意见》（赣人社发〔2016〕39号）《上饶市信州区人民政府办公室关于印发信州区整合城乡居民基本医疗保险工作实施方案的通知》（饶信府办字〔2016〕81号）等文件精神，区卫生和计划生育委员会承担的区农村合作医疗管理中心的相关行政职责划入区人力资源和社会保障局，不再保留各镇、街道农村合作医疗管理所牌子。

（姜　玲）

医政管理

【概　况】　2016年是"十三五"规划的开局之年，是推进健康中国建设的重要一年。全区医政医管工作总体思路是，紧紧围绕"建网络、强素质、抓管理、惠民生"的工作思路，始终坚持以服务患者为中心，扎实推进卫生工作重点，完善医疗质量控制体系，持续改进医疗服务质量，切实保证医疗安全。大力实施改善医疗服务行动计划，全面提高医疗服务质量和服务水平，切实改善群众就医体验，始终坚持改革与创新，完善医疗服务监管机制，规范医疗市场秩序。扎实开展重大卫生民生工程，努力构建和谐医患关系；按照预定计划全面完成各项工作任务。

【医疗质量安全专项督查工作】　4月中旬开展院感督导，组织专家在辖区内开展医院感染管理全面拉网式检查及开展血液透析治疗的医疗机构专项督查，对督查中存在的问题要求医疗机构及时进行整改。6月初开展临床用血督导，组织专家对区内所有开展临床用血的医疗机构进行了专项督查，并对督查结果进行了通报。通过督导进一步加强信州区医疗机构临床用血规范管理，保障临床安全有效输血。11月下旬开展处方点评工作，对辖区内各公立医疗机构进行处方点评工作的专项督查。各单位合理用药、安全用药管理得到明显加强。

【重点业务培训工作】　5月底，开展"基层医疗机构处方点评管理与实施"培训班，对全区二级公立医院、各镇卫生院、民营医疗机构的分管院长、药剂科科长及处方点评小组成员共50余人进行培训。通过培训，增强了对国家基本药物政策的理解，提高了医务人员临床合理用药意识和水平，提升了基层医疗机构服务能力和效率。11月4日，开展抗菌药物合理使用培训。区卫计委组织专家对城区136家个体医疗机构的200余名执业医师开展抗菌药物合理使用的培训考核。通过此次培训考核，统一思想，提高认识，提升抗菌药物临床应用水平，有效遏制抗菌药物不合理应用现象。基层卫生技术人员培训。2016年度分批外派20余名专业技术人员参加省级各类培训，大大提高基层卫生技术人员业务水平。

【医师资格考试报名现场审核工作】 3月下旬,利用1周时间完成2016年度医师资格考试报名现场审核工作,共审核211人,均为有效报名。

【医疗机构现场校验工作】 2016年度,从区医疗机构现场审查专家库中挑选人员联合市卫生监督所组成现场审查专家组,对区二院、6家卫生院及数家民营医院等机构开展校验现场审查工作,根据现场审查评分提出现场审查结论。校验现场审查工作及时准确指出一些医院自身认识不到的问题,给予解决建议,帮助提高。效果明显,得到各校验单位的肯定。

【民生工程】 全年白内障手术任务数188例,完成255例,完成135%。先心和白血病患儿救治任务数分别为15例和1例,全年救治先心5例、白血病患儿1例,分别完成33%和100%。对尿毒症患者实施免费治疗任务数110例;定点医院上饶市立医院和上饶信州春华医院全年累计免费血透救治尿毒症200人,完成181%。

【全面启动城市公立医院改革】 信州区城市公立医院纳入上饶市城市公立医院改革范畴,为市区两级联动、同步推进,自9月1日全面启动信州区城市公立医院改革。积极落实政府投入,对2家公立医院(上饶市立医院、上饶市中医院)20%药品零差率的财政补偿每月均及时到位,2016年9月至12月份共计补偿资金约130余万元。推进城乡对口支援工作,上饶市立医院和上饶市中医院共派出30

余名中高级医疗技术人员,采取传、帮、带的形式帮助辖区内乡镇卫生院提高专业技术水平,进一步改善农村就医条件,提高整体服务能力,共同促进城乡卫生事业健康和谐发展,切实解决农民因病致贫、因病返贫问题。推动分级诊疗工作,区卫计委成立了以主任为组长的分级诊疗试点工作领导小组,按照《江西省以路径推进糖尿病分级诊疗试点工作实施方案》文件要求,对全区的基层医疗机构开展分级诊疗工作提出了要求,布置了分级诊疗工作的相关安排,并要求各医疗机构加大宣传力度,逐步建立和完善分级诊疗工作制度,尽快达到分级诊疗工作目标。

【基层中医药服务能力提升工程】 经过积极筹建,年底前全区6所镇卫生院全面建成中医药综合服务区,服务区内设有中医诊室、中药房、煎药区、中医药文化墙等功能区域,配置了推拿床、针灸、神灯、火罐、刮痧板等基本器具,全面开展中医药服务,中医药事业逐步推进。市中医院的肛肠科、针灸康复科列为省级重点专科建设项目,在该院新院区分别开设单独的住院病区,共设有40张床位。完成镇卫生院、社区卫生服务中心、站、村卫生室等173家机构中医药监测数据系统录入工作。全区共计9名基层中医人员参加2016年中医确有专长及师承报名考试。

【医疗纠纷调处及投诉】 全年共受理医患纠纷5起,积极组织各方协商,均圆满解决,及时化解了社会矛盾。移交医疗事故技术鉴定案5起,其中移交市医

学会5起,省医学会1起。处理信访投诉件4起,回复政协提案2个。

(余纪元)

社区卫生服务

【概 况】 信州区卫计委围绕提升卫生计生服务能力水平,加强基层卫生服务体系建设、落实基本公共卫生服务项目、稳定和提高乡村医生队伍,着力做好签约服务和分级诊疗工作,不断完善社区卫生服务体系和服务功能建设,创新工作机制,拓展服务范围,提升服务品质,社区卫生服务工作稳步发展,在保障人民群众、提高居民生活质量和缓解人民群众看病难、看病贵等方面取得较为明显的成效。2016年度,共建立居民规范化电子健康档案34.178万份,规范化建档率达80.9%;高血压、糖尿病等慢性病规范化管理人数达35723人;对重性精神病人进行管理,规范管理人数1763人;免费为老年人等六类人群提供价值1245.93万元的基本公共卫生服务,使广大社区居民均能免费享受规范、完整、真实、连续的社区公共卫生服务。

【努力提升社区卫生服务机构服务水平】 2016年,全区有社区卫生服务中心11家,社区卫生服务站24家,社区卫生服务机构100%的覆盖城市街道及镇,形成了15分钟的社区卫生服务圈,方便快捷的为城乡居民提供基本公共卫生服务。灵溪镇社区卫生服务中心通过省卫计委检查,获得2016年度"全省示范

社区卫生服务中心"称号。

【稳步推进城乡基本公共卫生服务】　加强社区公共卫生服务绩效考核。区卫计委和区财政局共同制定了《2016年信州区基本公共卫生服务项目实施方案》并制定信州区基本公共卫生服务绩效考评办法,成立了信州区城市基本公共卫生服务绩效考核领导小组,采取现场抽查、电话随访、进村入户、计算绩效值等方法认真开展绩效考核,共考核34家社区卫生服务机构,其中优秀10家,合格23家,不合格1家。依据考核结果,及时核拨了一类项目和二类项目经费,确保社区卫生服务工作的顺利开展。加大宣传力度,营造浓厚的舆论氛围。充分利用广播、电视、报刊等媒体,采取办宣传栏、发放宣传单,入户宣传等多种形式,深入宣传,提高居民对社区公共卫生服务的知晓率,营造浓厚的舆论氛围。2016年,结合"进机关、进企业、进学校、进社区、进乡村"的五进活动,共开展健康教育宣传活动324次,举办专题知识讲座268期,主办宣传栏243期,播放健康教育宣传片8783次,发放各种宣传材料93684份,接受群众咨询8万余人次,同时组织大型社区巡诊、义诊活动,使居民实实在在享受到健康服务。各社区卫生服务机构组建了由社区医生、护士、医技等其他人员组成的家庭医生服务团队,实行社区责任医生制,开通24小时服务热线电话,方便居民联系,并为孤寡老人、残疾人和贫困人员提供免费上门服务。提升服务质量,突出重点人群的健康服务和动态管理,根据体检、随访、诊疗服务情况,对已建立的健康档案重新进行梳理、核实,进一步提高健康档案的真实性、完整率、规范化,努力提升重点人群的规范化管理率、控制满意率、健康档案使用率。从抓好慢性病防治入手,采用普查、筛检、定期随访、高危人群重点项目检查及门诊35岁以上患者进行每诊测血压等措施,对社区慢性病患者做到早发现、早诊断、早治疗。采用电话回访、主动上门、门诊就诊、慢性病病人联谊会等形式为社区主要慢性病病人建立了健康档案和慢性病管理专案。对高血压和糖尿病病人进行了规范化管理,开展周期性随访,强化规律性服药、行为因素干预、健康教育指导和健康状况监控,使慢性病防治工作逐步走上了规范化管理的轨道。

(杨　骏　吴　涛)

疾病预防控制

【概　况】　2016年,信州区疾控工作在市卫计委的指导下,按照市疾控中心提出的工作目标要求,结合信州区实际,突出重点,从加强机构队伍及服务能力建设入手,狠抓疾控机制,体制建设,进一步完善,规范疾控管理,积极主动,有效地应对各类突出公共卫生事件,取得较好成效。

【卫生应急与疾病控制】　区卫计委成立了以单位主要领导为组长的突发公共卫生事件应急处理领导小组,下设医疗救治组、专家诊断组和疫情处理协调组,建立了"单位一把手负总责,分管领导具体抓"的领导工作责任机制。在卫生应急工作中,健全了卫生应急管理组织,明确责任领导,落实责任人。同时还加强了卫生应急队伍建设,成立了卫生应急队伍。加强公共卫生事件和疫情报告制度的落实,发生突发公共卫生事件和疫情及时报告。在疾控能力建设工作中,制定了工作方案,落实责任分工,实行定期通报及进度调度制度。2016年,进一步完善了各项预案和制度,并通过加强基础设施建设和人员培训,使信州区的应急救援能力得到进一步提高。

【扩大国家免疫规划】　加强对疾病控制工作的领导,制定并下发《信州区扩大免疫规划工作实施方案》及督导方案,按照工作内容与要求,精心组织实施,积极争取政策,及时调整和充实专业技术人员,加强人员的培训,提高人员素质,保证工作质量。2016年,全区新生儿出生数为6288人,五苗接种率达到99%,新增疫苗接种率达到90%。当年,区卫计委和区教体局联合下发了新的儿童入学、入托时预防接种证查验制度,继续指导学校依法将查验预防接种证工作纳入新生报名程序,新入托、入学儿童接种证查验率≥95%,应补种儿童完成全程补种率≥95%。

【传染病防治】　艾滋病防治工作:2016年信州区新发病人60例,共有HIV/AIDS病人211例(存活),自愿咨询检测592人,高危行为干预2880人次,发放宣传资料4148份,安全套4860只。有省级哨点1个(暗娼哨点),共监测167人,其中HIV

哨点检测阳性 0 例,感染率为 0,梅毒检测阳性 6 例,感染率为 3.59%。结核病防治工作:继续以"五率"(医疗机构报告率、病人转诊率、病人系统管理率、结核病防治机构追踪到位率和病人家属筛查率)为重点,落实结防工作各项措施。当年共发现结核病新发涂阳病人 151 例,涂阴病人 154 例。

【传染病疫情报告管理】　制定了传染病报告督导实施方案,对每个单位进行督导,责任到人。各单位也采取相应措施,落实责任人,取得了明显成效,使传染病报告质量逐步提高。据统计,2016 年全区全年法定报告传染病发病数 2739 例,发病率为 646.16/10 万,死亡 11 例,死亡率 2.595/10 万;全区未及时报告率为零,未及时审核率为零,重卡率零,无零缺报单位,综合指数为零。

【血吸虫病防治】　开展春秋两季查螺工作,查螺总面积约 1001.9 万平方米,药物灭螺 200.3 万平方米。共查 5010 人,未发现阳性。积极开展晚期血吸虫病人救治工作,为解决晚期血吸虫病人因病致贫的问题,当年对 82 例符合救治标准的晚期血吸虫病人进行了免费治疗。

（金紫斌　陈怡戎）

妇幼卫生

【概　况】　2016 年,信州区妇幼卫生工作面临"二孩"政策落地,累计生育需求集中释放的新形势,区卫计委着力在加快体系建设、强化优质服务、加强人才队伍建设、创新服务模式和管理机制 5 个方面综合提升妇幼健康服务能力的落实,从做好妇幼卫生重大项目工作和提升医疗保健及助产机构服务能力两方面着手,积极推进妇女儿童发展规划纲要的实施,全区妇幼保健工作取得了新发展,妇幼健康服务体系进一步完善。妇幼健康重大服务项目扎实开展,使全区妇幼保健综合服务能力得到进一步提升。

【免费婚前医学检查】　继续加大推进免费婚检的工作力度,婚检实现婚姻登记、婚前检查一条龙服务模式。在卫计委和民政局共同努力下,婚检率逐年提高。2016 年,婚检率达 95.6%,极大地提高了出生人口素质。

【免费 HIV 筛查】　为提高全区出生人口素质,截至 2016 年 12 月 31 日,共免费筛查了孕产妇 10923 人,共检测出艾滋病阳性产妇 2 人。

【农村孕产妇住院分娩补助】　认真组织实施《江西省 2011 年度农村孕产妇住院分娩补助项目实施方案》。2016 年,共有 1830 名符合补助条件的农村孕产妇领取了住院分娩补助,补助金额 54.9 万元。

【农村孕产妇免费补服叶酸】　认真组织实施《江西省增补叶酸预防神经管缺陷项目实施方案》。2016 年,对农村育龄妇女免费增补叶酸 2838 人,共计 12735 瓶。

【艾梅乙防治】　按"逢孕必检"的要求,落实预防艾梅乙母婴传播项目的实施,认真贯彻落实省卫生厅《江西省预防艾滋病、梅毒和乙肝母婴传播工作实施方案》,定期举办了全区预防艾滋病、梅毒、乙肝母婴传播项目培训班,让具有助产资质的医疗保健机构,为孕产妇及所生儿童提供预防艾滋病、梅毒和乙肝母婴传播综合干预服务,最大程度地减少疾病的母婴传播,降低艾滋病、梅毒和乙肝对妇女儿童的影响,进一步改善妇女儿童生活质量及健康水平。2016 年,全区共免费发放乙肝免疫球蛋白 747 支。

【政府购买的免费孕检】　利用社区卫生公共服务孕产妇专项资金和全区有助产资质的医疗保健机构签订协议,对在医疗机构内进行孕检的信州区户籍的孕产妇提供免费产前、产后检查,促进了孕产妇管理的落实,实现孕期保健、产时及产后保健连续性服务,为母婴安全提供了保障。

【免费妇科病普查】　为进一步提高信州区已婚育龄妇女的生活质量和健康水平,为全区的常住及流入的育龄妇女提供了免费妇科病普查服务,同时加强计生服务的宣传,用实际行动关爱妇女群众身体健康。

【避孕药具自助发放全覆盖】　在各镇(街道),社区(居委会)安装了多台第二代身份证药具自助发放机,24 小时可领取、发放避孕药具,方便了群众。

（杨　骏）

医疗资源

【上饶市立医院新住院大楼正式启用】 上饶市立医院新住院部综合大楼于 2015 年 10 月竣工 ,2015 年 12 月 16 日心内老年科率先进驻,拉开搬迁序幕。到 2016 年 5 月底,全部搬迁到位。6 月 6 日,上饶市立医院举行了新大楼全面启用仪式。大楼共 19 层,总面积近 3.3 万平方米,设施完善,设备先进,配有中央空调、传呼系统等,拥有 10 间标准手术室(层流 2 间),配备先进的净化设备,共设置 500 张床位。新大楼的建成使用,促成了新生儿病区、ICU 病区、老年科、康复医学科等科室开设,进一步丰富了学科设置。

2016 年信州区医疗资源信息表

机构名称	机构级别、类别
上饶市立医院	三级综合医院
上饶市中医院	二级中医医院
信州区第二人民医院	一级综合医院
信州区妇幼保健院	妇幼保健院
信州区血吸虫病防治站	专科疾病防治站
信州区农村合作医疗管理中心	卫生经办机构
信州区健康教育馆	健康教育机构
信州区乡镇卫生机构会计核算中心	卫生经办机构
信州区沙溪镇中心卫生院	中心卫生院
信州区朝阳镇中心卫生院	中心卫生院
信州区秦峰镇卫生院	一般卫生院
信州区灵溪卫生院	一般卫生院
信州区茅家岭卫生院	一般卫生院
信州区北门卫生院	一般卫生院
信州区沙溪镇卫生管理站	卫生管理站
信州区朝阳镇卫生管理站	卫生管理站
信州区秦峰镇卫生管理站	卫生管理站
信州区灵溪卫生管理站	卫生管理站
信州区茅家岭卫生管理站	卫生管理站
信州区北门卫生管理站	卫生管理站
信州区儿童防病保健中心	儿童防病保健中心
信州区第二儿童防病保健中心	儿童防病保健中心
上饶信州协和医院	一级综合医院(民营)
上饶清水医院	二级综合医院(民营)
上饶信州春华医院	二级综合医院(民营)
上饶信州惠阳医院	一级医院(民营)
上饶信州爱民医院	一级综合医院(民营)
上饶信州康桥医院	一级综合医院(民营)

续表

机构名称	机构级别、类别
上饶信州同济医院	一级综合医院（民营）
上饶信州惠民医院	一级综合医院（民营）
上饶市常青医院	一级综合医院（民营）
信州区骨伤科医院	骨科医院（民营）
上饶信州申康中西医结合医院	一级医院（民营）

社区卫生服务中心 11 所（其中 6 所卫生院、区二院等 7 家机构增冠社区卫生服务中心实行两块牌子一套人马管理），站 25 所（6 所卫生管理站，第一和第二儿保、市立医院、中医院、妇幼保健院等 11 所公立单位及 2 家民营医院共 13 所机构增挂社区卫生服务站牌子）

诊所 142 所、门诊部 11 所、医务室 3 所

村卫生室 174（服务站）

（余纪元）

人口和计划生育

【概　况】　信州区辖 5 街道、4 镇，126 个村（居），截至 2016 年 9 月 30 日，总人口 440181 人（含流动人口），其中已婚育龄妇女 86686 人。2016 年，信州区计划生育工作在区委、区政府的高度重视下，在上级卫计部门的关心下，在各级各部门和计生干部的共同努力下，整合资源，强化基础，优化服务，创新特色，全面提升计生工作水平。全区没有一个镇（街道）被省、市重点管理和警示。

【稳妥落实全面两孩政策】　加大宣传全面两孩政策和新颁布的《江西省人口与计划生育条例》，开通区、镇（街道）政策咨询热线，为群众答疑解惑，提高群众的政策知晓率，引导群众合理安排生育。推行生育服务证制度改革，全面实行生育服务证网上办理，简化办证程序，规范办事流程，为育龄群众提供便捷的网上办理生育服务卡（证）服务。

【深入开展计生优质服务】　各镇（街道）结合自身工作实际，创新计划生育服务活动形式。东市街道开展优质服务进社区、进超市、进车站、进流动人口集中地等活动，关爱外出务工人员、空巢老人。西市街道通过打造"五分钟计生服务圈"品牌，提升计划生育优质服务水平。沙溪镇完善计生便民服务大厅，提供"一站式"服务方便广大育龄群众和返乡人员。灵溪镇开展"环孕检积分兑奖"活动，切实提高育龄群众参检积极性。通过活动推进计划生育工作开展，为广大育龄群众提供更优质的服务。

【积极落实计生惠民政策】　做好每年一次的计划生育特殊家庭父母免费健康体检工作，着力解决计划生育特殊家庭在生活照料、养老保障、大病治疗、精神慰藉等方面的困难和问题。落实国家计划生育家庭特别扶助、国家部分农村计划生育家庭奖励扶助、阳光助学、手术并发症扶助、中考加分等利导奖扶政策，切实解决农村计划生育纯女户、计生困难户等计生家庭的实际困难。

【拓展流动人口服务管理】　不断推进流动人口计划生育服务均等化，依托流管平台，实现信息共享，推进流动人口服务管理全市"一盘棋"。各镇（街道）加强与省外区（市）的流动人口服务管理区域协作，沙溪镇在慈溪市、灵溪镇在温州市鹿城区、朝阳镇在广东中山市、秦峰镇在义乌市都分别建立了"流动人口服务驿站"。建设外出务工人员集中地服务站点，进一步提升了信州区流动人口服务管理工作水平。

（江铁山　张宁辉）

爱国卫生运动

【概　况】　2016 年，信州区中心城区推行环卫作业市场化改革。区爱卫办负责三江片区的环境卫生作业服务。三江片区 17 条主次干道、2 座大桥、248

条里弄小巷共 149.17 万平方米面积的环卫作业，全部通过区政府购买服务的方式，投资 622 万元，引进湖南玉诚公司实行市场化管理。主次干道已经实现机械化洗扫，实行 12 小时和 8 小时保洁制。全面推行"门前三包"卫生管理责任制，加强对控烟工作的宣传，重点列出了学校、医院、会议室、公共交通工具等禁止吸烟的场所。投入 10 多万元开展春秋两季的除"四害"工作，全年共投放鼠药 2600 公斤，使用灭蚊蝇药水 216 公斤，消杀面积达 11 万平方米。

【开展爱国卫生活动】　自 2015 年市、区两级在中心城区推行环卫作业市场化改革后，信州区负责实施三江片区的环境卫生作业服务。三江片区除周田、塔水、茅家岭部分区域外，包括 17 条主次干道、2 座大桥、248 条里弄小巷共 149.17 万平方米面积的环卫作业服务，都通过区政府购买服务的方式，引进湖南玉诚公司实行市场化管理。区政府每年投资经费 622 万元。三江片区投入 300 余万元购置了洒水车、冲洗车、压缩清运车、电瓶清运车、快速保洁车、垃圾桶等环卫设备，聘请清扫保洁员 140 人。三江片区主次干道已经实现机械化洗扫，实行 12 小时和 8 小时保洁制。2016 年，爱卫办设立三江片区环卫工作微信群、三江片区督察群、三江片区机扫车队群，同时结合市城管环卫执法工作群开展三江片区环境卫生管理工作。对三江片区主次干道、里弄小巷环境卫生开展集中清理工作，实现清扫全覆盖，里弄小巷做到全天候保洁人员清理。开展对清扫盲区和责任

主体的调查工作，清扫盲区清查出 9 处，对涉及的街道、物业等责任主体进行了认定，明确保洁要求。"门前三包"卫生管理责任制全面推行，沿街店户实行垃圾容器化、袋装化、清洁化。与市城管局、街道办等联合行动，针对主要街道临街单位、经营门店积极开展门前三包管理工作。保洁公司加强保洁人员的业务培训，完善管理制度，在城区醒目位置张挂保洁清运责任公示牌，接受居民监督。

【开展禁烟工作】　转发了《上饶市公共场所禁烟规定》通知，进一步加强了对控烟工作的领导，重点列出了学校、医院、会议室、公共交通工具等禁止吸烟的场所，为以后开展控烟工作提供了政策依据。在爱国卫生清洁月和世界无烟日期间，加强对控烟工作的宣传。利用电台、报社等媒介宣传控烟活动。不定期对城区公共场所控烟进行监督检查，特别是加强对公共交通工具及车站的检查，完善禁烟标志，配备兼职控烟监督员，禁止乱扔烟蒂并劝阻吸烟等行为。

【巩固国家卫生城市工作】　省级卫生城市复审检查工作是以暗访形式进行，主要以实地查看为主。信州区的实地查看重点在社区、市场、学校、医院、车站。区爱卫办针对街道社区、市场、学校、医院、汽车站等都提出了复审要求，街道社区要做到有健康教育宣传栏，有创卫标语口号，环境要整洁有序，无卫生死角，有鼠洞的明沟要清理干净，"四害"密度低。市场做到有卫生宣传栏，实行全日制保洁，地面、摊位、厕所整洁，无乱堆乱放

杂物，无积存垃圾，无卫生死角，文明经营，秩序良好，摊位落实"三个一"，垃圾实行袋装化，达到环境卫生、食品卫生和除"四害"工作标准。学校要做到有健康教育宣传栏，有宣传口号，校园环境和厕所环境整洁有序，开设健康教育课。医院要做到有健康教育宣传栏和创卫宣传口号，有控烟标示，院内环境和厕所环境整洁有序，非吸烟区无烟头和烟灰缸，医疗废弃物按规定收集处置。汽车站要做到有健康教育宣传栏，有创卫标语口号，有控烟标示，站内环境和厕所整洁，车辆摆放有序，无卫生死角，"四害"密度低。区爱卫办和各街道加大对脏乱差的整治力度，加强日常检查巡查，逐条街道、逐个社区、逐个市场检查。突出整改重点，集中力量整治集贸市场、城中村、无物业管理小区等区域的环境卫生，消除卫生死角。在上级复审检查中取得较好成绩。

【病媒生物防治工作】　2016 年，区爱卫办投入 10 多万元开展春秋两季的除"四害"工作。委托消杀公司专业工作人员，在 5 个街道 60 余个社区居委会，按照市爱卫办统一安排，在规定时间内，按照科学方法，进行了春秋季"四害"统一灭杀。全年共投放鼠药 2600 公斤，使用灭蚊蝇药水 216 公斤，消杀面积达 11 万平方米，鼠蟑密度得到了一定的控制。为了准确掌握城区鼠蟑密度及其侵害率状况，专门请省疾控中心的专家，对城区蟑鼠灭后进行了调查检测评估，评估报告确定，信州区的蟑螂和老鼠密度远远低于国家规定的标准，达到了预期效果。

（方均英）

科 学 技 术

信州区科技局

【概　况】 2016年,通过强科技管理、抓科技计划、促科技创新、重项目落实等手段。组织科普宣传活动,依托科技活动周、全国低碳日、送科技下乡、科技入园、科技进校园、科技特派员行动等系列活动,深入园区、乡村大力宣传科技政策法规和科普知识。全年发放科普书籍1000余本,科普资料5000余份,发放节能产品价值5000余元。积极发挥部门协同作用,精心组织企业参加各级各类博览会,在全区形成左右互动、齐心协力做好科技工作的良好氛围,取得了良好的社会反响。

【加强科技创新平台建设】 2016年,区科技局通过科技创新平台建设带动大众创业、万众创新。积极组织了龙谷创客茶馆、7890+众创空间、蓝青创客工场、新业创客科技公司申报省、市众创空间,其中龙谷创客、7890+众创空间、蓝青创客工场已获批省级众创空间,新业创客科技公司获批市级众创空间。

全市新增长7家省级众创空间中信州区占了3家。同时,组织惠明科技有限公司申报省、市级工程技术中心。2016年11月,惠明科技有限公司获批市级工程技术中心。

【积极申报国家级科技孵化器】 在2015年6月信州区信息服务业产业园获批全市首个江西省科技企业孵化器的基础上,2016年,进一步夯实基础工作,完善硬件条件,丰富孵化内容,着手申报国家级科技企业孵化器,参与了省厅组织的专家答辩和省专家组的现场考核。

【组织高新企业申报】 区科技局认真抓好企业申报国家高新企业工作。通过努力,巨网科技、惠明科技、合一科技等5家企业参加国家高新企业申报,2016年11月5家企业全部获得通过,为信州区高企申报历史之最。

【拓宽科技宣传渠道】 通过印发资料、现场咨询等方式,重点宣传了《中华人民共和国专利法》《中华人民共和国专利法实施细则》以及知识产权在经济发

展中的地位和作用、申报专利的方法、如何保护知识产权等知识。通过举办知识产权培训班,大大增强了全区科技企业及广大群众的知识产权意识,调动了群众发明创造的热情。积极实施省级知识产权富民强县专项——光学产业转型升级促进知识产权工作示范项目,鼓励企业、个人开展发明创造活动,提高了全区自主知识产权的运用和管理能力。

【知识产权工作】 2016年,完成专利申请量488件,同比增长44%;专利授权完成289件,同比增长19%,总量居全市第一。其中,发明专利27件,占全市发明专利的50%。同时,协助5家高新技术企业建立了知识产权工作机制,培育区本级知识产权优势企业6家,江旺数控被省知识产权局评为江西省知识产权优势企业。

【构建科技创新组织体系】 切实加强以科技部门为主,企业、科研机构紧密配合,其他部门协同的长效工作机制,为企业提供技术咨询,发挥桥梁纽带作用,建立科技培训室、科技书屋等配

套体系。2016 年 10 月科技局在江西省科技企业孵化器（信息服务业产业园）科技培训室开展了企业知识产权培训班，请省知识产权局专家对 60 余名企业人员进行了科技培训。

【组织企业参加博览会】　为进一步发挥全区科技企业的积极性与创造性，区科技局精心组织企业参加各级各类博览会。5 月，组织江西佰仕信息产业有限公司参加中国东盟博览会、10 月组织上饶市龙燕农业开发有限公司参加中国绿色食品博览会，在全区形成左右互动、齐心协力做好科技工作的良好氛围，取得了良好的社会反响。

（章　琪）

城镇建设与管理

城镇规划

【概　况】　2016年规划局以城市工作会议精神为工作主线，以开展"三严三实"活动为契机，紧紧围绕区委、区政府的工作部署，健全规划编制体系，深化机制体制建设，强化城乡规划管理，对内抓制度规范，对外抓服务效能，全面完成各项工作任务。

【规划编制】　全力对接服务上饶市总体规划修编等市级规划编制工作，落实信州区发展战略及项目用地。启动信州区经济与空间发展战略规划评审稿编制，在规划形式上定位为"多规划合一"，已完成初稿编制。在乡镇规划上，协调沙溪、灵溪、朝阳和秦峰四镇启动总体规划修编，并要求规划形式统一定位为"多规合一"。指导组织编制秦峰镇东控规，已通过专家评审。全力推进秀美乡村规划工作，组织编制10个秀美乡村规划，已完成评审稿编制。

【规划管理】　严格执行《中华人民共和国城乡规划法》，继续加强"一书三证"的审批和核发工作。规范全区规划用地市场，集约节约土地，充分发挥土地的综合效益。借鉴先进经验，进一步优化信州区选址定点审批体系，健全一整套地方性规章制度，保障市民合法利益，规范全区规划建设工作。全年，组织召开区建设项目规划审批会2期，审议项目34个，核发规划选址15宗，用地规划许可9宗，核查批前、批后公示各9项，建设工程规划许可证100宗。

【规范农民建房】　2016年，全区总共召开了7次农民建房审批会，其中规划区外5次，通过审批1130户；城市规划区边缘地带2次，通过审批37户。做到"四个坚持"：坚持"一户一宅"政策。严格执行分户条件，建房户必须分户且年龄达到法定规定结婚年龄以上；对只有一个子女的不得与父母分户申请宅基地；对有多个子女的，父母不能单独申请宅基地，节约集约用地，严禁占用基本农田，尽量少占用或者不占用耕地。坚持"三审两公示"制度。严格审批程序，实行村居初审公示、镇街复审上报、区级统一审批、集中公示，接受社会监督，做到"公开、公平、公正"。坚持"三限一坡"要求。根据不同区域、不同类别，严格限制农民建房占地面积、建筑面积和建筑高度，房屋统一建坡屋顶。坚持"五到场一公示"制度，严格落实批后监管责任。切实做到选址放线到场、基槽验线到场、建中巡查到场、房屋封顶到场、竣工验收到场，公开公示《农民建房监督牌》。新华社、江西日报、江西卫视、上饶日报等中央、省、市媒体都先后对信州区控违拆违、农民建房工作进行了宣传报道。

【实行"三上三下"规范管理】　三上：规划上区里，区规划局重点抓了全区中心村布局选点和规划组织编制工作；审批上区里，农民建房审批领导小组原则上每2个月召开一次审批会，对各镇、街上报的建房报告进行逐一审核；考核上区里，年底对各镇、街落实控违拆违和农民建房管理主体责任情况进行考核，并将考核结果作为干部提拔使用和调整的重要依据。三下：责任下一线，《问责办法》明确镇街为"控违拆违"主体责任，镇街既有及时发现报告之责，也有及时消除违法状态之责；监管下一线，要求镇、街切实把好第一道关口，关键是做到"五到场"和动态监管；服务下一线，广泛宣传，免费发放建房图集，及时化解矛盾纠纷。

【重点项目】 信江南岸景观带改造(一期)工程:主要包括三江大道和沿河景观改造工程,项目西起龙潭桥,东至上饶大桥,全长约1.2公里,总投资约1.6亿元。截至2016年年底,三江大道改造工程全部完工。沿河景观改造工程完成主体工程、主要绿化苗木和全部附属建筑工程等施工完成约60%的工程量。

信江南岸景观带改造(二期)工程:主要包括沿河道路和沿河景观改造工程,项目西起钟灵东路口,东至前进桥,全长约2.7公里,总投资约2.67亿元。截至2016年年底,完成项目前期各项报建手续和招投标工作,基本完成征地拆迁工作。2016年10月项目正式开工建设,截至2016年年底,三江大道改造工程主车道建成通车;沿河景观改造工程先行完成约500米河堤绿化亮化,完成沿河景观改造工程约30%的工程量。

(李荣昌)

重大基础设施建设

【概　况】 2016年,信州区确定实施的重点项目有81个,其中市政基础设施项目27个、商业服务项目21个、民生项目25个、公共建筑项目2个、工业项目1个、旅游项目1个、农业项目1个、收储项目2个、宗教项目1个。全区建设呈现多点开花,齐头并进的良好态势,有力促进了全区经济建设又好又快地发展。

【服务省及市重点项目】 2016年,信州区服务国家、省、市的重点项目38个。主要承担的征地拆迁及其他工作都能按项目建设时间节点要求完成,坚强有力地支持了国家、省、市重点项目的建设。其中,新320国道、上广快速通道、老火车站路网改造、上饶师范迁建、上饶市老年人活动中心、枫炉塘城中村改造项目全面完成;城东防洪堤工程、一中新校区、城东大型旅游综合体等项目按倒计时方案在推进中。

【项目建设取得成效】 重点项目的快速推进,在促进信州区经济社会协调发展发挥了重要作用。上饶市第一小学城东分校、丰溪东路、沙溪中学迁建、长塘商业综合体、白鸥园消防改造等一大批重点民生工程项目相继完成。城市基础设施日趋完善。快速推进了凤凰大道东延伸段、吴楚大道、新320国道、上广快速通道、老火车站周边等一批路网建设,进一步提升了城市通达能力。进一步提升人民幸福生活的指数。按照"合理户型,功能齐全,配套完善,质量保证,安全可靠"要求,全面加快推进安置小区、安置房建设。2016年,1000余户家庭告别基础设施简陋、安全隐患较多、配套工程不全的棚户区,搬进了"质量优良,功能完善,设施齐全,生活便利,环境优美"的新居。

(周发果)

城镇建设

【概　况】 2016年,区建设局在区委、区政府的正确领导和行业主管部门的关心支持下,以中共十八大精神为统领,以市、区"两会"精神为指引,以党的群众路线教育活动为抓手、紧紧围绕年初制订的年度工作规划,开阔视野、务实创新、稳重求进、主动作为、扎实工作,较好地完成了各项工作任务。

【区级重点项目服务工作】 2016年由区建设局负责组织实施的市区政府重点城建项目有9项,其中续建项目2个市重点项目1个,新建项目4个,里弄小巷改造项目1个,农村危房改造项目1个。各项目均按时间要求有序推进。

【较好完成财税任务】 2016年上饶市尚有建筑安装企业6家,全年完成建筑业总产值12508万元,应缴建安税611.20万元。通过广开思路,增值税源和全方位做好企业的跟踪服务工作,全年完成税收收入5960万元,占年计划任务5898万元的101%,占年奋斗目标5952万元的100.1%。完成年初区委、区政府下达利用外资240万美元,引进流通企业税收396万元和物流税收任务100万元的任务,超额完成规上企业入笼工作和1个5000万元的工业招商项目。

【积极推进城镇化建设项目】 2016年,对全区确定实施的81个重点建设项目进行推进调度,对工程项目资金使用情况每两月进行一次核实,为区委、区政府关于项目建设的决策部署提供了有力的依据。

【农村危房改造】 根据《江西

省2016年农村危房改造实施方案》文件精神，按照"统筹规划、农户自愿、公开公正、分批实施"的工作原则，积极谋划，精心组织，规范运作，有序推进。信州区涉及农村危房改造的范围为四镇，即秦峰镇、沙溪镇、灵溪镇、朝阳镇。2016年，由区建设局实施的农村危房改造任务190户（含建档立卡132户），其中异地新建或原地翻建农户163户，维修加固农户27户。根据省实施方案精神，结合信州区实际，2016年农村危房改造的补助标准为，新建或翻建的五保户每户补助1.8万元，低保户和残疾贫困户、国家重点优抚对象、革命烈士家庭、因灾倒损房户的对象每户补助1.5万元，其他贫困户每户补助1.2万元，属于建档立卡户的，在原基础补助上增加1000元（不含五保户）。维修加固户每户补助3500元。建设部门共需危房改造补助资金254.93万元，其中中央补助资金161.5万元，省财政补助资金57万元，区财政配套资金36.43万元。截至年底，已竣工新建或翻建农户163户，维修加固农户27户，竣工率达100%。

【加强工程建设管理】 根据国务院颁布的《建设工程质量管理条例》，为加强全区基础设施建设，提高建设管理水平，信州区建设局工程管理办公室对全区行政区域的建设工程质量实施监督管理，按照工程施工程序分解到具体责任人，深入施工现场，对发现工程质量问题，责令返工，确保了工程建设质量达到设计要求和国家规定的标准，2016年除加强对重点、难点项目的质量管理外，还全力推进了三江片区污水管网工程、信府路、同心村棚户区改造项目，协助完成城东3条道路（吴楚大道、货场路、站前南路）的建设。

【成立上饶市信州区人民防空办公室】 为增强国防观念和人民防空意识，提醒全民勿忘国耻，做到以史为鉴，警钟长鸣，根据《中华人民共和国人民防空法》有关规定，经中共上饶市信州区编委饶信编发〔2016〕14号文《关于上饶市信州区建设局增挂上饶市信州区人民防空办公室牌子的通知》精神，经信州区委编委会、区委常委会研究决定，按市委机构编制委员会办公室批准（饶编办发〔2016〕24号），同意成立上饶市信州区人民防空办公室，牌子加挂在上饶市信州区建设局，实行"两块牌子，一套人员"的管理模式。增挂牌子后，除增加一名副科级领导职数（区人防办专职副主任）外，区建设局原定机构性质、编制、级别等不变。

（周发杲）

建筑业管理

【概况】 区建设局是信州区人民政府对全区建筑业实行行业依法管理的主管部门，规范信州区建筑市场行为，维护建筑市场主体交易各方的合法权益，促进廉政建设，提高投资效益和建筑行业的整体管理水平，维护建筑市场的正常秩序，出台十条规定确保全区建筑市场监管工作的高效正常运转。2016年，经市建设局核准，取消2家建筑施工企业（即市成丰建筑公司，市西市建筑公司）。有建筑企业6家，即市第一建筑公司、市第二建筑公司、市第三建筑公司、市第四建筑公司、市兴达建筑公司、江西日景建筑公司。

【办理建筑施工许可证】 建筑工程开工实行施工许可证制度，施工企业应持建设项目的有关批准文件和中标通知书，按江西省工程项目招标管理分工规定向工程所在地县（区）级以上建设行政主管部门办理许可证手续。2016年度共办理建设工程项目许可证41个，区建设局建筑管理科切实加强对建筑企业资质监督管理，禁止任何部门采取法律、行政法规以外的其他资质许可等建筑市场准入限制。

【推进建设工程招投标监管】 规范建设工程招投标行为，严格按照公开、公平、公正原则，做到阳光操作，程序合法。该招标的项目进行招标，该竞标的项目进行竞标，不断地进入法制化、制度化、程序化、规范化的轨道，接受社会监督，认真执行纪检、监察参与制度，从源头上防止腐败。2016年，区建设局招投标办共办理50万元以上建设工程招投标项目38个，中标价11.07亿元，50万元以下零星建设工程项目58个，中标价0.21亿元，实现了零投诉。

【加大建筑市场监管力度】 信州区建设局建筑管理站坚持"安全第一、预防为主、综合治理"的工作方针，开展"打非治违"专项行动。全年打击非法施工的治理和违法违规操作专项整治2次，对辖区内28个在建项目逐一排查，下达停工整改通知书

15份,有效地规范了建筑市场各方主体的市场行为,利用"互联网+"科技手段,采取远程监控,对政府投资项目施工人员实行到岗打卡监管,促进施工现场管理人员的上岗率达100%。"以人为本"的施工现场管理理念,对违反施工现场标准管理的人和事,发现、查处、纠正三结合。根据施工现场的特点,按照道路硬化、现场美化,材料堆放提出合理性的指导意见,改变了施工现场脏、乱、差的现象。积极配合有关部门,加大对农民工讨薪力度,共办理欠薪案件10余件,为农民工讨薪1400余万元。抓好建筑市场稽查执法工作,积极推进建设领域的信用体系建设,促进建筑市场管理规范有序进行。

【建立质量保证体系】 区建设局质监站按照"试点先行、典型引路、分步实施、稳步推进"的工作思路,积极开展建筑工地创优评比活动。江西省国利建设集团有限公司承建的融晖城商住小区2号楼荣获2016年上饶市优良结构工程奖。全年受监工程28项,建筑面积85.38万平方米,竣工备案11项,竣工工程交付验收合格率达100%,未发生重大质量事故,质量通病得到有效治理,狠抓工程质量通病治理工作。认真贯彻江西省《住宅工程质量通病控制标准》的通知,进一步加大建筑工程,特别是住宅工程的施工质量水平,减少房屋质量问题投诉,区建设局质监站不定期对区属建筑工程质量通病防治工作进行专项检查,重点检查房屋裂缝,渗漏等质量问题。全年检查在建工程336项次,下发整改通知书120余份,签署质量授权

书、承诺书28项,设立永久性标志牌11项。

【强化安全生产管理】 区建设局安全监督站,认真开展了"安全生产月"活动。6月份,在上饶市明珠广场开展了"全面落实企业安全生产主体责任"为主题的安全生产月宣传咨询日活动,发放建筑安全宣传资料200余份,同时做好消防、汛期、台风、高温期和冬季雨雪建筑安全生产宣传工作。全年开展各类工程安全执法检查9次,检查在建工程120余次,不定期对辖区内建筑工地进行拉网式的安全生产隐患排查治理,并对检查出的存在问题及时处理,下发了《建设工程安全隐患限期整改通知书》96份,提出整改意见394条。依照《建筑起重机械安全监督管理规定》,必须指定专人负责各种设备的备案和使用登记管理工作,严把特殊工种持证上岗,严查租赁、安装、总包、使用、监理等相关责任主体的履职情况,有效地纠正了违章作业、违规操作和违反劳动纪律的"三违现象"。施工现场严禁使用国家明令淘汰的起重机械,起重机械没有检测备案投入使用的,一经发现立即停用。

【规范管理室内装饰行业】 信州区室内装饰行业管理办依据《江西省建筑管理条例》有关建筑装饰装修的法律规定,对辖区内建筑装饰市场进行了规范管理,重点加强了中标工程的监管,要求业主单位及时办理施工许可证,中标单位在项目管理人员上要与中标通知书承诺的一致,并且持续督促检查,杜绝安全事故的发生。2016年,共检

查装饰装修工程50个,处罚装饰装修工程施工中违规行为36个,切实做到依法行政管理。

(周发呆)

国土资源管理

【概 况】 2016年度,信州区国土分局在区委、区政府和市国土资源局的正确领导和大力支持下,紧紧围绕全区经济社会发展中心任务,突出"保护耕地、节约集约用地"两大主题,切实履行"服务发展、保护资源、维护权益"三大职责,统筹安排国土资源各项工作整体协调推进,各项工作均取得一定实效。

【土地利用规范有序】 2016年,信州区国土分局狠抓土地利用率,全区完成土地供应6宗,面积15.37万平方米,成交价款为13184.36万元。全年共完成信州区前三年度报批新增国有建设用地面积218.02万平方米、供地面积115.99万平方米,供地率为53.2%;批而未用面积120.07万平方米,批而未用率为67.38%。有效盘活朝阳产业园昌盛宏光电科技3.33万平方米和艾乐迪科技5.30万平方米低效工业用地。2016年度共完成3宗土地收储,总面积9.03万平方米;做好面积为20万平方米地块拟收储前期征迁工作;拟选了三江片区、朝阳镇范围内约53.33万平方米新增建设用地报批收储。办理设施农业项目用地备案26宗,涉及设施农用地近17.51万平方米。

【提高农民建房管理水平】 实行"集中式管理"模式，做到集中申报、联合审核、跟踪协办、统一监管，严格按照申请报告、联合会审、统一办理、施工验收四个程序进行。全年共完成 762 户农村村民建房审批。整理归档了 2001—2015 年全区农民建房资料 6673 份，有效实现档案资料规范管理。

【严守耕地红线确保占补平衡】 严格依法征收土地。2016 年已完成征地项目 40 个，涉及土地面积 188.69 万平方米，已要求项目单位将征地所需的 7713.7121 万元补偿安置费用足额及时存入征地预存款专户，切实做到了征地、补偿、安置同步进行。认真组织用地报批。组织报批了 3 个批次，总面积 118 万平方米，完成上饶市城区公路沙溪至司铺段拓宽改造工程（信州区段）报批材料组卷，用地总面积 13.76 万平方米，完成上饶市信州区 2016 年第一批村庄建设用地材料收集、组卷工作，正在组织报批，涉及用地面积 2.92 万平方米。做好基本农田划定工作。上饶市城市周边永久基本农田划定信州区部分，下发初步任务范围内总耕地面积 2.5576 万亩。2016 年拟划入基本农田面积为 0.5871 万亩，拟划出基本农田 0.1055 万亩，划定结果基本农田总面积为 0.9623 万亩。全域永久基本农田划定工作 9 月份正式启动，信州区时有基本农田 58357.34 亩，未划入基本农田的一般耕地面积 52897.84 亩；划定调整后，全区基本农田面积为 50016.91 亩，达到了上饶市下达的不低于 50000 亩的基本农田保护任务。

【推动增减挂钩试点项目】 信州区朝阳镇城乡建设用地增减挂钩试点项目区按照有关要求，实行"先垦后用机制"。拆旧区面积 7.34 万平方米，整理复垦后预计可新增耕地面积 93.47 亩。该项目于 2016 年 5 月 3 日通过省国土资源厅审批备案（赣国土资核〔2016〕410 号），现正开展项目规划设计评审阶段工作。

【按时保质推动项目进程】 2016 年度分局正在实施的信州区秦峰土地整理项目已进入工程审计阶段，在 2017 年 2 月份启动项目财务审计；2016 年信州区秦峰镇下湖村、新塘村土地开发项目，项目总面积为 10.13 万平方米，总投资 103.11 万元，已完成前期踏勘、规划设计及立项审批工作，已启动项目区工程建设招投标工作。

【加强地质灾害防治】 进入汛期以来，地质灾害防治工作任务骤然加大，分局在加强地质灾害巡查和值班的同时，进一步健全了地质灾害监测预报制度和汛期值班制度、巡查制度、灾情速报、月报制度，并对全区 44 个隐患点都制定了地质灾害防治及群众转移方案，确保人民群众的生命财产安全。

【扎实推进卫片执法工作】 2016 年度，分局共核实上年度下发的信州区土地矿产卫片 101 个监测图斑，总面积为 1394 亩。实际计入分子分母的违法图斑只有 2 个，面积 4.27 亩，耕地面积 3.48 亩。变更的建设用地总面积为 960 亩。2016 年度分局调查核实土地卫片违法用地总共 2 宗，面积为 5.5 亩。2

宗违法用地均已立案查处并处罚到位，并督促其尽快补报用地手续；有效将信州区上年度违法占用耕地占新增建设用地耕地面积的比例控制为 1%，实现了违法用地零约谈、零问责的目标，卫片工作得到江西省国土资源厅的认可。

【做好土地信访维稳工作】 坚持以人为本，切实做好信访维稳工作，做到反应快速，处理及时，将矛盾和问题解决在基层。全年按时处理回复了内网系统转办的信访 4 件，接访、处理信访件 11 件，结案 9 件。主持召开土地补偿、征地听证会 85 场次，参与市、区级信访协调会、培训会（涉土）8 次。

（洪　豆）

房地产管理

【概　况】 2016 年，上饶市房管局信州分局（房改办）在区委、区政府的正确领导下，在市房管局的关心指导下，认真贯彻落实十八大和十八届历次全会，以及中共中央总书记习近平系列讲话精神，紧紧围绕区委、区政府提出的"建设创新创业、生态宜居信州"的发展目标，牢固树立"市区联动，协调发展"的工作理念，狠抓重点工程项目进度，做好保障性住房建设、管理等各项工作。

【房地产市场】 2016 年，市中心城区完成房地产开发投资 59.63 亿元，同比增长 30.41%。其中，住宅完成投资 47.70 亿元，同比增长 28.60%。住宅均价5537元/平方米，同比下降7.27%。二手房成交31.68万平方米，同比增长23.09%。其中，二手住宅成交27.28万平方米，同比增长23.53%。商品房销售面积164.58万平方米，同比增长61.32%。其中，住宅销售面积135.45万平方米，同比增长56.85%。批准预售面积113.40万平方米，同比增长8.96%。其中，住宅90.62万平方米，同比增长40.04%。商品房竣工面积128.14万平方米，同比增长12.93%，其中商品住宅86.46万平方米，同比增长15.83%。新开工面积79.04万平方米，同比下降4.36%，其中，住宅新开工面积63.23万平方米，同比下降9.60%。商品房库存面积109.78万平方米，去库存化时间8.0个月。其中，住宅库存面积72.16万平方米，去库存化时间6.4个月。

【保障性住房管理及建设】　全年中心城区共发放廉租补贴3664户，发放金额322万元。遵照市政府要求，区房管分局牵头组织所辖街道、社区和居委会，完成了信州区范围的2016年至2018年三年中心城区棚户区改造和城中村改造的调查摸底登记，分年改造规划整理，上报改造户数共计13169户，改造面积共计3145156平方米。2016年实际改造户数3439户。

【房屋征收补偿工作】　2016年中心城区启动房屋征收项目27个（其中集体土地上房屋征收项目22个），完成房屋征收面积359215.749万平方米，涉及拆迁户2069户；国有土地上房屋征收项目5个，完成房屋征收面积34630.07平方米，涉及拆迁户161户。

【物业管理行业发展】　12月2日，市政府出台了《关于加强上饶市中心城区住宅小区物业管理的实施意见》，加快建立信州区政府包括所属街道办和社区居委会、相关职能部门、开发建设单位、物业服务企业、业主及业主委员会"五位一体"住宅小区物业管理体制。12月6日，市房管局组织召开了中心城区物业管理工作会议，对加强中心城区住宅小区物业管理工作进行了动员和部署，并充分利用电视、微信等媒体对新出台的实施意见进行全方位宣传和解读，使实施意见做到家喻户晓。截至年底，中心城区已累计完成建档管理的物业服务用房和社区用房6.8万平方米；累计归集维修资金3.1亿元；成立了业主委员会106个，覆盖率达38%；制定物业管理示范小区评比标准，打造了10个物业管理示范小区。

【白蚁防治】　2016年，灭治白蚁面积3.6万平方米，白蚁预防施工面积77.41万平方米，新建小区覆盖率达到100%。

2016年上饶市中心城区廉租房承租情况

项目名称	占地面积（平方米）	建设规模（平方米）	套数（套）	交付（户）
东都花园	53799.99	86535	1651	713
凤凰安置小区	4333.33	7486	128	63
光学路	2533.33	4500	72	26
施家山	3933.33	6255	93	72
明淑花苑	8000.00	33865	677	已交付
天佑雅苑	27246.66	59805	1038	一期已交付

（洪肖辉）

环境保护

【概　况】　2016 年是新修订的《中华人民共和国环境保护法》实施第二年。在区委、区政府和市环保局党组的正确领导下,在有关部门的大力支持下,上饶市环保局信州分局贯彻落实争当"生态文明标兵、绿色崛起先锋"发展理念,严格执行环保法律、法规,以减少污染物排放、改善环境质量、强化环境执法、保障环境安全、解决影响人民群众健康的突出环境问题为重点,努力做好各项环境保护工作。2016 年,信江河(城区段)断面水质达标率为 96.00%,饮用水水源地水质达标率为 100%,城区环境空气质量优良率为90.4%。水、空气等环境质量总体保持良好,为全区经济社会发展提供了良好的生态支撑。上饶市环保局信州分局被评为2016 年度江西省环境保护工作先进单位。

【主要污染物减排】　按照《上饶市 2016 年主要污染物总量减排计划》,分局将上饶市博泽铜业有限公司列为 2016 年大气污染减排项目,沙溪生活污水处理厂列为 2016 年污水处理厂减排项目,上饶龙燕农业开发有限公司、信州区春乐养殖场列为规模化畜禽养殖场治理项目。以上3 个水污染防治项目环保厅已核定。

【推进污染防治工作】　2016年,按照市局统一部署,分局对沙溪、秦峰、朝阳、灵溪 4 个建制镇所在地中心镇区户籍人口数、时有污水管网数、集中供水量进行了调查,为推进建制镇污水处理设施建设提供依据。根据省环保厅《关于加快推进农村饮用水水源保护区划定工作的函》,信州区朝阳等 4 个(1000 千吨以上至 4000 吨以下规模)农村饮水安全工程需编制饮用水源地保护区划分工作。通过实地调查,结合实际,委托有资质部门对沙溪、秦峰镇 2 处饮用水保护区开展划定编制工作,截至2016 年年底已完成,上报市政府批准。开展了信州区地下水重点案例调查工作,涉及宏丰铜业、沙溪老郑、上饶市垃圾填埋厂等 3 家企业。

【空气质量保障工作】　从 8 月24 日至 9 月 6 日,分局拟定《信州区长三角区及周边地区"西湖蓝"行动区域协作保障方案》,通过区政府办印发实施。对上饶海潮纺织、天炬塑料等 13 家企业印发了限产通知,落实保障工作。每日及时报送辖区环境质量保障情况、评估工作资料清单以及环境质量专报。

【贯彻落实《水污染防治行动计划》】　按照信州区与市政府签订的《水污染防治目标责任书》,深入推进全区水污染防治工作,按期实现水环境质量改善目标,保障饮用水源和生态环境安全,拟定《信州区水污染防治工作方案》。根据方案要求,有序推进水污染防治各项重点任务和重点项目。

【加强工业园区规划环评及污水处理厂建设】　为促进朝阳产业园健康持续发展,分局督促、协助朝阳产业园一方面进行园区规划环评,委托上饶市环境科学研究所编制《上饶经济技术开发区朝阳产业园规划环境影响报告书》,并通过审批。另一方面又启动污水处理项目,拟建一座污水处理规模为一期 1000吨/天,二期 2000 吨/天的污水处理厂。完成项目立项审批、用地预审意见、规划选址、确定设计单位、现场地形测绘、与江西金达莱环保股份有限公司签订合同等前期工作。并积极办理环评文件、初步设计、设备招标采购等工作。

【建设项目管理】　2016 年,分局梳理出信州区 2015 年 1 月 1日前建成投产的 24 个违法违规建设项目,建立明细表,采取措施,分类指导,清理整顿。依法对江西睿丰新材料有限公司等4 家企业实施淘汰关闭,对江西利丰鞋业有限公司等 18 家企业实施整顿规范,对上饶市众旺生猪定点屠宰有限公司等 2 家企业实施完善备案,全面完成清理整顿任务。

【环境信访】　全年处理群众来信来访 90 件,办结率 100%,满意率 100%。其中,调查处理了中央第四环保督察组交办的 3件信访回复,区人大区政协建议及提案 3 件。

【生态保护】　印发了《关于继续开展 2016 年生态创建工作的通知》(饶信府办字〔2016〕16号),在全区积极开展生态创建工作。沙溪镇获省级生态镇称号,实现信州区省级生态乡镇"零的突破";10 个行政村被授予市级生态村,3 个行政村申报创建省级生态村。2016年信州区已完成生态空间保护红线划定工作,生态红线保护区划定总面积41.6平方公里,占国土面积比例12.27%。

(李荣昌 张健华)

控违拆违

【概　况】　信州区控违拆违行动开展以来,在区委、区政府高度重视、精心组织和高位推动下,在有关部门共同协助下及各镇街勇于担当落实主体责任到位下、持续发力、连环出招、组合出拳使得控违拆违工作取得了显著成效,有效地遏制了新增违法违规建设。截至2016年12月底,累计拆除各类违建面积达62.6万平方米,涉及违建户6865户,责令停建或整改1789余户。其中,拆除存量违建23.2万平方米。

【遏制违建制度出台】　2月,信州区人大四届七次会议出台了《关于坚决遏制违法建设 规范城乡建设秩序的决议》。该决议旨在进一步加大对违法建筑的整治力度,有效遏制违法建设行为,维护社会公共利益,消除安全隐患。该决议的出台使得控违拆违工作得到了有力支撑,通过相关制度和机制的进一步完善,将控违拆违工作上升为全区人民的集体意志。

【队伍建设逐步完善】　区、镇(街)、村三级队伍组建到位。在区级层面组建了专门机构区控违办,专门负责违建的巡查、交办、督办,提交问责。明确了镇街"控违拆违"主体责任,镇街既有及时发现报告之责,也有及时消除违法状态之责。全区以永不打烊的精神坚持每一天全天候巡查,不分昼夜、无论晴雨、无论节假日,做到城区范围内普遍查,重点时段及时查。

【违建处置不留死角】　对发现的违建,建立"镇街道新增违建报告台账、拆前拆后现场比对台账、区控违办拆后认定台账"等3个工作台账,明确"拆违主体、拆除时间、拆除效果"等三项现场作业内容,依法依规做到露头就打、出土就拆、拆除务尽、不留尾巴。同时,建立3个"微信工作群",即领导小组群、控违工作群、违建巡查群,实现巡查、发现、报告、制止、查处等各个防违控违环节的信息在微信群里即时发布、即时监管、即时整改。

【大力搭建信息平台】　年初,总投资约1500万元的信州区综治中心(城市管理指挥中心)正式挂牌成立,中心建有4m×17m的显示大屏、60余座的信息指挥大厅,安装接入无人机自动对比违法建设系统软件,为城市管理提供卫星影像与无人机航拍图片对比分析,实现实时监控,及时发现违法建设,大幅提升全区城市管理和控违拆违水平。

【启动工作问责制度】　明确各镇(街道)、各部门防违控违的红线和高压线,规定对辖区内新增违法违规建设24小时未上报,或上报后没有制止住、10天内没有消除违法状态的,视情况给予最高免职处分;对党员干部参与违建的给予最高开除公职处分。截至2016年年底,全区共对146名党员干部分别给予免职、停职、降职、通报、处罚等问责,并依法刑拘了6名参与违法建设的中共党员干部。

【建房监管常抓不懈】　严格了审批程序、建房要求和批后监管职责,做到"三个坚持":一是坚持"三上三下"制度,即:建房规划上区级、最终审批上区级、督查考核上区级、责任下到一线、监管下到一线、服务下到一线。二是坚持"三审两公开"审批制度,实行村居初审公示、镇街复审上报、区级统一审批、集中公示,接受社会监督,做到"公开、公平、公正"。三是坚持"五到场一公示"批后监管制度,切实做到放线到场、下基础到场、建中巡查到场、房屋封顶到场、竣工验收到场,公开公示《农民建房监督牌》施工。

(周椿蔓)

城南城投公司

【概　况】　上饶市城南城市建设投资发展有限公司(简称城南城投公司)成立于2009年3月份,是经信州区政府同意,并授权信州区国有资产经营公司和信州区三江工业园区总公司,共同出资组建成立的国有控股制有限责任公司,公司注册资本金为10200万元。公司经营范围:城市基础设施建设、土地开发、房地产开发、资产管理。

【工程项目】　根据饶信府字〔2015〕4号抄告,区档案局新馆的装修及消防细水雾工程由城南城投公司代建,项目位于上饶慧谷3—5层,于2015年11月份开工建设,已于2016年3月底完工并已投入使用,项目总造价约270万元,建筑面积约2500平方米,项目完成后经区审计局审计并完成结算,使用状况良好。

【融资取得新突破】 2016年公司市场化运作不断创新融资方式,拓宽融资渠道,突破融资瓶颈,以重点建设项目向政策性银行、商业银行申请建设融通资金为主要融资渠道,向工商银行、光大银行融资用以支持朝阳产业园扩园基础设施建设、信江南岸一期、丰溪东路一期等项目,以解决重点建设项目资金缺口。同时,充分利用国家开发银行最新政策优势,以省城镇开发公司名义为信州区同心棚改项目融资,用于解决区棚改资金缺口。同时结合流动资金贷款,作为一种高效实用的融资手段,充分利用其具有贷款期限短、手续简便、周转性较强、融资成本较低的特点,分别向中信银行、九江银行、浦发银行融资用以补充公司的日常运转资金及应急资金,并深入探索产业基金及融资租赁等新型融资方式。

【资产收购】 公司先后收购三处资产:一是协助区土地储备中心收购了惠达纺织公司资产;二是收购了朝阳产业园的龚杏光学企业;三是配合国资办、土地收储中心、法制办完成了对上饶市索密特实业有限公司的收购工作。既加大了区里的土地收储力度,也扩大了公司资产总量,同时为日后公司发行信托融资抵押提供了保障。

【筹建公务用车服务公司】 城南城投公司按照车改文件精神,在区委、区政府及市公务用车公司的指导下筹建了上饶市信州区公务用车服务有限公司,将全区参改范围内的47辆(考斯特车2辆、别克GL8商务车2辆,江铃全顺8座商务车1辆,越野车5辆,轿车28辆,9辆机要通信用车)公务用车纳入公务用车公司。4月开始试运营,6月1日正式开始运营。公务用车公司在服务车改单位用车方面做到了"及时响应、及时反馈、及时跟踪"。公司将时有38辆车辆分摊至应急调研平台、综合执法平台及一般公务用车平台三大平台中,以应对不同的用车需求。公务用车还派往行政区域外的地域,如南昌、杭州、余干、景德镇、婺源等地。基本上满足了区直各单位的日常用车需求。截至12月底,公务用车公司共计出车1669辆次,总里程达94270公里。

【组建信投集团】 为进一步深入市场化投融资体制改革,拓宽融资渠道,盘活国有资产存量、优化国有资产增量,努力解决金融供给不足,提升企业的盈利能力和融资能力,促进信州区经济社会较快发展,于2016年12月21日成立了上饶市信州区投资控股有限公司,主要负责向金融机构和资本市场筹措资金,直接或通过子公司对城建、金融、基础设施和公共服务等实施投资,实行市场化运作,并适时以信投作为母公司组建信投企业集团。

(汪丽娟)

经济管理与监督

国有资产监督管理

【概　况】　2016年,信州区国有资产管理办公室在区委、区政府的正确领导和市国资委的悉心指导下,深入贯彻落实中共十八大和中央十八届五中、六中全会精神,以"强监管、增收入、促发展"为中心点,锐意进取,攻坚克难,齐心合力,顺利完成各项工作目标,为建设省域副中心城区发挥了积极的作用。

【国有资产监管全覆盖】　区国资办对全区国有资产自2009年以来第二次全面清核,全区经营性国有资产中房产总面积为323754.146平方米,经营性土地总面积为359418.85平方米,已抵押房产面积64799.34平方米,已抵押土地面积180935.6平方米。全区非经营性国有资产中房产总面积457254.734平方米,已抵押房产面积6000.69平方米。

【全面完成招商引资工作】　区国资办招商小分队积极深入浙、沪、闽等地开展了数次招商活动。引进内资项目1个,引进资金5000万元。该项目为江西大熊食品有限公司,坐落在茅家岭街道四吉村。全年超额完成流通税42.69万元(任务数10万元),引进外资220万美元。

【盘活国有资产打造融资平台】　区国资经营公司充分利用国有资产的资本效益,多管其下、多措并举,积极对接金融机构,为区本级融资4.5亿元。分别为区城南城投公司融资3.75亿元;上饶大道南一段项目建设融资5000万元;上饶市中医院新院迁建项目建设融资2500万元。截至2016年年底,累计融资16亿元,有力地保障了全区经济建设的快速发展。

【积极参与重点工程项目建设】　区国资办受区委、区政府委托,服务大数据产业园项目,协调市国资集团、市直有关部门单位和灵溪镇的征地拆迁工作。截至2016年年底,完成四大地块的签约,征收房屋31栋,土地13.47万平方米(202亩),拆除征收房屋11栋。大数据产业园作为大数据企业的重要聚集基地,通过自身的规模、品牌、资源等价值进一步推动信州区经济发展。

【贯彻落实好社区移交工作】　信州区社区移交工作涉及5家央企、4个街道、14个社区。社区改造资金由各家央企与区政府签订正式协议后,由央企方负责申报维修改造费用,并一次性转入信州区指定的财政专户。移交信州区的央企社区达到城市同类社区基础设施的平均水平,主要包含房屋维修、道路建设、绿化亮化、各种管线等内容。截至12月底,区国资办已经完成了驻区省属企业江西盐业公司上饶华康公司、江西铜业公司德铜分公司剥离国有企业办社会化职能工作的签约及接收工作。

【完成上饶三江自来水厂接收工作】　根据区政府第64次常务会议研究精神,处置上饶三江自来水厂相关债权债务。依据区法制办关于解决上饶市三江自来水厂的调解意见,一次性支付三江自来水厂施工方工程款本息合计92万元,解决了上饶市三江自来水厂相关遗留问题,完成接收上饶三江自来水厂工作。

（陈佳佳）

市场和质量监督管理

【概　况】　2016年,是区市场和质量监督管理局"三局合一"

后正常运转的第一个完整年。整合后的区市场和质量监督管理局属于行政机关,共有行政编制 116 个,其中公务员编 114 个,机关工勤编 2 个;事业编制共 49 个。内设 14 个职能科(室)、直属行政机构 3 个、派出机构 8 个、下属事业单位 9 个。内设 14 个职能科(室):办公室、人事教育科、政研法规科、市场主体信用监督管理科、特种设备监督管理科、市场规范监督管理科、商标广告监督管理科、网络交易监督管理科、应急协调科、食品安全监督管理科、药品医疗器械监督管理科、保健食品化妆品监督管理科、质量监督管理科、标准计量监督管理科。直属行政机构 3 个:公平交易局、企业注册局、消费者权益保护局。派出机构 8 个:白鸥园分局、宝泽楼分局、带湖分局、东市分局、三江分局、水南分局、沙溪分局、灵溪分局。下属事业单位 9 个:上饶市信州区市场和质量监督管理局后勤服务中心、上饶市信州区个体私营经济协会办公室、上饶市信州区消费者协会办公室、上饶市信州区市场和质量监督管理局信息中心、上饶市信州区计量所、上饶市信州区产品质量监督检验所、上饶市信州区纤维检验所、上饶市信州区技术监督所、上饶市信州区质量技术监督稽查大队。2016 年,区市场和质量监督管理局统一负责信州区域内工商行政管理、质量技术监督、食品药品监督管理工作,负责对生产、流通、消费 3 个领域实施全过程、一体化监管。按照全区经济工作会议的决策部署,围绕人民群众满意这一工作目标,突出改革和创新 2 个重点,实施"严守安全线、立足

生命线和构筑风景线"三条线的"123"工作思路,勇于担当,强化监管,优化服务,充分发挥市场监管"主力军"的作用。全年消费者来信来访 400 人次,受理消费者投诉 631 件,为消费者挽回经济损失约 90 万元;信州区消协的分会增至 8 个,"两站"达 50 个,初步实现了"村村通"和"零距离维权"的目标。2016 年,区市管局上下一心抓监管、保安全、促发展,特种设备、食品安全均为零事故,全年工作均取得了令人瞩目的成绩。先后荣获"第十四届江西省文明单位",全市、全区"法治宣传教育先进集体"、全区综治、节能减排、计划生育先进单位;区个私协会荣获"全国个私协会系统先进单位",区消协办评为 2015—2016 年度江西省"青少年维权岗",白鸥园分局荣获"全省消费维权示范单位"等荣誉称号。

【商事制度改革激发市场主体活力】 全面贯彻落实企业外网申报改革、企业简易注销改革、企业五证合一改革、个体两证合一改革,对没有债权债务的企业申请注销时可以将公告期缩短为 7 个工作日,无须经过清算组备案与清算程序直接注销。不断简化准入流程,放宽企业名称、经营范围、住所条件管制,进一步释放市场经济的活力和创造。商事登记制度改革实施以来,通过加大市场主体培育,增加就业,增植涵养税源,为各部门招商引资企业落地生根提供良好服务,大众创业、万众创新的氛围浓厚,全面推行"双随机一公开",增强事中事后监管的有效性,市场主体登记注册量稳步增加,推动了当地经济发展。2016

年,共办理个体营业执照 4353 户,与去年相比同期增长 23.14%;登记各类企业 1947 户,同期增长 26.94%。

【帮扶企业增强品牌竞争力】 区市管局全力推动上饶商标发展,用优秀的商标战略推动品牌强区,助推经济发展。帮助上饶市康美园食品有限公司的"康美园"商标申报了江西省著名商标;帮助上饶市劲味食品厂等三家公司申报了"上饶市知名商标";帮扶日升线缆江西有限公司使用商标专用权抵押贷款。积极培育沙溪夏布、上饶鸡腿等地域特色产品的品牌保护工作,达成地理证明商标的申报意向。全年共接受企业和个体工商户商标咨询 20 余次,查询商标 100 余次,办理商标一般违法案件 6 件,罚没收入 22.9 万元。

【帮扶企业拓展融资能力】 区市管局积极搭建出质出资等融资平台,做好企业动产抵押登记工作。除开设企业融资"绿色通道"外,在企业申办动产抵押物登记中,实行"受理、审查、核审"一条龙、一站式帮扶。对动产抵押登记程序进行合理简化,在符合条件的情况下,确保动产抵押登记随到随办,大大缩减了办理时间。同时建立了抵押登记台账,与信贷部门密切联系,在企业与金融机构之间牵线搭桥,为企业融通资金提供服务。

【信用监管显成效】 积极推进"双随机"抽查工作机制。全年累计抽查市场主体 688 户次,占全区抽查计划任务的 100%,并及时将 688 户企业的检查结果录入企业监管系统。积极指导、

督促企业履行公示义务。全区企业年报率达93.32%、个体年报率83.29%、农民专业合作社年报率为65.73%。对列入经营异常名录或者严重违法企业名单的企业，依法予以限制或禁入，不断建立健全"一处违法、处处受限"的失信联合惩戒机制。全年共录入公共经营异常市场主体150户，经营异常名录企业2458户，移出异常名录447条，警示系统共归集各部门信息数据558条。

【食品监管坚守安全底线】　食品监管主要从建网、抽检、规范、共治等4个方面开展工作。利用信州区食安办的平台，全局在全区建立了四级监管信息网络，包括区本级、区直部门、镇、村（居）委会。区本级负责综合协调区直职能部门，区直职能部门负责各自职权范围内的食品安全工作；镇政府负责部署本镇街食品安全工作，组织力量协助监管部门开展食品生产经营各环节安全巡查和隐患排查；村（居）委员会负责食品生产经营隐患排查，及时上报各类食品安全风险点，协助监管部门执法。为方便各级机构及时联络，互通信息，全局建立了食品安全监管工作QQ群和微信群。将全区有食品安全工作的成员单位全部拉进群里，为发现问题能够及时快速反应起到较好作用。加大抽检的力度，扩大抽检的覆盖面。对消费量大的食品加大抽检频次，建立食品质量数据库，抽检食品约600个批次，较上年大幅增长，抽检覆盖172家食品生产经营单位、312个品种。通过查办案件提升食品安全监管，形成了打击食品违法行为的高

压态势，共立案查处食品案件48件、结案26件，累计罚没款53万元，向公安机关移送涉嫌食品安全犯罪案件2件。通过建立完善食品企业信用记录、推进食品企业诚信建设；通过推进行政处罚案件信息公开、依法公开行政审批事项、建立诚信档案，形成"一处失信 处处受限"局面。构建食品药品安全社会共治格局即政府负责、部门监督、行业自律和社会监督。全年，信州区无食品药品安全事故发生。

【强化药械安全和保健（化妆）品监管】　根据市区两级事权划分，主要加强镇药（品）械安全监管，加强疫苗监督管理。认真配合市直属局对沙溪、灵溪、秦峰、朝阳的镇村医疗机构、药店展开了基本药物流通和使用环节的日常检查；联合市局药品流通科对3家经营企业进行现场检查；配合市直属局进行基本药物和非基本药物抽检共18批次；配合市直属局对医疗器械开展了3次专项检查，对8家医疗器械生产企业、城区4家隐形眼镜经营企业开展专项检查，下发了5份整改通知书。通过场地勘验，指导经营户办理许可证等方式，对保健食品经营户，逐一建立档案，力求做到一户一档，承担全区保健食品许可证的发放，做到监管范围全覆盖。

【实施"质量兴区"战略有新进展】　按照质量工作机制完善、质量基础建设扎实、精品名牌成功丰硕和质量工作成效显著的工作目标，重点帮扶相关龙头企业完善质量管理体系建设，加强产品质量监管。在品牌战略实

施方面，全局对全区30多家企业展开调查，推荐了上饶市信州酒业有限公司申报"江西名牌"，江西饶电电杆实业有限公司获得了"江西省质量管理先进企业"。

【特种设备防范机制稳步推进】　为落实特种设备安全主体责任，区市管局与110家特种设备使用单位签订责任书，对"三无"小区电梯，采用在小区内张贴《安全告示》的办法，强化业主安全意识，普及乘坐电梯安全常识，对拒不检验电梯的物业公司采取强制措施。积极开展日常监督检查和安全生产大检查行动，已检查75家企业，开展3次安全生产大检查活动，共计出动检查人员510人次，检查单位110余家次，发现并督促整改安全隐患160余处。开展液化石油气充装专项整治攻坚行动和电梯安全专项整治行动，在辖区内开展了气瓶充装站专项整治工作，共出动执法人员15人次，执法车辆6辆次，有效遏制了违法充装"螺丝瓶"和超期钢瓶的行为。开展"安全生产月"和特种设备安全生产应急预演演练活动，活动中共展出特种设备安全知识宣传展板4块，现场解答群众提问50多条。在凤凰星城小区举办电梯事故应急救援演练及特种设备安全进社区活动。全年，信州区特种设备零事故。

【开展各项市场专项整治活动】　全面清理无证无照经营行为，共出动执法人员232人次，检查企业351家，责令办理变更登记1户，责令办理注销登记1户。全年共抽检化肥25个批次，农药抽检10个批次，其中化肥6

个批次不合格，4 个批次复检合格，对 2 家经销质量不合格化肥经营户进行了行政处罚。全年共出动执法人员 36 人次，执法车辆 10 余辆次，对 3 家 5 个批次的成品油进行了抽检。开展了烟草市场专项整治，全年共出动执法人员 200 多人次，检查卷烟经营户 70 多户，扣缴"假私非"卷烟 720 多条，其中 1 家卷烟经营户被扣缴"假私非"卷烟案值达 7 万余元。共抽检铝合金制品 35 个批次，电线电缆 20 个批次，小家电 20 个批次。对辖区内金融行业进行了联合整治，共检查各类相关企业 9 家，其中涉及利用虚假宣传、高额回报、绝对化用语、夸大宣传等方式误导公众消费的 5 家，均责令限期整改。全年共办理广告违法案件 8 起，罚没款达 15.5 万元。规范网络市场秩序。全年审核网络经营主体 751 户，网络经营主体入库 424 户，审核率和建库率均为 100%。网站电子标识审核 189 家，发放 172 家，审核率 100%，发放率 91%；审核申报 12315 服务站 1 家。网上检查网站、网店 350 个，实地检查网站、网店经营者 16 个。指导企业整改 7 家，提请关闭网站 1 个，调解网络投诉 6 起，获消费者赠送锦旗 1 面。

【全力保障消费者权益不受侵犯】 区市管局积极开展新《中华人民共和国消费者权益保护法》、"3·15"宣传咨询活动和消费维权进社区活动，共发放各类宣传资料 500 余份，悬挂宣传横幅 20 条，接受消费者咨询 100 余人次，现场处理 1 起消费纠纷，挽回经济损失 7799 元。截至 12 月 31 日，全局共接受

12315 投诉举报平台流转信息 631 件，在媒体上发布消费警示 15 件，为消费者挽回经济损失达 85.7 万元。在旅游双创工作中，推荐上饶市龙潭湖宾馆有限公司、江西沐鑫城市酒店投资管理有限责任公司、上饶市万家渔村餐饮有限公司、上饶市江南明珠酒店有限公司共 4 家经营户获得上饶市"放心消费示范店"称号。

【"打传规直"实现常态化】 针对各类新型传销方式，区市管局本着"打早、打小、露头就打"的工作方针，集中力量对传销行为进行整治。保持"打传"高压态势，与西市派出所联手重拳出击，对住宅小区、出租屋、旅馆等处的租住人员进行排查，成功捣毁了涉嫌传销窝点 2 个，遣散涉嫌传销嫌疑人 19 人。不断加强对直销企业的政策引导，通过建立直销监管工作档案，加强直销信息报备，及时掌握直销企业经营活动情况，密切关注、监督直销企业有无传销行为，严防以直销名义开展传销活动，积极查处违反《直销管理条例》的其他行为。

（李晓光）

价格管理

【概　况】 信州区物价局是区政府主管物价工作的政府工作部门，隶属发改局系部门下属机构。主要职能职责是依据《中华人民共和国价格法》及规范性文件和规章制度，协调解决价格矛盾和纠纷；监测市场价格动态，分析预报价格走势；开展经常性

的商品和收费价格监督检查，查处价格违法行为，审理价格违法案件；在权力范围内对拟调整的价格进行审核、审批或上报工作。

【做好收费清理改革工作】 对历年来一次性、临时性等失去时效性的文件都进行了全部清理，2016 年没有未按规定批准、越权设立的涉企等收费项目。扎实落实《江西省定价目录》《经营性收费目录》清单，积极向市物价局请示，进一步明确了市、区两级权限划分，理顺了定价关系和程序。结合信州区实际起草了区本级《定价目录》《经营性收费项目》清单，并向社会公示。全年共取消涉企收费项目 5 项、免征 3 项，对微小型企业免征收费项目 42 项，暂停征收 4 项，执行率达 100%。组织人员多次深入企业进行政策宣传、文件法规解读、协调解决相关问题，进一步优化了企业发展环境，全年企业享受调价政策共获利 81.94 万元。

【做好市场价格监管工作】 面对"放管服"改革的新形势，区物价局及时调整工作重心，将工作重点转移到对市场价格行为的事中事后监管。全年，共发出《提醒告诫函》32 份、《责令整改通知书》5 份，处理违法案件 11 起，涉案金额近 20 万元。教育收费方面重点检查公办幼儿园、小学、初中、高中、高校违规收费行为。医药价格方面重点检查医疗机构，特别是医药卫生体制改革试点医疗机构执行医药价格中的违规行为。重点查处滥用市场支配地位的价格垄断行为，以及不明码标价、哄抬价格、

价格串通、合谋涨价、价格欺诈等不正当价格行为，努力维护市场公平竞争价格秩序。

【认真做好 12358 价格举报受理工作】　不断加强对价格举报工作的组织领导，不断充实举报中心力量，完善工作机制，规范办理程序，推进价格举报工作规范化、法制化、制度化。认真落实价格举报工作责任，加强重点案件跟踪督办，及时反馈举报办理进展情况和办理结果，提高价格举报案件的办结时效和质量，务求做到有报必接、接之必办、办之必果。全年接待来访 23 人次、受理价格咨询和举报电话 94 件，办理率 100%、满意率 100%。

【深入开展价格公共服务】　把提高服务效率、寓管理于服务中作为价格服务工作的重点。推行"市场价格网格化监管服务"，将全区主要城区划分 5 个片区，按片区管理服务、责任到人。实施价格服务"七进"，即：进社区、进学校、进医院、进超市、进农贸市场、进企业、进镇街道，及时宣传价格政策知识、指导和纠正价格行为、上门办理价格审批事项、更新价费公示板、补充和维修必备硬件设施，确保价格服务微信平台作用的正常发挥。

【做好价格鉴定、认证和价格监测工作】　积极主动到有关部门宣传职能，采取灵活多样的形式与各行政执法部门、公安、消防、企事业单位联系业务，不断拓展业务领域，价格认证范围由单纯的公、检、法部门拓展到了涉税、涉纪、交通车损等价值认证领域。不定期组织专人对全区市场猪肉、液化气和农资物品等价格进行走访检查，通过和经营者、企业负责人交谈了解，掌握进货、销货及储备等情况，指导经营者进行明码标价和合理规范定价，及时发现、解决苗头性、倾向性的问题，确保了全区市场价格基本稳定。2016 年 4 月，区物价局无偿为区公车改革的 140 余辆公车进行价格评估认证，得到了区公车改革领导小组和各业务单位的认可。每月编制重要商品市场价格动态在《上饶晚报》《新信州》进行发布，按时上报价格月报表、价格分析表，为区委、区政府领导和上级业务主管部门决策提供了翔实的动态资料，为人民群众即时了解市场价格提供了第一手信息

（徐海军）

统计管理

【概　况】　2016 年，信州区统计局以开展"两学一做"专题教育为契机，不断推进统计改革创新，加快统计信息化进程，夯实统计基层基础，提高统计数据质量，深化服务型统计建设，全区统计工作取得新成效。区统计局荣获全市统计工作优胜单位奖、全区优秀统计分析报告二等奖 1 篇、全区公共机构节能先进单位等荣誉。

【加强统计分析研究和统计新闻宣传工作】　始终把统计分析研究摆在突出位置，常抓进度形势分析、主抓专题热点分析、强抓重大会议分析，不断加强对经济形势的分析研究，为领导决策提供参考。全年向省、市统计局报送信息统计分析和统计信息 170 余篇，向区委办、区政府办各报送统计信息和统计分析 60 余篇，在信州统计网站和信州统计按月发布每月经济运行情况，为党政领导把脉经济社会发展状况提供全方位的参考。

【拓展统计监测预警】　不定期召开经济形势分析会议，对照全区目标任务要求，按月、季对全局性、区域性以及相关重点指标的完成情况进行梳理、对比，尤其是对工业、投资、房地产、贸易、服务业等重点领域进行比较研究。认真开展市县科学发展综合考核评价工作，多次召开责任部门协调会，及时对市县科学发展综合考核评价指标进行分析测评，强化对指标的监测预警，配合区政府做好全区镇街等经济部门管理考核、加强全面小康统计等重点监测工作，开展县级小康统计监测，为信州区率先全面建成小康社会提供决策依据。

【加大数据资料开发】　不断完善决策快速反应系统，加大数据资料整理开发力度，进一步改进各类统计产品，突出统计产品的针对性和实用性。按月整理《信州统计综合月报》，按时编印《信州区统计年鉴》及文化走廊等统计资料。

【推进统计制度改革】　认真贯彻执行省统计局制定的 GDP 核算制度和有关规定，进一步加强 GDP 数据评估，完成非公报表核算工作，加强基础数据的监测，完成 GDP 核算各项常规性工作。按照国家统计局的统一部

署,完成各期投资改革试点报表上报工作,保持 100% 的上报率。同时,针对试点报表数据所反映出来的总量、增速、结构等问题,先后开展投资试点数据调研和投资试点行业结构调研并形成调研报告。

【开展第三次全国农业普查】
普查时期为 2016 年 1 月 1 日至 12 月 31 日,清查摸底结果上报时间为 2016 年 12 月 31 日前。农户普查表、规模农业经营户普查表、农业经营单位普查表,使用 PDA 进行数据采集,即时访问登记。信州区这次农业普查涉及茅家岭、水南、北门、西市 4 个街道,沙溪、灵溪、秦峰 3 个镇,总计 63 个村居,788 个村民小组,农户总数 48822 户,选聘普查指导员 124 名,普查员 668 名。购买 158 台 PD,相关农业普查物资及时发放,为按时完成普查任务提供保障。

【开展信州区 1% 人口抽样调查】 2016 年 9 月份开始筹备,对抽中小区进行"两员"的选调。10 月 15 日—10 月 31 进行入户摸底工作,11 月 1 日 0 时正式入户调查开始,11 月 20 日前完成录入上报工作。此次全区人口抽样调查常住人口 2577 余人,其中出生 27 人,死亡人口 7 人,出生率为 10.53%,出生率比去年有所增长。信州区 1% 人口抽样调查工作,得到省、市各级领导的肯定和表扬。

【加强统计法制建设】 高度重视统计违法违规案件的查处,把统计执法、查办案件作为统计工作考评的重要内容,实行一票否决。为做好"六五"普法验收工作,区统计局及时制订计划,明确要求,将普法教育深入到镇、街道和企业。同时,充分利用报刊、广播、电视、互联网和户外广告等媒体,结合"12·4"全国法制宣传日、统计法宣传旬、统计开放日、《中华人民共和国统计法》颁布 32 周年、"12·4"国家宪法日等活动的开展,推动统计法律法规宣传。进一步规范行政指导流程,充实行政指导内容,明确行政指导目标任务,利用业务培训、辅导、上门巡查等方式扩大行政指导的覆盖面。全年开展 5 次执法检查和指导。切实发挥行政指导作用,做到行政指导和企业调研、规范化建设、统计专项检查、业务培训及法制宣传相结合。

(严厚斌)

审计管理

【概　况】 2016 年,认真贯彻落实中共十八大和十八届五中全会、全国、全省、全市审计工作会议,以及全区经济工作会议精神,围绕党和国家工作大局、区委和区政府中心工作,适应审计新常态,依法履行审计监督职责,突出工作重点,切实推进以程序、质量为内容的业务规范化建设,以作风、人才为核心的队伍职业化建设和以查处、纠弊为重点的审计专业化建设,圆满完成了各项任务,并获得全省文明单位荣誉称号。

【认真履行审计监督职责】 安排了财政审计、组织部门委托的经济责任审计、审计署统一安排的稳增长、促改革、调结构、惠民生、防风险政策措施落实情况跟踪审计和全区保障性安居工程跟踪审计、市局统一组织实施的 2014—2015 年农村"五保户"和城镇"三无"人员供养资金的专项审计以及政府性投资项目工程结算审计。实施完成了财政同级预算执行审计项目,11 个领导干部经济责任审计,2 个跟踪审计,1 个专项资金调查审计项目,30 个工程项目审计。

【注重揭示违规违纪问题】 审计查出被审计单位未按规定使用项目工作经费、公务接待管理不规范、大额现金支付、工程项目未按规定报审、入账票据不规范等问题。全年,审计查出管理不规范资金 7913.33 万元,核减不合理造价 3369.35 万元,提出审计意见 77 条,提交审计信息 5 篇,出具审计报告 47 篇。

【积极完成上级交办事项】 全年共派出 13 人次参与上级安排项目和区中心工作 7 个项目,累计外出审计 180 天。参与由省委巡视办组织的 2016 年江西省第一轮部分高校巡视工作;组织完成了由市人大交办的信州区 2014—2015 年度城镇"三无"和农村五保户供养资金专项审计工作;参与完成了由市审计局组织的广丰区委书记郑光泉任职期间经济责任审计工作;参与完成由审计署组织实施的 2014—2015 年全国基本医疗保险基金专项审计工作;参与完成了由区纪委、区财政、区人劳、区审计局组织的信州区违规发放津补贴的清理中心工作;完成了由区政府交办的 2014—2015 年产业扶贫资金审计工作;参与完成了由区国资委、区财政、区审计局组织的国有资产清查工作。

【抓好审计业务建设】 全局上下坚持依法审计，严格审计程序。全面建立了审计项目台账，实行项目限时审结制。对财政审计、经责审计等审计项目，组织制定了审计工作方案，明确审计任务、目标、范围、重点及要求。创新工作思路，规范审计程序，成立了审计业务审理委员会。加强项目审理和质量检查，严把业务流程和项目复核；开好一般性审计业务会和局业务审理会，提高审定质量；加强立卷归档指导，提高审计档案质量；加强法制科自身建设，提高了业务指导能力；严格实行审计过错责任追究，对出现重大失误，造成恶劣影响的，严肃追究有关人员责任。围绕"程序规范年""质量巩固年""能力提升年"目标，推进业务能力建设。完善《审计业务会议规则》《审计业务复核、审理、审定暂行办法》《审计业务流程规范》《审计执法过错责任追究办法》等业务规范性文件；加强审计指导，规范审计业务。从实施情况看，各业务科能按要求开展审计业务工作，基本实现统一规范审计操作。槠溪河及其东岸低洼区危旧房改造项目安置房及道路绿化工程结算审计获得全市审计质量规范奖。

【从严管理审计队伍】 积极整改机关在工作作风、服务态度、审计质量、综合管理等方面存在的问题，严格实行了机关人员请假、工作去向告示、考勤登记制度，完善了业务学习培训和审计服务承诺等各项制度。强化责任意识，落实审计质量过错责任

追究。加强审计项目计划管理，明确工作任务，合理安排项目，加强项目管理。全面落实了党务、政务公开。

（刘　瑾）

安全生产监督管理

【概　况】 2016年，全区安全生产工作认真贯彻落实习国家、省、市安全生产工作会议精神，牢固树立安全生产红线意识和责任意识，坚持科学发展和安全发展理念，坚持"安全第一，预防为主，综合治理"方针，在区委、区政府的正确领导下，在全区上下共同努力下，全力以赴抓好安全生产各项工作。全区全年共发生各类生产安全一般事故6起，死亡6人，未发生较大及较大以上生产安全事故，全区安全生产形势总体稳定。荣获了"2016年度全省安全生产工作优秀单位"。新任党组书记、局长杨国辉荣获了"全省综合性应急救援工作'三等功'"。党组成员、监察大队大队长邓钧荣获了"江西省'十二五'安全生产先进个人"。

【建立安全生产责任制】 年初召开全区安全生产工作会议，会上区政府主要领导与9个镇街、朝阳产业园及24个安委会成员单位签订了《2016年度信州区安全生产目标管理责任状》。全区严格落实"党政同责、一岗双责、齐抓共管、失责追责"安全生产责任制，严格落实镇街属地监管责任、行业主管部门直接监管责任和安全监管部门综合监管责任，严格落实"管行业必须管

安全、管业务必须管安全、管生产经营必须管安全"要求，严格督促企业落实安全生产主体责任，不断建立健全安全生产责任体系，逐步形成了"党政统一领导、部门依法监管、企业全面负责、群众监督参与、社会广泛支持"的安全生产工作格局。

【认真贯彻落实上级工作部署】 2016年，区委常委会、区政府常务会多次听取了全区安全生产工作汇报，研究安全生产工作，将事故预防、隐患排查治理、新《中华人民共和国安全生产法》的宣贯、安全生产"十三五"规划等列入会议议程进行研究。区安委会前后组织召开了15次安全生产工作会议，分析各阶段安全生产形势，研究解决各行各业安全生产工作中出现的具体问题，协调各部门、各单位落实中央、省、市、区关于各项安全生产工作的安排部署。区委、区政府各领导按照职责分工分别承担相应的安全生产工作职责。区委、区政府主要领导和分管领导多次深入四镇五街道和朝阳产业园区及重点行业和领域进行督查，有力推动了各项安全生产工作的深入开展，确保了元旦、春节、端午、中秋、国庆等重大节假日，"两会"、南昌综治会议、省、市、区党代会等重要时段、敏感时期的安全生产形势稳定。

【狠抓隐患排查整治及打非治违工作】 全年，按照上级工作部署要求，结合信州区实际，积极组织全区各镇街（产业园）、各有关部门积极开展一系列安全生产大检查工作和集中整治活动，多次组织跨部门联合执法检查，深入开展了"打非治违"专

项行动,严格打击了非法违法行为。尤其是在丰城"11·24"特大事故发生后,全区上下迅速行动,在全区所有镇街、产业园、所有行业领域、所有生产经营企事业单位和人员密集场所开展为期一个月的拉网式大排查大整治活动。岁末年初时,突出对烟花爆竹、交通运输、建筑施工、消防等重点行业领域,集中开展安全专项治理工作,组织跨部门联合执法检查,实施暗查暗访,按照"四个一律"的要求,严格查处非法违法行为。同时督促企业开展安全生产事故隐患自查自报工作。充分利用区安全生产动态监管平台和事故隐患自查自报系统平台,严格要求企业履行安全生产法定义务,加强和规范安全生产管理,督促企业落实安全生产主体责任。根据区安全生产动态监管平台统计,2016年全区各类企业已开展7.3万余次隐患自查,自查项数达385万余项。

【开展安全健康宣传教育培训】
坚持以宣贯新《中华人民共和国安全生产法》《中华人民共和国职业病防治法》为重点,以各类宣传活动为载体,着力强化安全生产、职业卫生知识宣传教育。围绕着"强化安全发展观念,提升全民安全素质"主题,组织9个镇街,深入企业、学校、社区、农村、家庭等,开展安全生产主题宣讲活动。6月16日,由东市街道承办,在云碧峰森林公园广场组织开展了全区"安全生产宣传咨询日"活动启动仪式。"安全生产月"期间,采用发放宣传教育资料、张贴宣传画和标语、悬挂宣传横幅、宣传先进典型等形式,进行多形式、多层次、全方位的安全生产宣传活动,提高了群众的安全意识。12月4日,区安委办组织人员在市中心广场开展安全生产普法宣传活动。联合卫计委、妇联、总工会、各镇街及医院等单位,在4月25日至5月1日开展了以"健康中国,职业健康先行"为主题的《中华人民共和国职业病防治法》宣传周活动。加强重点行业企业"三项岗位"人员安全生产持证上岗培训,切实提高广大职工安全生产技能水平。

【积极创建"安全社区"】　2016年,经全省安全社区现场评定组现场评定,江西省安委办、江西省安监局相关会议集体审核通过,西市街道桥村社区、东市街道金龙岗社区被评为"全省安全社区"。

【积极推广"微型消防站"建设】
为强化主城区消防基础建设工作,进一步提升基层火灾防控水平和抗御火灾的能力,继2015年在白鸥园市场建立全市首个微型消防站后,西市街道铁四社区微型消防站、西市街道三官殿社区微型消防站、东市街道金龙岗社区微型消防站于2016年全部完成建设,并全部投入使用。各站严格按照"有人员、有器材、有战斗力"的建站标准,统一采购配备了消防摩托车、灭火防护服、水枪水袋、灭火器、固定电话、手持对讲机等装备器材。在站点设置、规章制度、人员配备及岗位培训等方面不断完善,并借助媒体平台、社区授课等手段,加大宣传力度,全面提升居民及周边商户火灾防范能力。

(范炉敏)

社 会 事 务

综　述

2016年,信州区民政局围绕全区中心工作,以保障和改善民生为首要任务,重点推进民生工程,积极开展党员"两学一做"教育活动,整体工作发展良好,较好地完成了年初制定的各项工作目标,切实维护了弱势群体的根本利益,充分发挥民政在构建社会主义和谐社会中的基础作用。信州区蝉联"全国双拥模范城",并连续5届被江西省委、省人民政府、省军区授予"双拥模范城"荣誉称号;荣获"全国综合减灾示范社区";信州区多项民政业务工作列入全省前列,被评为"全省精品农村社区""全省综合减灾示范社区"等荣誉。

救灾救济

【救灾应急响应】　2016年,信州区发生了暴雨洪涝和干旱等自然灾害。据统计,成灾面积1707公顷,农作物绝收830公顷;受灾人口4.12万人,紧急转移安置人口4392人;倒塌房屋7

间2户,一般损坏2233间973户;直接经济损失6468.8万元。灾情发生后,民政工作人员在第一时间赶赴灾区查灾核灾,紧急转移安置灾民,慰问受灾群众,下拨救灾款物,帮助灾区群众开展生产自救,全年下拨救灾补助资金182万元,救助灾民特困户2896户4706人,所有下拨资金全部通过"一卡通"发放,确保救灾资金及时、足额发放到户。其中,投入40.5万元,为27户农村倒(损)房户进行了重建。

【举办灾害信息员培训班】　加强防灾减灾救灾宣传工作,建立健全防灾害制度,认真细致地做好自然灾害应急预案完善工作,举办了灾害信息员培训班。开展了"全国综合减灾示范社区"创建工作,北门街道外沽塘社区被评为全省"综合减灾示范社区"。

【开展慈善募捐及走访工作】年内,区慈善总会组织开展了"慈心大爱·慈行信州"慈善一日捐活动,全区各部门和各单位积极参与活动。春节期间开展了"慈善情暖万家"活动,对全区4所敬老院和300余名五保户、城乡低保户和受灾特困户进行走访慰问,让这些困难对象过上了一个欢乐祥和的春节。

双拥工作

【走访慰问部队】　8月1日,区委、区人大、区政府、区政协四套班子领导参加了"军事日"活动。春节、"八一"期间,区四套班子领导分别对部队进行走访慰问,年内发放慰问金18.8万元。

【军民共建】　开展"二建二进"活动,即智力共建、科技共建、书籍进军营、网站进军营。信州区制定了科技拥军活动三年规划和科技拥军实施计划,组织有关部门和企业与部队单位结成科技拥军对子,广泛开展"送知识、送技术、送信息进军营"活动。

【扎实有效推进双拥工作】　高度重视部队随军家属安置、子女入学、士官安置等难点问题。部队子女优先入托、入学。2016年为42名随军家属发放了待安置期间生活补助。

优抚安置

【优抚工作】　2016年,全区各

类享受抚恤补助优抚对象 1585 人;2016 年度城镇的义务兵家庭优待金按照 2015 年度的标准发放 12968 元/人;农业的按照上年度城镇居民人均可支配收入的百分之四十的标准发放 10750 元/人;进藏兵为其他义务兵的 3 倍标准累计发放优待金 464.7 万元。所有资金通过社会化发放。连续 16 年聘请专家、教授组成医疗队,为农村优抚对象送医送药、免费义诊,有效缓解优抚对象看病难问题。出台抚恤补助自然增长机制文件,为优抚对象每月增发自然增长补助金 2 至 16 元。为 18 户住房困难户下拨住房维修经费 18.9 万元。

【深化城镇退役士兵安置改革】 在退役士兵安置上,对符合政府安置条件的退役士兵进行量化考核,按照量化考核排位由高到低优先选择岗位,做到公开、公平、透明,取得良好效果。2016 年,接收退役士兵 198 人,岗位安置转业士官 21 人,自谋职业 2 人,自主就业 175 人。

城乡社会救助

【着力改善困难群众基本生活】 为贯彻落实国务院 45 号文件精神,区政府公开发布《关于进一步加强和改进最低生活保障工作的实施意见》(饶信府发〔2014〕12 号),进一步加强和改进最低生活保障工作。信州区城市低保标准提高至 480 元,城市低保对象年末受益人数达到 6640 人,全年累计救助 83338 人次,共发放城市低保金 2698.43

万元,月人均补差水平达到 320 元,区财政列支城市低保配套补助资金 610 万元。农村低保标准达到 270 元,农村低保对象年末累计受益人数达到 8630 人,全年累计救助 103371 人次,共发放农村低保金 2023.7 万元,月人均补差水平达到 195 元,区财政列支农村低保配套补助资金 411 万元。农村五保对象 214 人(其中集中供养 59 人,分散供养 155 人),共发放农村五保供养金 85.32 万元,区财政配套农村五保供养资金 27 万元。20 世纪 60 年代精简退职老弱病残职工享受救济的对象 100 人,共发放救济金 41.8 万元。

【城乡医疗救助实效明显提升】 继续加大《关于进一步规范和完善城乡医疗救助制度的通知》(饶信民发〔2013〕55 号)的落实力度。重特大疾病医疗救助工作和尿毒症患者血透、重性精神病治疗、农村妇女"两癌"手术和重度聋儿人工耳蜗植入康复救助等专项救助工作持续推进。做好与大病保险制度衔接,降低救助对象大病保险起付标准,努力探索推进"一站式"即时结算网络平台建设。全年共发放城乡医疗救助金 870.45 万元,区财政列支配套资金 69 万元(其中城市医疗救助金 42 万元,农村医疗救助金 27 万元)。资助城乡低保对象、农村五保对象、城乡精简退职人员参保参合 1.6 万人,参保参合资金 75.59 万元。

【临时救助】 临时救助 431 人,发放临时救助资金 75.68 万元,区财政配套临时救助资金 34 万元。

【着力开展敬老院等级评定和安全管理工作】 积极开展星级敬老院创评活动,全区敬老院环境进一步美化,敬老院院务管理得到加强,有效提升了敬老院的管理水平和五保老人的生活水平。全区有省级三星级敬老院 1 所,二星级敬老院 1 所。

基层政权和社区建设

【村民自治】 认真做好村务公开、民主管理工作。根据市委办公厅、市政府办公厅《关于深入推进全市农村社区建设试点工作的实施方案》文件要求,2016 年,全区农村社区建设试点示范镇为沙溪镇,试点村分别是沿岭村和英塘村。

【城乡社区建设】 根据江西省委办公厅、省人民政府办公厅印发《关于加强全省城乡社区协商的实施意见》文件精神及上级部门要求,结合实际,认真贯彻执行,城乡社区协商的试点为东市街道的茶圣中路社区居委会。

区划地名、边界管理工作

【启动地名普查工作】 根据国务院和省、市政府的统一部署,此次地名普查工作为期 4 年,从 2014 年 8 月 1 日开始,到 2018 年 6 月 30 日结束。2015 年,普查办印发了《上饶市信州区第二次全国地名普查实施方案》;成立了信州区第二次全国地名普查领导小组；开展了宣传活动；落实了普查经费，配备了人员，安排了办公场所，购置了普查设备等。2016 年，信州区第二次全国地名普查已全面展开。截至年底，共采集十一大类地名信息 2980 条，其中单位类 972 条，非行政区域类 50 条，行政区域类 10 条，纪念地、旅游景点类 88 条，建筑物类 187 条，交通运输设施类 405 条，居民点类 794 条，陆地地形类 76 条，陆地水系类 14 条，群众自治组织类 125 条，水利、电力、通信设施类 259 条。地名标志 254 个。

【规范地名数据库】 完善和规范区级地名数据库，对数据库中的地名信息进行核实和补缺，对错误的数据进行修正，及时更新地名信息，确保地名信息的时效性，建立地名数据库动态维护管理机制，为属性数据库和空间图链接工作打下坚实基础。

【平安边界创建】 与毗邻广丰区、玉山县、上饶县签订了平安边界协议书，并且建立健全了纠纷应急处理机制、联席会议制度、联谊互访制度、情况通报制度、矛盾纠纷排查制度等各项制度。经常与边界毗邻地区的民政部门互相走访，开展边界友好活动。年内与毗邻县没有发生边界纠纷。

【界桩管理维护】 2016 年，配合广丰区与玉山县完成了广（丰）玉（山）线的行政区域界线联检工作。在三县（区）共同努力下，联合检查组通过实地踏勘和走访了解，对广（丰）玉（山）线整条界线及两侧的地形、地貌、标志物按照《协议书》逐一对照检查，一致认为边界线毗邻两侧的地形、地貌、标志物没有明显变化，界线的位置走向清晰可辨，界桩和方位物都未发现移动，整体完好无损。

民间组织管理

【概 况】 2016 年，在信州区民间组织管理局注册的社会组织共有 366 家。其中，社会团体 110 家，民办非企业单位 256 家。年内新注册社会团体 1 家，民办非企业 13 家。

【加强社会组织党建工作】 为健全和完善社会组织党建领导管理体制和工作体制，区民政局设立了社会组织党总支，下设党支部 12 个，纳入党建工作基数的社会组织 62 家，党员 203 人，覆盖社会组织 62 家，覆盖率达 100%。

【清理检查】 年内，配合财政部门对行业协会、商会涉企收费情况进行了清理登记，有效促进了社会组织健康发展。

综治维稳工作

【应急服务管理】 为积极预防和妥善处理民政各类安全隐患，因复退军人安置、民政执法、社会保障、机关工作秩序等依法的突发性事件，成立《预防和处理突发事件应急分队》，建立了综治维稳办协调组。

【矛盾纠纷调处】 严格执行《局领导接待日制度》和《信访工作制度》，耐心、理顺群众情绪，满足群众合理诉求，保障群众利益，积极开展信访积案化解工作。2016 年，接待各类诉求 57 件 109 人次，结案率达 90.9%；接受政策性咨询解答 310 人次。

【安全隐患排查】 充分利用"法制宣传日"活动，扎实开展了《信访条例》和民政业务相关的法律法规的宣传，提高了广大群众了解民政部门有关为民服务政策。举办了依法行政、综治、消防等学习培训，邀请区法制办、消防大队有关人员进行了专题授课。

社会福利工作

【建立孤残儿童信息系统】 及时准确录入孤残儿童信息，按照福利机构养育的孤儿每月 1100 元、社会散居孤儿每月 700 元的标准发放基本生活保障金。2016 年办理收养登记 4 件。

【开展农村留守儿童调查摸底工作】 2016 年，全区农业人口 20.2 万人，有近万人长年外出务工，共有留守儿童 4486 人，留守妇女 1471 人，留守老人 4834 人。根据这一调查，信州区投资 10 万元在 4 个镇街道打造农村留守儿童之家，给留守儿童一个温暖的家，相伴留守儿童健康成长。

老龄工作

【开展"敬老""爱老"活动】 全区有 60 岁以上老年人 6.67

万人,其中 80 岁以上老人 8257 人。全区开展丰富多彩的尊老、敬老活动慰问。走访慰问敬老院、福利院老人以及特困老人 200 余人,走访金额近 2 万元。

【高龄老人享受长寿补贴】   年内,开始对持有信州区户口的 80 岁以上高龄老人发放长寿补贴,80~89 周岁 60 元/人·月,90~99 周岁 100 元/人·月,100 周岁以上 300 元/人·月,全年累计 31558 人次发放了 646.33 万元。

【居家养老服务】   为积极应对人口老龄化,加快发展养老服务业,不断满足老年人持续增长的养老服务需求,信州区积极打造居家养老服务站点,9 个镇、街已打造完成 5 个居家养老服务站点。

其他社会事务

【婚姻登记规范化】   2016 年年底,信州区婚姻登记处办理结婚婚姻登记 3179 对,下设登记点沙溪镇办理结婚登记 60 对,秦峰镇办理结婚登记 293 对,信州区办理 2826 对,办理离婚登记 1169 对,补领结婚登记 781 对。下设登记点秦峰镇办理补领结婚证 51 对,沙溪镇办理补领结婚证 14 对,信州区补领结婚证 716 对,补领离婚登记 140 份。信州区婚姻登记处被评为国家 3A 级婚姻登记机关,婚姻登记工作中做到 3 个一百:建档率 100%、登记合格率 100%、当事人满意率 100%。

【殡葬管理】   2016 年,全区死

亡人员火化数 1471 具。乱埋乱葬现象得到有效遏制,阻止乱埋乱葬 152 例,加大了对违规事主处罚力度。

(黄海娟)

扶贫和移民

【概   况】   截至 2016 年年底,信州区未脱贫人口 1061 户 2866 人,贫困发生率为 1.4%。7 个省及市级贫困村经集中整治扶持顺利通过了市级退出考核,信州区率先在上饶市消除农村绝对贫困现象,是江西省第一批少数几个摘帽退出贫困的区(县),稳定实现扶贫对象不愁吃、不愁穿,义务教育,基本医疗和住房安全有保障。全市扶贫和移民系统综合考核全市第五。

【制订脱贫攻坚规划】   信州区围绕 2016 年率先全面脱贫的奋斗目标,科学制订三年脱贫工作规划,细化路线图,明确时间表,按时间节点稳步推进。

【选派驻村帮扶工作队】   按照"单位帮村、干部帮户"的要求,除 4 个省及市重点村由省、市派出驻村第一书记外,信州区同时向 66 个村精选派驻村扶贫工作队和第一书记,所有建档立卡贫困户全部安排帮扶干部,并动员十大企业开展村企共建活动。做到"四个全覆盖",即全区所有村扶贫工作队全覆盖,贫困村派驻第一书记全覆盖,区领导联系镇帮户全覆盖,区直单位参与精准扶贫全覆盖。

【产业扶贫工程】   围绕种养殖

业,发展农业产业推进贫困嫁接。借助食用菌菇、大棚蔬菜为主的蔬菜业,草莓、葡萄为主的果业,名贵花卉苗木、中药材为主的林业等三大主导产业优势,积极引导贫困村、贫困户借助农民专业合作社、农业龙头企业等载体,通过以田参股等形式参与种植经营,发展特色养殖。2016 年实施完成产业扶贫项目 10 个,参与的建档立卡贫困户已全部分红到位,户均增收 800 元以上,食用菌产业与贫困户对接模式得到了市里的充分肯定和推广。围绕"农村电商",发展电商经济。采取教育培训、资源投入、市场对接等方式方法,帮助贫困户开办网店,鼓励电商企业帮助群众销售农产品。省级贫困村铅岭村率先建成"村邮乐购农村 e 邮"精准脱贫工作站,帮助附近村民销售农副产品十余万元。围绕"乡村旅游",推动发展旅游经济,挖掘历史文化,引导贫困户发展乡村旅游、休闲农业等产业。

【就业扶贫工程】   整合"雨露计划""新型职业农民"和"电子商务"培训等资源,加大政府投入,鼓励政企合作,大力推进就业培训、就业援助和提供公益性就业岗位等举措,提高农村贫困劳动技能,推动贫困户就业创业。进一步落实"劳动者自主择业,市场调节就业,政府促进就业"的就业方针,多渠道促进农村贫困劳动力转移就业,通过就业局、农水局、扶贫办、妇联等部门涉农专项培训达千人次。

【社会保障扶贫工程】   从 2016 年 1 月 1 日起,农村低保保障线标准由每人每月 240 元提高到

每人每月 270 元,补助水平由 165 元提高到 195 元,信州区财政列支农村低保配套补助资金共 411 万元;五保集中供养标准由每人每月 305 元提高到 365 元,分散供养标准由每人每月 260 元提高到 290 元,信州区财政列支农村五保配套补助资金共 27 万元。建档立卡对象全部参加新农合,全面推行"一站式"服务,对城乡医疗救助政策进行调整和完善,全面形成以住院救助、大病救助、门诊救助,定点医院同步结算的服务体系,取消病种限制,取消起付线,提高救助比例。

【教育扶贫工程】 采取教育资助一批、学校免费一批、财政支持一批、社会资助一批、部门助学一批的办法切实减免贫困家庭就学负担。为 1025 名学前教育阶段的城乡贫困户入园幼儿、764 名义务教育阶段的困难学生、308 名高中教育阶段的困难学生、137 名大学新生、75 名中等职业教育阶段全日制正式学籍的特困中职学生、190 名在校孤儿及准孤儿发放了资助金。

【健康扶贫工程】 大力推行贫困户门诊就诊免挂号费、注射和换药手续费,住院时免收检查费、诊疗费。按照分类施策的原则,"一户一策"制定了精准帮扶措施,将每一个健康扶贫对象都落实一个医生结对帮扶,明确医生的责任并发放联系卡,进行上门服务并长期跟踪。

【危旧房改造工程】 2016 年信州区开展了建档立卡贫困户危房摸排工作,将建档立卡贫困户名单分镇街逐户摸底,重点登记贫困户是否居住在危房中、危房等级、是否有意愿改造房屋等信息,做好家庭信息、住房信息、房屋建设管理信息、房屋设施信息和照片采集记录工作,把住房困难贫困户全部纳入改造范围,切实解决其最基本住房安全问题,2016 年年底 3 个省定贫困村 37 户危房改造任务已发放许建牌到位,新增加危旧房改造 127 户。

【村庄整治和基础设施建设扶贫工程】 对已确定的有贫困人口的村居,坚持贫困优先、合理选择、梯度推进的原则,在贫困村安排新农村建设项目资金 360 万元用于基础设施建设和村庄整治,将 3 个省定贫困村和 1 个市定贫困村纳入新农村建设范围,信州区 4 个贫困村点的新农村建设工作的危旧废弃房拆除、改水、改厕、排水沟渠、主次干道硬化、环境整治等基础设施建设工作已基本完成,基础设施建设和基本公共服务水平明显提升。结合专项扶贫规划投入的贫困村庄整治工作,2016 年率先完成 7 个贫困村 25 户以上宜居自然村的道路硬化,75% 硬化户户通。

【结对帮扶扶贫】 2016 年将帮扶重心放到有建档立卡贫困户的 66 个村(居)中,采取"321"的方式(县级干部帮扶 3 户,科级干部帮扶 2 户,一般干部帮扶 1 户)为 2161 户贫困户和帮扶干部配好对,将"一证两册"发到帮扶干部手中,并制定了详细的帮扶活动实施方案和任务,将结对帮扶工作推向纵深。

【做好直补对象管理工作】 2016 年信州区开展了对水库移民审核工作,核定信州区大中型水库现状移民 3470 人,其中核定到人的移民人数 1387 人,无法核定到人的移民人数 2083 人。核定到人的移民对象以现金直补方式扶持;无法核定到人的移民对象以生产安置项目方式扶持。以"一卡通"形式将国家扶持资金发到每个移民对象手中,2016 年共拨付现金直补资金 83.22 万元。

【合理安排移民扶持项目】 通过召开村组会议、走访群众等形式,在充分尊重移民意愿并听取群众意见的基础上,采取以基础设施建设为主的项目对移民安置区群众进行扶持。2016 年共有 35 个移民基础设施项目的实施(其中大中型水库移民后期扶持项目 18 个),总资金 124.98 万元。到 2016 年年底,18 个移民项目全部启动,完成项目 18 个,下拨移民后扶资金 124.98 万元。项目完成率达 100%;后扶结余项目 15 个,项目资金 265 万元。已实施完成 15 个,下拨资金 265 万元;小型水库移民解困项目 2 个,安排项目资金 17 万元。到 2016 年度,2 个项目全部开工,完成项目 2 个,下拨项目资金 17 万元。

【严格管理移民扶持项目】 根据江西省扶贫和移民办网上批复年度计划,确定项目实施单位、产生项目管理小组,工程竣工后经验收合格及第三方审计,严格按照项目实施和资金使用办法进行管理,2016 年共实施 31 个移民扶持项目,受益农村群众 26387 人。

(徐　辉)

镇　街道

东市街道

【简　况】　东市街道位于信州区东部,辖区范围东起三清山东大道、西至步行街、南至滨江东路、北至凤凰大道,总面积7.5平方公里,总人口约8万人,下辖18个社区和1个居委会。街道设有人大工委、纪委、人武部、党政办、计生办、爱卫办、综治办、民政所、劳动保障所、宣传文化站;下辖的19个社区(居)分别为:施家山社区、沿城社区、建新路社区、箭道巷社区、五三(1)社区、五三(2)社区、现代城社区、体育馆路社区、市委市府大院社区、祝家巷社区、南门路社区、大井头社区、中山路社区、北门村社区、三里亭社区、金龙岗社区、东门新村居委会、茶圣中路社区、紫园社区。辖区内有三清城、现代城、中央公园等高档小区,亿升广场等大型购物广场。辖区高楼林立,商厦栉比,交通便捷,科教繁荣,人文荟萃,是宜商、宜业、宜居的高品位商务区和高品质生活区。

2016年是"十三五"规划的开局之年,也是信州区镇街班子换届之年。东市街道在区委、区政府的正确领导下,党政班子团结一心,带领街道、社区两级干部,脚踏实地谋发展,锐意进取谱新篇,不忘初心优作风。2016年党建堡垒不断巩固,创先争优氛围浓厚,经济实力不断增强,辖区社会和谐稳定,社区工作亮点纷呈,居民满意度不断提升。

2016年,街道、社区两级获省级集体荣誉2个:现代城社区被评为全省综合减灾示范社区;金龙岗社区被评为全省安全社区。市级集体荣誉3个:街道被评为先进基层党组织、2016年度"三无"乡镇;中山路社区被评为全市民族团结进步创建活动示范社区。有3人获市级以上"先进个人":刘理国被评为全市信访工作先进个人;桑郁被评为全市信访工作先进个人;陈燕红被评为全省消防工作先进个人。

【社区与非公党建】　"积极协调、支持租用、合并置换"三路并举,有效破解社区党组织办公服务场所不达标的难题,为4个社区党组织落实了新的办公服务场所。按照"党建项目化"理念和年初创新项目进度安排,经过150多天的酝酿、讨论、修改、定稿,融中国社区、党旗党徽等标识为一体的社区党组织统一标识破茧而出,有效增强社区党组织的辨识度。情暖寒冬、授人以渔、党员亮牌、温馨家园、关爱弱势群体,"党员活动日""大+小"主题活动丰富多彩。10余场集中宣讲,30余节社区党课,每天一主题微信大家谈,"两学一做"入脑入心,见知见行。加强非公党组织的组建、培育、指导力度,严格按照组织程序,加大党员发展力度和组织关系排查,党员队伍得到净化、优化。

【经济发展质量提升】　街道办将财税任务和目标,细化到每个月、每个工作日,主动靠前,多问勤跑,不拖不等,狠抓当下,1—10月共完成财税任务15584万元,占全年奋斗目标的77.4%,奋斗目标缺口将通过梳理税源项目、协调欠税企业缴清等途径解决,对完成全面奋斗目标志在必得。1—10月共引进工业企业1家、物流运输业1家、金融保险业3家、信息服务业5家,服务好已落户在建的万力时代、龙华世纪城等重点商住综合体项目,不断提升服务质量。对接推进好桐子坞棚户区改造项目,班子成员全部参与,率先垂范,调配能力强、负责任的干部,集中优势力量,全力做好百日攻坚,通过棚改优化外部环境,提升街区品位。从财税结构上看,物流运输业、金融保险业、信息服务业等第三产业占总量的

68%,较2015年占比大幅提升,打破了财税收入房地产业一业独撑的局面。

【综治维护辖区安全稳定】 立足辖区地处中心城区核心板块的实际,坚持"每天排查,每周研判,每月例会",执行"信息畅通"专项考核评价制度,落实"领导包案制""值班带班制",做好了各级"两会"、端午节、国庆节、中共十八届六中全会等重要敏感时期的安全稳定工作,牢牢掌握综治工作主动权。大力推进"综治网格化、综治信息系统和综治中心"三项建设,将辖区划分出92个网格,并明确了相应的网格员。优先配备综治资源,综治专网、专用电脑、手机等全部落实到位,完成了综治信息系统相关信息录入工作,居民信息采集绝对数字列全区第一,各项指标综合排名全区靠前。优先划拨专项资金,耗资近20万元,建成街道综治中心。做好了肇事肇祸精神病人监管补贴申请、信访积案化解百日攻坚等工作,有效维护了辖区稳定,未发生一起进京赴省到市非访事件。

【环境治理和民生事业不断进步】 坚持每日巡查,每周通报,每月部署推进,联合区控违办、东市城管,强力推进违章建设防控工作,强联手、出重拳,不断加大违章建筑拆除力度,创新形式、把握重点,建立辖区居民私房附属设施建设台账,印发《致辖区居民的一封信》,防控并举,防患未然。积极配合开展中心城区牛皮癣集中整治,对辖区5000多栋小区房屋进行清理,清理牛皮癣面积达3980700余平方米。干部带头,以身示范,以行促宣,大力开展"全民共建、美丽上饶"城市提升年活动,居民生活环境有效改善,辖区面貌焕然一新。做好大病救助、困难家庭帮扶、低保联审、养老金资格年检等各项民生工程,共发放救助资金370万元,帮扶、救助困难家庭760余户,共为30余户困难居民办理了低保,共取消50余户不符合条件者的低保资格,有效维护了公平正义。

【社区工作创新创优】 中山路社区喜获"全国无邪教社区",现代城社区喜获"全省安全社区",建新路社区率先在全区推出社区党支部公众微信号、开展党课直播,半年内先后两次迎接了省委组织部的点验检查,市委书记马承祖亲自扫描社区公众号二维码关注并点赞。金龙岗社区成功打造出社区微型消防站,有效破解了辖区里弄小巷多,大型消防车无法进入的困局。茶圣中路社区"青年空间"先后两次迎接团省委调研,获高度肯定,并积极创建"无邪教社区"。五三(2)社区在已有工作的基础上,持续发力打造"廉洁社区"。各社区比学赶超,创新发展,呈现出各具特色,亮点纷呈的喜人局面。

【主要负责人】
党委书记:黄玉华(任至6月)
　　　　　刘理国(6月任)
主　　任:刘理国(任至6月)
　　　　　桑　郁(女)(6月任)
人大工委主任:曾　辉
　　　　　　　(任至6月)
　　　　　　　洪永军
　　　　　　　(6月任)

西市街道

【简　况】 西市街道位于上饶市信州区城区西部,北以凤凰中大道为界,东以带湖路、胜利路、步行街为界,西以楮溪北路为界,南以滨江西路为界,辖区总面积7.8平方公里,总户数24634户,常住人口76296人。辖区内共有马家弄、大公厂等社区居委会19个,村改居1个,150余家行政事业单位。西市街道是信州区最早成立的街道之一,地处信州区主城区,商贸繁荣、环境优美、交通便利、古迹众多,辖区内有全省重点中学上饶一中;有全区最早的批发市场渡口批发街;有繁华兴旺的八角塘集贸市场、白鸥园市场、抗建路步行街、水晶宫广场;有百年老店丁大兴;有明代万历年间的奎文塔;有保存完整的杨益泰旧宅(今为信州区博物馆)。

2016年,街道办事处在区委、区政府的正确领导下,迎难而上、开拓创新、顽强拼搏、扎实工作,各项工作稳步推进。实现财税任务2.13亿元,同比增长6.5%。在固定资产投资方面,也整体规模的迅速扩大,全年实现固投51120万元,同比增长15.61%。获得了市"先进基层党组织""信访工作'三无'乡镇(街道)""五一巾帼标兵岗""基层示范平台""第三次全国经济普查先进集体"及区"落实党风廉政建设责任制工作先进单位""纪检监察信息工作先进单位""综治工作先进单位""五好基层关工委"等多项荣誉。

【贵州省政法委一行到街道调研综治工作】 11月8日上午,贵州省委政法委常务副书记、省综治办主任彭德全一行到西市街道调研综治工作。上饶市委常委、政法委书记陈荣高,市政府副市长、公安局局长邱木兴等市领导和区委书记王其中,区委常委、政法委书记李红,副区长、上饶市公安局信州分局局长祝少敏陪同。在街道综治工作中心,考察组现场听取了街道党委书记郑平关于街道综治"三项建设"工作汇报,观看了天网工程情况展示,详细了解了街道辖区综治网格化管理、综治系统运行、矛盾纠纷排查调处、特殊人群管理等工作情况。考察组对街道综治工作给予了充分的肯定,认为街道工作理念先进,思路清晰,成效明显。

【八角塘社区荣获"全国计划生育协会村级先进单位"】 2015年度全国计生协先进单位揭晓,西市街道八角塘社区荣获全国计划生育协会先进单位。该社区创新工作模式,其中"一站式服务",打造便民计生。"两式宣传":"阵地式宣传"与"主动式宣传"相结合,倡导婚育新风。"四式服务":提供"代理式"便民服务,深化流动人口的全程代理服务内容;提供"便捷式"生活服务,为流动人口提供免费的电商培训;提供"亲情式"关爱服务,成立居家养老"爱心食堂";提供"沟通式"宣传服务,开设爱心超市,组建社区妇女编织队、社区留守儿童之家,推进流动人口计划生育服务均等化,促进社区计生工作水平稳步提高。

【招商引资再添佳绩】 全年累计引进各类企业30余家,其中优空间网络科技、麟漾信息科技、风火轮电商等信息服务业企业20家,长江证券、广州证券、光大银行、永安保险等金融企业4家(已达成意向,即将签约),嘉华酒店、饶恒实业等商贸流通企业10家,工业企业1家,物流企业1家,有效推动了街道经济的多元化发展。现代服务业比例占比稳定,财税贡献率达40%,一定程度上缓解了博泽停产带来的财税压力。

【重点项目加速推进】 始终致力于传统工业转型升级和现代服务业快速发展,以重点项目为抓手,持续发掘经济潜力,提高发展效率。一是万达广场项目建设。万达广场已在11月下旬正式营业。二是博泽铜业技改项目。博泽技改项目已全面完成,在街道的帮助和协调下,企业已成功办理了《临时危险品废物经营许可证》,并于9月正式恢复生产,实现了传统重工业的转型升级。

【城市建设全面深入】 作为中心城区,西市街道做好城市建设工作责无旁贷。2016年,西市街道的城市建设工作迈出了坚实的一步。全面推进桐子坞棚户区改造项目。抽调街道精干力量,组成了6个征迁工作组,深入桐子坞棚户区开展征迁工作,该项目已基本完成。扎实推进控违拆违工作。街道共拆除违章建筑136户,面积3942平方米,责令停建50户,停建面积1450平方米。促使辖区内形成了一种违法建设不能建、不敢建的良好氛围,维护了西市街道的发展秩序和建设环境。

【党建工作蹄疾步稳】 以"党建+"为核心,构建了党建和民生融合发展的长效机制,打通了联系服务群众的"最后一公里"。以"集中整治"工作为抓手,进一步提高了党员干部的纪律意识和责任意识。进一步完善了会议、值班、请销假、报账等十大管理制度,并以"三问一访"为抓手,切实提高党员干部的宗旨意识和服务水平,累计走访入户走访200余人次,搜集群众建议和问题诉求48条;此外,通过开设监督专栏和群众监督电话的方式,进一步规范了干部行动,堵住了"庸政""懒政"的歪风。以"两学一做"为抓手,扎实提高党员基本素质。坚持把深化学习贯穿始终、把传承红色基因贯穿始终、把解决突出问题贯穿始终、把作风整治贯穿始终、把做合格党员贯穿始终。累计开展了各类学习教育活动120余次,建立"两学一做"微信学习群20个,编撰"两学一做"学习文件20篇,在全街道掀起了一阵"两学一做"学习教育活动的热潮。

【社区建设独具特色】 着力做好"一居一品"文章,以党建为统领,推进社区民生保障工作。在"网格化"管理模式的基础上,结合社区实际,开展社区差异化品牌建设工作。通过建立以社区党员为核心的志愿服务队伍,完善以居民活动中心为基础的特色活动平台,打造了一批别具特色的亮点项目:解放河社区党员之家畅通了联系服务群众的"最后一公里",天津桥社区劳动保障平台构建了就业创业服务新渠道,茶山路社区老年驿站为居家养老事业提供了新蓝本,一项项亮点项目为社区的差异化发展奠定了坚实基础。

【和谐环境得到巩固】 以综治"三项建设"为抓手,全力保障辖区和谐稳定。具体表现为四个率先:一是率先打造成了包含组团服务区、作战指挥中心和纠纷调解室三大功能区的西市街道综治中心。二是率先在全区完成了网格员手机终端配备和网格员办公应用软件培训。三是率先完成了社区及街道本级的综治信息化平台数据录入工作。四是率先完成了综治网格化建设,在全街道81个网格配备了专职网格员,并完成了相应的办公应用软件培训。

【各项事业齐头并进】 在大病救治、就业扶持、精准扶贫、计生服务等方面持续发力。累计开展各类招聘会18场,实施医疗救助10余人次,发放各类慰问、救助资金近10万元,提供创业贷款350余万元,医保及社保参保率分别提高至99%和85%。全力拓展社区微型消防站覆盖面,在原有的白鸥园微型消防站的基础上,又建成了铁四微型消防站和三官殿微型消防站。配合做好人大代表选举。依据区委、区人大的要求,配合做好区第五届人民代表大会代表选举工作。经过充分准备和周密部署,顺利选出了21名新一届区人民代表大会代表。

【主要负责人】
党委书记:郑 平
主　　任:吴丽辉(女)
人大工委主任:姜中林

水南街道

【简况】 水南街道地处上饶市区城南片,东与灵溪镇、朝阳镇接壤,西以丰溪河为界与茅家岭街道相望,北隔信江河与东市街道相邻。街道总面积8.75平方公里,耕地面积74.5公顷,山林面积384.27公顷,森林覆盖率为67.5%。下辖3个行政村和9个居委会。总人口4.6万余人,其中城市居民3.96万人,农业人口0.4万人。人口自然增长率7.4%。

水南街道办事处于2002年4月由常青乡改为街道。2016年有行政编制干部17人,其中党政领导班子成员14人。直属事业单位有农业综合服务站、民政所、劳动保障所、计生服务所、财政所、爱卫办等6个,共有编制人员36人。基层党组织17个,其中机关事业单位支部2个,村(居)支部12个,非公有制企业支部3个,共有党员908名。

街道紧扣经济发展中心,真抓实干,确保经济稳步发展。一是财税收入持续增长。全年街道完成财税任务12842万元,同比增长8.91%,占计划数的104.5%,占奋斗目标的103.5%;二是招商引资成效明显。一年来,街道紧紧围绕区委、区政府"主攻工业、决战园区"战略部署以及信息服务业、物流业等街道主导产业,全年引进各类企业62家,其中信息服务业27家、商贸企业26家、物流企业5家、工业企业3家、房地产企业1家。江西索密特汽配、美仕特汽配、江西立宇医药

等3家企业参加了区第四次工业项目集中开竣工活动。新增入笼联网直报企业8家。

【东瓦窑安全饮水工程竣工】 该工程是2016年度街道重点民生工程,总投资600万元(财政投入100万元,村自筹500万元),饮水线路全长4.9公里,项目于2015年11月开始施工,2016年12月竣工,有效解决了东瓦窑村3.7平方公里8个自然村约3000村民和市人防办、市委党校、东岳护国寺、十六小等4家单位安全饮水问题。

【项目建设有力推进】 街道大力实施项目建设,为发展蓄势加力。14天完成东岳护国寺改扩建项目征地任务,待相关手续到位后立即启动房屋征收工作;4个月完成417号特大型地质灾害防治项目,解决了周边居民群众生命财产安全问题;东瓦窑饮水工程完工,解决了8个自然村近3000村民安全饮水问题;刘家坞农贸市场完成改造并投入使用,解决了20多年来的马路市场问题;金山棚户区A2地块成功挂牌出让,与开发商签订了安置房建设及回购协议,解决了拆迁户安置问题;水南文化街区二期河滨花苑沿街店面和内部商业区主体工程完工,内部装修在有条不紊进行。

【东岳护国寺改扩建项目完成征地工作】 东岳护国寺改扩建项目是市级重点项目,该项目征地涉及农户69户,面积52167平方米(78.25亩)(不含市林科所林地),项目拆迁涉及28户,拆迁面积约13600平方米。根据市、区两级工作部署,水南街

道于 2016 年 10 月 17 日启动项目征地,10 月 30 日结束,历时 14 天完成了征地工作。

【金山社区居家养老服务站】
2016 年,金山社区有住户 986 户、居民 2962 人,其中 60 岁人以上老人有 559 人,占居民总数的 18.87%。根据这个特点,金山社区成立了居家养老服务站,面积 360 平方米,内设 4 个功能区,即餐厅娱乐室、书画室、文化小剧场、理疗保健室。金山社区以"服务态度亲情化、服务内容多样化、服务对象个性化、助老活动经常化"为养老服务特色,除节日专项活动外,服务站每月开办一次养老知识讲座和健康义诊活动。对辖区内 60 岁以上老人及空巢老人进行建档登记,为他们提供家政、日间照料、疾病防治、法律维权、精神慰藉等服务,组织志愿者举办"春节送春联""敬老月""给老人过生日""钻石婚礼"等活动,汇集各方面的力量为老人奉献爱心。金山社区居家养老服务站多次迎接省、市民政部门的检查,被评为上饶市养老服务示范点。

【上滩头社区 417 号崩塌治理项目】 上滩头社区 417 号崩塌治理项目是国土资源部和财政部立项的特大型地质灾害防治项目,下达了中央专项资金 450 万元,采取"降坡 + 挡土墙 + 排水沟 + 被动防护网"进行治理。2016 年 1 月份完成项目征地工作,2 月份完成项目林地和樟树手续报批工作和项目招投标工作;2 月 19 日施工单位进场施工,历时 112 天完成挖土方 20046 立方米、消除坡顶 13.8 米及平台护栏、挡土墙、防护网等

全部工程,于 6 月 9 日完工,有效保障了周边居民生命财产安全。

【社会管理成效明显】 街道以高度的责任感,抓实社会管理各项工作,确保辖区和谐稳定。一是控违拆违铁心硬手。街道建立"纵向二级、横向四级"的管理体系,进一步加大人力物力投入,消存量、控增量,全年拆除违建面积 1.36 万平方米。二是综治维稳积极落实。重点围绕"推进综治中心,综治信息化、网格化管理"等三项建设工作做文章,全面提升街道社会治理能力和水平,实现人民群众安全感和满意度双提升,全年共排查调处各类矛盾纠纷 136 件,调解成功率达 100%。三是安全生产持续稳定。始终坚持"预防为主、综合监管"方针,认真贯彻落实安全生产各项制度,全年开展各类安全检查 30 余次,排查消除隐患 42 处,重点整治隐患 20 处,保证了居民生命财产安全。

【社会事业协调发展】 街道在发展经济的同时,统筹兼顾,同步推进,实现社会各项事业协调发展。一是秀美乡村展新颜。积极落实"全民共建美丽上饶"城市形象提升活动,进一步加强了辖区环境卫生整治,完成了东瓦窑村和刘家坞村马路市场迁建、改造工作。二是精准扶贫落实处。积极主动对接有关部门对贫困户进行多渠道帮扶,切实解决贫困户实际困难,圆满完成了脱贫攻坚任务。三是文化产业新提升。进一步打响水南文化品牌,实现石头早市平稳搬迁,水南文化街区荣获"江西省现代服务业集聚区"称号。四是

武装工作有突破。超额完成全年征兵任务,街道荣获"全市人防工作先进单位"称号。五是思想文化宣传显活力。以"道德讲堂"为抓手,创建社区党校平台,积极开展各类活动,传递正能量,丰富群众精神文化生活。六是计生服务优水平。加强信息平台建设,简化流程,优化服务,全年出生率、出生政策符合率、多孩率、性别比等指标均达到上级要求。

【主要负责人】
党委书记:徐永军
主　　任:周宏亮
人大工委主任:颜志伟
　　　　　(任至 6 月)
　　　　　徐　勋
　　　　　(6 月任)

北门街道

【简　况】 北门街道位于信州区北部,因旧城北门而得名,是市行政中心所在地,辖区面积 23.496 平方公里,龟峰大道、广信大道、明叔路、庆丰路、带湖路、紫阳大道、凤凰大道、三清山大道、天佑大道在辖区内成"六纵三横"的区间布局,区位优势明显。街道共辖 4 个行政村和 9 个社区居委会,总户数 21925 户,常住人口 73991 人,户籍人口 58837 人(其中农业人口 11536 人),人口自然增长率为 5.37‰;共有耕地面积 796 亩。街道党委下辖 24 个党支部(其中 4 个党总支),党员人数 1626 名。街道经济以商贸流通、餐饮娱乐、楼宇经济等为特色产业。

2016 年,在区委、区政府的坚强领导下,在区直部门的帮助

支持下,北门街道认真贯彻落实中央和省委、市委的决策部署,积极应对复杂的宏观形势和繁重的征迁任务,以区四届党代会精神为指导,以推进百日攻坚行动为总抓手,保持定力,敢于担当,勇于攻坚,真抓实干,奋力把街域经济推向一个基础更加坚实、支撑更加有力、格局更加优化的发展新阶段。北门街道荣获上饶市乡镇(街道)便民服务中心示范点;北门街道稼轩社区荣获"全国无邪教创建示范社区"、江西省广场舞电视大赛"炫舞风采奖""全市综合减灾示范社区";东都花园社区荣获上饶市先进基层党组织、上饶市关心下一代工作"先进集体"。

【实现经济实力再增强】 面对经济发展的严峻形势,坚持换届不换挡,坚定发展目标不放松,坚持稳中求进、稳中求好,主要经济指标实现平稳较快增长。经济总量再上新台阶。全年实现财税总收入21575万元,完成2016年目标,同比增长7.86%,位居全区镇街第一方阵其中,实现国税收入7711万元,地税收入12492万元。预计完成固定资产投资33.22亿元,总量位居全区前列。商贸流通、信息服务、金融保险、物流实现税收4000万元,"一房独大"的收入格局在改变。人均收入稳步增长。实现农民人均纯收入16782元,增长14%;城镇居民可支配收入33833元,增长12.2%。

【促进发展活力再迸发】 紧紧咬住"主攻工业、五年决战300亿"的目标不动摇,加快加大投入,对北门小微创业园的基础设施、内外环境等进行升级改造,

已进驻工业企业7家。加大招商引资力度,新引进北京三纺机、范美保罗定制家居、阳泰光学仪器、力波实业等4家工业企业,其中投资过亿元的北京三纺机上饶气弹簧公司竣工投产。加大了对宏源塑业、利丰鞋业等企业培育力度。紧紧抓住"打造城东和行政中心商务区"的目标不动摇,加快发展,金融、物流、商贸、旅游等现代服务业产业。万达广场开张营业,郭门集体经济发展大楼建成运营,入驻润丰国际家居广场、VR体验馆等企业,智慧信州总部大厦正在招商。城市经济项目数量、体量、质量明显提升。新引进六号仓库、东升网络等信息服务业企业8家;新引进润丰商业运营、嘉百乐超市等商贸流通企业9家。恒大名都、友邦壹号、中粮广场等一批大型商住楼宇拔地而起。引进外资240万美元,金融保险产业税收实现20倍的增长,信息服务业税收实现"零"的突破。

【推动项目建设再加速】 始终把服务好中心城市大建设作为义不容辞的责任,积聚力量、集中时间、集中攻坚,全力以赴做好重点项目征地拆迁工作。累计完成征地80万平方米(1200余亩),拆迁房屋近40万平方米。全年街道服务市、区重点项目26个,天佑大道二期、明叔路、龙潭路、市人民医院城北分院、带湖景苑配套用地、庆丰北路、城东三甲医院、纬三路、城东佳苑、城东学校、陆羽变电站、老火车站片区、陶侃路、城东加气站、老年人综合活动中心、排其岭菜场等项目征迁工作已经完成或基本完成,新三中、滨江河

堤景观改造、垃圾山搬迁等项目按序时进度顺利推进。1个月时间完成天佑大道二期沽塘段征地拆迁工作;2个月时间完成老火车站片区40万平方米(600亩)集体土地征收,保障了片区的明叔路、龙潭路、御景新苑等项目建设;3个月时间完成郭门城中村改造5个组团项目25万平方米征迁工作;全面完成棚改项目百日攻坚任务。项目推进中,做到了"零上访""零重点户""零遗留问题"。

【推进城市形象再提升】 以"全民共建美丽上饶"为契机,坚持多管齐下,打造大美北门。探索精细化城市管理,全民发动,全员参与,对住宅小区"十乱"现象进行逐项整治,对辖区80余处卫生死角进行全面清理,对城市"牛皮癣"进行集中整治,对集贸市场进行综合整治,对高铁沿线乱埋乱葬进行专项整治,对庆丰北路景观进行综合改造提升。引进城市管理社会化服务,聘请10名特保人员充实到巡防队伍。坚决打好拆违控违持续战、攻坚战,进一步夯实基层责任,加大宣传力度,加大拆除力度,全年制止和纠正各类违法违规行为1342起,拆除各类违建面积约10万平方米。加强住宅小区物业管理,指导御景天下、江南人家等多个小区成立业主委员会,切实解决群众关心的物业管理问题。

【保障民生构建和谐北门】 坚持以人为本、执政为民,心系群众、为民做事。加强社会主义核心价值体系建设,"最美妹妹"宁菊英入选"中国好人榜"候选人,龙潭古戏台开始修缮,社区

文体活动丰富多彩。推进保障利民，提高城乡居民特别是被征迁农民的养老、医疗、教育和住房保障水平，基本实现全覆盖。失地农民参加基本养老保险稳步推进，公示2500余人，参保500余人。大力发展村集体经济，确保农民失地不失业。落实"河长制"，开展吉阳山等水土流失治理，推动全域生态保护。落实精准脱贫工作有序推进，探索"村建＋企建、村企联包"等模式，4个村首批39户119人的贫困户全部脱贫。完成街道综治"三项建设"，开展信访积案化解百日攻坚活动，确保重大敏感时期的社会和谐稳定。加强隐患排查、责任落实，严防死守，安全生产总体运行态势良好。

【开创党的建设新局面】 把抓好基层党建工作作为第一责任和最大政绩，在压实责任、创新模式、夯牢基础、整风肃纪等方面下功夫。建立党建工作责任清单，实行一月一督导制度，对13个村(社区)党组织书记抓党建工作实行责任清单制，分班子建设、党内生活、党员队伍、服务群众等六大方面，列出清单，照单考核，落实责任。落实社区建设"三年提升计划"，打造一社区一品牌、一社区一特色的格局。对凤凰、紫阳、东都等社区办公用房升级改造，新落实办公用房1000平方米;新建3个村便民服务中心。打造稼轩"1356"服务型、外沽塘"平安型"、东都花园"邻里守望型"等品牌社区，4个社区获得省、市授牌表彰，其中东都社区深受好评，上级多个现场会在社区召开。围绕新兴领域、新兴市场、新兴组织、新兴群体，党建工作

覆盖辖区内93家非公企业、5家社会组织和2923家个体工商户。落实"两个责任"，强化反腐倡廉思想教育，持之以恒反对"四风"，全面推进集中整治，加大腐败案件查办力度。全年查处典型违纪案件4起,党纪处分5人。

【主要负责人】
党委书记:周小凤(女)
主　任:郑操
人大工委主任:黄刚

茅家岭街道

【简　况】 茅家岭街道位于信州区南部，位于信江河以南，东与上饶县皂头镇接壤，西与上饶县茶亭镇相接，南与上饶县尊桥乡相邻，北临信江，辖区总面积29平方公里。街道办内设党政办公室、人口与计划生育办公室、综治办、民政所、劳动保障所、规划办、农业综合服务站、爱卫办、文化站、新农合办公室、重点项目推进办公室、统计站、人武部、安全生产办公室、经济发展办公室、周田水库管委会、便民服务中心。下辖塔水村、周田村、茅家岭村、车头畲族村(全区唯一少数民族村)4个行政村，畴口、解放、汪家园(省内唯一少数民族社区)、同心、四吉、世纪花园、钟灵社区、杨家湖社区8个居委会，49个自然村，82个村民小组。辖区人口4.64万人(不含师院、卫校)，其中农业人口2.02万人，居民人口2.62万人。耕地面积4900亩，养殖水面1500亩。街道下属党支部18个，党员778人，辖区内有茅家

岭防保站、卫生院、茅家岭中心小学等。交通便利，上饶三清山机场的落成，宽广的新320国道，新三江大道、志敏大道、叶挺大道十字交叉贯穿全境，丰溪大桥、上饶大桥的建成通车、机场路的建设等，街道形成了"五纵三横"的交通框架与中心城区相连，公路客、货运交通便捷，闻名遐迩的上饶集中营旧址(茅家岭烈士陵园)、上饶最高学府——上饶师范学院、江西医学院上饶分院、上饶师范学校、上饶大市场均坐落于境内。

2016年，茅家岭街道完成财税收入14124万元，完成了年初既定任务，同比增长9%。农民人均纯收入12378元，增幅12%;城镇居民可支配收入29600元，增幅14%。

2016年钟灵社区获得全国优秀科普社区。

【招商引资卓显成效】 突出"以商招商、专业招商、园区招商"。以街道现有行业来拉动和加强外地客商感情联络;在街道、村居和辖区商业中领头人中形成一支有实力的专业招商队伍，抽调有一定经济知识、熟悉政策、掌握市情的干部，紧盯东部产业转移，常年进行推介洽谈和项目落实服务;利用"三园"服务业的基础，集中精力探索在其产业的纵向延伸，因势利导，形成产业一条龙，达到上有高度(高端服务业出现)，下有深度(基础服务业集群)。全年签约项目12个，分别为上饶市振业物流有限公司、上饶市灵峰实业有限公司、上饶市精美纸箱包装厂、上饶市展月科级有限公司、上饶市鼎盛科技有限公司、上饶市丽明贸易有限公司、上饶市锐

铎贸易有限公司、上饶市浩达网络科级有限公司、上饶市广宇网络科级有限公司、江西捷丰科级有限公司、江西先饶信息科技有限公司、江西萨瓦网科级有限公司。

【项目建设如火如荼】 2016年,茅家岭街道服务市、区重点项目19个,其中新建项目6个、续建项目13个。全年完成征地约60.67万平方米(910亩),拆迁总面积近20万平方米。其中,上饶师范迁建项目、区公路局材料库、新320国道养护中心、茅家岭烈士陵园主题公园、汪家园棚改二期、汪家园棚改三期、信江南岸景观带改造项目二期7个项目征迁工作全部完成。在项目推进上,茅家岭推行"一线工作法",强化项目协调零时差,落实项目节点日安排,完善项目推进周调度,争分夺秒,精准对表,化解了项目推进难题,推动了项目顺利施工。信江南岸河堤景观改造(二期)项目还代表全区重点项目迎接了当年全市经济巡查,赢得市、区领导充分肯定。新320国道茅家岭全线贯通;同心棚户区改造安置小区项目进入攻坚扫尾阶段;三江导托渠、三江片区雨污水管网工程、大坳饮水工程顺利施工。

【"城郊街道"安全稳定】 2016年,完成春、秋两季动物防疫等工作,共接种注射高致病性禽流感疫苗的家禽达4.6万羽,疫病的免疫注射率达到了100%。认真做好森林防火工作,街道和各村(居)签订了森林防火责任状,各时段共下发7份防火文件,确保街道和各村(居)有专人负责森林防火工作,全街道未

发生一起森林火灾。土地确权方面,街道选取7个村作为试点村,共完成包含63个村民小组、1925户农户的土地确权工作。不断加大农田水利建设力度,积极加快水利冬修工程进度,各项水利冬修工作进展顺利,对全街道4座小(2)型水库进行了除险加固安全评估,对街道8座山塘水库进行维修,10座山塘水库进行了测量、设计、申报工作。认真做好2016年抗旱防汛工作。严格执行防汛纪律,全街道各责任单位均按照防汛相关要求恪尽职守,任务明确、责任到人,汛期全街道未出现任何险情,做到了安全度汛。

【民生工程稳步推进】 切实推进饮水、医疗、养老等民生工程。推进社区、村(居)委会实现自来水全覆盖,新农合和新农保工作不断加强,参合率达到98%以上。完善低保评议制度,坚持社会监督和公榜公示相结合,每年组织召开低保评审大会,坚决杜绝人情保、关系保,并且实行城乡低保动态管理,根据走访调查情况清退不符合条件对象。先后对23户(集中5户、分散18户)五保户家庭开展救助工作,共计发放约9万元,发放高龄补贴346人共计26万元。鼓励各社区着手培育发展托老托幼、家政服务等社区服务业,提升养老服务业规模档次,争取每个社区建立一个居家养老服务站,加大社会事业投入促进辖区和谐稳定发展。

【维护社会稳定有成效】 坚持"打防结合、预防为主"的方针,大力开展创建"和谐平安信州"活动,不断增强社会治安防控能

力,加强矛盾纠纷排查调处工作,全力维护社会政治稳定,为街道经济稳步发展创造了良好的社会治安环境。不断加大信访排查调处工作力度,着力解决集体上访、越级上访、非法上访等突出问题,创建和谐社会环境。年初与各综治责任单位签订社会治安综合治理责任书12份,全年共调处纠纷130起,调处成功率98%。全年开展法律法规宣传集中授课23次,接受群众咨询500余人次,有效提高了群众法律意识。针对社会转型期常见的郊区农村妇女、儿童、老年人合法权益受到侵害,而其自身维权意识淡薄的现状,印制了含《中华人民共和国婚姻法》《中华人民共和国未成年人权益保障法》《中华人民共和国老年人权益保障法》等相关法律条文的宣传传单,采取进村入户、集中讲解和个别咨询相结合的形式,为他们维护自身合法权益提供了强有力的法律支持,共向辖区12个村(居)1400余名妇女、儿童和老年人发放了传单,集中讲课12次,接受群众咨询320人次。

【主要负责人】
党委书记:方表福
主 任:徐传湖
人大工委主任:郑云评

灵溪镇

【简 况】 灵溪镇地处上饶市区东郊,距市中心6公里,东靠信州区沙溪镇、秦峰镇,西接北门街道和上饶县石狮乡,南邻朝阳镇,北连上饶县煌固镇。灵溪

镇钟灵毓秀,山水相连,历史悠久,人文和谐。源远流长的信江河、饶北河相互交汇。全镇总面积 52.6 平方公里,其中城区面积 1.2 平方公里。耕地面积 933.33 公顷、有林面积 2666.6 公顷、森林覆盖率 62.5%、城区绿化率 30%。

灵溪镇政府内设党政办公室、综合治理办公室、经济发展办公室、社会事务办公室、人口和计划生育办公室,下属民政所、人口和计划生育服务所、劳动保障事务所、宣传文化站、农业综合服务站、城镇建设办公室等 6 个部门,共计员工 150 人。灵溪镇下辖 10 个行政村和 1 个居民委员会,共计 146 个村小组。全镇总人口 34111 人,其中非农业人口 0.32 万人。人口自然增长率 7.6‰。

2016 年,灵溪镇财政总收入 12415.69 万元,比上年同期增长 18.58%,完成年初计划的 103.31%,完成了奋斗目标的 102.33%。其中,国税 2254.6 万元,地税 10161.09 万元。固定资产投资达 23.9 亿元,增长 87.1%。

粮食总产量达 0.8 万吨。主要农产品稻谷 0.78 万吨、豆类 406 吨、蔬菜 2014 吨、草莓 55 吨、猪肉 810 吨。农民人均纯收入达到 14410 元,增长 3748 元。

2016 年,灵溪镇在全区经济和社会巡查中排名第二,先后被评为全省"强排查、严整治、促稳定、实现安全年"活动先进集体,全市文明村镇、全市信访工作"三无"乡镇、全市卫生乡镇、全市法治创建工作先进乡镇,全区经济社会发展和党的建设工作综合先进单位、全区服务重点项目建设工作先进单位、全区秀美乡村建设工作先进单位、全区精准扶贫工作先进单位、全区宣传思想文化工作先进单位、全区信访工作先进单位。

【招商引资持续推进】 灵溪镇采用精准招商、以情招商、以商招商等多种方式,成功引进企业 15 家,其中工业企业 2 家,有总投资 1 亿元的江西宏达路面工程有限公司和 5000 元的江西医联世纪医疗器械有限公司;商贸流通企业 3 家,信息服务业 9 家,建筑安装业 1 家,成功搭建信州总部经济服务园,引进年纳税额达 2.4 亿元的上海华誉招商代理公司。

【项目建设如火如荼】 灵溪镇全年为市、区两级 35 个重点项目服务,完成征地 333.33 万平方米(5000 余亩),拆迁 100 余万平方米,迁坟 5000 余座。枫炉塘城中村改造、大数据产业园、上丰大道、吴楚大道、凤凰大道东延伸段、稼轩大道、天佑大道二期、绿苑二路、旅游集散中心、上饶建筑科技产业园、货场路东延伸段、富饶路东延伸段项目、城东二十小、葛仙山路、稼轩花园等 15 个项目征迁工作已全部完成。全力推进堤路景、老 320 国道升级改造、春天新苑、饶商总部、高铁农都、欢乐风暴等 15 个项目。筹备启动城东仓储项目、创新创业孵化中心、城东大型旅游综合体、大型现代农副产品交易中心等 5 个项目。

【控违拆违常抓不懈】 灵溪镇新招聘巡防队员 21 名,巡防队员人数已达 38 名。成立无人机组和督查组,将人防与技防结合,对重点地块进行全方位、24 小时不间断巡查,多次组织大型拆违行动,对发现的违章建筑,做到"发现一处、制止一处、拆除一处"。全年总计拆除砖混、砖木类违建 210 处,钢棚、简易棚 116 处,其他类违建 149 处,总计 30058 平方米,有效遏制违法建筑的蔓延势头,沉重打击违建户抢建的嚣张气焰,全镇基本实现违法建筑"零增长"。

【秀美乡村初现雏形】 按照"全面推进、重点培养、争创亮点"的要求,灵溪镇制定秀美乡村建设方案,重点打造邵新民俗旅游核心景点区。年底,邵新村秀美乡村建设点已初具雏形。此外,对全村有意向从事民宿经营的农户进行统一摸底,2016 年已打造民宿 7 家。对村内房屋进行"穿衣戴帽",铺设沥青路,建立休闲广场、游步道、水车、农家书屋、帐篷营地等一系列特色休闲旅游场所,成立厨娘协会。龙泉村修缮村内大礼堂改建成民俗展馆,开设信州区首家垃圾兑换银行——"鸡毛换糖"。全力推进老 320 国道、高铁沿线和农村环境三大整治,完成中心集镇亮化、老 320 国道沿线美化序化,从人居环境、基础设施到产业发展、公共服务不断改善。全镇积极开展高铁沿线环境整治工作,全年共完成外立面粉刷 270 户约 139900 平方米、平改斜 116 户约 14340 平方米;开展老 320 国道沿线整治,外立面粉刷 62 户,房前整治 415 户,花箱摆放 240 个,共拆除存量违建 57 处约 3030 平方米。

【民生福祉持续改善】 文化惠民工程深入实施,基本实现"一村居一书屋"的全覆盖,丰富群众文化生活。全民健身活动蓬勃兴起，成功举办首届农民篮球联赛，灵溪新农村跑团首次亮相上饶国际半程马拉松。树立、推广灵溪形象，开通"灵溪资讯"平台，灵溪镇LOGO向社会征集并亮相。在精准扶贫方面，全镇紧盯"精准"，实行动态化管理，对建档对象进行及时梳理，剔除不符合条件人员，从低保户中补录建档立卡户。全镇共有建档立卡户443户、1305人，截至2016年已成功脱贫270户、722人。日升、邵新村2个省及市贫困村均顺利通过省级精准扶贫第三方调查，成功脱贫"摘帽"。开展金秋助学活动，为考取一本以上院校的20名学子发放助学金共计1万元，各部门累计发放助学金5.4万元，资助14名大学生，并建立"灵溪学子"微信群，引导在外学子心系家乡建设。关心关爱特殊群体。全镇共有残疾人887名，已有500名享受了两补政策，此外，还上报7户残疾人障碍改造项目，同时发放50件残疾人器具，上报20名精神病患者享受每人400元的精神药品补助。基础设施建设逐步提高。全年累计投入380余万元，实施19个民生工程项目，其中包含9条道路硬化，7个山塘水库水渠维修以及全镇环境卫生整治、文化广场、综合文化室等。

【社会环境和谐稳定】　深入推进"警治联勤""天网工程"建设；共排查矛盾纠纷21件，直接调处21件，调成21件，调成率达100%；共接待来访群众329人次，接受各类咨询137人次，发放宣传资料1500余份。

【政府效能有效提升】　严格按照法定权限和程序行使政府权力、履行职责，自觉接受人大监督。办结各级人大代表建议、政协委员提案11件，办结率100%。坚持用制度管好人、财、事，制定完善《灵溪镇财务管理制度》《灵溪镇村级财务管理制度》，规范资金使用。深入开展"两学一做"学习教育活动，深入推进集中整治和查处侵害群众利益不正之风及微腐败问题活动，政府效能得到提升。

【主要负责人】
党委书记：张军华（任至6月）
　　　　　曾　华（女，6月任）
镇　　长：蒋德贤（任至6月）
　　　　　徐　明（6月任）
人大主席：徐　勋（任至6月）
　　　　　郑展翼（6月任）

沙溪镇

【简　况】　沙溪镇位于信州区东部，东涉信江与秦峰镇、广丰区壶桥镇隔河相望，西北与上饶县的煌固镇接壤，南与灵溪镇相连，北与玉山县的下塘乡、文成镇毗邻，东北与广丰区的湖丰镇相邻。浙赣铁路、320国道和沪昆311高速公路从东南侧穿境；德上高速公路从南至北贯穿越境；三级县道横（玉山县横街）七（信州区七里门）公路从玉山县下塘乡入境，经铅岭、西畈、宋宅、英塘等村直通沙溪镇区。交通便捷、物流畅通。全镇总面积75.39平方公里（其中镇区面积约3.2平方公里）。耕地面积2.55万亩，林地面积4.3万亩，森林覆盖率42.8%，镇区绿化率8.3%。

沙溪镇政府内设党政办、农业办、综治办、计生办、经济发展办等5个部门，同时设宣传文化站、村镇规划建设办、民政所、劳动保障事务所（农医所）、计生服务所等职能站所，有干部职员68人。镇辖2个居民委员会和13个村民委员会，下设183个村民小组、11个居民小组，共有113个自然村。全镇总人口55955人，总人口中男性为29583人，女性为26372人。人口自然增长率11.85‰。镇政府驻镇南新区，距上饶市区21公里。

镇政府院内有图书室、老年活动中心等。镇内有完全中学1所、中心小学1所、初级中学1所、村小学11所、幼儿园20多所；镇级卫生院1所、村级卫生所15个，病床60张；日供水1500吨自来水厂1座。

沙溪镇处于信江河谷平畈丘陵地带，地势西高东低，西北丘陵山地，平均海拔约130米，东南低谷平畈，海拔大约80米。境内有青岩寺、黄岩寺、铅石山等名胜风景古迹，还有郑以伟、娄师德等名人故居遗址。

沙溪镇土地肥沃，是信州区的主要高产农业区，农业作物以水稻为主，经济作物有苎麻、棉花、甘蔗、茶叶、西瓜、大豆等，水产养殖有草鱼、鲤鱼、青鱼等。工业主要有有色金属加工业和夏布加工等。

全镇全年地区生产总值20.6亿元；财政收入2.086亿元，较去年增长5%；农民人均可支配收入12000元，较去年增长9%。在大环境萧条和相关不利政策等因素影响下，苎麻夏布产业全年实现财税收入3200

万元。

【控违拆违成效明显】 严格按照"五到场"要求对农民建房进行监管,始终紧绷控违拆违"防控弦",全年共出动400余人次,组织大小拆违活动80余次,拆除违法建筑125处,拆除面积达8904平方米(其中新增违建2786平方米,存量违建6118平方米),有效规范了农民建房管理。

【人大工作】 2016年,主席团召开工作评议会,对2个驻镇单位即供电所、动物防疫检疫站进行了评议,听取了2个单位负责人的工作报告,并且进行了满意度测评。通过工作评议,有力推进了工作开展,促进了作风好转。先后2次进行了执法检查活动,对《中华人民共和国土地管理法》《中华人民共和国环境保护法》和《中华人民共和国食品安全法》等3部重要法律在镇里的实施情况进行了检查,并就检查中发现的问题进行了梳理,同时向有关相关部门进行了通报或报告。

【镇域经济有新发展】 全镇全年地区生产总值20.6亿元;财政收入2.086亿元,较去年增长5%;农民人均可支配收入12000元,较2015年增长9%。在大环境萧条和相关不利政策等因素影响下,苎麻夏布产业全年实现财税收入3200万元。开全区镇街之先河成立了首个镇级融资平台—沙湖新区投资开发有限公司,并成功争取到农发行10亿元的新型城镇化建设融资贷款,发展空间进一步壮大。全年共引进宇瞳光学、上饶影视

文化产业基地等企业47家,招商工作在信息服务业、金融保险业、影视文化业、物流行业等4个领域实现零的突破,产业结构实现多元化发展。

【推进城镇化建设进程】 投资900万元建成全区首个中心集镇污水处理项目,可实现日处理污水500吨;投资200余万元建成全区首个垃圾压缩转运站,形成了"户分类、村收集、镇转运、区处理"的全镇生活垃圾治理长效机制;在全区镇中率先以市场化运营的方式,通过公开招标,引进一家专业化的保洁公司,镇区环境卫生大为改观;镇区主干道增设了红绿灯、减速带等功能设施,确保交通安全、有序、畅通;房产项目蓬勃发展,遗留多年的5.60万平方米(84亩)地块项目破土动工,四季花园、盛鑫家园等房开项目持续推进,吸引了周边人口向中心集聚,扩大了中心集镇辐射范围

【创新农业发展模式】 倾全镇之力服务推进7100亩信州区现代农业示范园核心区项目建设,项目的规模、项目的特色、项目的品位在全市都属一流,在市经济社会发展和党的建设工作巡查时赢得了各级领导的一致好评,以建设现代农业示范园为契机,广泛加强"农业+科技""农业+产业""农业+旅游"的结合,着力打造了春华菌菇生态科技示范园、东风高效设施示范园、青岩农业体验示范园、五里生态农业示范园。成功引进了中广核、华西农光互补光伏发电项目,通过农业大棚和光伏发电的有机结合,实现土地的综合利用,提高经济效益,帮助农民增

收。

【秀美乡村建设镇村展新颜】 按照"山清水秀、村容整洁、民风淳朴、留住乡愁"的标准,打造了2个具有沙溪特色风貌的秀美乡村示范点。一是老320国道沿线青岩及东风村段房屋外立面改造项目。聘请了中国美院设计师进行高标准规划设计,以"萃取古镇特色、展现沙溪形象"为基点,完成了350栋房屋、9.8万平方米的外立面改造工作,打造了一条集白墙、青砖、灰瓦、马头墙、廊檐等多个元素于一体,形态、风格、色彩、屋顶一致的魅力长廊,成为一道亮丽的风景线。二是宋宅秀美乡村示范点。投入了400余万元,新建游步道、铺设沥青路面和进行房屋外立面改造,秀美的自然风光、整齐的农家建筑以及别有风味的乡间小道,吸引上饶市民俗摄影协会"采风创作基地"在此挂牌,并成功举办"大美上饶·生态沙溪"秀美乡村摄影展,前来参观者络绎不绝。

【扎实开展精准扶贫工作】 通过户申请、组评议、村决议、镇审核,确定建档立卡贫困户469户1359人。健全贫困户帮扶机制,压实干部帮扶责任,定期开展入户帮扶,严格督察督办和跟踪问效。强力推进脱贫攻坚"八大"工程,通过扶贫举措的精准落实,全年累计脱贫207户、694人,沙溪镇农村贫困人口发生率下降至1.4%,顺利实现率先脱贫这一目标。铅岭村经省市严格评估考核和批准,成功退出省定贫困村行列。

【政务服务】 政务公开、政府

信息公开全面深化。畅通信访渠道,全年受理各类来信来访来电120多件,接待390余人次,引导来访人合法合理合情有序信访,有效规范信访秩序。

【民生工程见实效】 大力实施建设类民生工程,破解了新老农贸市场改造工程遗留问题,公租房项目即将竣工。由镇政府、驻镇单位、企业共同出资,投入40余万元实施镇区亮化工程。严格规范补贴类民生工程资金发放,扎实开展新农合、新农保、五保供养、生产救灾以及社会救助工作,2016年新农保参保人数为15210人,新农合参保人数为46002人。劳动就业、治安保险、合作医疗等社会保障工作有序开展。

【加强社会管理】 创建了全市一流的镇级综治中心,实现综治服务的全方位覆盖,完善"矛盾纠纷联调、社会治安联防、重点工作联动、突出问题联治、平安法治联创、社会管理联抓"的"六联"工作机制,综合运用行政调解、司法调解、人民调解3种调解方式,建立"一条龙"式社会治安服务工作模式,化解社会矛盾纠纷、维护社会和谐稳定。严格落实安全生产责任制和追究制,深入开展安全生产培训和法律法规宣传教育,把安全生产工作纳入目标管理体系。积极创建无邪教乡镇,加强高危人群管控工作,完善治安防控体系。深入开展"六五"普法教育,严厉打击各类违法犯罪活动。

【推进依法行政工作】 全面推进法治政府建设,推动行政权力规范运行,强化重大行政决策合法性审查,加强规范性文件备案审查和清理;积极落实一村(居)一法律顾问制度,协调15名律师与15个村(居)签订法律顾问协议。认真执行镇人大的决议、决定,自觉接受镇人大的法律监督。

【主要负责人】
党委书记:孙建斌(任至5月)
　　　　　黄玉华(6月任)
镇　　长:郑　平(任至5月)
　　　　　刘均勇(6月任)
人大主席:吴水军

朝 阳 镇

【简　况】 朝阳镇位于上饶市城区东部,丰溪河下游,东接广丰区,西毗上饶市云碧峰国家森林公园,南邻上饶县皂头镇,北与信州区灵溪镇、秦峰镇接壤,上广路、新320国道、上广快速通道东西向平行穿境而过,二上公路与新320国道交汇横贯腹地,京(合)福高速铁路跨穿境而过,朝阳镇政府距上饶市区4公里,离广丰县城15公里。全镇总面积67平方公里,人口4.3万人,下辖11个行政村和2个居委会,126个自然村,207个村民小组,8839户。全镇共有山林地48495亩,耕地17421亩,小(1)型水库3座、小(2)型水库10座。有1个党总支,20个党支部,共有党员775名。

2016年,全年共完成财税任务1.053亿元,增长5.33;全社会固定资产投资完成9.9亿元,增长9%;农民人均纯收入达8252,增长6%。九方商混已建成投产,扶持入驻企业饶电电杆、惠民科技如期投产。

朝阳镇积极争取上级交通项目资金和财政一事一议奖补、扶贫等项目资金,启动了道路硬化亮化项目9个,共计10.2公里。各项目正有序推进,部分项目已完工。通过"公司"+"农户"的形式,大力发展特色种养殖,农民人均收入显著提升,达8156元,比上年增长4.8%。通过领导挂点帮扶、产业政策扶持等途径,青石、青金2个市级贫困村已脱贫,全镇436户、1195人精准扶贫对象已有221户、614人脱贫通过验收。同时积极推行危房改造项目,确保困难户有房住、安心住。

2016年,朝阳镇新建朝阳中心小学(溪边)和中心幼儿园教学楼共计4500平方米,有效缓解朝阳镇学生就学难问题。继续加大计划生育经费投入,全年共投入资金198万元,免费为育龄妇女进行健康检查,积极落实流动人口均等化服务。积极开展普法教育,全年共开展普法教育课32次,参与群众1642人。宣传思想文化活动精彩纷呈,全年共开展中共十八大精神宣讲、送戏下乡等各类主题宣传和文化活动20余场。开展矛盾纠纷排查调处127起,接待来访人员200余人次,化解信访积案52起,处理群体事件36起。通过重点摸排18周岁以下重点青少年群体,定期上门专访,做到关爱对象的思想、生活、学习心中有数,镇关心下一代工作被市委、市政府授予"红旗单位"称号。

【党建工作】 强化村级干部队伍建设,以上党课、专题辅导、远程教育和选派培训等方式加强村干部队伍建设；严格村党总支书记目标责任制管理，村干部绩效考核办法。重点抓好"连心、强基、模范"工程建设，持续开展"学先进事迹、向模范看齐"活动，全年通过各级党委表彰先进基层党组织6个，先进党务工作者6个，优秀共产党员46个，镇福海老年党支部还被中共中央评为全国优秀基层党组织。

【招商引资】　成功利用外资220万美元，完成5000万元以上招商引资项目1个，投资亿元以上的招商引资项目1个，2016年招商引资、开放型经济工作获得全区考核前三名。

【两个市级重点项目征拆有力】　新320国道和吴楚大道在朝阳境内总长度约20公里，共征地121.33万平方米（1820亩），共拆迁6.1万平方米，园区朝阳二路、宇瞳光学、污水处理厂、汽配产业园等多个地块33.33万平方米（500余亩）征地工作，迁坟100余座，拆迁约1.6万平方米。

【秀美乡村建设】　全镇累计投入1200余万元开展秀美乡村建设，占地1800平方米的镇区首个村级大型室内农贸市场在朝阳村建成并投入使用。投入资金100余万元用于高铁沿线整治，完成60余栋房屋平改坡和外立面粉刷。全镇共投入240万元资金，用于农村卫生环境整治，确保全镇垃圾清扫、收集、转运顺畅及时。投资1200余万元的丰溪河堤整治工程年底前完工。

【园区扩园】　按照"主攻工业，决战园区"的战略部署，朝阳镇成立了3个强有力的工作组进驻园区，全力推进园区扩园工作。全年，共完成园区朝阳二路、宇瞳光学、污水处理厂、汽配产业园等多个地块33.33万平方米（500余亩）征地工作，迁坟100余座，拆迁约1.6万平方米。同时，在园区征迁工作中积极推行全货币补偿方式，一次性解决征迁工作，确保无遗留问题发生。

【主要负责人】
党委书记：李志坚
党委副书记、镇长：毛　强
人大主席：余　辉

秦峰镇

【简　况】　秦峰镇位于信州区东面，全镇以丘陵地貌为主，沿信江河蜿蜒而成。东与广丰区接壤，西与灵溪交界并傍临浙赣铁路，南与朝阳镇、西北隔信江与沙溪镇相望。境内七沙公路北挂320国道，南通上广公路，信江自东北方向朝西东方向流经。2016年，全镇总面积59平方公里。耕地面积24277亩（水田19324亩），林地面积40010亩，森林覆盖率达55%。有人口41715人，其中农业人口40622人，非农业人口1093人。下辖11个行政村（霍村村、秦峰村、路底村、占村村、岩坑村、老坞村、新塘村、东塘村、下湖村、五石村、管家村），146个村民小组，镇政府驻地在秦峰村赵家。

2016年，全镇社会生产总值达到10.6亿元，年均增长10%；财政总收入完成1.08亿元，增长7.69%；农民人均纯收入达到11088元，增长10%。获得了2016年度信访工作"三无"乡镇、先进基层党组织、上饶市五一巾帼标兵岗、2016年度全区组织工作先进单位、2016年度全区控违拆违工作先进单位、2016年度农村生活垃圾治理工作先进单位。

【重点项目建设助力发展提速】　全力服务保障新320国道和上丰大道竣工通车。启动了秦峰镇总体规划修编，完成了秦峰镇东区块控规编制并通过区政府审批；完成了新一轮土地利用总体规划修编和永久性基本农田划定。夯实发展基础，以国道沿线为发展平台，谋划布局了一批产业和民生项目，积极配合区城投争取国家开发银行"改善人居项目"贷款，包装储备了一批基础设施和功能性项目。集镇项目上，投资600余万元，建成全区第一条自主设计自主建设的一级标准集镇道路——道德大道；完善集镇功能，引入社会资金3000余万元，顺利推进了集农贸市场、农村电商、农产品物流为一体的综合市场建设；投资600余万元，打造了新320国道沿线第一个农民集中安置小区。农业产业项目，依托自然资源优势，积极发展特色农业，新建规模种养殖业基地7个，新增面积960亩；新增各类农民专业合作社6家，总数达到56家，带动农户1200余户，创建市级以上农民专业合作社示范社12家。农田水利基础设施进一步夯实，完成420亩高标准农田建设，完成3座小（2）型水库和10座重点山塘除险加固整治。

【招商引资助力产业提质】 工业企业方面,全年新增清川棉麻、贵宾集团、贵宾服饰等工业企业10家。其中,雅丽纺织、同兴实业等一批项目实现投产,德峰医药等一批项目顺利竣工,博创针织等一批项目开工建设,贵宾集团、贵宾服饰等一批项目顺利签约。同兴制造、青川棉麻、雅丽纺织3家成功申报规模以上工业企业,当年实现税收554万元。商贸、物流、信息服务业企业方面,全年新增商贸企业4家,新增物流企业7家,新增信息服务业企业18家。2016年,商贸、物流、信息服务等产业分别实现税收1016.49万元、2648万元、1020万元。同时通过精准招商、专业招商、定点招商、以商招商等多种方式,全年共服务落户企业35家。其中,佳琪网络、华鸿物流新盟信息、满大信息等26户企业实现当年签约当年纳税,重点扶持雅丽纺织、德峰医药、青川棉麻、英杰物流等企业。全年企业扶持资金达到325万元。

【新农村建设助力环境提优】 农民建房管理,创新管理体制机制,新招巡防队员9人。实行控违考核制度和倒查责任追究制度,全年累计拆除违法违章建筑面积6500平方米,控停违建326起。农村生活垃圾治理,投入资金160余万元,完善设施配置,配齐保洁人员,建立了户分类、村收集、镇转运、区处理的保洁长效机制,镇域生活垃圾日产日清。"河库长制"全力推进,开展了"清河行动",配合上级行业主管部门实施了水污染、河库

"八乱"等专项整治,完成秦峰饮用水水源保护区划定工作。高铁、国道等交通沿线环境整治工作扎实推进,投入400余万元,完成老坞、下湖、占村、岩坑等村房屋外立面改造213栋、10万平方米,对乱埋乱葬进行专项治理,拆除主要通道沿线新建坟墓5座,及时制止通道沿线建坟11起,投入60余万元,完成主要通道沿线绿化。新农村建设稳步推进,整合资金800余万元,完成了五石中心村、老坞翁山、路底任宅的"七改三网"基础设施和"10+4"公共服务配套设施建设。老坞村高铁沿线整治点在全区率先完成改房任务,农房外观改造模式成为样板推广。五石秀美乡村建设快速推进,建成全区农村第一条滨江游步道,成功举办了首届山水田园生态节。

【民生工程建设助力民生提档】 全年民生事业投入2147万元,占财政总支出68.8%。办理城乡居民医疗保险3.6万人,城乡居民大病保险130户;农村低保1112户,共发放城镇低保金403万元,大病救助109.4万元,优抚对象抚恤金94万元,残疾人补贴34.44万元,救灾款32万元。退耕还林补助、粮食综合补贴等强农惠农政策得到全面落实,累计发放补贴资金1368万元。全年累计发放高龄老人长寿补贴629人次,发放金额52万元;发放困难残疾人生活补贴和重度残疾人护理补贴34.4万元,惠及444人次。实施了53户农村危旧房改造,完成通自然村25户以上农村公路项目5.3

公里。精准扶贫工作,老坞省级贫困村、下湖市级贫困村顺利通过市级退出考评,774个贫困人口经省级评估验收成功脱贫,农村贫困人口发生率由上年的3.1%下降到1.4%。义务教育均衡发展,支持秦峰中学、秦峰二中、霍村小学、社牌小学等一批教育类项目建设,全年改扩建校舍面积2000平方米。计划生育政策得到全面落实,落实计生利益导向共计503人22万元,建立了秦峰镇驻慈溪市流动人口区域协作站。新建综治综合中心,完善综治三项建设,全镇综治网络实现全覆盖。全面落实领导定期接访和包案制度,化解信访积案3起,成功调处各类矛盾纠纷57起。

【管理制度完善助力工作提效】 完善镇财政管理体系,从公车改革、出差管理和机关食堂管理入手,实现了政府预决算、"三公"经费支出全面公开。修订完善了《党群服务中心日常管理规定》《干部值班制度》《公务接待细则》《办公用品采购制度》《上下班签到和请销假制度》等一系列内部管理制度,坚持用制度管人管事。完善了政府法律顾问工作制度,健全督查机制,深入推进集中整治和查处侵害群众利益不正之风和腐败问题,加大精准扶贫、重点项目、涉农领域等民生资金的监管力度。

【主要负责人】
党委书记:汪华军
镇　　长:岳贤猛
人大主席:郑乃金

人 物

全国五一劳动奖章

吕裕荣 江西上饶人，1965年11月生，大专文化，中共党员，江西裕河水利建设工程有限公司总经理。他先后在上饶市第七建设有限公司、第一建设有限公司工作，并于2001年参与组建了江西省裕河水利建设工程有限公司。在施工中，他把工程质量视为生命，注重对施工工艺的改进和创新，在上饶市城市建设改造等重点工程中，身先士卒，发挥先锋模范带头作用，摸索出一套精准的施工工艺，促进了上饶市建筑施工技术的改良改进。参与的江西光学仪器厂、上饶市宝泽楼市场、三江客运站、民政大楼、上饶市第十三小学等各类企业、政府公用设施建设，多个项目获得省优、市优工程。个人先后荣获全国青年星火带头人、江西省五一劳动奖章、第三届"江西省突出贡献人才"、上饶市劳动模范、上饶市新农村建设十大杰出人物、上饶市新农村建设先进个人、第三届"上饶市突出贡献人才"等荣誉称号。

江西省五一劳动奖章

汪晓瑾 江西临川人，1975年4月生，本科学历，中共党员，上饶市信州区实验小学校长。从教25年，担任班主任15年，长期工作在教育、教学第一线，爱岗敬业，师德高尚，培养了一批又一批优秀人才。她教学成绩显著，教研成果丰硕，对于教学理念和方法的更新改进，以及学科建设勇于创新，现为江西省小语学会会员。在学校管理上积极探索，构建学校新型课堂教学模式的"五引"课堂教学模式、幸福教育、古诗词的"读、品、悟、展"四步教学法。学校的首届教研节、首届读书节、首届体育游戏节、首届艺术节、首创"网格式教研"模式、首创"古诗词四步教学法"、首套校园操、全省首套少先队活动校本课程等都是在汪晓瑾校长和教师们的共同努力下诞生的。主持参与国家级课题实验1项、江西省级课题3项。她曾多次被评为上饶市、信州区两级优秀教师，优秀共产党员，巾帼建功"十大标兵"，2012年被评为江西省第二届"师德标兵"。

江西省优秀党务工作者

汪华军 江西信州区人，1977年7月生，大学学历，中共党员，信州区秦峰镇党委书记、综治委主任。遵守党的纪律，践行群众路线，恪守职业准则，他创新有激情，兢兢业业地对待每项工作，每个岗位都能够保持工作有热情，并认真真地作为一份责任坚守。交流秦峰镇任职以来，确立了"山水田园生态镇、休闲游乐幸福区"的发展定位，推进了"党建＋"发展模式，搭建了基层党建联动发展的趋优状态，从严从实完成了各项任务清单，推动秦峰镇工作稳步发展。对群众的来信来访来电，认真对待、细心处置，权责范围内的及时办理、权责范围外的协调办理,任职以来先后协调解决了多起信访老案。他坚持内强素质与外树形象并行,对己要求严格,原则面前雷打不动,能够保持一名党员干部的责任担当。他用心用情服务党员、用智用力做好党务工作,先后被评为信州区劳模、优秀共产党员、优秀党务工作者和上饶市委优秀党务工作者称号。

信州区组织机构及负责人员名录

中国共产党信州区第四届委员会
书　记　王其中
副书记　胡心田　王兆强
常　委　毛州同　吴武华
　　　　郑　文　周福花(女)
　　　　徐建饶　汪东军
　　　　俞文强　李　红(女)

信州区第五届人民代表大会常务委员会
主　任　徐志勇
副主任　刘丽群(女)
　　　　章淑英(女)
　　　　王　林　夏子福
　　　　郑德成　黄爱玉(女)

信州区人民政府
区　长　胡心田
副区长　郑　文　祝少敏
　　　　徐艺华　赵建颖
　　　　梁丽娟(女)　顾海敏
　　　　牟玉华(女)(挂职)

中国人民政治协商会议信州区第五届委员会
主　席　程　茹(女)
副主席　瞿安军　柴莉萍(女)
　　　　苗天红　缪红芳(女)
　　　　王红林　胡频萍(女)

信州区直单位领导人员名单
区纪律检查委员会(区监察局、区纪工委)
书　记　吴武华
副书记　邱模恺　王昭晖

康　飞
常　委　乐　俊　俞叶珍(女)
　　　　刘光沐
办公室主任　王勋成
干部室主任　郑锦荣
案理室主任　黄美芳(女)
廉政室主任　余洪刚
纪检室主任　乐　俊
信访室主任　姜碧菡(女)
宣教室主任　张治炉
行政投诉中心主任
　　　　吕俊雅(女)

区监察局
局　长　邱模恺
副局长　彭郑琳(女)
　　　　童美红(女)
第一纪工委 监察分局
书记
副书记、分局局长　占发国
副科级纪检员　徐建勤(女)
第二纪工委 监察分局
书　记　张　迎
副书记、分局局长　傅联奎
副科级纪检员　徐达福
第三纪工委 监察分局
书　记　杨祖卫
副书记、分局局长
　　　　余翠珍(女)
第四纪工委 监察分局
书　记　徐和冬
副书记、分局局长　胡志瑜
副科级纪检员　邹　辉
第五纪工委 监察分局
书　记　王清明
副书记、分局局长　周海洪

副科级纪检员　郑文明
第六纪工委 监察分局
书　记　章　玲(女)
副书记、分局局长
　　　　何湘满(女)
副科级纪检员　姜　伟

区委办公室
主　任　高咸华
副主任　周勇山
区委办副主任、机要局局长
　　　　郑钦宏
副主任　陈　影(女)
政研室主任　周勇山
政研室副主任　周燕平(女)
保密局局长　汪美华(女)
督查办主任　张　弘
机要局副局长　郑红梅(女)
专职密码督查员　邬姗姗(女)
民声通道工作室主任
　　　　郑艺茹(女)

区委组织部
部　长　周福花(女)
常务副部长　方新高
副部长　郑常勇(兼)　潘华喜
组织员办公室主任
　　　　郑飞标(女)
部务委员　黄　婧(女)
正科级组织员、区委人才办主任
　　　　苏　剑
正科级组织员、组织员办公室副
　　　主任　徐小章

区委农村工作部
部　长　俞文强

常务副部长　郑德郁
副部长　余接满

区政府农村工作办公室
主　任　郑德郁
区新农村建设办公室
主　任　诸葛明
副主任　王应浩

区农业综合开发办公室
主　任　郑　旭(女)
副主任　周建平

区委政法委
书　记　李　红(女)
副书记　祝少敏(兼)
常务副书记　胡永东
副书记　陈红艳(女)
综合治理委员会办公室主任
　　刘　俊
综合治理委员会办公室副主任
　　严剑波
综合治理委员会办公室副主任
　　郑良冬
防范办主任　郑行旺
防范办室副主任
　　暨炜红(女)
维护稳定信息督查办公室
　　副主任　张绍永
国安办副主任　周松华

区委宣传部
部　长　毛州同
常务副部长　刘宗功
副部长　杨　松
区新闻中心主任　郑亦辉
区新闻中心副主任
　　吕丽芬(女)
区新闻中心副主任
　　刘建芳(女)
区委报道组组长　祝慧箭

区精神文明建设指导委员会办公室

主　任　刘宗功
副主任　俞子英

区委统战部
部　长　汪东军
副部长　徐　平　俞奕鹏(女)
　　李宏波

区民族宗教事务局
　　副局长　徐　鹏

区委、区政府信访局
局　长　冯文斌
副局长　龚　博
正科级信访督查专员
　　李晓华(女)

区委党校
第一校长　王兆强
校　长　郑维民
副校长　王小仙(女)
　　诸小华(女)
校委委员　林谋俊

社会主义学校
第一校长　汪东军(兼)

行政学校
第一校长　郑　文(兼)
副校长　王小仙(女)

区档案局
局　长　方莲娇(女)
副局长　吴琴英(女)
　　谭　琳(女)

区委台湾工作办公室
主　任　金维俊
副主任　桑　勤(女)

区直机关工作委员会
书　记　刘金有
副书记　何　聘

区委老干部局
局　长　方新高
副局长　王芝厚　周　芳(女)
关心下一代工作委员会办公室
主　任　郑招娣(女)
老干部活动中心
主　任　汪洋

区文化艺术界联合会
主　席　谢　飞
副主席、秘书长　李　璇(女)

区党史工作办公室
主　任　徐　炜(女)
副主任　李志群(女)

区人大常委会工作部门
办公室主任　李海峰
财政经济委员会主任委员
　　余洪刚
选任联工委主任　沈彩英(女)
法制委员会主任委员　黄金淼
农业农村工委主任　董文武
教科文卫工委主任
　　上官萍(女)
城建环资工委主任　付文胜
办公室副主任　周　翔
财政经济委员会副主任委员
　　徐婉婷(女)
选任联工委副主任
　　何　菲(女)
农业农村工委副主任
　　熊　莉(女)
法制委员会副主任委员
　　陈　璟(女)
教科文卫工委副主任
　　方旭荣(女)

区政协工作部门
秘书长　吴吉江
提案办主任　金桂华(女)
城乡建设和人口资源环境
　　委员会主任　杨宏庆
办公室副主任　童淑倩(女)

文史办副主任　陶兴明
提案办副主任　黄志霞（女）
联络办副主任　翁福继
城乡建设和人口资源环境委员
　　会副主任　廖灵芳（女）

区政府办公室

主　任　徐叶黎
副主任　章小荣（正科级）
副主任　冯文斌（兼）
　　　　杜　凯　龚　斌
应急办主任、应急联动中心主任
　　　　杜　凯
应急办公室副主任　程洪波
旅发委主任　林雪俊（女）
旅发委副主任　余建国
旅发委副主任　郑行懿
地方志办主任　李　霞（女）
热线办主任　彭　娇（女）
区委区政府电子政务办主任
　　　　童明轩
区委区政府电子政务办副主任
　　　　程琳琳（女）
区委区政府电子政务办副主任
　　　　余联康
外事侨务办主任　余小红（女）
外事侨务办副主任
　　　　张　翼（女）
外事侨务办副主任
　　　　潘元娟（女）
金融工作办公室主任　唐筱虎
金融工作办公室副主任
　　　　吴　剑
土地储备中心副主任　钱　文
土地储备中心副主任　雷文峰

区法制办

主　任　廖焕青
副主任　金　波（女）

区委、区政府接待事务办

主　任　余其中
副主任　李荣州　吕　菁（女）

区财政局

局　长　王良福
副局长　刘开颜（女）
　　　　陈广斌　龚国军
总会计师　揭利新
生产发展资金管理处主任
　　　　李道帮
政府采购办公室主任　李上勇

区人力资源和社会保障局

党组书记、局长　郑常勇
副局长　余晓生　缪唯萍（女）
　　　　应启平
总会计师　刘振江
人才流动中心主任
　　　　杨林玲（女）
医疗保险事业管理局局长
　　　　刘宙禄
医疗保险事业管理局党支部
　　　书记　郑梦麟
社会保险事业管理局局长
　　　　潘　云
劳动就业服务管理局局长
　　　　徐光庆
农村社会养老保险管理局局长
　　　　郑森生
劳动保障监察大队大队长
　　　　苏　政

区委机构编制委员会办公室

主　任　王建明
副主任　陈建菲（女）
事业单位登记管理局局长
　　　　李　强

区民政局

党委书记、局长
副书记　金月芳（女）
副局长　吴腮兴　颜志伟
　　　　陈　平
扶贫办主任　周建国
扶贫办副主任　颜毓红（女）
城乡居民最低生活保障管理局
　　　局长　潘有歆

地名办主任　宋　勇
老龄办主任　游建英（女）
福利院书记、院长
　　　　高妍斐（女）
民间组织管理局局长
　　　　陈永华（女）

区教育体育局

党委书记、局长　钟　鸣
副局长　祝林发　蒋春平
　　　　潘　民
总会计师　余凌红
工会主席　叶一华
校建办主任　张飘荣
教研室书记、主任
　　　　徐　萌（女）
四中校长党支部书记　孙学银
职中书记、校长　冯　健
沙溪中学书记、校长　郑　军
一小书记、校长　程一红（女）
逸夫小学书记、校长
　　　　马　艳（女）
五小书记、校长　朱有礼
三中党支部书记、校长
　　　　程一晶（女）

区人民政府教育督导室

副主任　黄用章　赵　敏

区教师进修学校

党组书记　蒋春平
校　长　余　辉
副校长　吴敏慧（女）

区体育局

副局长　何　平

区卫生和计划生育委员会

党委书记、主任　孙建斌
党委副书记、副主任
　　　　陈春明（正科级）
副主任　黄　珍　江黎雯（女）
　　　　强建龙　杨丽艳（女）
　　　　官朝昀　江铁山

总会计师　曾小妍(女)

血防站站长　程有盛

第二人民医院党支部书记、院长
　　刘明强

第三人民医院党支部书记
　　朱锡发

第三人民医院院长　郑录辉

区妇幼保健计划生育服务中心
　　党支部书记、院长
　　黄红芳(女)

市立医院

党委书记　高威华

院长、副书记　戴　军

副院长　林黎明　郑建国
　　　　徐立新　余云霞(女)

纪委副书记、监察室主任
　　吕建红(女)

市中医院

党组书记、院长　杨宏辉

副院长　汪　玮　陈临凌(女)

区农林水利局

党委书记、局长　郑德明

副书记　罗来田

副局长　邓泉根　徐晓彬
　　　　郑行希

岩底水库管理局局长　王小明

农业技术推广中心主任
　　余连渭

森林公安局局长(森林警察大队
　　大队长)　黄　坚

森林公安局沙溪派出所所长
　　舒新生

睦州山省级森林公园管委会
　　主任　张华军

森林防火指挥部办公室主任
　　姚建平

畜牧兽医管理局局长　何田华

防汛抗旱指挥部办公室主任
　　占永华

河道堤防管理站站长
　　吴慧兰(女)

蔬菜科学研究所所长　余剑锋

区商务局

党委书记、局长　俞妙玲(女)

副书记、副局长
　　芮小林(正科级)

副局长　徐华琼(女)　曹金土

人武部部长　王　辉

商业国资公司总经理　张明浩

商业国资公司副总经理
　　叶长利
　　郑详钢
　　李淑兰(女)

区工业和信息化委员会

党委书记、主任　蒋德贤

副书记　吴义镜(正科级)

副主任　朱玉强　陈　超
　　　　郑绿翔　李晓军

人武部部长　熊荣平

总经济师　韩　汾(女)

墙体材料革新办公室主任
　　余饶东

区发展和改革委员会

主　任　华小荣

副书记　王　辉(党组织主要负
　　责人)

副主任　郑耀龙　俞晓明

总经济师　叶　剑

铁路建设办公室主任　吴乐闽

利用外资办公室主任　陈文建

区招商局

局　长　杨　玲(女)

副局长　汪智明

**区文化广播电影电视局(区新闻
出版局、区版权局)**

党组书记、局长　胡　涛

副局长　林前飞　周　正(女)
　　　　曾　辉

图书馆党支部书记
　　郑文卿(女)

图书馆馆长　程　辉

博物馆馆长　周恒斌

文化馆党支部书记、馆长
　　骆　辉

影剧音像总公司支部书记、
　　总经理　周文芝(女)

越剧团党支部书记　张佩华

越剧团团长　陈福新

区审计局

党组书记、局长　李积龙

副局长　阮桂英(女)　陈建中
　　　　俞卫丰

总审计师　陈华琴(女)

审计联席会办公室主任
　　张尉宗

区统计局

党组书记、局长　章　艳(女)

副局长　杨　武　俞　斌

总统计师　李　芳(女)

区物价局

党组书记、局长　林文革

副局长　程志华　孙茂盛
　　　　颜毓瑜　余仕华

价格监督检查局局长　龚舜华

**区国有资产监督管理委员会办
公室**

党组书记、主任　唐　浩

副主任　吴克欢　冯秀云(女)
　　　　李志维

总经济师　刘　媛(女)

人武部部长　潘智敏

国资经营公司经理
　　冯秀云(女)

产权交易中心主任　刘　锋

区建设局

党委书记、局长　龚小平

副局长　郑常忠　夏延交
　　　　林传东

建筑企业管理局局长　徐　翔

总工程师 徐日升

区交通运输局
党委书记、局长 刘祖宏
副局长 王长根 游建新
　　　徐培军
公路运输管理所党支部书记、
　　所长 毛日亮
公路站站长 陈宇戈

区粮食局
党委书记、局长 王晓武
副书记 张辉
副局长 陈少春(女) 程小川
　　　姜钟建 黄禄彬
粮油收储公司党支部书记、经理
　　何为民

区安全生产监督管理局
党组书记、局长 杨国辉
副局长 高传兴 娄豪水
　　　龚振龙
安全生产监察大队大队长
　　邓钧

区住房制度改革办公室(房管分局)
党组书记、主任(局长)
　　姬峻峰
副主任 袁振 殷红
　　　李元林
房管分局副局长 刘德永
　　　汪祥华
非住宅房管理所党支部书记、
　　所长 殷红
住宅房管理所党支部书记、所长
　　刘德永

区爱国卫生运动委员会办公室
党组书记、主任
副主任 黄志萍(女) 苏晓辉

区轻工集团公司
副总经理 徐雷春

区手工业联社
主任 管建伟
副主任 郭小燕(女)

区物资集团
副总经理 陶宏华(女)

区供销社(供销合作总公司)
党委书记、主任 蒋勇
副书记、副主任 潘国良
副主任 欧华 吴秀萍(女)
工会主席、副主任科员 吴树宏

区科技局
党支部书记、局长 朱五东
副局长 章斌 王玉珍(女)
总工程师 王应标

区规划局
党组书记、局长 朱丹双
副局长 陈坚 王万红
总工程师 张健华

区防震减灾局
党支部书记、局长 杨振林
副局长 舒绍忠 蔡赟

上饶经济开发区朝阳产业园管理委员会
书记、主任 王俊
副书记、主任 余磊
副书记 毛强
副主任 龚敏 郑黎军
　　　李积彪 揭滢钰(女)
工会主席 杨昌彪
总工程师 许光华

区信息产业园
主任 郭丽(女、兼)
副主任 毛景丰(兼)

区驻市经济技术开发区办事处
副主任 赵波(女) 廖兴军

区行政服务中心管理委员会
主任 刘桂莲(女)
副主任 占清华 郑兴富

区城南城市建设投资有限公司
总经理 钟剑
副总经理 肖军 毛景丰
　　　钱华 林旭

区人民检察院党组
党组书记、检察长 章晖
副书记、副检察长 林锋
副检察长 熊宇静(女)
纪检组长 江华光
政工科科长 黎明华
检察委员会专职委员
　　高雪英(女) 支平
反贪局局长 吴国桢
反渎职侵权局局长 吴剑锋
民事行政检察科科长
　　李锋(女)
办公室主任 朱牡华(女)
侦监监督科科长 石文
公诉科科长 秦永红(女)
监所科科长 王毅峰
控申科科长 郑丽文(女)
职务犯罪预防科科长 张智明
技术科科长 张文斌
监察室主任 瞿宏刚
案件管理室主任 李竞(女)

区人民法院
党组书记、院长 杨小明
副书记、副院长 刘伯军
副院长 徐林红(女) 饶良伟
纪检组长 廖宗海
政工科科长 汪群(女)
审判委员会专职委员
　　刘昊旻(女) 汤爱丽(女)
办公室主任 徐芳(女)
司法行政科科长 张志华
刑庭庭长 李亮星(女)
执行局综合办公室主任
　　王红萍(女)

民一庭庭长 郑伟东
民二庭庭长 叶丽萍(女)
行政庭庭长 熊文凯(女)
立案庭庭长 王建英(女)
立案二庭庭长 李 针(女)
审监庭庭长 蔡文刚
执行一庭庭长 周贻平
执行二庭庭长 张峻豪
技术科科长 蒋龙文
东市法庭庭长 吴庆京
朝阳法庭庭长 张文华
沙溪法庭庭长 邱若琳(女)
灵溪法庭庭长 杨建波
郊区法庭庭长 杨志勇

区司法局

党组书记、局长 徐 新
副局长 周 军 曾 勇
　　　祝祥法
公证处主任 周 军
东市司法所所长 潘艳(女)
西市司法所所长 侯含(女)
水南司法所所长 董 俊(女)
北门司法所所长 洪 鹰(女)
茅家岭司法所所长 夏云标
沙溪镇司法所所长 郑华梁
灵溪镇司法所所长 李 杰
朝阳镇司法所所长 娄春福
秦峰镇司法所所长 程富华

区总工会

常务副主席 耿开赣
副主席 张玉红(女) 刘晓彬

共青团区委

书 记 韩 潇(女)

区妇女联合会

主 席 郑柳静(女)
副主席 纪雄鹰(女)
　　　朱惠珍(女)

区工商业联合会

党组书记 俞奕鹏(女)
主 席 龚 桃
副主席 丁丢仙(女) 贺禹铭
　　　叶荣城

区科学技术协会

主 席 周文芳(女)
副主席 卢 红(女)
副主席、秘书长 曾庆荣

区残疾人联合会

理事长 王晓岗
副理事长 徐海燕(女)

区红十字会

会 长 梁丽娟(女)(兼)
常务副会长 夏君英(女)
副会长、秘书长
　　　张 勋(正科级)
副会长 包 靖

区社会工作者联合会

主 席 黄 涛
副主席 周贻洪
秘书长 琚 玺(女)

区归国华侨联合会

主 席 江 谷(女)
副主席 张碧君(女)

中国国民党革命委员会信州区总支部委员会

主任委员 郑耀龙
专职副主任委员 李 琼(女)

中国民主同盟信州区总支部委员会

主任委员 龚 桃
专职副主任委员 付 瑶(女)

中国民主建国会信州区总支部委员会

主任委员 姜钟建
专职副主任委员 缪 斌

中国民主促进会信州区总支部委员会

主任委员 柴莉萍(女)(兼)
专职副主任委员 李 丽(女)

中国农工民主党信州区总支部委员会

主任委员 谭晓红(女)
专职副主任委员 郑曼华(女)

九三学社信州区基层委员会

专职副主任委员 吴雪珍(女)
　　　　　(区委组织部供稿)

重要文献

信州区人大常委会工作报告

——2016 年 10 月 11 日在信州区第五届人民代表大会第一次会议上

信州区人大常委会主任　付德峰

各位代表、同志们：

　　我代表信州区第四届人民代表大会常务委员会向大会报告工作,请予审议。

　　一、工作回顾

　　过去的五年,是我区经济发展提质增效,综合实力显著增强的五年;是改革开放不断深化,发展活力持续迸发的五年;是社会事业蓬勃发展,人民生活水平显著提高的五年;也是人民代表大会制度不断完善,民主法治建设奋力前行的五年。五年来,在区委的正确领导和市人大常委会的指导下,区四届人大及其常委会认真贯彻落实党的十八大和十八届三中、四中、五中全会,以及习近平总书记系列重要讲话精神,切实履行宪法和法律赋予的职责,依法召开主任会议 65 次,常委会会议 32 次,述职、询问大会 4 次,组织召开人民代表大会 7 次,依法决定重大事项 17 项,听取和审议"一府两院"工作报告 42 项,检查法律法规实施 27 部,开展集中视察调研 59 次,任免国家机关工作人员 225 名,圆满完成了各项任务并取得新的成绩,为信州经济社会发展进步作出了应有贡献。

　　五年来,我们围绕中心,服务大局,推动经济社会发展彰显新作为。坚持把人大工作的重点放在推动区委重大决策部署落实和服务全区经济社会发展上,始终做到同心同向同力。一是依法决定重大事项。常委会始终把加快发展作为第一要务,在服务服从上不懈怠。对区政府《关于上饶市老火车站棚户区综合改造项目纳入 2012 年国民经济和社会发展计划》《关于坚决遏制违法建设,规范城乡建设秩序》等 8 个区域发展的重大问题作出决议、决定;审查批准了区政府提交的 7 个重大项目投资、融资议案;审查批准了区政府年度经济社会发展计划、财政预决算和财政收支、部门预算收支执行情况的审计报告;审查批准了我区"十二五"规划部分指标调整及完成情况的报告;批准了我区"十三五"规划纲要;听取和审议了我区"五五"普法工作报告,批准了普法第六个五年规划。为推动我区经济社会全面可持续发展提供了法定保障。二是助推重点产业发展。常委会积极研判经济发展态势,先后听取和审议了区政府关于工业经济、开放型经济、旅游经济、物流产业、农业产业、信息产业、文化产业等专题报告。针对近年经济不断下行的压力,常委会持续发力,组织委员、人大代表深入企业、园区视察调研,先后撰写了优化财政结构、做强工业主导产业、加快发展现代服务业、做大城郊旅游业等 20 余项调研报告,为区委、区政府决策提供参考;主动策应全区"主攻工业、决战园区"工作部署,连续三年听取和审议了我区规模以上工业企业发展情况报告,就"工业调结构,产业转型升级,朝阳产业园建设"向区政府进行了首次专题询问,提出 12 条意见、建议;为迎接上饶高铁时代到来的历史性机遇,充分发挥我区旅游经济的独特区位优势和释放巨大潜力,常委会顺势开展了"助推旅游强区"系列活动,对旅游产业发展中的9个热点问题向区政府进行询问。推动了我区工业、现代服务业、金融保险、信息产业的快速发展。三是关切民生事业。群众有所呼,人大有所行。针对农产品安全、食品药品安全、生态环境保护等群众普遍关注的问题,常委会连续五年组织开展了"赣都农产品质量安全行""食品药品安全赣都行""环保信江行""秀美信州行"等专项检查活动,通过执法检查,一批群众关心的湿米粉、农产品、食品药品、校园周边餐饮安全等方面问题得到有效整治,上饶湿米粉质量标准经省有关部门批准,已经成为江西地方标准,填补了省内空白。2013年,为推动区政府在区四届人大三次会议上承诺的13项重点民生事项的兑现,常委会年中问进度、年末问结果,跟踪问效。尤其是简化医药费报销手续、社区非事业编人员纳入职工社保范围、加快拆迁安置房建设、保障基层干部职工津补贴等十余项群众强烈呼吁的问题,区政府都逐一认真研究,得到较好解决,回应了社会关切,使干部群众共享发展的成果,增强了获得感。

五年来,我们强化监督,依法履职,促进民主法治建设取得新成效。依法履行人大监督职能,强化法律监督和工作监督,推动了"一府两院"依法行政和公正司法。一是实施法律监督。组织或配合上级人大先后开展了《农产品质量安全法》《人民调解法》《档案法》《教师法》《消防法》《税收征管法》《大气污染防治法》《防震减灾法》《安全生产法》《残疾人保障法》《村民委员会组织法》《江西省司法鉴定条例》《江西省旅游条例》等法律法规实施情况的执法检查,坚持问题导向,督促整改落实。在《消防法》执法检查中,常委会组织对白鸥园、八角塘农贸市场等重点场所、重点企业消防安全抽查和现场督办,消除安全隐患,维护了人民群众的生命财产安全;在监督《村民委员会组织法》实施过程中,及时听取审议区第八届、第九届村(居)委会换届选举工作的情况报告,推动了基层组织民主政治建设。二是开展工作监督。围绕"一府两院"重点工作,加大监督力度,创新方式方法,先后就区政府关于国有资产管理、乡村公路建设、水利设施建设、粮食生产保障供应、义务教育和全民健身、科技投入、医疗卫生健康、人口与计划生育、劳动就业创业、新农村建设、司法行政等工作,开展视察调研,听取和审议专项工作报告,

提出审议意见或工作建议。2014年,常委会组织委员、人大代表就当年经济社会主要指标完成情况、10亿元以上重大招商项目落地、重点工程推进、社区建设等社会关注度高的问题进行了第三次专题询问,对其中5项重点工作提出了审议意见和督办。司法改革和司法公正一直是社会关注的焦点,常委会加强司法监督,每年听取法、检"两院"工作报告和司法改革推进情况,对区法院司法公开"三大平台"建设、区检察院规范执法等工作进行专题工作视察,组织105名市、区人大代表旁听庭审21件。对人民群众反映的96个涉法涉诉信访件,及时转办督办,维护了社会稳定和公平正义。三是加强履职监督。五年来,常委会共依法任免国家机关工作人员225名,其中任命177名,免职48名,加强了国家机关的组织建设。坚持任前法律知识考试、表态、供职发言、向宪法就职宣誓、履职述责、满意度测评、工作评议、专题询问、履职约谈等制度,进一步强化了对国家机关工作人员的任后监督。2014年,区政府23个组成部门主要负责人向人大常委会集体述职;区四届人大四次、五次会议期间,全体代表对区政府组成部门和区检察院、法院进行工作满意度评价。体现了"一府两院"国家机关工作人员接受人大任命、人大监督的法治精神,进一步增强了国家机关工作人员的法律意识、责任意识和公仆意识。

五年来,我们夯实主体,创新形式,激发代表活力增添新动能。坚持把支持和保障代表依法履职作为工作的着力点,切实加强和改进代表工作。一是提高代表履职能力。为提高代表对人民代表大会制度地位、作用的认识,常委会定期组织代表学习、集中轮训、赴外地参观考察、邀请代表列席常委会会议等多种形式,促进了代表熟悉法律、执行职务。组织了29名区人大代表赴北戴河培训基地培训,8名市、区人大代表、人大干部赴北京、深圳全国人大培训中心培训;新修订的《组织法》、《监督法》和《代表法》颁布实施后,专门邀请法律专业人士为代表集中授课。组织各级人大代表参与视察调研、执法检查、工作询问、旁听庭审、咨询听证等活动达1227人次,丰富了代表活动内容,为代表履职创造了良好条件。开展评选优秀人大代表活动,五年共评选了46名优秀区人大代表,激励了代表履职热情。二是抓好代表建议督办。常委会把抓好代表建议督办作为代表执行职务的重要保障,通过会议督办、现场督办、重点督办、持续督

办、办理反馈、评选先进等方法，不断提升了代表建议办理质量。五年来，共办理代表意见、建议256件，代表提出的《关于要求解决三江片区城市内涝问题》《关于要求严十公路拓宽工程尽快动工》《关于要求提高失地农民养老金标准》等一批有影响的建议得到了较好解决，代表满意率都保持在90%以上。对25件代表建议案和8个承办先进单位进行了表彰。三是搭建代表活动载体。进一步坚持和完善了"代表进选区""代表活动日""代表接访日"、代表向选民述职、区镇人大每月工作联席会活动制度，创新设立了20个区人大代表联络站，实行动态管理。区四届人大二次会议以来，常委会持续深入开展了代表"联系选民，反映民意，帮解民忧"为主题的"五个一"实践活动。五年来，人大代表共走访选区、选民1万多人次，撰写民情日记5000余篇，汇总和转办选民意见建议1526条，向选民述职72人次，为选区和选民办实事354件，资助贫困对象和困难大学生176名，密切了代表与选民的联系，展示了代表的风采。

五年来，我们转变作风，奋勇争先，提升履职水平再创新业绩。常委会始终把自身建设摆在首要位置，建设好人大"一线指挥部"。一是强队伍。人大及其常委会深入贯彻党的十八大和十八届三中、四中、五中全会精神，深入学习习近平总书记系列重要讲话精神，贯彻落实中央、省、市人大工作会议精神。学习法律法规和人大业务知识，创建人大网站和微信平台，推进人大电子政务和网络化管理。推进学习型机关创建，提高了人大干部综合素质。扎实开展了党的群众路线教育实践活动、"三严三实"专题教育活动、"两学一做"学习教育等活动。严格执行中央八项规定，坚持把纪律和规矩挺在前面，对机关存在的不严不实问题，有效整改落实。加强对人大干部的培养教育，五年共有27名区、镇（街道）人大干部在党政机关提拔、重用和双向交流，增强了人大工作生机活力。二是促规范。围绕打造"规范、高效、活力"机关，结合工作实际，对主任会议议事规则、常委会议事规则、重大事项决定办法、人大常委会组成人员守则、人大代表职责和联系选民办法等19项制度进行了修订，新制定了工作评议暂行办法、专题询问暂行办法、专项工作满意度测评暂行办法，使每项工作于法有据。完善了机关13项日常管理制度，推动了常委会机关工作制度化、规范化。三是转作风。围绕"为民、务实、清廉"目标，常委会以区委开展的"四进四访四为民"主题实践活动和"春风阳光"等三大行动为契机，推动人大机关干部深入基层、深入一线，访民情，问民苦，解民忧。五年来，共走访困难群众537户，帮助解决实际问题68个，直接帮扶特困群众56户。大兴调查研究之风，形成了《信州区养老服务业的现状与对策》《保护信江河源头，防治水环境污染》《迎接高铁时代，促进快速发展》等一批调研成果，并在省、市人大刊物刊载。展现了人大工作的新亮点。

——2013年，全市乡镇人大工作经验交流会在我区召开，推广了我区人大工作经验；

——2015年，时任区委书记蒋丽华同志在全市人大工作会议上作典型发言，介绍了我区人大工作做法；

——2015年，我区首次承办全国十一县区人大常委会第十二次联席会议，交流了我区人大工作特色；

——2015年，区委专题召开了全区人大工作会议，全面总结了五年来的人大工作，区委主要领导充分肯定我区人大工作"非常给力、非常出彩、非常有成效"；

——2015年，时任省委副书记莫建成和省人大副主任洪礼和等省委、省人大领导和有关部门先后来我区调研基层人大工作，高度评价我区基层人大的组织机构设置、人大干部配备和设立"代表联络站"是我省地方人大工作的"信州模式"，并在今年全省县乡人大换届中推广。

2016年，是换届选举年，做好区、镇两级人大换届选举工作，是我区政治生活中的一件大事。自3月份工作启动以来，常委会以主要精力做好人大换届选举工作，结合今年人大换届选举工作的新特点、新要求，深入调研，超前谋划，及时成立区、镇两级换届选举组织领导机构和工作机构，制定相关文件和工作方案，召开动员会、培训会，做好代表名额分配、选举日确定、选区划分、选民登记、代表候选人推荐考察、正式代表候选人与选民见面等各项工作，严格按法律程序办事，保证了区镇两级人大换届选举工作的顺利进行。据统计，本次区镇两级换届选举共有近33万选民行使民主权利，参加了本选区投票选举，依法选举产生了区五届人大代表184名，镇人大代表270名。在人大常委会的精心指导下，4个镇人大换届选举工作已经圆满结束。会同区纪委、区委组织部、区委统战部一起推荐、考察30名我区出席上饶市第四届人民代表大会代表候选人。为这次区五届人大一次会议的胜利召开打下了坚实基础。

各位代表！五年来，区人大常委会各项工作能够取得新成效，是区委正确领导的结果，是常委会组成人员、全体人大代表共同努力的结果，是"一府两院"及社会各界大力支持的结果，在此，我代表区四届人大及其常委会，向长期以来关心、支持人大工作的各级领导、社会各界人士和广大干部群众，向各位老领导、老同志表示衷心感谢和崇高敬意！

二、几点体会

回顾五年来的工作，我们深切体会到，要做好新形势下的人大及其常委会工作，必须牢固树立政治意识、大局意识、核心意识、看齐意识，强化法治思维，不忘初心，保持定力，善作善成。做到"四个坚持"：

坚持党的领导，才能保持正确方向。人民代表大会制度是我国的根本政治制度，是党领导人民当家做主、管理国家事务的政权组织形式。坚持和依靠党的领导，是坚持和完善人民代表大会制度的根本原则，也是做好人大工作的政治前提和根本保证。五年来，区委高度重视关心人大工作，听取人大常委会工作汇报，支持人大依法履行职权，及时研究人大工作中的重大问题。人大常委会自觉接受区委领导，善于把党委的重大决策与依法办事有机统一起来。实践证明，只有把坚持党的领导、服务发展大局贯穿于人大工作的全过程，就能保证人大工作正确的政治方向和不断前进的生命力。

坚持与时俱进，才能创新工作发展。习近平总书记在庆祝全国人民代表大会成立60周年大会上的讲话，对新形势下坚持和完善人民代表大会制度、推进社会主义民主政治建设提出了新的目标和要求。人大常委会坚持与时俱进，创新发展基层人大工作，特别是在基层人大组织建设方面进行了积极探索实践并取得成效。但对照新形势、新任务的要求，人大常委会在重大事项决定权方面制度还不配套、机制还有待健全，还需要不断探索实践。实践证明，人大工作只有顺应时代，创新发展，才能有更加光明的前景和广阔的舞台，不断开创人大工作的新局面。

坚持依法办事，才能维护法律权威。人大及其常委会的各项职权是宪法和法律赋予的，人大工作必须以宪法和法律为依据，严格按照法律规定和法定程序办事。人大常委会任期的五年，无论是决定重大事项、开展监督工作，还是行使人事任免权，都充分发扬民主，严格依法办事，保证在法律规定的范围内履行职权。但对照法律赋予监督职权的要求，人大作为国家权力机关，依法监督的方式方法和工作实效还有待进一步增强，作用要进一步凸显。实践证明，只有不断开拓监督工作的新路径、推出新举措，才能更好地维护法律的权威性，彰显人民代表大会制度优势。

坚持代表主体，才能永保活力源泉。人大代表是国家权力机关的组成人员。常委会不断扩大代表的知情权、参与权和监督权，组织代表参加活动，为代表履行职务搭建平台，激发代表依法履职热情，提高了代表的履职能力。人民代表深入到人民群众中，及时把人民群众的愿望和诉求反映上来，积极为我区经济发展和社会进步履好"一岗双责"，使民主渠道进一步畅通。但我们也认识到常委会在联系代表、代表在联系选民方面还不够广泛深入，人大代表的履职意识和能力也有待进一步提升。实践证明，只有始终发挥好代表主体作用，才能更好地体现人民当家做主，人大工作才有蓬勃生机和活力。

各位代表！2016年，是"十三五"开局之年，也是新一届人大及其常委会履新之年，本次代表大会将选举产生信州区第五届人民代表大会及其常务委员会。我们殷切期望，新的一届区人大及其常委会高举中国特色社会主义伟大旗帜，以邓小平理论、"三个代表"重要思想和科学发展观为指导，深入贯彻习近平总书记系列重要讲话精神，认真贯彻区第四次党代会精神，抓好中央、省、市关于加强人大工作一系列文件的落实，努力在重大事项决定、监督工作、代表工作和自身建设等方面，不断与时俱进，大胆探索实践，努力实现好维护好人民群众根本利益，更好地担负起宪法和法律赋予的神圣职责，创造无愧于时代的崭新业绩。

各位代表！宏伟蓝图已经绘就，新的征程已经开启。让我们以干在实处再出发的铿锵气势，走在前列谱新篇的坚定信心，在中共信州区委的坚强领导下，紧紧凝聚全区50万人民的智慧和力量，以更加昂扬的斗志，更加饱满的热情，更加扎实的工作，为坚持和完善人民代表大会制度，为实现"率先翻番、率先小康"，为把信州打造成现代服务业新高地、区域发展新引擎、生态宜居幸福城，高标准建成省域副中心城市核心区作出新的更大贡献！

政府工作报告

——2016年10月10日在信州区第五届人民代表大会第一次会议上

信州区人民政府代区长 胡心田

各位代表：

现在，我代表区人民政府，向大会报告政府工作，请予审议，并请各位政协委员和其他列席人员提出宝贵意见。

一、过去五年工作回顾

在市委、市政府和区委的坚强领导下，在区人大、区政协的监督支持下，第四届人民政府坚持深入贯彻党的十八大和十八届三中、四中、五中全会精神，和衷共济、抢抓机遇、奋力拼搏，全力以赴稳增长、促改革、调结构、惠民生，圆满完成了区四届人大历次会议提出的各项任务，保持了全区经济社会的平稳较快发展。

五年来，我们始终坚持把加快发展作为第一要务，经济总量明显壮大

2015年，地区生产总值达到191.3亿元，是2010年的1.66倍；财政总收入突破20亿元，是2010年的2.7倍；公共财政预算收入16.8亿元，是2010年的2.8倍；税收占财政总收入比重始终稳定在85%以上；社会消费品零售总额117亿元，是2010年的2倍。城乡居民储蓄存款达到246亿元，是2010年的2倍；9个镇、街道财政收入全部过亿元，其中西市、北门街道突破2亿元。全区经济总量始终位列全市第一方阵，主要经济指标保持两位数增长，其中税收占财政总收入比重、第三产业增加值、社会消费品零售总额、外贸出口总额、城乡居民储蓄存款等多项指标始终位列全市第一。连续五年荣获"全省外贸出口先进县（市、区）""全省搞活流通扩大消费先进县（市、区），先后荣获"全省固定资产投资先进县（市、区）"全省财政收入先进县（市、区）"，2014—2015年连续荣获"全市科学发展综合考评先进县（市、区）"等荣誉。

五年来，我们始终坚持把转型升级作为主攻方向，产业结构明显优化

第三产业量质齐升。2015年，第三产业实现增加值141.4亿元，是2010年的2.3倍三次产业结构比由4.5：42.45：53.05调整为3.47：22.62：73.91。荣获"全省服务业发展先进县（市、区）"。传统商贸搭上"互联网＋"快车，白鸥园市场、江南商贸城、南方棉布批发市场、红星建材家居等大型市场实现了线上线下融合发展。万达广场、星河国际、恒基广场、明珠广场、万力时代等一批大型城市综合体拔地而起，各类专业市场经营面积超过350万平方米。现代服务业蓬勃发展，2012年被列入首批"省级服务业综合改革试点县（市、区）"，其中，信息服务业孵化了全省首家互联网上市企业，已有互联网上市企业5家，荣获全国电子商务发展大奖——朱雀奖，税收由2010年的80万元增长到2015年的2.2亿元；金融保险机构加快集聚，总数已达46家，税收从2010年的1200万元增长到2015年的1.1亿元；物流产业总运力已达13万吨，占全市总量三分之一，税收由2010年的1200万元增长到2015年的2.7亿元；文化旅游产业初显成效，打造了水南文化街区，启动了总投资5.3亿元、占地3600余亩的青青湖生态旅游度假区建设。

工业经济平稳增长。朝阳产业园承载能力进一步提升，推进了1056套公租房、日供水5000吨自来水厂、日处理污水1000吨污水处理厂、110千伏变电站等基础设施建设。先后引入惠明科技、北京三纺机上饶气弹簧、范美保罗家居等一大批企业，入园企业总数达到49家，荣获"国家光学高新技术产业化基地""国家科技兴贸创新基地"。麻纺织传统产业扬优成势，被授予"江西省苎麻纺织产业基地"。2015年，区直属规模以上工业企业达到23家，实现工业增加值7.6亿元，主营业务收入24亿元，实现利税2亿元。

农业基础不断巩固。布局了占地7107亩、总投资6.25亿元的现代农业示范园，已完成2000亩核心区规划。培育了市级以上农业龙头企业19家、特色种养基地98个。共创建绿色食品标志1个、无公害生产产地9个、无公害农产品11个，获

省级名牌农产品企业 1 家、上饶市知名商标企业 3 家。实施了万亩土地整理，改造中低产田 2.88 万亩，建设高标准农田 1.14 万亩，完成了 51 座小型病险水库除险加固和 2.2 万亩小农水重点县工程。

五年来，我们始终坚持把统筹城乡作为基本路径，城乡面貌明显改观

规划管理更加规范。完善了各镇总体规划，完成了 43 个行政村村庄规划编制。完成了农村自来水规划编制，顺利实施 7.2 万人安全饮水工程。全力打响"控违拆违"攻坚战，在全市率先启用"无人机"技防手段，全面遏制了违法建设蔓延势头，控违拆违"信州经验"在全市范围推广。进一步规范了农民建房管理长效机制，在全市率先引入"二维码"信息化管理，自 2015 年以来累计审批 2000 余户，全部做到持证亮牌施工。

城乡建设步伐加快。累计开工建设各类项目 103 个，完成投资 110 亿元，城镇化率由 2010 年的 67.1% 提高到 2015 年的 71.4%。年均完成征地 5000 余亩、征收房屋 100 余万平方米，有力保障了沪昆高铁、合福高铁、三清山机场、老火车站片区综合改造、320 国道城区段改建、上广快速通道、上饶师范迁建等国家、省、市重点工程建设。新建和改造了丰溪大桥、志敏大道、仕铨路、楮溪北路、上饶南大道等一批路网建设项目，建成了三江水系一期景观、信江南岸一期景观、丰溪河堤景观、城市西南出口综合景观等一批城市景观工程。在全市率先完成"渡改桥"，率先实现村村通等级公路，提前完成省"十二五"县道三级改造目标，荣获"全省镇村联动干道改造提升工作先进县（市、区）"。投入资金 1.4 亿元，完成 229 个新农村点建设，建成 5 个省级新农村建设示范点。秦峰完成撤乡设镇，灵溪松山村等 3 个村荣获"全省精品农村社区建设先进村"。

生态创建成效明显。全面实施"河长制"，完善了"河库管理"组织体系。沙溪镇列入我省首批"山江湖生态文明试验区"并成功创建省级生态镇，宋宅等 7 个行政村被授予市级生态村。深入开展"美丽家园"行动，建立了农村环境卫生网格化长效管理机制，实现"七个基本没有"目标，荣获"全省农村清洁工程工作先进县（市、区）"。完成造林绿化 2.5 万亩，森林覆盖率、林木绿化率分别达到 40.16% 和 41.71%。扎实推动节能减排，圆满完成"十二五"减排任务，连续五年荣获"全省公共机构节能先进县（市、区）"。

五年来，我们始终坚持把改革开放作为重要抓手，体制机制明显完善

各项改革有力推进。稳步实施了政府机构改革、行政审批制度改革、户籍制度改革、事业单位分类改革、公务用车改革、公务员职务与职级并行、机关事业单位养老体系改革、农村土地经营权确权登记颁证等一系列重点领域改革。深入推进简政放权、放管结合，共精简行政审批事项 80 项，承接国家、省、市下放审批事项 205 项。启动了政府向社会购买服务，公开了政府预决算和"三公"经费支出，完成了越剧团转企改制。投融资改革迈出大步，成立了信州区绿色农业投资有限公司、沙湖新区投资管理有限公司。全面实施"三证合一、一照一码"，共新增私营企业 5400 余户，新增个体工商户 1.5 万户。

扩大开放卓有成效。坚持把招商引资作为"一号工程"，成立了撤市设区以来首个外地商会——上海信州商会，共引进 5000 万元以上项目 87 个，实际引进省外资金 137.13 亿元，实际利用外资 2.98 亿美元，外贸出口总额 13.1 亿美元。2015 年，实际利用外资、进出口总额分别较 2010 年增长 122%、115%。

五年来，我们始终坚持把共享发展作为出发点和落脚点，群众获得感明显增强

社会保障更加有力。民生领域累计支出近 60 亿元，占财政支出比重由 2010 年的 62% 提高到 2015 年的 67%。新增就业人员 4 万余人次，发放小额担保贷款近 4 亿元，直接扶持下岗失业人员创业 1800 余人，带动就业 6000 余人，东市街道五三（2）社区荣获"全国充分就业社区"。全面建立居民大病保险制度，实现了城乡居民养老保险制度全覆盖、城乡低保应保尽保，完善了失地农民养老保险制度，建立了重特大疾病医疗救助制度、困难残疾人生活补贴和重度残疾人护理补贴制度，荣获"全省社会救助先进区"。扶贫工作扎实推进，建立了"春风阳光"精准扶贫新模式。城镇居民人均可支配收入和农村居民人均可支配收入分别达到 2.93 万元和 1.34 万元，均为 2010 年的 1.9 倍。完成中心城区 23 个农贸市场升级改造，渡口农贸市场被评为"全省农贸市场改造示范工程"。建成安置房 3500 余套、50 余万平方米，完成 1051 户农村危旧房改造，累计发放廉租住房现金补贴 1630 余万元，惠及群众 5877 户。

社会事业协调发展。对城区二小、五小、十一

小等 7 所学校进行了改扩建，对农村 27 所完小进行了升级改造，完成了信州职教中心、沙溪中学、茅家岭中心小学、二十小等学校建设，城乡学校办学条件明显改善。培育了全市首家省级科技企业孵化器——信息服务业产业园，4 家企业获批国家高新技术企业。完成了市中医院、市立医院综合大楼等一批医疗卫生服务项目建设，北门街道、东市街道社区卫生服务中心分别荣获国家、省级示范社区卫生服务中心。举办了 8 届"饶城社区文化艺术节"，荣获首届江西省"赣鄱群星奖"项目类群星奖。连续承办了三届"上饶·全国半程马拉松赛"。"医养融合"养老模式成全省样板，被列入全国首批养老机构信息惠民工程试点单位，荣获"全国敬老爱老先进区"。积极落实国家生育政策，荣获"全省计划生育优质服务先进县（市、区）"。外事侨务工作取得新成效，首次圆满承办"海外华裔青少年中国寻根之旅——魅力信州营"活动，北门街道稼轩社区先后荣获全国社区侨务工作示范点和明星社区。人民武装、国防后备力量建设再创佳绩，荣获全国、全省"双拥模范城"。此外，统计、粮食、物价、供销、物资、科协、供电、保密、档案、工会、侨联、社联、工商联、团区委、地方志、妇女儿童、涉台事务、民族宗教、防震减灾、气象服务等各项事业都得到新的发展。

社会大局和谐稳定。在全市率先建成县级政府应急指挥平台。完成三清公寓、白鸥园市场等 6 个重大消防隐患整治。全面实施重大项目社会稳定风险评估、领导干部约访接访、矛盾纠纷包案调处等制度，300 余件信访事项实现息访息诉，荣获全省信访工作"三无"县（市、区）。加强了社会治安防控体系建设，"信州公安基础信息化工作站"在我省首次荣获全国公安系统基层技术革新一等奖，在全省率先推出"合成警务工作站"。连续五年荣获"全省社会管理综合治理先进县（市、区）"。先后荣获"全国和谐社区建设示范城区""全省平安区"。荣获"2013—2015 年全省森林防火工作先进县（市、区）"，连续五年荣获"全省春季防火平安县"。

自身建设得到加强。自觉接受人大法律监督和政协民主监督，注重听取各民主党派、无党派人士和专家学者的意见，进一步畅通同人民群众的联系渠道。共办理人大代表建议 256 件、政协委员提案 347 件，办结率达 100%。深入推进行政许可审批"两集中、两到位"，进驻行政服务中心单位 28

个、审批事项 152 项。开通了"手机版"区长热线，群众来电来访办结率达 100%。大力推进政务公开，组建了政府法律顾问团，政府决策科学化、民主化、法治化水平进一步提升。严格落实中央八项规定精神，扎实开展党的群众路线教育实践活动、"三严三实"专题教育、"两学一做"学习教育，政风行风明显好转。严格落实党风廉政建设责任制，持续深化作风建设，深入推进职能转变，全面拉紧制度防线，廉政建设取得明显成效。

各位代表！过去五年，我们在经济下行压力增大、实体经济运行困难等严峻形势的考验下，取得了一系列成绩。这些成绩的取得，主要得益于市委、市政府和区委的坚强领导，得益于区人大、区政协的鼎力支持，得益于历任区政府班子的攻坚克难，得益于全区广大干部群众和驻区各单位的众志成城。在此，我代表区人民政府，向在各个领域辛勤劳动、默默奉献的干部群众，向给予政府工作积极支持的人大代表、政协委员，向各民主党派、工商联和各界人士，向部队和武警官兵，向所有关心支持信州发展的同志们、朋友们表示衷心的感谢和崇高的敬意！

各位代表！在肯定成绩的同时，我们也清醒地看到，全区经济社会发展中还有许多亟待解决的矛盾和问题，主要是：农业集约化程度较低、工业支撑发展能力较弱、现代服务业层次不高等短板仍然存在；社会保障水平、公共服务能力有待进一步提升；各类刚性支出逐年增长，财政收支矛盾日益突出；征地拆迁、重点项目建设还面临巨大压力；少数干部思想不够解放，不敢为、不善为、不作为等现象仍然存在。对此，我们要更加牢固地树立发展中心意识，通过发展的方式，解决前进中的矛盾和问题。

二、今后五年的主要任务和工作重点

各位代表！今后五年是我区全面建成小康社会的关键阶段。纵观大势，我们有机遇。当前，我国经济发展进入新常态，经济长期向好的基本面没有变。江西绿色崛起、打造美丽中国"江西样板"、打造"大美上饶"的新征程已经开启。在发展中的大背景下，我们的区位、交通、文化、民风等优势尤显珍贵。这些因素的叠加，为我区快速发展提供了机遇。展望未来，我们有前景。信州正处于区域大发展的攻坚期，蓄势待发的状态已经呈现：特色农业兴起、新型工业正在壮大、服务业趋向中高端、休闲旅游品牌开始树立、大数据产业已经落地,全区经济社会发展态势良好,我们可以、也有能力实现进位赶超。面对重任,我们有信心。在历任班子的共同努力下,信州形成了一个风清气正的干事氛围,干部队伍能征善战、广大群众团结一心,我们有信心在新一轮的区域竞争中取得先机、赢得主动,推动信州发展再上新台阶!

今后五年的指导思想是:高举中国特色社会主义伟大旗帜,全面贯彻党的十八大和十八届三中、四中、五中全会精神,以马克思列宁主义、毛泽东思想、邓小平理论、"三个代表"重要思想、科学发展观为指导,深入贯彻习近平总书记系列重要讲话精神和视察江西时"一个新希望、三个着力和四个坚持"的要求,认真落实"四个全面"战略布局,牢固树立"五大发展"理念,主动融入"大美上饶"建设,坚持"为市服务、借市发展、实现共赢",围绕实现"率先翻番、率先小康",统筹推进经济、政治、文化、社会和生态文明建设,打造现代服务业新高地、区域发展新引擎、生态宜居幸福城,高标准建成省域副中心城市核心区,努力成为沪昆、合福高铁沿线有影响力的节点城市。

今后五年的奋斗目标是:到2020年,地区生产总值力争突破300亿元,年均增长9.5%左右;财政总收入达到32亿元,年均增长9%左右;固定资产投资总额达到338亿元,年均增长15%;城镇居民人均可支配收入和农村居民人均可支配收入分别达到4.7万元和2.22万元;城镇登记失业率控制在4.5%以内。

为实现上述目标,我们将着力做好以下工作:

(一)以产业升级为核心,着力培育区域竞争新优势

全面加快产业转型升级,将区位优势变为发展优势,不断提升区域经济核心竞争力,努力实现更有质量、更具效益、更可持续的发展。

推动工业跨越式发展。坚持"主攻工业、决战园区"不动摇,深入实施"以企业为核心,五年决战三百亿"战略,集全区之力、全民之智,全面打响强攻战,高效补齐工业短板。全力支持朝阳产业园做大做强,加快调园扩区步伐,进一步理顺园区体制机制,强化园区"造血功能",完善水、电、路、污水处理、标准化厂房等基础设施和教育、文化、医疗、公共交通等功能配套,全面提升园区承载力和吸引力,努力打造省级示范园区。加快建设省级苎麻纺织产业基地,打造全国重要的麻纺织产业中心。实施工业"强龙计划",鼓励隆润麻纺、宇瞳光学、索密特等骨干企业通过合作、合资、兼并、重组等方式整合资源、做大做强,推动麻纺织、光学、汽配等主导产业集群发展。引导企业与高校院所合作,加大技术研发投入,加快设备更新和运用新工艺、新技术,促进产业链向上下游延伸,大力实施品牌发展战略,提升产品附加值和市场竞争力。到2020年,力争区属规模以上工业主营业务收入突破300亿元,1~2家龙头企业成功上市。

推动服务业向中高端发展。依托省级现代服务业综合改革试点平台,加快模式创新、业态创新,全力打造服务业发展新高地。加快发展总部经济,依托万达广场、星河国际、万力时代等高端楼宇,着力引进信息、会计、咨询、人力资源、设计等服务业总部落户。集聚发展金融业,引进一批融资租赁、融资性担保、风险投资、股权投资公司等准金融机构和融资性服务机构。积极发展信息服务业,依托市大数据产业园等载体,推动大数据、云计算、物联网等信息技术应用,加快数据服务、软件和游戏开发、互联网传媒、网络影视制作和跨境电子商务等产业发展。巩固发展物流产业,依托高铁、机场、高速等枢纽建设特色物流园区,引进和培育一批现代物流企业,推进运输、仓储等传统物流整合提升,完善覆盖城乡的物流配送体系。大力发展养老服务业,完成社会福利院新院建设,鼓励更多民间资本参与机构养老服务,不断创新医养融合发展新模式。推动白鸥园市场、江南商贸城等专业市场加快商业模式创新,引导实体店不断丰富消费体验并利用现代信息技术提升智能化、个性化、定制化服务。推进城市综合体、大型购物中心、特色商业街建设,进一步做旺人气、做强品牌。

推动全域旅游大提升。积极策应上饶旅游强市发展战略,充分发挥中心城区优越的交通区位优势,加大与周边各景区的客源互动输送,夯实城市旅游,做美乡村旅游,培育特色小镇,着力将信州区打造成上饶旅游高品位的"城市会客厅"和赣东北旅游集散中心地。大力提升城市旅游功能,完善城市旅游公共服务体系,规划建设旅游风情街、特色美食街、旅游休闲创客街。大力发展乡村休闲度假旅游,引导现代农业示范园和青青湖生态旅游度假区等提升发展,鼓励、支持特色旅游小镇和A级乡村旅游示范点建设。依托陆羽、辛弃疾等历史名人文化资源,上饶集中营、东岳庙、信江书院等风景名胜,推出信州历史文化名人游、红

色传统教育游、宗教文化朝圣游等富有地方文化特色的旅游线路。加快旅游项目建设，高效服务城东大型旅游综合体、电竞城市综合体、高铁农都、滨江东路景观工程等项目建设，加大星级酒店、精品酒店、特色民宿的招商和扶持力度。积极承办或培育各类品牌展会和节事活动，创新旅游营销手段，提升信州旅游的知名度和影响力。

推动现代农业特色发展。将"农业＋旅游""农业＋工业""农业＋互联网"等有机融合，促进农业现代化、产业化发展。加快发展专业大户、家庭农场、农民专业合作社，建设一批集观光、体验、休闲、科普于一体的"特而精"优势农业基地，打造含种养、加工、营销、物流等在内的农产品全产业链。大力创建农产品"三品一标"，提升农产品质量安全水平。加快现代农业示范园区建设，重点推进沙溪蔬菜种植基地、朝阳休闲生态观光园、生态农业科技园等项目，全力打造省级示范园区。同时，为加强现代农业快速发展，我们还将加强农业基础设施建设，深入推进农业综合开发，完成沙溪镇、灵溪镇防洪工程，加快实施全区治涝和病险水库除险加固工程，提高防汛抗旱能力。

（二）以城乡一体为导向，着力构筑统筹发展新格局

坚持服从服务中心城区大发展，紧紧围绕提升中心城区首位度，加快构建城乡一体、融合互动的统筹发展大格局。

打造美丽宜居城区。以建设"干干净净、漂漂亮亮、井然有序、和谐宜居"城市环境为目标，全面做好城市经营文章，努力把信州建设成为宜居福地、宜业高地和宜游目的地。加快完善城市功能，加大教育、医院、市场、公园、交通等公共服务设施建设，推动产业和人口向城市集聚。积极壮大城市经济，大力发展战略新兴产业、高端制造业和城市现代服务业，推动城市发展与产业布局功能互补，促进产城融合，实现以产兴城、以城促产、以业聚人的良性循环。大力推进城中村和棚户区改造，完成枫炉塘、桐子坞、三江口、磨湾等一批总面积达500万平方米的城中村和棚户区改造房屋征收任务。扎实推进以城市"净化、美化、亮化、绿化、序化、畅化"为主要内容的"全民共建、美丽上饶"城市形象提升活动，进一步扮靓信州形象。顺应城市管理重心下移，加快推进城市管理体制改革，全面提升城市精细化管理水平。

培育特色鲜明镇街。坚持彰显特色、分工协作，引导镇街错位发展，提升镇域经济实力。东市、西市、北门街道整合老城区金融、商务、商业资源，积极推进旧城更新，发展专业服务和楼宇经济。水南街道深入挖掘历史文化资源优势，打响文化产业品牌，建设水南文化街区等一批文化展示和交易载体。茅家岭街道依托丰富的高校资源和信息服务业产业园、三清山机场、赣东北汽车园等载体，打造创新创业孵化基地，大力发展空港经济。灵溪镇依托高铁枢纽站、市旅游集散中心、大数据产业园等重点项目建设，打造高铁经济试验区的主战场。沙溪镇依托区位交通优势和历史人文资源，传承和挖掘苎麻夏布文化，做大做强麻纺织产业，加快推进沙湖新区核心区建设，打造产业鲜明、功能完善、生态宜居的城市副中心。朝阳镇依托朝阳产业园打造制造业基地，完善镇区教育、卫生、交通、商住等配套功能，加快形成"产城一体"发展格局。秦峰镇依托良好的生态条件，着力引进一批农业休闲旅游项目，大力发展特色种养殖和民宿经济，打造城市生态休闲后花园。

建设幸福秀美乡村。全力推进高铁、高速、新老320国道、上广快速通道等交通干道沿线环境提升，形成富有地域特色的景观带。进一步规范城乡建设秩序，建立农民建房管理责任机制，坚持"四到场一公示"等制度，科学规划农民集中建房点，鼓励引导农民集中建房。继续保持控违拆违高压态势，加强农民建房批后管理，严格执行最严的问责机制，坚决杜绝新增违建，逐步消除存量违建。积极开展"秀美乡村、幸福家园"创建活动，大力实施农村民居改造、垃圾治理、基础设施完善、生态保护、产业富民、服务提升、和谐文化、治理创新等"八大行动"，到2020年建成一批基础设施好、公共服务好、生态环境好、产业发展好、乡风民俗好、社区治理好的"六好"村庄，努力打造"山清水秀、村容整洁、民风淳朴、留住乡愁"的秀美乡村。

创建生态文明先行区。坚持规划引领，积极对接上饶市城市总体规划，全面推进多规合一，组织编制信州区经济与空间发展战略规划，各镇总体规划（2016—2030）和控制性详细规划，新320国道、上广快速通道两侧地块等控制性详细规划，完成村庄规划编制。全面落实"河长制"，积极争创省级森林城市，深入实施"净水、净空、净土"行动，全面改善水、大气、土壤环境质量，加大省级生态镇、生态村创建力度，让良好的生态成为信州的

品牌,让城乡居民享受更多的"绿色福利"。严格落实环境保护制度,加强污染源治理,推进污染集中治理和达标排放,提高环境执法和监测能力,形成标本兼治、齐抓共管的环境治理体系。完善生活垃圾分类、回收、清运体系,实现城乡生活垃圾处理一体化。完善城乡生活污水处理设施规划,加快中心集镇和中心村的污水处理设施和管网建设,提升城镇污水处理能力。

（三）以改革开放为引擎,着力释放经济发展新活力

围绕供给侧结构性改革,全面深化重点领域和关键环节改革,实施更加主动、更加精准的对外开放和区域合作战略,增强持续发展动力。

全力优化发展环境。深化"放管服"改革,加快推进政府权力清单、责任清单、负面清单和政务服务网建设,实现所有事项全流程、并联式上网公开审批。深化商事制度改革,在全面实施"三证合一"登记制度的基础上,再整合社会保险登记证和统计登记证,实现"五证合一、一照一码"登记模式。继续推进注册资本登记制度改革,着力构建统一开放、竞争有序的市场体系。加快推进社会信用体系建设,实现信用信息的互联互通、归集共享,建立失信联合惩戒机制。加快推进户籍制度、城市管理体制和综合执法体制、城乡居民医疗保险、城市公立医院等系列改革。加大企业帮扶力度,深入开展"降低企业成本、优化发展环境"专项行动,用足用好小额担保贷款、财园信贷通、财政惠农信贷通等政策,引导金融机构创新服务,切实帮助企业解决融资难、融资贵等实际困难,努力培育信州特色亲商安商文化。

加快投融资体制改革。抢抓政策性银行加大投入机遇,统筹兼顾供给侧结构性改革与财税、金融等领域改革的有机衔接,深入推进投融资体制创新,组建信州区投融资控股集团有限公司,做大做强沙湖新区投资开发有限公司和绿色农业投资有限公司等融资平台。建立健全投融资平台实绩评价考核机制,加快区级投资项目线上、线下审批监管平台建设,通过并购重组、资产整合等形式,进一步优化政府投融资平台。积极推广政府和社会资本合作模式,通过产融结合,有效盘活存量国有资产,重点加大棚户区改造、民生水利、城市综合管廊、人居环境改造等项目融资贷款的谋划、申报和实施力度。

提升对外开放水平。深入实施开放突破战略,继续坚持招商引资"一号工程"不动摇。围绕全区产业发展定位,积极对接市经济技术开发区等产业平台,着力引进产业链配齐配强企业,引导区外、境外资本更多投向麻纺织、光学、汽配等产业和现代服务业。紧盯发展潜力大、带动能力强、可持续发展的项目,下大力气引进国内外500强、跨国公司、知名民企、上市公司等产业核心企业和行业领军企业。创新招商方式,围绕"浙商入饶""闽商入饶""饶商回归"等,在长三角、珠三角、海西等地区开展小分队招商、会展招商、代理招商、以商招商。力争到2020年,当年实际引进省外资金75亿元,年均增长15%;实际利用外资1.16亿美元,年均增长10%;进出口总额4.5亿美元,年均增长7%。

（四）以普惠共享为主旨,着力营造社会和谐新氛围

将"以人民为中心"的发展思想贯穿政府工作始终,不断增进人民福祉,让广大群众有更多看得见、摸得着、感受得到的获得感。

提高民生保障水平。持续推进大众创业、万众创新,完善创业扶持政策,促进以创业带动就业。统筹推进城乡社会保险体系建设,完善城乡统一的居民基本医疗保险制度,加大失地农民社会保障力度,稳步提高各类保障水平。大力发展扶老、助残、救孤、济困等福利事业,深入实施"大病关爱"等特色行动。完善特困群体托底保障机制,对城镇"三无"人员、农村五保户、低保户、残疾人等特困群体,继续实施专项帮助和医疗扶持。继续巩固脱贫攻坚成果,不断创新精准扶贫模式,突出解决因病致贫返贫问题,重点以产业扶贫等有效手段实现扶贫对象的持续增收、稳定脱贫。坚持把人民健康放在优先发展的战略地位,优化健康服务,完善健康保障,建设健康环境,发展健康产业,提高群众健康水平,努力打造"健康信州"。强化食品药品安全监管,建立最严格的覆盖全过程的食品药品监管制度。

统筹发展社会事业。坚持教育优先发展,持续加大教育投入,改扩建七中、三小、十五小等十所以上中小学,新建城东学校、三中、第五幼儿园等项目,大力扶持职业中学整合资源、做大做强,努力形成基础教育均衡发展、职业教育蓬勃发展、高等教育助力发展的良好局面。实施创新驱动发展战略,鼓励行业龙头企业申报国家级和省级重点实验室、工程实验室、工程（技术）研究中心,积

极帮助巨网科技、惠明科技等企业申报国家高新技术企业。新建区妇幼保健计划生育服务中心大楼、疾病控制中心，深入开展基层公共卫生计生服务能力提升活动，到2020年实现每个行政村有一所集体产权的标准化村卫生计生服务室。加快妇女儿童活动中心建设，加强农村留守儿童关爱保护工作，为广大农村留守儿童健康成长创造更好的环境。推动公共文化服务标准化、均等化建设，提升区文化馆、博物馆、民俗博物馆等的社会服务能力，升级改造区图书馆为国家一级图书馆。继续办好上饶马拉松赛事和饶城社区文化艺术节。不断深化国防后备力量建设，形成军民融合发展新格局。全面完成第一次全国可移动文物普查、第二次全国地名普查、第三次全国农业普查等工作。

维护社会和谐稳定。全面推进"平安信州"建设，完善立体化社会治安防控体系，建立健全社会面防控网，有效防控各类犯罪活动和公共安全事故。把信访工作纳入法制轨道，打造"阳光信访"。完善安全生产"党政同责、一岗双责、失职追责"的责任体系，强化安全生产企业主体责任，深入开展重点行业、重点领域专项治理活动，坚决遏制较大及较大以上安全生产事故的发生。加强突发事件应急体系建设，提高预防和应对处置突发事件的能力，加强各类自然灾害的防灾减灾救灾能力建设。深入实施"七五"普法规划，提高全民法治意识。大力弘扬社会主义核心价值观，培育扬善树善、文明诚信的社会风尚，让"开放包容、诚信友善、和谐奋进"的城市精神深入人心。

（五）以依法行政为根本，着力塑造服务政府新形象

加快政府职能转变，全面加强自身建设，切实提高行政效能，大力弘扬方志敏精神，努力打造让人民满意的法治政府、实干政府、廉洁政府。

建设法治政府。主动接受人大的法律监督和政协的民主监督，加强监察、财政、审计等政府内部监督，自觉接受舆论监督和社会监督。扎实做好建议提案办理工作，切实提高办理工作落实率和代表委员满意率。完善政府信息发布制度，全面推进政务公开，让权力在阳光下运行。严格执行权力清单和责任清单制度，真正做到"法无授权不可为""法定职责必须为"。坚持重大决策公众参与、专家论证、风险评估、合法性审查、集体讨论决定等制度，推进行政决策科学化、民主化、法治化。完善法律顾问制度，加强行政复议工作，完善行政调解、行政裁决制度。加强政府工作人员法治教育，自觉做到尊法学法守法用法，自觉运用法治思维和法治方式开展工作，提高政府公信力。

建设实干政府。大力倡导实干兴区、实干为民，真正把功夫用在注重实效、狠抓落实上，用在突出重点、破解难题上，用在推进发展、造福百姓上，多做打基础、利长远、惠民生的实事，真正使发展成果经得起实践检验，得到老百姓认可。大力整治"慵懒慢散"不良习气，解决推诿扯皮、敷衍拖拉等突出问题。坚决改进文风会风，提倡少开会、开短会，讲实话、讲管用的话，腾出更多精力抓落实。严格考核奖惩，不断完善重点工作常态化督查推进机制，全面提升执行力。

建设廉洁政府。认真落实党风廉政建设责任制，把纪律和规矩始终挺在前面，实现干部清正、政府清廉、政治清明。积极贯彻《中国共产党廉洁自律准则》《中国共产党纪律处分条例》，用制度管权、管人、办事。加强财政资金、工程建设、招投标等重点领域的行政监察和审计监督，坚决查处各类违法违纪案件。严格落实中央八项规定精神，厉行节约、反对浪费，严格控制"三公"经费支出，降低行政成本，将更多财力用在促发展、惠民生上，提升群众对政府工作的满意度。

各位代表！2016年是新一届政府的起步之年，为确保五年任期开好局，在今年剩下的时间里，我们将立足当下、善作善成，全力以赴完成区四届人大七次会议确定的各项目标任务。一是加大招商引资力度，重点引进一批成长性好、附加值高、带动力强的工业类项目。二是加快项目推进速度，年底前基本完成凤凰大道东延段、货场路、吴楚大道、信江南岸二期等项目建设，全面启动并完成桐子坞棚改、枫炉塘棚改，完成同心棚改、汪家园棚改扫尾工作。三是认真研究国家产业政策导向，抓紧谋划、包装、生成一批项目，全力争取中央预算内投资计划，争取更多的项目进入省、市重点项目盘子。四是加快融资步伐，做大做强沙湖新区投资开发有限公司和绿色农业投资有限公司等融资平台，完成"秀美乡村，幸福家园"项目包装、融资工作，力争全年融资规模突破20亿元。五是扎实推进民生工程，年底前交付使用朝阳产业园、沙溪、灵溪1300套公租房，加大3个省定贫困村、4个市定贫困村退出以及6153个贫困人口脱贫任务的攻坚力度。六是全力维护社会稳定，积

极排查化解矛盾纠纷和安全隐患,确保重大活动和节日期间安全稳定,切实增强广大群众安全感。

各位代表!蓝图绘就,正当扬帆破浪;任重道远,更须策马扬鞭。让我们在市委、市政府和区委的坚强领导下,抢抓机遇、开拓创新,牢记使命、砥砺奋进,为把信州高标准建成省域副中心城市核心区而努力奋斗!

信州区人民法院工作报告

——2016 年 10 月 11 日在信州区第五届人民代表大会第一次会议上

信州区人民法院代院长　杨小明

各位代表:

我代表区人民法院向大会报告工作,请予审议,并请列席会议的同志提出意见。

一、过去五年主要工作回顾

区四届人大一次会议以来,区法院在区委的领导、区人大及其常委会的监督以及区政府、区政协和社会各界的关心支持下,坚持依法独立行使审判权,充分发挥司法职能作用,为全区经济发展提供了有力的司法保障。

(一)依法履行职责,维护社会公平正义

充分发挥审判职能作用,狠抓执法办案第一要务。五年来,共受理各类案件 19918 件,审执结 18010 件,比前五年同比上升 36.62%,案件大幅增长,审判执行任务十分繁重。

依法惩治刑事犯罪。共受理刑事案件 2072 件,审结 2039 件。其中,审结故意杀人、抢劫、强奸、绑架等犯罪案件 428 件 602 人,审结生产销售伪劣产品、金融诈骗等犯罪案件 139 件 165 人,审结贪污、贿赂、渎职等犯罪案件 39 件 50 人,审结涉毒案件 327 件 359 人。坚持宽严相济刑事政策,扎实推进量刑规范化改革,坚持打击、保护与预防并重,共判处五年以下有期徒刑、拘役、管制、缓刑、单处罚金 3308 人。做好未成年人案件审理工作,审结未成年人犯罪案件 131 件,审判中引入心理咨询和矫正全程帮扶机制,对 30 余名未成年人进行心理矫正。

依法审理民商案件。充分发挥民事审判职能作用,依法维护人民群众合法权益,共受理民商案件 13333 件,审结 11810 件。以构建和谐社会为目标,妥善处理涉及离婚、抚养、赡养、继承等婚姻家庭纠纷案件 1745 件;充分发挥商事审判对市场行为的规范、引导和调节作用,公正审理各类合同纠纷 2614 件 ,民间借贷类案件 2839 件,维护公平体系建立。在民事审判中既注重通过依法裁判保障权利、规范秩序,又注重加大调解力度,及时化解纠纷,防止矛盾激化,积极构建多元化的矛盾纠纷排查调处机制,进一步贯彻落实"调解优先,调判结合"的工作原则,共调撤民商事案件 4671 件,调撤率为 38.61% 。

依法化解行政争议。全面贯彻修改后的《行政诉讼法》,畅通诉讼渠道,妥善化解行政争议,有力提升行政审判工作水平。共受理行政诉讼案件 306 件,审结 281 件。促进司法与行政良性互动。支持行政机关依法履行职责,审查非诉行政执行案件 241 件,裁定准予执行 128 件。保护国家赔偿请求人合法权益,经协商调解,成功调解 1 起刑事国家赔偿案件。

依法加强执行工作。加大强制执行力度,全力推进信息化、规范化建设,保障胜诉当事人及时实现权益,执行工作实现良性循环。共受理执行案件 3965 件,执结 3751 件,执行到位标的金额 4.6 亿元。开展涉民生案件集中执行等活动,执结涉农民工工资等民生案件 180 件,标的额 1920 万元。通过法院网站、微博、信州执行微信公众号、电子显示屏等曝光"老赖"400 余人次。加大对规避、抗拒执行行为打击力度,限制出境、高消费 260 人次,罚款、拘留 80 人次,移送追究刑事责任 2 人。设立执行事务中心,建立被执行人信息查询和执行要情系统,构建执行快速反应机制。加强执行协作,发挥网上"点对点"查控优势,与公安、房管、银行等部门建立执行协作网络，与最高法院"总对总"执行查控系统对接，实现全国绝大部分银行存款信息的可查可冻，取得良好的执行效果。

（二）践行司法为民，回应群众司法需求

增强司法为民意识，坚持公正司法，积极回应群众的司法需求，切实维护诉讼当事人的正当权益。

一是提升便民服务水平。设立诉讼服务中心，实现立案咨询、诉讼引导、便民服务等多功能"一站式"服务，设银行驻法院收费窗口，部分全国人大代表、省人大代表、政协委员、省、市领导来我院视察时均对诉讼服务中心建设取得的成效给予充分肯定。设立流动法庭、便民诉讼点5个，共巡回审判案件1879件。推行院领导及部门负责人值班接待制度，共接待群众来访1300人次，处理来信89件，有效化解了一批涉诉信访难案。有序运行12368诉讼服务平台，成功向当事人发送案件信息396条，处理司法服务热线30条。

二是提升司法公开水平。贯彻公开审判原则，运用信息化手段确保应当上网公开的裁判文书全部上网公布，自2015年以来，在中国裁判文书网公开裁判文书1000余份。健全"国家宪法日""公众开放日"长效机制，通过微博同步直播活动进展情况，向公众敞开法院大门。完善青少年普法教育机制，组织"送法进校园"活动50次。组织编发校园安全手册、禁毒宣传手册等15万余册发放到辖区各大中小学。

三是提升司法关怀水平。依法为确有困难的当事人缓、减、免交诉讼费123万余元，推动建立司法救助金制度，向134名困难当事人、刑事被害人发放救助金185万余元。依法保障刑事案件被告人的诉讼权利，为127名符合援助条件的被告人指定辩护人，切实保障其合法权益。同时加强司法与行政的良性互动，积极参与"春风阳光"等活动，走村入户，了解村情民情实情，收集群众问题建议，尽力解决群众反映的难题。

（三）深化司法改革，增强司法公正公信

坚持按照全省司法体制改革规划，紧贴实际，坚持问题导向，扎实稳妥推进各项改革措施。

一是全面落实立案登记制改革。2015年5月1日以来，严格落实最高人民法院立案登记制改革要求，完善工作流程和标准，对符合法律规定条件的案件均实行当场立案，当场立案率达99.95%。做到有案必立、有诉必理，切实保障人民群众诉权。

二是推进多元化纠纷解决机制改革。深化司法调解与人民调解、行政调解相互配合、相互衔接的"三位一体"大调解工作体系建设，联合各界力量进行诉前矛盾化解，实现矛盾纠纷低成本、高效率、一次性解决。共通过诉前调解化解矛盾纠纷1600余件。

三是完善人民陪审员制度改革。2015年新任命的46名人民陪审员职业分布广泛，基本涵盖党政机关、企事业单位、人民团队、社区工作者、普通居民等，我院采取集中授课、组织示范庭观摩、座谈交流等形式加强对人民陪审员业务培训，提高了陪审员履职能力，为人民陪审员制度改革奠定了坚实基础。五年来共邀请人民陪审员参与案件审理、调解、执行等4439件。

四是稳步推进司法体制改革。2015年我院有幸被确定为江西省司法体制改革首批试点单位，紧紧围绕司法体制改革试点工作的决策部署精神，坚持谋划在前、突出重点、立足实际、敢于创新，努力探索符合信州实际的改革经验。完成法官员额制改革。经过入额考试考核和入额遴选推荐，7月8日省遴选委员会表决通过了我院首批员额法官29人。改革审判权运行机制。建立由1名法官配1名书记员的审判模式，根据案件不同类型，组成了专业化审判团队5个，实行主审法官、合议庭责任制，确保"由审理者裁判，由裁判者负责"。严格落实院庭长办案制度。担任领导的法官纷纷回归办案一线，办案力量增加37%左右，共审结案件341件，办案成为新常态。实行案件繁简分流。由未入额法官优先办理简单案件、批案、类案，员额法官主要办理疑难复杂、新类型案件，试行轻微刑事案件快速办理机制，民商事案件调解前置，有效提升办案效率。

（四）改进司法作风，建设过硬司法队伍

坚持以人为本，从严治警，从优待警，努力打造一支忠诚、干净、担当的法院队伍。

加强思想政治建设。认真组织学习党的十八大十八届三中、四中、五中全会，以及习近平总书记系列重要讲话精神，深入开展党的群众路线、"三严三实""两学一做""人民法官为人民"等主题教育实践活动和政法干警核心价值观教育，严明政治纪律、组织纪律和政治规矩，坚定理想信念。加强党建工作，顺利完成党总支和支部、工会、妇委会、共青团换届工作，提升党组织凝聚力和战斗力。

加强干部队伍建设。将政治素质好、业务能力强的干部推到领导岗位，充实领导班子，强化中层干部队伍，特别是加强青年法官队伍建设，优化干部队伍结构，激发干警工作的积极性。共提拔、重用干部26人、提请人大任命法官16人。

加强业务能力建设。深化司法能力建设，及时组织各种学习，制定教育培训规划，抓好新颁布法律法规及司法解释等各类专题学习，累计培训干警500余人次。扎实推进庭审大练兵和优秀法律文书评选活动，着力提升法官的庭审驾驭能力、法律适用能力、裁判文书说理能力等。

加强党风廉政建设。深入开展司法廉洁集中教育活动，通过聘请专家上课、学习典型案例、到红色教育基地学习、重温入党誓词、编发廉政短信等形式，增强干警廉洁自律意识。认真落实党风廉政建设"两个责任"，勇于直面短板，以"治庸问责"为抓手，狠抓班子、深抓教育、细抓管理、严抓监督，力求做到思想上求实、作风上务实、工作上扎实。强化司法巡查和审务督查，加大对审判权、执行权的监督制约力度，对司法活动中存在的不廉苗头，及时处置，确保廉洁公正。

加强法院文化建设。以弘扬公正、廉洁、为民的司法核心价值观作为法院文化建设的首要任务，围绕文化主旋律，加强法院文化建设，注重干警人文关怀，关心干警身心健康。完善干警活动场所和相关设施，建立了藏书千册的图书馆和阅览室、文化走廊，举办干警及家属书画、摄影展，努力将信州法院打造成"书香法院"。

（五）夯实基础建设，提升保障工作水平

在区委、区政府和相关部门的鼎力支持下，总建筑面积为1.5万平方米的新审判综合大楼于2013年12月正式投入使用，这是我区法治建设的又一个里程碑。审判综合大楼实现了科学分区，功能齐备。审判区、诉讼服务区、办公区"三区分离"，建成11个审判法庭，满足了各类审判的需求。设立了远程视频接访室，配备了门禁系统，安装了全方位无死角24小时实时监控系统，完善了安检门、物检仪等安检设备，保障了审判工作的顺利进行。

我院以建设规范化、信息化、现代化法院为目标，在物质装备上下大力气，加大对软、硬件设施投入，构建了门户管理、网上办案、司法公开等体系，推动审判管理系统化、精细化。

（六）自觉接受监督，推进法院科学发展

五年来，区法院牢固树立自觉接受监督意识，不断完善接受监督机制，加强和改进法院工作，促进公正司法。

一是主动接受人大监督。主动接受区人大常委会对法院依法履职、公正司法情况开展监督，高度重视人大代表工作视察，认真落实人大及其常委会提出的审议意见和监督意见，进一步推进相关工作。及时处理区人大常委会交办信访事项26件，落实专人办理，反馈办理结果。定期向人大常委会汇报专项工作，向人大代表编发信息通报法院工作情况，让代表们及时了解法院的工作现状。开展"百名代表听百案"活动，主动邀请人大代表旁听庭审、视察法院，增进代表对法院工作的了解支持。

二是自觉接受政协监督。完善接受政协民主监督机制，主动通报工作情况，认真听取意见建议，加强与政协委员的日常联络，积极争取委员对法院工作的监督支持。切实办好委员提案、关注案件。主动邀请政协委员旁听评议案件，办理委员提案9件。

三是依法接受检察监督。支持、配合检察机关依法履行法律监督职责，认真办理检察机关抗诉案件，共办结8件。高度重视检察机关的监督意见，主动畅通检察监督渠道，认真办理检察建议，落实检察长列席审判委员会制度。

四是广泛接受社会监督。坚持向社会各界人士通报法院工作，认真接受社会监督。依法保障律师执业权利，认真听取律师的意见建议，主动建立法官与律师的良性互动。随案向当事人发放廉政监督卡，提示当事人及时反映办案法官在审判执行中的违法违纪行为。通过法院官方网站、微博微信等平台，发布法院工作信息，拓宽民意沟通渠道，广泛听取社会公众意见。

回顾区法院五年来的工作，我们深深地体会到，法院工作必须始终坚持党的领导，牢固树立社会主义法治理念，确保审判工作的正确方向；必须始终坚持公正司法，回应群众关切，满足群众需求；必须始终坚持改革创新，探索加强法院工作的新举措；必须始终坚持加强队伍建设，提高司法能力，强化廉政建设；必须始终坚持强化监督，自觉接受人大、政协和社会各界的监督，完善法院内部监督制约机制。

过去的五年，区法院各项工作取得了新成绩，涌现出全国模范法官、全国优秀法官、全国五一巾帼标兵、江西省十大法治人物、全省人民满意公务员、全省人民满意政法干警、全国司法新闻宣传工作先进集体等一大批先进典型，先后共有 90 余人次受到表彰，7 人获最高人民法院颁发的"荣誉天平奖章"。这些成绩的取得，离不开区委的正确领导、离不开区人大及其常委会的有力监督，也离不开区政府的大力支持、区政协的民主监督和社会各界的关心帮助和支持。在此，我代表区法院表示衷心的感谢并致以崇高的敬意！

在取得发展进步的同时，我们也清醒地认识到，法院的工作还存在不少问题和困难，主要是：案件数量持续增长，涉案矛盾日益复杂，人民群众司法需求日益多元化，法官办案存在很大压力；少数干警司法能力不足，化解矛盾纠纷能力不强，审判质效不高；个别干警为民司法意识不强，司法作风欠佳，廉政意识淡薄，等等。对这些问题和困难，我们将认真面对，采取切实可行的措施加以解决，也恳请各位代表和社会各界继续给予支持和帮助！

二、今后五年的工作打算

各位代表，今后五年区法院工作的总体思路是：深入贯彻党的十八大和十八届三中、四中、五中全会精神，以及习近平总书记系列重要讲话精神，全面贯彻依法治国基本方略，以"坚持弘扬井冈山精神，争创一流工作业绩"为抓手，坚持创新、协调、绿色、开放、共享的理念，充分发挥审判职能，坚定不移推进司法改革，加强队伍建设和信息化建设，加强审判管理，提升审判质效，促进司法为民、公正司法，努力让人民群众在每一个司法案件中都感受到公平正义。围绕这一思路，重点抓好以下工作：

（一）坚持维护大局，狠抓执法办案。主动适应经济发展新常态，紧紧围绕大局推进法院工作，切实发挥职能作用。坚持贯彻宽严相济的刑事政策，依法惩治各类刑事犯罪；突出矛盾化解，妥善处理民商事案件；认真贯彻新的行政诉讼法，支持监督行政机关依法行政，努力化解行政争议；加大执行力度，努力破解执行难。

（二）坚持公正司法，提升司法公信。切实加强审判流程管理，加强对审判执行运行态势的分析，促进司法管理的科学化、精细化；深化司法公开，拓展司法公开的广度和深度；扩大司法民主，强化司法监督，努力让人民群众在每一个司法案件中都感受到公平正义。

（三）坚持司法为民，回应群众期待。强化民生司法保障，加快涉民生案件的审判，促进民生改善。健全多元化纠纷解决机制，加大执行力度，强化执行信用惩戒，兑现人民群众胜诉权益。

（四）推进司法改革，落实试点任务。以时不我待、敢于担当的精神，不折不扣落实好中央已经出台的各项改革文件，推进相关改革落地生根，积极配合推进省以下地方法院人财物统一管理，当好改革的促进派、实干家，坚定不移把各项改革推向深入，充分发挥好改革试点的示范、带动、促进作用，努力打造可复制、可推广的"信州样板"。

（五）加强队伍建设，强化责任担当。深入开展学习教育活动和争先创优活动，加强司法能力建设，促进队伍正规化、专业化、职业化，努力建设一支信念坚定、执法为民、敢于担当、清正廉洁的法院队伍。加强党风廉政建设，严格落实"两个责任"，着力构建反腐倡廉长效机制。

（六）加强信息化建设，助推转型升级。紧紧围绕人民法院信息化 3.0 版建设目标，坚持问题导向，努力补齐短板，加快建设"智慧法院"，促进审判体系和审判能力现代化。

各位代表，区法院将在区委的坚强领导下、在区人大及其常委会的有力监督和支持下，认真落实本次会议决议，切实履行宪法和法律赋予的职责，勇于担当，奋发向上，求真务实，开拓进取，为我区高标准建成省域副中心城市核心区提供坚强有力的司法保障！

信州区人民检察院工作报告

——2016 年 10 月 11 日在信州区第五届人民代表大会第一次会议上

信州区人民检察院检察长 章 晖

各位代表：

现在，我代表区检察院向大会报告五年来检察工作情况和今后五年的工作意见，请予审议，并请各位政协委员和列席同志提出宝贵意见。

一、过去五年的工作

区四届人大一次会议以来，在区委和市检察院的正确领导下，在区人大及其常委会的有力监督下，区检察院认真贯彻落实党的十八大和十八届三中、四中、五中全会精神，践行"强化法律监督，维护社会公平正义"的检察工作主题，以执法办案为中心，忠实履行宪法和法律赋予的职责，为全区经济社会发展作出了应有贡献，各项检察工作取得新进展。

——严厉打击各类刑事犯罪。五年来，共受理提请批准逮捕案件 1792 件 2575 人，经审查依法批准逮捕 1446 件 2105 人，同比分别上升 33% 和 28%；受理审查起诉案件 2579 件 3785 人，提起公诉 2032 件 2905 人，同比分别上升 41% 和 37%。其中，批捕伤害、抢劫、强奸等严重暴力犯罪嫌疑人 323 人，起诉 325 人；批捕盗窃、诈骗、敲诈勒索等多发性侵财犯罪嫌疑人 718 人，起诉 753 人；批捕醉驾、涉枪、涉毒等危害公共安全或妨害社会管理秩序犯罪嫌疑人 354 人，起诉 405 人。

——严肃查办和积极预防职务犯罪。五年来，共立案查处职务犯罪案件 60 件 81 人，立案人数同比上升 35%，通过办案为国家挽回经济损失近 5000 万元。其中，贪污贿赂案件 45 件 64 人，渎职侵权案件 15 件 17 人。坚持全院一盘棋的思路，集中力量查办重点案件，先后查处了中石化原总经理王某（副部级）受贿案，上饶市供电公司原党委书记范某（正处级）贪污、受贿案，江西省煤矿安全生产监察局赣东北分局原局长阙某（正处级）受贿案等大要案 17 件。坚持系统抓、抓系统的方法，依法查办司法领域、行政执法领域以及涉农、惠民、危害民生等领域的职务犯罪案件 28 件 41 人。

典型案件有：市公安局经侦支队姜某受贿案，朝阳镇原党委书记尹某受贿案，市中小企业局融资担保科原科长韩某滥用职权、受贿案，灵溪镇武装部原部长张某发、原重点办主任张某等贿赂犯罪窝串案。在加大办案力度的同时，结合办案积极开展个案预防、系统预防、专项预防和警示宣传，及时向案发单位、行业主管部门和政府管理部门提出检察建议，开展预防讲座 48 次；认真开展行贿犯罪档案查询，共向招投标单位提供行贿档案查询 2622 次 9722 人。

——切实增强诉讼监督效果。五年来，始终加强刑事立案监督，针对有案不立、以罚代刑和滥用刑事手段违法立案等问题，督促侦查机关立案 149 件 150 人，撤案 49 件 49 人。始终加强对侦查活动的监督，既重视追究遗罪漏犯，又注意防止冤及无辜，对应当提请逮捕而未提请、应当移送审查起诉而未移送的，决定追捕 93 人、追诉 163 人。始终加强对审判活动的监督力度，对认为确有错误的判决、裁定依法提出抗诉，对违反法定程序、侵犯诉讼权利等问题提出纠正意见。共提出刑事抗诉 12 件，改判 5 件；提出民事行政抗诉 15 件，改判 4 件；提出民事行政检察建议 21 件，被采纳 21 件。始终加强对监管场所、社区矫正、监外执行的法律监督，共开展羁押必要性审查 21 件 21 人，纠正刑罚执行程序违法 25 件 25 人，切实杜绝超级羁押。

——全力化解社会矛盾纠纷。五年来，认真贯彻落实宽严相济刑事政策，积极探索轻微刑事案件快速办理机制，共依法对涉嫌犯罪但无逮捕必要的，决定不批准逮捕 201 人；对犯罪情节轻微、依照刑法规定不需要判处刑罚的，决定不起诉 102 人。严格执行未成年人犯罪社会调查、法定代理人到场和附条件不起诉等有关规定，共对 15 名未成年人犯罪嫌疑人作附条件不起诉。全面落实首办责任制、领导包案、检察长接访等制度及涉法涉诉信访改革办法，畅通群众控告申诉渠道，妥善解决当事人诉求。共接待群众来访 317 人次，办理刑事申诉案件 33 件，办理国家赔偿案件 27 件，开展刑事被害人救助 10 件，实现涉检赴省进京"零上访"。

五年来，区检察院结合检察工作实际，在认真抓好各项工作的同时，紧紧抓住并逐步解决事关检察工作长远发展的根本性、关键性问题，不断提高法律监督能力，为更好地履行法律监督职责创造了条件、奠定了基础。

一是坚持以执法办案为中心，围绕大局履行检察职能。始终坚持围绕信州区的工作大局，用新发展理念引领检察工作，以执法办案为中心，把维护平安稳定、惩治预防腐败、优化发展环境作为重要任务，密切关注公共安全领域新动态、主动适应改革发展新常态，充分发挥批捕、起诉和查办及预防职务犯罪的职能作用，加强与公安、法院、纪检、审计等部门的沟通协调，坚持实体与程序并重、质量与效率并重，严厉打击各类刑事犯罪，强化法律监督，为信州的平安稳定和改革发展提供有力的法治保障。

二是坚持密切联系群众，维护人民群众的根本利益。牢固树立群众观念，坚持执法为民的理念，正确把握同人民群众的关系，摆正位置、转变作风，把执法过程变成做群众工作、为群众服务的过程，把人民群众的满意度作为检验工作成效的标准，不断满足人民群众对检察工作的新期待、新要求，严厉打击影响群众安全感的暴力犯罪和侵财犯罪，重点查办发生在征地拆迁、社会保障、就业创业等民生领域的职务犯罪案件。加强对群众反映强烈的司法不公、执法不严等问题的法律监督，充分利用"法制村长"平台，延伸法律监督触角，增强服务群众的效果。近年来，区检察院的群众满意度始终处于全市前列。

三是坚持执法规范化建设，提高执法办案水平。始终把执法规范化建设作为加强和改进检察工作的抓手，紧紧围绕司法不规范的突出问题，扎实开展规范司法行为专项整治，切实解决执法不规范、不文明的顽疾；不断建立完善规范执法的长效机制，在全市检察系统率先成立了案件管理办公室，完善规章制度和办案流程，使每一个执法办案环节和行为都有章可循；全面推行运用检察机关统一业务应用系统，对案件受理登记、流转、审查、结案等各个执法办案环节进行网上监控，发现问题、及时纠正；不断完善办案工作考核、检务督察、案件质量评查等制度，把规范办案作为考核、

督查的重要内容，严肃追究违反执法规范的行为。

四是坚持强化队伍素质，打造过硬检察队伍。深入开展党的群众路线教育、"三严三实"专题教育及"两学一做"学习教育等活动，引导检察干警坚定理想信念，恪守检察职业道德。坚持从严治检方针，始终把纪律挺在前面，强化一岗双责，不断开展党纪、检纪教育，通过以案说纪、座谈剖析等方式，时时警示、警醒干警，对检察人员违法违纪行为坚决查处，绝不姑息。坚持德才兼备、以德为先的选人用人原则，大力加强班子和中层干部队伍建设，先后提拔了 13 名科级干部，解决了 8 名干部的职级待遇。坚持素质强检，加大优秀人才的引进和培养力度，共招录大学本科生 11 名、硕士研究生 4 名，经常性组织开展出庭评议、诉辩对抗、案件质量评比等岗位练兵活动，不断提升队伍的业务能力。五年来，共有 25 名干警获得市级以上表彰，2 名干警被评为全市检察业务专家，2 名干警荣获全省检察业务竞赛优秀奖。

五是坚持深化检察改革，不断加强和改进检察工作。始终坚持把深化检察改革作为加强和改进检察工作的推进器，不断建立完善检察监督体系，提升检察监督能力。加强与公安、法院等有关部门沟通协调，健全完善刑事检察工作机制，积极推进职务犯罪预防工作专业化、规范化建设，有效提升惩防职务犯罪法治化水平。综合运用检察建议、抗诉等监督举措，着力构建多元化民事行政检察工作格局。2015 年以来，作为全省第一批司法体制改革试点单位，结合实际制定试点方案，积极探索落实司法人员分类管理、完善司法责任制等四项改革措施，遴选出 23 名员额内检察官，出台了检察官、检察辅助人员履职考核和司法责任追究办法，试点工作取得阶段性成果。

六是坚持自觉接受人大及社会各界监督，提高司法公信力。始终把检察工作置于人大监督之下，认真贯彻落实区四届人大历次会议决议的要求，积极配合人大及其常委会开展专题调研和执法检查，主动向人大及其常委会报告工作，认真办理人大代表的建议、批评和意见。自觉接受政协和社会各界的监督，虚心听取政协委员和廉政监督员的意见建议。深化检务公开，切实维护律师、诉讼当事人的知情权、参与权和监督权，严格执行案件信息公开和人民监督员制度，共公开案件程序性信息 2015 条、法律文书 657 份，对 3 件拟作撤案、不起诉处理的职务犯罪案件均邀请人民监督

员予以监督。

五年来,区检察院先后获得省政法系统人民满意政法单位、全省先进基层检察院、全省检察机关人民满意单位和上饶市最美公务员集体等荣誉称号,荣记集体一等功、二等功、三等功各一次。这些成绩的取得,离不开区委的坚强领导,离不开人大的有力监督,离不开政府、政协及社会各界的关心和支持。在此,我代表区检察院及全体检察干警向各位领导和同志们表示衷心的感谢。

回顾五年来的工作,我们也清醒地认识到检察工作和检察队伍还存在一些问题和不足,主要表现在:干警执法的理念、素质和能力与新形势、新要求特别是与社会各界、人民群众的新期盼还有差距,案多人少的矛盾依然突出;开放、透明、便民的执法机制还不健全,不严格、不规范执法的现象依然存在;法律监督的力度、质量和效果有待进一步加强,人民群众对检察工作的知晓度有待进一步提高。这些都需要我们在今后的工作中不断加强、改进和提高。

二、今后五年工作的意见

今后五年,是实现中华民族伟大复兴中国梦、全面建设小康社会的关键时期,也是把信州区建成现代服务业新高地、区域发展新引擎、生态宜居幸福城的重要时期。区检察院的总体工作思路是:高举中国特色社会主义旗帜,以邓小平理论、"三个代表"重要思想、科学发展观为指导,深入学习贯彻习近平总书记系列讲话精神,主动融入"四个全面"战略布局,落实强化法律监督、强化自身监督、强化队伍建设的总要求,以服务创新、协调、绿色、开放、共享发展为着力点,以司法公信力建设为主线,以深化司法体制改革和检察改革为动力,忠实履行维护社会大局稳定、促进社会公平正义、保障人民安居乐业的职责使命,推动信州检察事业全面发展进步,为高标准建成省域副中心城市核心区提供有力的法律保障。

第一,贯彻落实五大发展理念,在服务大局上取得新成效。要牢固树立服务大局意识,坚持把检察工作放在全区经济社会发展全局中谋划和推进,主动聚焦把握信州区经济社会发展的重点任务和关键环节,立足检察职能,细化实化检察机关推进发展战略实施的工作举措,进一步提高维护社会大局稳定、促进社会公平正义、保障人民安居乐业的能力水平,努力营造良好的发展环境。

第二,牢固树立社会主义法治理念,在执法办案上取得新进步。要围绕建设"平安信州""法治信州"的总体部署,立足检察机关的宪法地位,适应诉讼制度改革新要求,全面正确有效行使检察权。一要推动以审判为中心的诉讼制度改革,全面贯彻证据裁判规则,落实罪刑法定、疑罪从无、非法证据排除等法律制度,完善审查逮捕、提起公诉的工作机制,构建新型诉侦、诉审、诉辩关系,增强打击刑事犯罪的能力。积极应对未成年人犯罪新形势、新特点,健全完善贯彻宽严相济刑事政策的标准和机制,全面加强未成年人检察工作。二要深刻把握职务犯罪侦查和预防工作的多元职能定位,坚持有腐必反、有贪必肃、有案必办。加快转变侦查方式和办案模式,适应经济社会发展新常态,正确处理司法办案与服务大局的关系,进一步完善办案机制,全面加强预防能力建设,提升侦查预防工作的科学化水平。三要健全刑事执行检察工作机制,改进刑事执行检察工作方式,强化刑事执行检察工作实效。以加强对公权力的监督为核心,以维护司法公正为目标,加强民事行政检察工作,强化对民事诉讼、行政诉讼和行政违法行为的监督,推动民事行政检察工作转型升级。深化涉法涉诉信访改革,完善检察环节社会矛盾纠纷化解机制,加强风险研判和源头治理,努力将矛盾化解在基层、化解在萌芽状态。

第三,积极推进司法体制改革和检察改革,在完善中国特色检察制度上取得新经验。认真落实司法体制改革试点工作确定的目标和任务,切实增强推进改革的使命感、责任感和紧迫感,从信州检察的实际出发,建立分类科学、结构合理、职责明晰、管理规范的人员分类管理制度,健全以目标、责任、职责划分、责任承担为主要内容的司法责任体系,做到谁办案谁负责、谁决定谁负责。积极协调相关部门,健全检察人员职业保障体系,做好人、财、物省级统一管理后的衔接工作,确保各项改革措施落地生根。进一步完善检察权运行的工作机制,不断加强和改进各项工作,形成可复制、可推广的改革经验。

第四,强化自身监督,在塑造检察队伍形象上取得新突破。坚持把党的建设作为检察队伍建设的灵魂工程,通过思想建党、制度治党、纪律管党引领和保障检察队伍思想政治、业务能力、纪律作风建设,大力开展理想信念、执法宗旨教育,确保检察队伍始终忠于党、忠于国家、忠于人民、忠于法律。实施人才强检战略,加大人才引进和人才培养力度,不断推进检察队伍正规化、专业化、职业化,建立健全干部选拔任用、考核评价、管理监督和激励保障机制,完善检察队伍管理,深化检务公开,自觉接受人大监督和政协民主监督,倾听群众的意见和建议,推进司法公信力建设。

第五,大力加强检务保障建设,在夯实检察工作发展的物质基础上取得新提高。深入实施科技强检战略,以司法办案装备为重点,加强科技装备建设,提高检察工作科技含量。积极推进检察信息化建设,以统一业务应用系统为基础,依托电子检务工程,规范数据采集方式,拓展数据采集范围,建立基础业务数据库。以建设技术档案用房为契机,做好检察服务大厅、案管中心、涉案财物保管场所、未成年人检察专门办案区、廉政警示教育基地等专门用房建设和配置工作,提高办案办公信息化和现代化水平。

各位代表,新的五年,区检察院将认真贯彻本次会议的决议,围绕新时期信州经济社会发展的大局,用创先争优的精神、奋力拼搏的干劲、脚踏实地的作风,坚定信念、忠实履责,努力开创信州检察工作的新局面,为高标准建成省域副中心城市核心区作出应有的贡献。

中国人民政治协商会议
信州区第四届委员会常务委员会工作报告

——2016 年 10 月 9 日在政协信州区第五届委员会第一次会议上
徐中平

各位委员、同志们：

我代表政协信州区第四届委员会常务委员会，向大会报告工作，请予审议，并请列席会议的同志提出意见。

四届区政协工作回顾

四届区政协任期的五年，是我区发展史上极不平凡的五年，是区委、区政府团结带领全区人民同心协力、锐意进取，在科学发展道路上迈出坚实步伐的五年。五年来，在中共信州区委的坚强领导下，区政协常委会坚持以中国特色社会主义理论为指导，认真学习贯彻《中共中央关于加强人民政协协商民主工作的意见》、习近平总书记在庆祝人民政协成立 65 周年大会上的讲话精神，高举中国特色社会主义伟大旗帜，牢牢把握团结、民主两大主题，认真履行政治协商、民主监督、参政议政职能，有力地促进了创新创业生态宜居信州建设。

——过去的五年，是我们协商议政促发展、服务经济有作为，助力推进信州经济稳健发展的五年。五年来，常委会始终坚持推动科学发展不动摇，紧紧围绕经济建设这个中心，始终把握全局性、战略性、前瞻性，解放思想，积极作为，为经济发展建睿智之言、献务实之策。

一是服务经济总量提升。五年来，常委会认真贯彻落实区委、区政府的决策部署，围绕年度任务目标、财税收入等重大问题，通过全委会、常委会、主席会等形式协商议政，开展多层次调研视察，促进了党委政府科学民主决策。2012 年，围绕迎接全市经济工作巡查、完成全年目标任务等重点工作，我们超前调研，召开相关部门座谈会，组织委员视察朝阳产业园、信息服务产业园、江南商贸城，提出强化工业调控措施、提高企业经济效益、加大财税工作力度等建议，促进了迎检项目的完工和全年目标任务的完成。进入 2013 年，随着国际国内经济下行压力的增大，围绕贯彻区委保增长、扩内需、调结构的战略部署，我们积极响应，召开专题协商会，及时向区委区政府建议开展"抓项目、促推进，抓生态、促"三农"，抓园区、促工业，抓文化、促三产，抓民生、促和谐"的"五抓五促"活动，引起了区委主要领导的高度重视，并作为全区全盘工作的总抓手予以落实。2014 年，面对呼啸而来的高铁时代，常委会先后就高铁经济开展专题调研视察 10 多次，召开各个层面的座谈会 20 余次，提出"未雨绸缪，尽早谋划，科学规划，抢占先机，将高铁经济培育成我区重要经济增长点"的建议，为区委区政府放大高铁效应，打造现代服务业新高地提供了有益借鉴，促进了区域经济总量的提升。

二是服务发展方式转变。加快转变发展方式是实现科学发展的战略举措。常委会从解决认识问题入手，以结构调整为核心、培育战略性新兴产业为关键、项目建设为载体，积极建言献策。围绕解决认识问题，2014 年组织委员聆听全国政协原常委、国家统计局原局长李德水主讲的《当前宏观经济形势》报告会，结合信州实际，科学分析转方式调结构的战略定位，提出了"新常态下我区经济发展在确保一定发展速度的同时，应扬长避短，扬优成势"的建议，为各级提高认识、明确方向、理清思路提供了借鉴。围绕结构调整，集中一个月时间开展调研，深入企业视察，召开常委会专题协商，向区委区政府及相关职能部门提交建议案，提出工业园区应淘汰控制高耗能产业、传统商贸企业加快转型升级、加大科技创新力度、大力发展楼宇经济等建议，为促进经济结构优化发挥了积极作用。2015 年，围绕培育战略性新兴产业，深入分析信州产业优势、企业特点和行业前景，精选 10 余家农家乐召开座谈会，提出规划布局先行、实现四季覆盖、精准个性定位、完善配套建设、强化政策保障等建议，引导他们尽快成为我区发展民宿经济的示范企业和骨干力量，推动了我区乡村旅游产业规模扩大、效益提升。围绕重点项目建设，先后组织委员视察赣东北汽车产业园、惠明科技、信州酒业、利丰鞋业、上饶慧谷、星河国际、万达广场等10余家企业项目建设情况，提出优化发展环境、加大项目推进力度、完善项目管理方式、突出抓好贡献大、科技含量高的大项目等建议，得到区委、区政府的认可和采纳。

三是服务可持续发展。2014年，围绕全区"十大整治""八大组团"项目建设，深入开展了系列重点课题调研，问计于民，问需于民，问政于民，为加快产业发展升级出谋划策。报送的"在抓好招商引资的同时，注重扶持壮大沙溪苎麻本地传统民营产业"等多个高质量的意见建议得到了区委、区政府的高度肯定和社会各界的认可。《优化特色产业集聚，提升企业转型发展的思考》《探索信州区开发工业旅游的几点思考》等多项协商成果得到采纳和运用，为党政部门拓展思路、改进工作提供了重要参考。2015年，就《信州区"十三五"时期国民经济和社会发展基本思路》文稿，专门召开主席会议进行专题协商，提出作为我区未来五年的工作方向、目标任务和工作重点的纲领性文件，要更加切合实际、更加注重实事求是的规划理念；应突出我区特色，放大高铁效应，扬长补短的发展定位。并从"经济发展数据、环保硬性指标、生态农业建设、宗教旅游开发、打造健康城区、扶持大众创业、精准扶贫"等七个方面提出意见和建议20余条，为党委政府科学编制"十三五"规划提供了参考。在2016年全区务虚工作会议上提出在"率先脱贫"工作中应注重和防止的六个问题，为我区实现"三个率先"发展目标起到了护航作用。围绕发挥金融在现代经济中的核心作用，我们持续开展系列调研，先后提出加快聚集银行、证券、保险等各类金融及配套机构，做大金融资产总量，形成集金融产业、总部经济、商务服务于一体的产业集群等建议，更好地服务了信州经济建设。此外，我们还接待了来自陕西神木、安徽黄山、浙江江山、鹰潭贵溪、赣州大余等10多个学习考察团共约150余人次，在学习了外地经验的同时，有力的宣传推介了信州。

——过去的五年，是我们团结民主聚合力、情系民生促和谐，致力推动和谐信州建设的五年。五年来，常委会始终坚持团结、民主两大主题，广泛汇聚社会各界力量，巩固壮大最广泛的爱国统一战线，围绕群众关心的热点难点疑点问题献计出力，有力促进了社会和谐稳定。

以活动为载体，凝结共识。我们坚持每年召开社会各界人士迎春茶话会，回顾总结履行职能的经验做法，交流探讨做好新时期政协工作的新思路、新途径，进一步增强了广大政协委员的荣誉感和使命感，激发了全区上下共同致力发展的热情。在人民政协成立65周年之际，以"光辉的历程"为主题，举办座谈会，深情追忆历届政协与全区人民同舟共济的辉煌成就；在纪念中国人民抗日战争暨世界反法西斯战争胜利70周年之际，组织各党派团体、各族各界人士开展"铭记历史、缅怀先烈、珍爱和平、开创未来"系列主题座谈会等纪念活动，回顾中国共产党的光辉历程，总结多党合作和政治协商的宝贵经验，号召全体政协委员发挥优势、履行职能、推动发展。在区委开展党的群众路线教育实践活动以及"春风阳光""控违拆违""美丽家园"三大行动中，引导广大委员主动参与，积极作为，以实际行动巩固共同思想政治基础。

以平台为依托，汇聚力量。我们始终把关注民生、体察民情、反映民意作为政协工作的出发点和落脚点，在深入社区开展调研的基础上，创造性开展的以"畅通民意渠道，构建和谐社区"为主题的区政协委员联系社区活动，得到了区委区政府的高度肯定，党政主要领导亲自出席了活动的启动仪式并作动员讲话。平台搭建以来，广大政协委员深入社区，深入群众，广泛汇集意见，积极反映社情民意，并将呼声传送到区委、区政府领导的案头，传递给相关部门，促进了许多问题的解决。先后对义务教育、城镇就业、社会保障等课题深入调研，提出了推进义务教育均衡发展、统筹城乡医疗卫生资源配置、营造支持创业促进就业的良好社会环境等建议600余条，提出反映民生类提案243件，占全部立案提案的82.1%，为党委政府了解民情，掌握民意，集中民智，科学、民主决策拓展了一条新的重要渠道。五年来累计为新农村建设、改善社区办公条件、扶贫帮困、捐资助学及其他社会事业建设捐款捐物价值500多万元，帮扶困难群众850余户，为民办实事做好事1000余件，在践行人民政协履职为民的生动实践中提升了政协组织在基层群众中的影响力，创响了信州政协的工作品牌。

以界别为纽带，共谋发展。近年来，我们充分发挥界别纽带作用,组织开展系列活动,广泛团结各界人士,先后邀请台联侨联界委员围绕区委区政府"全力支持朝阳产业园做大做强""克服全球金融危机影响扩大招商引资实效""加快外向型经济发展"等决策部署,深入到在我区投资的台资、侨资企业进行调研和视察8次,举办委员议政活动10余次,提交专项建议40多条。关于在朝阳产业园设置公交班车、建立快递网点、引进大型超市等5项建议案得到了采纳。我们还加强与港澳台地区政协委员及各界人士的联系,主动为我区在港澳台地区开展招商引资、招才引智工作穿针引线、牵线搭桥。利用每年在香港举办的江西(香港)招商引资和赣台招商引资洽谈会等活动,充分发挥侨界委员在港澳台地区政商界联系广泛的优势,让他们参与我区推介会的组织工作。为激励委员更好地履行职能,我们还持续开展了以"为政协添光彩、为信州做贡献"为主题的多个界别活动。广大委员从全区发展大局出发,围绕转方式调结构、改善民生、文化产业发展、城市管理等积极建言献策,展现了新时期政协委员参政议政的积极性和饱满的政治热情,为推动科学发展、促进社会和谐发挥了不可替代的重要作用。

——过去的五年,是我们强化创新求发展、专注职能重实效,竭力推行协商民主建设的五年。五年来,常委会始终坚持发展创新理念,充分发挥人民政协在协商民主中的重要渠道作用,积极探索协商民主的新形式、新方法,不断提升了政协工作科学化、规范化、制度化水平。

1. 以理论创新为基础,积极探索发挥协商民主重要渠道作用的思路和办法,提出了坚持尽力而为、量力而行;坚持帮忙不添乱,完善不走调;坚持先谋后动、动则必成的"协商民主三原则"。探索出精心选题、调查研究、分析加工、提出建议、推动落实、回顾总结的"六步调研法"以及调查定题、协商审题、公开亮题、集智答题、开会决题、协助督题的"六步协商法"。把调查研究作为推进协商民主的重要抓手,提出要善于借势、形成合力、多出精品的工作要求,组织开展集中调研和专题协商活动,主动服务区委、区政府科学决策。

2. 以制度创新为抓手,认真贯彻落实《中共中央关于加强人民政协工作的意见》精神,总结历届政协开展工作的经验和成果,并在不断创新思路、方法、措施中把政协履行职能的制度化、规范化、程序化建设不断引向深入。先后就如何进一步发挥人民政协在发展协商民主中的重要作用、加大政协提案办理协商力度等专题进行深入调研,代区委草拟了《关于进一步加强政协工作充分发挥人民政协在发展协商民主中重要作用的意见》《关于进一步加强人民政协提案办理工作的实施办法》两个文件。修订和制定了常委会议工作规则、主席会议工作规则、专门委员会工作规则、提案工作办法、委员管理办法等8项规章制度以及20项机关工作制度,成立了7个专门委员会,有效规范了工作程序,明确了部门职责,使政协工作有章可循。

3. 以工作创新为手段,不断尝试开展政协活动的新思路、新方法,人民政协事业呈现出百花齐放的喜人局面。我们首次构建了主席亲自督办、各副主席带队督办、专委会协调督办、所有常委参与的提案督办工作机制;首次整合市区两级政协组织资源,召开了市、区两级政协提案办理联合协商会,搭建起了委员与市、区两级相关职能部门的沟通协商平台,有效破解了市辖区政协提案难办理的顽疾,市政协对此做法给予了高度的认可,《光华时报》对此做法作了专门报道。首次以音像的形式,先后摄制了《回眸—区政协2013年工作回顾》《践行——区政协践行党的群众路线教育实践活动掠影》《奋进——政协信州区第四届委员会工作综述》等3部电视专题片,丰富了政协总结工作形式;首次在政协全会协商期间将委员的意见和建议梳理成稿,以《委员发言摘要》的形式,呈送给区四套班子领导和全体委员,开辟了委员和党委、政府之间交流沟通的新渠道;首次承办了全市政协港澳台侨和外事委员会座谈会、全市政协文史工作交流会等综合性大型会议,政协港澳台侨专委会"一扣三主动"的工作做法还代表全市政协在全省的经验交流会上作典型发言;首次将闪光灯聚焦委员,把委员履职风采定格于镜头,出版了《凝心聚力助发展》画册;开启了撤市设区后《信州文史》第一辑史料的征集编撰工作,完稿的《"文革"记忆》为后人留下了珍贵历史资料,荣获了全省政协系统"文史宣传工作先进单位"称号;完成了25年近30万字的政协志修编工作,补齐了人民政协事业的发展史。

——过去的五年,是我们提升能力强基础、注重涵养育气质,全力提振政协干部精气神的五年。五年来,常委会不断汲取历届政协积淀的深厚文化底蕴,孕育了人民政协事业的源头活水,政协干部精神面貌焕然一新。

突出自我学习。常委会始终把坚持和发展中国特色社会主义作为巩固共同思想政治基础的主轴，围绕中央和省、市、区委重要会议精神，结合区政协工作实际，组织学习18次。通过召开常委会、举办各类学习培训、召开专题报告会，为全体委员免费赠阅《光华时报》《中国政协》《新信州》学习资料等方式，组织委员学习党的路线方针政策以及人民政协理论40多场。安排委员赴浙江大学、全国政协北戴河培训中心等异地培训500余人次。还以主席会议、常委会议、委员活动小组、专委会专题学习和集中学习培训等形式，结合政协工作面临的新形势新要求，分别就习近平总书记系列重要讲话精神、《中共中央关于加强人民政协协商民主建设的意见》等重点内容，进行了深入学习讨论。《创新政协委员联系群众方式的生动实践》《做学习习总书记系列重要讲话精神的表率》《一场涤荡灵魂的洗礼》《破解提案办理难题》等32篇文章被《江西省人民政协理论研究会论文选》《光华时报》《上饶日报》等主流媒体刊登，广大政协委员对人民政协的性质定位理解更为深刻、更为透彻、更为精准。

强化主动作为。五年间，区委区政府中心工作推进到哪里，常委会工作就跟进到哪里，建言献策、服务发展的焦点就聚集到哪里。区政协班子成员重点项目与党政班子同挂，重大工程与党政班子同抓，重要工作与党政班子同担，主动参与市区重点项目工程43个，协调建设资金70余万元，仅政协机关就累计为全区新农村建设、社区建设提供支持资金达39.5万元。区政协班子全力支持各专门委员会开展工作，在人员调配上精准扶持，在经费使用上充分保障，在工作难点上共同攻关，为政协干部干事创业营造了浓厚氛围。积极鼓励委员在老火车站征迁等经济社会发展前沿，以及推进政协工作深入开展的实践中奋发有为，建功立业。大力支持政协老委员开展活动，无偿为政协老干部、老委员提供宽敞明亮的活动场所，添置了不少的活动器材。广大政协老委员在促进全区经济社会发展中积极发挥余热，老当益壮，老有所为，老委员联谊会焕发出新活力。政协机关以"打造一流机关作风、建设一流机关干部队伍、创建一流机关工作业绩、营造一流机关人文环境、实现一流机关后勤保障"的"五个一"活动为载体，积极践行党的群众路线，按照"三严三实"和"两学一做"的要求，主动服务委员，相继开通政协委员QQ群、微信群，政协机关与政协委员的联系越发紧密，政务性服务能力和统筹协调能力不断提高。

崇尚协商民主。常委会始终强调"求同存异"

"兼容并包""荣辱与共"的理念，汲取中华民族和文化的精华，实现了和合文化的当代价值。在建言行事上，坚持"不打棍子、不抓辫子、不扣帽子"的"三不原则"，进一步规范政协行事行为，努力营造了政协与党政部门、各界群众真情互动的工作情境，政协是个说话的地方已成为社会各界的共识。在合作共事上，坚持各协商主体平等原则，保障参加政协的各党派团体、各族各界代表人士有序政治参与、发表意见、表达诉求，促进了不同党派、不同民族、不同信仰、不同阶层人们之间的团结合作。在决策议事上，充分发挥民主集中制的优良传统，有事好商量、众人的事情由众人商量着办，阳光协商、民主讨论氛围蔚然成风。

坚持快乐工作。常委会视做好工作、收获成就为享受，推行人际关系简单一点、工作勤奋一点、生活阳光一点、助人之事多做一点、书多读一点、换位思考多一点的工作方法，快乐工作、乐在其中成为了全体委员和广大政协工作者的一种文化追求。开展的工作日10:00在政协机关走廊做第八套广播体操，吸引了不少机关大院干部的参与。广大政协委员本着相逢相识是缘分，支持鼓励是福分，取长补短是情分的理念，内心保持真情，待人保持热情，做事保持激情，政协成为了全体委员和政协干部的"快乐老家"。

各位委员、同志们，回顾五年来的工作，我们深深感到，四届区政协走过的历程令人难忘、取得的成绩来之不易，这是中共信州区委正确领导的结果，是区人大、区政府大力支持的结果，是历届政协打下坚实基础、社会各界广泛参与的结果，是政协各参加单位、广大委员共同努力的结果。在此，我代表政协信州区第四届委员会常务委员会，向所有关心、支持、参与政协工作的各位领导、各界人士，表示衷心的感谢！同时，也对由于年龄、岗位变动等诸多因素不再继续推荐担任下一届区政协委员的同志们，对你们为政协事业发展作出的贡献表示崇高的敬意！

在肯定成绩的同时，我们也清醒地认识到工作中存在的差距和不足。主要表现在：政治协商的规范化、制度化、程序化建设还需要进一步加强，民主监督的渠道和途径还需要进一步拓展，参政议政的能力和水平还需要进一步提高，履行职能的方式方法还需要进一步探索，等等。

四届区政协工作经验

四届区政协继承和发扬历届政协的优良传统，着眼于新时期新阶段政协工作面临的新形势新任务,不断深化对人民政协性质、地位、作用的认识,在工作实践中积累了许多经验。这些经验,既是长期积累的宝贵财富,也是政协工作必须遵循的重要原则,值得我们倍加珍惜。

第一,坚持维护核心、把握方向,是做好政协工作的根本保证。中国共产党是中国特色社会主义事业的领导核心。五年来,常委会牢固树立核心意识,自觉服从区委领导,坚定不移地维护区委权威、贯彻区委决策,做到与区委在思想上同心同德、目标上同心同向、行动上同心同行,确保党的重大决策部署在政协工作中得到全面贯彻落实。区委把政协工作纳入全区工作大局,政治上加强领导、制度上不断完善、组织上全力保障、环境上持续优化,为政协履行职能提供了有力支持和坚实保障。实践证明,只有坚持中国共产党的领导,人民政协事业才能有可靠的政治保证,才能始终沿着正确的政治方向前进。

第二,坚持围绕中心、服务大局,是做好政协工作的基本原则。推动科学发展是政协履行职能的第一要务。五年来,常委会牢固树立大局意识,自觉将政协工作融入全区工作大局,选准结合点、切入点,突出针对性、实效性,在选择课题上求精、查找问题上求实、协商议政上求成、建言成果上求效,参政参到点子上,议政议到关键处,在参与中支持,在支持中服务,在服务中监督,真正把履职成效转化为促进发展的实际成果,有力推动经济社会又好又快发展。实践证明,只有自觉围绕中心、服务大局,把心思和精力集中到干事创业上,把智慧和力量凝聚到促进发展上,人民政协才能在履行职能中发挥作用、体现价值。

第三,坚持以人为本、履职为民,是做好政协工作的出发点和落脚点。实现好、维护好最广大人民群众的根本利益,是人民政协固有属性的体现,也是履行职能的应有责任。五年来,常委会牢固树立民本意识,始终把群众的利益放在首位,选择人民群众普遍关心的热点、难点问题,解难事、办实事、做好事,使一些涉及群众切身利益的实际问题得到妥善解决,架起了党委政府联系群众的桥梁。实践证明,只有坚持以人为本、履职为民,踏实践行群众路线,才能在人民群众创造历史的伟大进程中汲取智慧和力量,才能为人民政协事业发展不断注入新的生机和活力。

第四,坚持团结民主、汇聚力量,是做好政协工作的重要保障。维护社会和谐是人民政协的重要职责。五年来,常委会牢固树立团结意识,坚持把团结、民主贯穿于政协工作的全过程,坚持各党派团体、各族各界人士平等相待、民主协商、合作共事的原则,为他们参政议政、发挥作用创造良好环境,协助区委、区政府做好协调关系、理顺情绪、化解矛盾的工作,努力营造全区政通人和、共谋发展的大好局面。实践证明,只有牢牢把握团结、民主两大主题,团结一切可以团结的力量,调动一切积极因素,才能更好地为构建社会主义和谐社会服务。

第五,坚持求真务实、开拓创新,是做好政协工作的不竭动力。人民政协事业是中国特色社会主义事业的重要组成部分。五年来,常委会牢固树立创新意识,积极探索履职新思路、新方法、新机制,坚持以思路创新推动工作创新,在实践中不断丰富完善工作思路,做到履职不失职、到位不越位;坚持以方法创新推动工作创新,积极探索丰富委员活动方式,履职目标更加明确,工作重点更加突出;坚持以机制创新推动工作创新,健全完善政协工作机制,不断激发自身内在活力。实践证明,政协工作只有坚持在继承中发展、在发展中创新、在创新中前进,才能跟上时代步伐,始终保持旺盛的生命力。

各位委员、同志们!

"桐花万里丹山路,雏凤清于老凤声。"今后五年,是我区创新发展、攻坚突破的重要机遇期,更是争先进位、再创辉煌的关键期,中共信州区第四次代表大会确定了我区经济社会发展的奋斗目标和战略任务。新的形势、新的任务对政协工作提出了新的要求、新的希望,也为人民政协事业发展提供了新的舞台、新的天地。我们坚信,在新一届区委的坚强领导下,即将选举产生的五届区政协常委会一定能够高举中国特色社会主义伟大旗帜,以邓小平理论和"三个代表"重要思想为指导,深入贯彻落实科学发展观和习近平总书记系列重要讲话精神,牢牢把握团结、民主两大主题,更加有效地履行政治协商、民主监督、参政议政职能,切实发挥好协调关系、汇聚力量、建言献策、服务大局的重要作用,为奋力打造现代服务业新高地、区域发展新引擎、生态宜居幸福城,高标准建成省域副中心城市核心区作出新的更大贡献,谱写人民政协事业更加辉煌的新篇章!

2016年信州区国民经济和社会发展统计公报

2016年，新一届政府深入贯彻落实党的十八大和十八届三中、四中、五中、六中全会，以及习近平总书记系列重要讲话精神，在市委、市政府和区委、区政府的正确领导下，在区人大、区政协的监督支持下，以新发展理念适应新常态，攻坚克难、奋勇拼搏，较好地完成了区四届人大七次会议确定的各项目标任务，实现了"十三五"良好开局。

一、综合

2016年，全年实现地区生产总值212.6亿元，比上年增长8.9%。其中，第一产业增加值7.0亿元，增长3.7%；第二产业增加值48.4亿元，增长10.3%；第三产业增加值157.2亿元，增长8.7%。人均生产总值49838元，增长10.6%。经济结构进一步优化。三次产业结构调整为3.3：22.8：73.9。

2016年年末，常住人口42.7万人，其中城镇人口31.4万人，占总人口的比重为73.5%，比上年末提高0.8个百分点。据信州公安分局人口统计资料显示：2016年年末，信州区户籍总人口为42.9249万人，比上年净增0.50万人，比上年增长1.17%；男女性别比为1.01：1，全年全区出生人口5736人，死亡人口1539人，迁入人口4032人，迁出人口3129人。2016年年末，户籍城镇人口数为30.7573万人。

2016年，全年财政总收入21.9亿元，增长4.3%。其中，一般公共预算收入16.1亿元，下降4.3%。税收收入占财政总收入的比重83.5%。所有镇街财政总收入都超过1亿元，西市街道财政总收入超2亿元。

2016年，全年居民消费价格指数上涨1.7%，其中消费品价格指数上涨1.2%，商品零售价格上涨0.6%。

社会消费品零售总额、限额以上消费品零售、规模以上服务业企业营业收入、第三产业增加值、金融机构人民币存贷款余额、城镇居民人均可支配收入、农村居民人均可支配收入等指标继续位居全市第一。在全市经济社会发展和党的建设情况巡查中实现逆袭，赢得第三名的好成绩。

二、农业

2016年，全年粮食总产量4.95万吨，比上年增长0.5%。其中，早稻1.65万吨，增长10.7%；中稻及一季晚稻1.37万吨，增长34%；二季晚稻1.43万吨，增长－24.7%。全年粮食种植面积0.86万公顷，增长0.2%；蔬菜种植面积3206公顷，增长34.8%。蔬菜产量7.4万吨，增长28.7%。

2016年，全年肉类总产量5598吨，比上年增长19.7%。其中，猪肉产量5598吨，增长19.8%；牛肉产量213吨，增长0.47%；禽蛋产量650吨，增长5.52%。年末生猪存栏32660头，增长16.5%；生猪出栏56842头，增长19.4%。

2016年，全区共有规模以上种养殖基地98个，农业休闲农庄33家，规模以上农业企业36家，其中省级3家、市级18家。新增各类农民专业合作社9家，总数达到161家，创建市级以上农民专业合作社示范社17家，其中国家级1家、省级4家、市级12家。新增家庭农场20家，总数达到43家。现代农业示范区建设步伐加快，完成7100亩核心区规划、建成占地1万平方米的智能温控大棚，引入鲜禾科技、仕林蔬菜、乐村淘电商、华西和中广核农光互补等企业进驻。农田水利基础设施进一步夯实，完成1000亩高标准农田建设，4座小（2）型水库和24座山塘除险加固整治。

三、工业和建筑业

2016年，信州区主攻工业、决战园区力度不断加大，制定了"以企业为核心、五年决战三百亿"战略规划，精心培育、做大光学、苎麻、汽配三大产业。坚持每月举办一次"工业日"会议、每季一次工业项目集中开（竣）工活动。全年新增规上企业9家，总数达到27家，实现规模以上工业增加值5.83亿元，主营业务收入20.7亿元。荣获2013—2015年度江西工业崛起年度贡献奖。

2016年，全年规模以上工业总产值22.3亿元，增长1.3%。分轻重工业看，轻工业总产值9.0亿元，下降25.8%，重工业总产值13.3亿元，增长34.5%。分经济类型看，规模以上工业国有企业总产值0.5亿元，增长16.5%；股份制企业总产值21.1亿元，增长5.3%；外商及中国港澳台商投资企业总产值0.7亿元，下降53.7%。全年规模以上工业企业实现主营业务收入20.7亿元，下降

4.3%。

2016年，全年建筑业总产值107.3亿元，比上年增长12.0%；建筑业增加值5.6亿元，可比增长31.0%。房屋建筑施工面积252.7万平方米，下降35.8%。其中，新开工面积50.2万平方米，下降70.3%。

四、固定资产投资

2016年，固定资产投资158.3亿元，增长12.9%。分领域看，在固定资产投资中，工业投资6.1亿元，下降78.4%；城建投资60.6亿元，增长122.4%。

2016年，全年房地产开发投资23.5亿元，增长61.0%。其中，住宅投资12.6亿元，增长46.0%；办公楼投资4.1亿元，增长86.7%；商业营业用房投资5.9亿元，增长90.1%。房屋施工面积264.0万平方米，增长3.5%；房屋新开工面积27.4万平方米，下降7.9%；房屋竣工面积2.7万平方米，增长85.6%。商品房销售面积50.5万平方米，增长18.7%；商品房待售面积23.4万平方米，增长22.6%；商品房销售额35.8亿元，增长9.8%。

五、国内贸易

2016年，全区社会消费品零售总额累计实现129.2亿元，增长10.5%；按行业分，批发业零售额257.4亿元，增长8.4%；零售业零售额408.2亿元，增长16.1%；住宿业零售额22.4亿元，增长7.0%；餐饮业零售额33.1亿元，增长9.1%。

2016年，95家限上商贸企业实现社会消费品零售总额65.6亿元，增长10.0%。其中，限上批零实现零售额64.1亿元，增长11.1%；限上住餐实现零售额1.5万元，下降5.9%。2016年主要行业发展势态良好。石油及制品类逐步回升，实现零售额31.7亿元，增长7.8%；中西药品类商品快速增，实现零售额5.1亿元，增长32.6%；汽车类平稳发展，实现零售额4.8亿元，增长7.8%。

六、对外经济

2016年，信州区开放合作不断深化，成立32支招商小分队分赴全国各地招商，先后在北京、上海、重庆、贵州举办产业招商推介会，集中引进了一批光学、汽配、定制家居、制鞋等企业入驻。全年落户重大项目27个，其中2000万元至亿元项目11个，亿元以上项目16个。全年出口总额2.3亿美元，比上年下降27.8%，实际使用外商直接投资8071万美元，比上年增长10.2%。利用省外2000万元以上项目实际进资42.1亿元，增长12.9%。

七、交通、邮电和旅游

2016年，全区区属公路货物运输量5486万吨，比上年增长82.44%；公路货物周转量940025亿吨公里，增长78.35%。全年公路客运量930万人，下降26.25%；公路旅客周转量46297万人公里，下降62.34%。年末汽车保有量9258辆，下降30.15%。

2016年，全年邮政业务总量2.6亿元，增长80.4%；年末固定电话用户10.6万户；移动电话用户67.7万户。

2016年，文化旅游产业快速发展，全年接待旅游人数1536.64万人次，增长45.73%；实现旅游综合收入131.28亿元，增长22.23%。上饶（信州）文化创意产业园被授予"第五批江西省现代服务业集聚区"。

八、金融和保险业

2016年，年末市辖区金融机构人民币各项存款余额696.1亿元，比年初增长18.9%。其中，非金融企业存款余额315.8亿元，增长30.1%；个人存款余额266.0亿元，增长13.0%。年末金融机构人民币各项贷款余额590.5亿元，比年初增长11.3%。其中，短期贷款余额617.0亿元，下降1.8%；中长期贷款余额150.0亿元，增长18.1%。年末金融机构人民币消费贷款余额117.2亿元，增长19.7%。

九、教育和科学技术

2016年，全年普通高等学校在校生2.88万人，普通中学校在校生6.2万人。中等职业教育招生1.5万人。普通小学在校生4.0万人。特殊教育在校生186人。幼儿园152所，在园幼儿1.3万人。

2016年，全区知识产权保护工作得到加强，完成专利申请量378件，增长50%；专利授权287件，增长20%，总量全市第一。上饶7890众创空间、蓝青创客工场、龙谷创客茶馆获批省级众创空间。巨网科技、惠明科技等5家企业获批国家高新企业。

十、文化、卫生和体育

2016年，全区所有镇街和行政村实现了有线电视联网。年末共有艺术表演团体1个，文化馆1个，公共图书馆1个，博物馆1个。全区共有综合档案馆1个，馆藏各类档案117个全宗，共计7.6万卷。

2016年年末,共有各类医疗卫生机构94个(含村卫生室),其中医院、卫生院39个,妇幼保健院(所、站)2个,疾病预防控制中心1个,卫生监督所(中心)1个。卫生技术人员6523人,其中执业医师和执业助理医师1785人,注册护士2704人。医院和卫生院床位5283张。

2016年,全区体育场馆5个,全年发行体育彩票1793万元。信州区代表队在全国青奥会上获得羽毛球女子团体冠军。

十一、人民生活和社会保障

2016年,城镇居民人均可支配收入31656元,增长8.0%;农村居民人均可支配收入14358元,增长7.3%。

2016年,全年就业困难人员实现就业538人,发放创业担保贷款11524万元,扶持个人创业431人次,带动就业2192人次。年末职工参加城镇基本养老保险人数7.4万人,其中职工5.0万人,离退休人员2.4万人。参加城镇职工医疗保险人数2.7万人,其中在职职工1.3万人,退休人员1.4万人。参加农村新型合作医疗人数19.3万人,新型农村合作医疗基金支出0.93亿元,农民参合率99.7%,统筹基金使用率91.6%。参加工伤保险人数5.0万人,其中农民工0.9万人。向城市低保户发放低保金2685.9万元,月人均补差301元;向农村低保户发放低保金2023.7万元,月人均补差195元。城市居民得到政府最低生活保障人数6612人,农村居民得到政府最低生活保障人数8578人,得到政府五保救济人数214人。年末共有提供住宿的社会福利机构11个。

十二、资源、环境与安全生产

2016年,年末主要河流断面(点位)达标率为94.1%,城区环境空气质量优良率为90.7%,城市环境空气质量级别均为二级。

2016年,森林覆盖率40.44%,林木绿化率42.12%,活立木蓄积量为560194立方米,森林抚育3000亩,植树造林植树造林完成1000亩

2016年,生态建设成效进一步显现。市区空气质量符合Ⅱ级标准。节能降耗取得成效,万元GDP增加值降低率2.25%。

2016年,全区工矿商贸发生事故(含非生产经营性道路交通事故)6起,比上年同期多发生3起,同比上升100%;死亡6人,比上年同期多死亡4人,同比上升200%。

注:1.地区生产总值和人均生产总值绝对数按现价计算,增长速度按不变价计算。

2.根据《国民经济行业分类》(GB/T 4754-2011),第一产业指农林牧渔业(不含农林牧渔服务业),第二产业指工业(不含开采辅助活动,金属制品、机械和设备修理业)和建筑业,第三产业指除第一产业、第二产业以外的其他行业。

3.规模以上工业统计范围为年主营业务收入2000万元及以上的企业,固定资产投资(不含农户)统计范围为计划总投资500万元及以上项目和房地产。

4.常住人口是指实际经常居住在某地区一定时间的人口。按人口普查和抽样调查规定,主要包括:居住在本乡镇街道、户口在本乡镇街道或户口待定的人,居住在本乡镇街道、离开户口所在的乡镇街道半年以上的人,户口在本乡镇街道、外出不满半年或在境外工作学习的人。户籍人口统计数据来源于上饶市公安局信州分局2016年人口统计年报数据。

市级以上媒体用稿情况

中央媒体用稿

日期	媒体	稿件名称	版面及类型	作者
6月2日	新华每日电讯	坚守信仰力量 永做时代先锋"两学一做"学习教育广泛开展提及信州区做法	头版新闻	
7月4日	新华每日电讯	"没有双腿，就长出了翅膀飞翔"江西上饶11岁"无腿女孩"的舞蹈梦	8版头条通讯	程　迪
7月19日	经济日报	千年夏布"俏"海外	5版图片新闻1张	卓忠伟
7月20日	人民日报	刺鲅鱼	2版图片新闻1张	卓忠伟
8月23日	光明日报	"两学一做"进车间	8版图片新闻1张	卓忠伟
8月24日	经济日报	办税更便利 企业获红利	6版图片新闻1张	卓忠伟
8月26日	央视新闻	江西上饶：大学生捐造血干细胞爱心跨国界	央视13频道	罗　通
8月26日	央视新闻	江西上饶：救人救到底 女学生再捐干细胞	央视13频道	罗　通
11月6日	光明网	江西上饶：500万支扶贫菌棒助农育出"幸福菇"	图片1张	卓忠伟
11月6日	光明网	江西上饶：农民建房喜领"身份码"	图片1张	卓忠伟
11月9日	光明网	江西上饶："学做归一"暖心田	图片1张	卓忠伟
12月4日	中央电视台	选人用人在阳光下进行	央视13频道	王舒畅
12月14日	经济日报	废料变身"致富棒"	15版图片新闻1张	卓忠伟

省级以上媒体

日期	媒体	稿件名称	版面及类型	作者
1月7日	江西日报	信州小巷守护队护平安	B4版简讯	祝慧箭　缪　慧
1月12日	省广播电台	退伍老兵急需换肾 互联网让爱心人士携手共助	简讯	吕丽芬　邱　薇
1月15日	江西日报	"草根"逆袭的黄金时代	A1版图片新闻1张	林　君　吴晓敏
1月29日	江西日报	冬泳健身斗严寒	C2版图片新闻3张	林　君　吴晓敏
2月4日	江西日报	上饶合成警务工作站亮相	C1版简讯	张　弛　曾志江
2月16日	江西日报	三清山机场揭开面纱	B2版图片新闻1张	林　君
2月23日	省广播电台	信州一百岁老人过生日 800余人贺寿	整点简讯	杨　松　吕丽芬
2月22日	江西日报	信州打造现代农业示范园区	B4版消息	祝慧箭
2月23日	江西日报	90后大学生赴京捐献造血干细胞 我省首次救助国外白血病患者	A2版通讯	黄锦军
2月27日	省广播电台	白鸥园市场3月开始停业改造	整点简讯	邱　薇
2月28日	江西日报	比利时白血病患者获救 姜闽林下周一返校上课	A4版简讯	黄锦军
3月1日	江西日报	无标题	B4版图片新闻1张	严若虚
3月3日	江西日报	信州500余实体店"上线"	A4版简讯	祝慧箭

续表

日期	媒体	稿件名称	版面及类型	作者
4月10日	江西日报	竞走	A4 版图片新闻 1 张	林　君　吴晓敏
4月22日	江西日报	防汛演练	C2 版图片新闻 1 张	吴晓敏
5月3日	江西日报	信州等十县（市、区）对省委第八巡视组巡视"回头看"反馈意见整改情况	A2 版通讯	
5月9日	江西日报	妈妈,您辛苦了	B4 版图片新闻 1 张	林　君
5月12日	省广播电台	饶城首次购买培训成果支持大学生创业	整点简讯	祝慧箭
5月16日	省广播电台	信州在深圳文博会上摘金奖签订单	整点简讯	吴文雪
5月17日	江西日报	无标题	B4 版图片新闻 1 张	林　君
5月19日	江西日报	信州区农民建房二维码防伪	B4 版消息	吴晓敏　缪慧
5月20日	省广播电台	信州 90 后帅小伙跑出的中国速度合作	简讯	祝慧箭
5月22日	省广播电台	两次受邀戛纳电影节　上饶 21 岁大三女生展风采	整点简讯	吕丽芬
5月23日	江西日报	上饶有机场了 宁都石城要筑铁路了	C1 版头条	陈　璋
5月23日	江西日报	国道改造	A2 版图片新闻 1 张	林　君
5月23日	省广播电台	信州龙舟传人侯富健 30 年造 100 条龙舟	整点简讯	邱　薇
6月1日	江西日报	让生命之花灿烂绽放——信州区推进残疾人就业创业工作掠影	A4 版通讯	戴　华　吕玉玺
6月1日	江西日报	快乐"六一"	A1 版图片新闻 1 张	林　君
6月1日	江西日报	"天眼"控违	C1 版图片新闻 1 张	林　君
6月2日	江西日报	坚守信仰力量 永做时代先锋——"两学一做"学习教育广泛开展提及信州区做法	A3 版通讯	
6月4日	省广播电台	传承文化"打观舡"	整点简讯	吕丽芬 吴晓敏
6月11日	江西日报	无腿"天使"	A4 版专版	程　娟
6月12日	省广播电台	饶城"24 小时不打烊警务超市"率先亮相,百姓点赞"警察就在眼前、平安就在身边"合作	录音头条	祝慧箭
6月13日	省广播电台	上饶市整改 11 家机动车安检机构	整点简讯	祝慧箭 李 晃
6月13日	江西日报	信州:出"连环拳"确保廉洁过节	B4 版简讯	祝慧箭 章 玲
6月13日	江西日报	节能低碳教育	A2 版图片新闻 1 张	林　君
6月15日	江西日报	民歌展演	A4 版图片新闻一张	林　君
6月17日	江西日报	阳光行动日 温暖党员心	A4 版图片新闻 2 张	潘华喜
6月20日	省广播电台	上饶市斑马线前不礼让行人将被抓拍	简讯	吴晓敏
6月23日	江西日报	挂上加速挡 跑出加速度——感受提升"上饶制造"竞争力提及信州区做法	A1 版通讯	宋海峰
6月23日	江西日报	景德镇女大学生遗体捐献造福他人（该女大学生为信州区人）	B4 版通讯	邱西颖

续表

日期	媒体	稿件名称	版面及类型	作者
6月27日	江西日报	小偷行窃 众市民抓捕被刺致两死三伤 上饶市信州区警方正全力侦破	C2版通讯	邹晓华
6月28日	江西日报	一路连三省,千里共合福(提及信州区例子)	A2版头条	游　静
6月30日	省广播电台	上饶IC卡公用电话亭将退出历史舞台	整点简讯	吴晓敏
7月1日	江西日报	宋恒泉:创新创业带头条人	C2版跨越95周年特刊通讯	吕玉玺　邱　薇
7月5日	江西日报	《小偷行窃,众市民抓捕被刺致两死三伤》犯罪嫌疑人在广东落网	C2版消息	邹晓华
7月17日	江西日报	创客沃土,助企业破壳成长 探访上饶市信州区"7890+众创空间"	头版专栏通讯	宋海峰
7月27日	江西日报	好心人程兆槐,很想知道你是谁	C3版通讯	童梦宁　吴　帆
7月27日	江西日报	无标题	B4版图片新闻1张	林　君
8月4日	省广播电台	鄱阳农家小伙20天自制迷你吉普车	整点简讯	吕丽芬　邱　薇
8月10日	江西日报	一名老党员的特殊党费	B4版通讯	吕玉玺
8月9日	省广播电台	爱心再续 江西省首例涉外干细胞捐献者姜闽林再捐淋巴细胞	简讯	吕丽芬　胡小菊
8月16日	省广播电台	上饶市建立机关事业单位人员无偿献血机制	整点简讯	祝慧箭
8月14日	江西日报	省委讲师团在景德镇上饶宣讲提及信州区	A2版消息	吕玉玺
8月16日	江西日报	帮到关键处 扶到心坎上	B4版通讯	吴宝梁
8月18日	省广播电台	江西推出80条降成本、优环境创新举措,用真金白银来提振企业的发展信心	录音头条	祝慧箭
8月29日	省广播电台	上饶举办首届光学高峰论坛	整点简讯	吕丽芬　邱　薇
8月29日	省广播电台	上饶一孕妇凌晨羊水破 高速交警开道送医	简讯	邱　薇
9月1日	江西日报	信州238名学子获政府补助	B2版图片新闻1张	李祖标
9月7日	江西日报	加快交通建设	B2版图片新闻1张	夏内信
9月7日	江西日报	我省查处一起非法自制饮用桶装水案件	B2版简讯	黄锦军
9月17日	江西日报	无标题	A2版图片新闻1张	林　君
11月3日	省广播电台	江西首个城市级AR技术应用在上饶信州区落地	整点简讯	祝慧箭
11月4日	省广播电台	上饶马拉松赛报名火爆	整点简讯	祝慧箭　任晓莉
11月13日	江西日报	全省党员干部群众热议省第十四次党代会	简讯	吕玉玺
11月14日	江西日报	将我心比民心 用实干加巧干	长篇通讯	祝慧箭　吕玉玺
11月22日	省广播电台	上饶市启动"梦想中心"项目	整点简讯	祝慧箭　李冬平
11月23日	江西日报	特色艺术	图片新闻1张	林　君　李冬平
11月29日	江西日报	省党代会干部反响	综合消息	吕玉玺
11月30日	江西日报	国道改造	A2版图片一张	林　君
12月2日	江西日报	变废为宝	A2版图片一张	林　君　吴晓敏

续表

日期	媒体	稿件名称	版面及类型	作者
12月5日	江西日报	快乐马拉松	头版图片新闻1张	林　君　吴晓敏 李冬平
12月7日	江西日报	信州产业扶贫显实效	B4版简讯	吕玉玺　邱　薇
12月7日	江西日报	信州推进"双创"释放发展新活力	A1版长篇通讯	张　弛　祝慧箭
12月15日	江西日报	独轮车炫动校园	C02版图片新闻1张	林　君
12月20日	江西日报	传统捕捞水中宝	C02版图片新闻2张	林　君
12月22日	江西日报	信州举行退赃活动	B04版消息	吕玉玺
12月22日	江西日报	信州棚改：托起群众安居梦	B01版长篇通讯	祝慧箭　吴晓敏
12月24日	江西日报	坐在车里看电影	C1版图片新闻1张	林　君

市级媒体用稿

日期	媒体	稿件名称	版面及类型	作者
1月5日	上饶日报	信州举办国画展览庆新年	1版消息	吴文雪　江　巧
1月7日	上饶日报	泛舟信江	5版图片新闻2张	戚虹鸿
1月9日	上饶日报	饶城投资200万维修人行道	1版消息	杨小军
1月10日	上饶日报	福海公寓成"全国先进社会组织"	1版消息	任晓莉
1月10日	上饶日报	无标题	2版图片新闻1张	徐　斌
1月11日	上饶日报	小巷守护队点亮社区平安灯	1版通讯	祝慧箭　缪　慧
1月11日	上饶日报	一男子伪造驾照被罚	2版简讯	戎　静
1月12日	上饶日报	信州地税新年首期道德讲堂开课	2版简讯	齐少筠　黄勇丽
1月13日	上饶日报	"众创空间"创客沃土	1版图片新闻2张	吴晓敏
1月13日	上饶日报	医患一家亲	2版图片新闻2张	杨小军
1月13日	上饶日报	信州：新年首次"工业日"会召开	3版简讯	吴晓敏　张东红
1月14日	上饶日报	饶城新建5个合成警务工作站	3版简讯	杨小军
1月16日	上饶日报	快乐"小花农"	3版图片一张	李祖标
1月21日	上饶日报	学政策 树理念	3版图片新闻2张	吴正英
1月21日	上饶日报	无标题	3版图片新闻1张	刘　君
1月22日	上饶日报	信江河上的"美容师"	2版头条	蒋学华　张　玥
1月25日	上饶日报	信州发放70万元教育资助金	2版简讯	任晓莉
1月25日	上饶日报	无标题	2版图片新1张	杨小军
1月26日	上饶日报	信州区卫计委召开工作调度会	3版简讯	张宁辉　龚娟华
1月27日	上饶日报	信州开展农民工维权法援宣传	2版通讯	孙慧芳
1月30日	上饶日报	信州改善居民医保缴费服务	2版简讯	张贵菊　任晓莉
1月31日	上饶日报	名家写春联 现场送市民	1版图片新闻2张	江　巧　徐　斌
1月31日	上饶日报	警方加强春运安保	2版图片新闻2张	徐　斌

续表

日期	媒体	稿件名称	版面及类型	作者
1月31日	上饶日报	送暖	2版图片新闻2张	吕丽芬　吴文雪
2月2日	上饶日报	剪出新春祝福	1版图片新闻2张	徐斌　江巧
2月2日	上饶日报	信州举办首届美食文化年货节	2版图片新闻2张	徐斌　江巧
2月2日	上饶日报	茅家岭街道开展春节计生走访慰问工作	3版简讯	周灵妃　余乐　陈建
2月3日	上饶日报	市区至朝阳产业园公交线开通	1版消息	方子健
2月3日	上饶日报	无标题	1版图片新闻1张	徐斌
2月3日	上饶日报	饶城首批合成警务工作站试运行	2版头条	曾志江　蔡晓军
2月6日	上饶日报	信州：文化年惠及千万家	3版通讯	邱薇　贺巍
2月6日	上饶日报	聆听革命故事　接受传统教育	3版图片新闻2张	李祖标
2月8日	上饶日报	信江书院正式对市民免费开放	1版消息	方子健
2月13日	上饶日报	农民喜过"文化年"	3版图片1张	李祖标
2月14日	上饶日报	信江书院迎客来	1版图片新闻2张	徐斌
2月14日	上饶日报	无标题	2版图片新闻1张	杨小军
2月15日	上饶日报	挥毫泼墨	2版图片新闻2张	徐斌
2月15日	上饶日报	无标题	2版图片新闻1张	杨小军
2月16日	上饶日报	信州现代服务业发展跑出"高铁速度"	1版2条	祝慧箭　邱薇
2月16日	上饶日报	春光好放纸鸢	1版图片新闻1张	徐斌
2月16日	上饶日报	无标题	1版图片新1张	杨小军
2月16日	上饶日报	我想回家就业	1版通讯	蔡晓军
2月16日	上饶日报	信州打造4000亩现代农业示范园	1版消息	祝慧箭
2月16日	上饶日报	西市街道做好流动人口计生服务管理	3版简讯	刘君
2月18日	上饶日报	点亮百姓"微"心愿	2版头条通讯	潘华喜　邱建英
2月18日	上饶日报	无标题	2版图片新1张	杨小军
2月18日	上饶日报	老人外出拾荒迷了路 信州民警接力送回家	2版简讯	蒋剑波　蔡晓军
2月18日	上饶日报	信州区以民为本推进党风廉政建设	3版简讯	余洪刚　徐文积
2月19日	上饶日报	购良种 忙春耕	2版图片新闻2张	徐斌
2月19日	上饶日报	无标题	2版图片新闻1张	杨小军
2月19日	上饶日报	保护环境 传递文明	3版图片新闻2张	陈建
2月20日	上饶日报	社区联欢	2版图片新闻2张	郑欢　慧子
2月20日	上饶日报	无标题	2版图片新闻1张	潘政　徐斌
2月21日	上饶日报	觅春	1版图片新闻2张	徐斌
2月21日	上饶日报	信州500家实体店"上线"	1版消息	祝慧箭
2月23日	上饶日报	汤圆俏销	2版图片新闻1张	杨小军
2月24日	上饶日报	开犁了	2版图片新闻1张	杨小军
2月25日	上饶日报	无标题	3版图片新闻1张	徐斌

续表

日期	媒体	稿件名称	版面及类型	作者
2月25日	上饶日报	精准招聘暖人心	3版通讯	张贤敏　任晓莉
2月28日	上饶日报	信州：围绕发展定位"三个率先"开新局	1版头条	祝慧箭
2月28日	上饶日报	南极科考精神将永远激励我	1版通讯	陈华英　蔡晓军
2月29日	上饶日报	无标题	1版图片新1张	杨小军
2月29日	上饶日报	法治信州建设有声有色	2版通讯	孙慧芳
3月3日	上饶日报	饶城春色美	1版图片新闻2张	杨小军
3月3日	上饶日报	警民恳谈会	3版图片新闻1张	高　俊　贺　巍
3月4日	上饶日报	无标题	2版图片新闻1张	杨小军
3月5日	上饶日报	学雷锋　献爱心	1版图片新闻2张	杨小军
3月8日	上饶日报	信州区打造服务型计生	3版简讯	陈　建
3月10日	上饶日报	无标题	2版图片新1张	郑　欢　慧　子
3月10日	上饶日报	食用菌成"金疙瘩"	2版图片新闻2张	赖芳敏　徐　斌
3月10日	上饶日报	信州区"三个针对"创新廉政教育理念	3版通讯	魏士秀
3月10日	上饶日报	全域旅游　各有各的精彩（信州诗情画意处处有）	5版通讯	祝慧箭　侯　含　贺　巍
3月11日	上饶日报	信州开展新学期校园法治文化建设	3版简讯	孙慧芳　贺　巍
3月12日	上饶日报	信州："法制村主任"又有新作为	1版通讯	祝慧箭　孙慧芳
3月12日	上饶日报	污水管网施工忙	2版图片新闻2张	杨小军
3月12日	上饶日报	饶城新设立5个合成警务工作站	2版简讯	曾志江　黄珠慧子
3月13日	上饶日报	信州今年首期电商创业培训班开班	2版简讯	游国宏
3月14日	上饶日报	无标题	1版图片新闻1张	游国宏
3月14日	上饶日报	志愿心　邻里情	2版图片新闻1张	吕丽芬
3月15日	上饶日报	摄美景　品美食	1版图片新闻2张	吴晓敏
3月15日	上饶日报	一位老党员的情怀	2版通讯	邱　薇
3月15日	上饶日报	孵化基地创业忙	5版图片新闻2张	徐　斌
3月16日	上饶日报	无标题	1版图片新闻1张	祝慧箭
3月17日	上饶日报	定格美景	2版图片新闻1张	杨小军
3月18日	上饶日报	信州用无人机督查高铁沿线环境	1版消息	祝慧箭
3月20日	上饶日报	无标题	1版图片新闻1张	信　宣
3月20日	上饶日报	传递温暖的"电力雷锋"	2版通讯	任晓莉
3月22日	上饶日报	无标题	2版图片新闻1张	杨小军
3月23日	上饶日报	传统工艺制作葛粉	2版图片新闻2张	杨小军
3月24日	上饶日报	传承优秀家训	3版图片新闻1张	张　迎　张治炉
3月27日	上饶日报	爱心长跑	1版图片新闻2张	吴晓敏
3月28日	上饶日报	育菜秧　促增收	2版图片新闻1张	杨小军

续表

日期	媒体	稿件名称	版面及类型	作者
3月29日	上饶日报	第21个中学生安全教育日	1版图片新闻1张	戴越
3月29日	上饶日报	政法综治工作守护"幸福信州"	2版简讯	徐芸
3月30日	上饶日报	医疗志愿服务进社区	2版图片新闻1张	杨小军
3月31日	上饶日报	点燃创新引擎 驱动产业升级——信州转型发展又添新动力	1版2条	吕丽芬
4月2日	上饶日报	信州7日拆违7000平方米	1版消息	祝慧箭　吴晓敏
4月5日	上饶日报	信州:"三个在前"严肃换届纪律	1版通讯	张治炉
4月5日	上饶日报	无标题	2版图片新闻1张	任晓莉
4月6日	上饶日报	信州出台征迁户进城购房新政	1版消息	祝慧箭
4月8日	上饶日报	市民身份证可一站式办理	2版消息	曾志江　任晓莉
4月9日	上饶日报	无标题	2版图片新闻1张	杨小军
4月14日	上饶日报	信州信息服务业首季走出＋速度	1版2条	祝慧箭　吴晓敏
4月15日	上饶日报	信州:绿色生态农业成"美丽经济"	1版通讯	吴晓敏
4月12日	上饶日报	福海老年公寓荣获全国先进	1版消息	龚俊慧
4月15日	上饶日报	饶城美容师	1版图片新闻2张	徐斌
4月13日	上饶日报	柯婆婆的幸福生活	2版头条	张艺　蔡晓军　方子健
4月14日	上饶日报	信州警方破获黑客断网案	2版简讯	曾志江　蔡晓军
4月14日	上饶日报	信州区:牢筑"三道防线"严控"微腐败"	3版简讯	余洪刚　徐文积
4月18日	上饶日报	滨江西路半封闭改造	2版图片新闻1张	杨小军
4月18日	上饶日报	喂鱼乐	2版图片新闻1张	杨小军
4月24日	上饶日报	信州多方合力打响脱贫攻坚战	1版2条	祝慧箭　邱薇
4月25日	上饶日报	信州3年投2300万建高标准农田	1版消息	张晓明　邱薇
4月20日	上饶日报	信州建民宿示范点可享受补贴	1版简讯	侯含　吕丽芬
4月23日	上饶日报	让生活弥漫书香——我市广泛开展全民阅读活动	1版图片新1张	徐斌　戴晓玲
4月24日	上饶日报	水上大练兵	1版图片新闻2张	吴晓敏
4月19日	上饶日报	美化家园	2版图片新闻2张	徐斌
4月19日	上饶日报	朝阳镇巧用网络平台宣传计生服务	3版简讯	余霞　陈建
4月21日	上饶日报	带湖风光正旖旎	6版头条	程慧
4月25日	上饶日报	信州区人武部入校宣传征兵政策	2版图片新闻2张	范文昇　杨小军
4月26日	上饶日报	巧妇代加工	2版图片新闻1张	江巧　徐斌
4月26日	上饶日报	转型路在何方?——来自南方棉布批发市场的新闻调查	5版通讯	贺魏
4月28日	上饶日报	信州:践行"四种形态"提高监督执纪水平	3版通讯	潘晓峰
4月29日	上饶日报	创业服务	3版图片新闻2张	杨敏　程慧
4月30日	上饶日报	80万盆鲜花迎"五一"	1版图片新闻2张	杨小军

续表

日期	媒体	稿件名称	版面及类型	作者
5月3日	上饶日报	探访饶城信江南岸景观工程	1版专栏通讯	吕丽芬　孔　臻
5月3日	上饶日报	北门街道切实做好计生奖扶工作	3版简讯	王　伟　陈　建
5月3日	上饶日报	对接互联网 打造"升级版"——上饶大市场发展走笔	5版专栏通讯	李满堂　贺　巍
5月4日	上饶日报	帮扶养殖	2版图片新闻1张	江　巧　徐　斌
5月5日	上饶日报	信州严把法律服务年检注册关	3版简讯	孙慧芳
5月7日	上饶日报	用知识点亮孩子未来——记信州区秦峰镇霍村小学教师翁俊水	2版通讯	阮　晔
5月8日	上饶日报	关爱"老母亲"	2版图片新闻2张	祝慧箭
5月8日	上饶日报	信州:青年志愿者遍及每个社区	1版通讯	江　巧
5月8日	上饶日报	饶城居民在昌就医可直报	2版消息	吕丽芬　蔡　霞
5月10日	上饶日报	信州:持续推进"红包"问题专项治理	1版通讯	余洪刚　徐文积
5月11日	上饶日报	全天候监测	1版图片新闻1张	杨小军
5月10日	上饶日报	商户抱团求发展——上饶渡口批发街发展侧记	5版通讯	徐　芸
5月11日	上饶日报	寻访最美劳动者	2版图片新闻2张	涂映红
5月12日	上饶日报	信州"四个坚持"提升谈话函询实效	2版通讯	
5月12日	上饶日报	信州积极营造"七五"普法氛围	3版2条	孙慧芳
5月13日	上饶日报	中心城区大力推进基础教育建设	3版通讯	万　明　陈康琦
5月14日	上饶日报	本地菜上市菜价下降	2版图片新闻2张	杨小军
5月21日	上饶日报	信州90后帅小伙跑出中国速度	1版消息	祝慧箭
5月21日	上饶日报	领证	1版图片新闻2张	杨小军
5月23日	上饶日报	信州:监管农村建房用上了二维码	1版简讯	吴晓敏　缪　慧
5月17日	上饶日报	农夫把田耕 小鸟来做伴	2版图片新闻2张	杨小军
5月18日	上饶日报	为高楼"洗脸"	2版图片新闻2张	杨小军
5月19日	上饶日报	升级改造	2版图片新闻1张	杨小军
5月20日	上饶日报	绿化改造 扮靓市容	2版图片新闻1张	杨小军
5月22日	上饶日报	"春风阳光"行动走进市一小	2版简讯	龚江琳
5月23日	上饶日报	端午未到粽飘香	2版图片新闻2张	杨小军
5月30日	上饶日报	饶城开启中高考"静音模式"	1版消息	任晓莉
5月24日	上饶日报	无标题	2版图片新闻1张	吴晓敏
5月24日	上饶日报	信州区二院开展急救技能情景演练	3版简讯	陈　建
5月27日	上饶日报	麒麟瓜上市	2版图片新闻1张	吴晓敏
5月28日	上饶日报	抗建路步行街改造	2版图片新闻1张	杨小军
5月31日	上饶日报	赶制龙舟	2版图片新闻2张	赖芳敏
5月31日	上饶日报	市卫计系统:积极推进"两学一做"学习教育涉及区卫计委做法	3版通讯	吴正英

续表

日期	媒体	稿件名称	版面及类型	作者
6月1日	上饶日报	修整游步道	2版图片新闻2张	杨小军
6月2日	上饶日报	社区党员重温入党誓词	3版图片新闻2张	章汉根
6月3日	上饶日报	市民的"希望工程"	1版图片新闻2张	杨小军
6月3日	上饶日报	信州村级办公用房突出服务功能	1版通讯	祝慧箭　徐康饶
6月4日	上饶日报	信州多部门联动全力防汛	1版通讯	廖长生　吴晓敏
6月4日	上饶日报	端午近粽飘香	2版图片新闻1张	郭占军 黄珠慧子
6月5日	上饶日报	信州区稼轩大道建设现场	1版图片新闻1张	吴晓敏
6月7日	上饶日报	三江导托渠力争"三丰收"	1版专栏通讯	方子健
6月7日	上饶日报	信州卫计委开展"三送"服务活动	3版简讯	陈　建
6月9日	上饶日报	信州确保党员干部过"廉节"	1版消息	章　玲　祝慧箭
6月12日	上饶日报	无标题	1版图片新闻1张	徐　斌
6月15日	上饶日报	唱响民歌 传承非遗	2版图片新闻1张	李云霞
6月14日	上饶日报	绿色回收进机关	2版图片新闻1张	邱　薇
6月18日	上饶日报	最美上饶人	2版图片新闻2张	杨小军
6月19日	上饶日报	无标题	1版图片新闻1张	吴晓敏
6月27日	上饶日报	信州将"帮扶＋帮带"落到实处	1版通讯	周程成
6月21日	上饶日报	中心城区改造23个积水点	1版消息	方子健
6月21日	上饶日报	创意毕业照	2版图片新闻2张	祝慧箭
6月21日	上饶日报	秦峰自发组织拍摄节能微电影	2版简讯	徐　芸
6月21日	上饶日报	低碳出行 健康你我	3版图片新闻2张	吴正英
6月23日	上饶日报	节能宣传	2版图片新闻1张	兰国红
6月23日	上饶日报	退休前放松要求　校长谋"福利"挨处分	3版通讯	张治炉　付梦程 章　艳
6月24日	上饶日报	高温下的坚守	1版图片新闻2张	杨小军
6月26日	上饶日报	400余家单位招聘会上求人才	1版消息	陈绍鹏
6月26日	上饶日报	三江公园大整修	2版图片新闻2张	杨小军
6月28日	上饶日报	市立医院住院部综合大楼全面投用	3版简讯	周元江　陈　建
7月4日	上饶日报	北京归来话落实	1版通讯	方子健
7月4日	上饶日报	无标题	2版图片新闻1张	龚生万
7月4日	上饶日报	信州区依法拆除一违章建筑	2版简讯	孙丽珍　刘文胜
7月8日	上饶日报	一位老党员的特殊党费	1版通讯	祝慧箭　邱　薇
7月7日	上饶日报	信州困难残疾人可领补贴	2版简讯	祝慧箭
7月7日	上饶日报	信州推进安置帮教无缝对接	3版简讯	孙慧芳
7月7日	上饶日报	云碧峰国家森林公园:让你尽情深呼吸	6版头条	

续表

日期	媒体	稿件名称	版面及类型	作者
7月8日	上饶日报	上饶青年创业创新大赛举行　信州两项目实力超群获大奖	2版简讯	吴文雪
7月9日	上饶日报	信州:亮出"红色气质"	3版通讯	邱　薇
7月11日	上饶日报	水南多种形式宣传整治"微腐败"	2版简讯	林信平　陈绍鹏
7月18日	上饶日报	创客沃土,助企业破壳成长——探访上饶市信州区"7890+众创空间"	1版专栏通讯	宋海峰
7月14日	上饶日报	信州:建立党员"政治生日"制度	1版简讯	周柏毅　周程成
7月12日	上饶日报	无标题	3版图片新闻1张	陈　建
7月13日	上饶日报	垂钓	2版图片新闻1张	徐　斌
7月14日	上饶日报	信州为计生特殊家庭免费体检	2版简讯	张宁辉
7月15日	上饶日报	90后女乡医乐当村民"好闺女"	2版通讯	吕丽芬　孔　臻
7月18日	上饶日报	信州工业统计业务知识培训班开班	3版消息	李祖标　杨津玉
7月20日	上饶日报	水南街道整治夏季环境卫生	2版简讯	林信平
7月22日	上饶日报	放下书本,快乐心灵	3版图片新闻2张	徐　斌
7月23日	上饶日报	水南出实招改进工作作风	2版简讯	林信平　陈绍鹏
7月30日	上饶日报	接受红色教育	2版图片新闻2张	吴晓敏
8月4日	上饶日报	学校放假,社区开学——信州开设暑期法治课堂	3版通讯	孙慧芳
8月5日	上饶日报	信州项目建设按下"快进键"	1版通讯	祝慧箭　吕丽芬
8月5日	上饶日报	信州300余名妇女接受免费普查	2版简讯	谢丽慧
8月6日	上饶日报	信州:紧盯三类问题剑指基层"微腐败"	1版简讯	余洪刚　徐文积
8月7日	上饶日报	无标题	2版图片新闻1张	杨小军
8月8日	上饶日报	无标题	1版图片新闻1张	吴晓敏
8月9日	上饶日报	无标题	3版图片新闻2张	龙群芳　吴正英
8月9日	上饶日报	地摊淘宝	6版图片新闻2张	吴正英
8月10日	上饶日报	结缘"七夕"	2版图片新闻2张	杨小军
8月11日	上饶日报	守护"城市动脉"	2版图片新闻2张	杨小军
8月11日	上饶日报	社区走访慰问优抚对象	2版简讯	郑　欢
8月11日	上饶日报	千年夏布 墨香幽幽	7版专版	戚鸿虹
8月13日	上饶日报	千年夏布俏销国外	1版图片新闻新闻2张	卓忠伟　祝慧箭
8月13日	上饶日报	信州:"两学一做"心贴心	2版头条通讯	孔　臻
8月13日	上饶日报	抢修保供电	2版图片新闻1张	杨小军
8月14日	上饶日报	信州农民发明烟气转换设备获专利	1版通讯	祝慧箭　邱　薇
8月14日	上饶日报	修缮革命烈士墓	2版图片新闻2张	杨小军
8月16日	上饶日报	信州:聚焦问题 细化措施	1版通讯	章　宏
8月17日	上饶日报	感受科技魅力	2版图片新闻1张	杨小军

续表

日期	媒体	稿件名称	版面及类型	作者
8月18日	上饶日报	信州"三上三下"创新农民建房管理	1版通讯	方子健
8月21日	上饶日报	信州:学习教育无死角 党员参与全覆盖	2版头条	童淑倩　杨小军
8月23日	上饶日报	信州"准村官"上好"岗前实践课"	1版通讯	周程成　周柏毅
8月26日	上饶日报	信州"金秋助学"资助230余名中小学生	3版简讯	周程成　周柏毅　贺魏
8月27日	上饶日报	中印医疗队进村义诊	1版图片新闻2张	吴晓敏
8月27日	上饶日报	信州开放型经济步子快落脚稳	1版头条	祝慧箭　邱薇
8月27日	上饶日报	信州公安开展清查整治行动	1版消息	曾志江　黄珠慧子
8月28日	上饶日报	无标题	1版图片新闻1张	吴晓敏
8月29日	上饶日报	信州三大产业提质增效助推发展	1版2条	祝慧箭　邱薇
8月29日	上饶日报	市民观看书法作品展	2版图片新闻2张	杨小军
8月29日	上饶日报	320国道上饶城区改建项目	2版图片新闻1张	杨小军
8月29日	上饶日报	停车救助晕倒路人获赞	2版简讯	徐君辉
8月30日	上饶日报	信州区党政主要领导走访上饶日报社	2版消息	陈绍鹏
8月30日	上饶日报	信州:"党课主播"让学习教育叫好又叫座	2版通讯	周程成　周柏毅
9月1日	上饶日报	信州警方破获"仙人跳"系列劫案	3版头条	查博文
9月3日	上饶日报	无标题	2版图片新闻1张	杨小军
9月4日	上饶日报	求学第一课	4版图片新闻1张	李祖标
9月5日	上饶日报	信州:紧盯关键岗位和重点领域	1版通讯	王清明
9月5日	上饶日报	新建6间活动板房	2版图片新闻1张	杨小军
9月8日	上饶日报	信州企业进村助力精准扶贫	2版简讯	吕丽芬　李冬平
9月8日	上饶日报	春风助学 情暖学子——信州区8月阳光行动日暨金秋助学活动侧记	3版头条	周程成
9月8日	上饶日报	信州:"讲、释、考"深抓纪律教育	3版简讯	章玲
9月9日	上饶日报	信州:帮助基层党员"晒"出心底目标	2版2条	周程成　周柏毅
9月10日	上饶日报	信州:曝光问责 真刀真枪	1版简讯	章宏　徐文积
9月11日	上饶日报	信州:推进学习教育"深"起来"实"起来	2版头条	童淑倩　周程成
9月12日	上饶日报	爱心饺子	1版图片新闻2张	吴晓敏
9月13日	上饶日报	饶城一批道路国庆节前通车	1版消息	胡真凤　祝慧箭
9月13日	上饶日报	信州现代服务业快速发展	5版简讯	严厚斌
9月14日	上饶日报	消防演练	2版图片新闻2张	郑欢
9月15日	上饶日报	信州:狠抓"三个结合"确保立整立改	1版简讯	徐文积
9月15日	上饶日报	无标题	1版图片新闻1张	孔臻
9月15日	上饶日报	信州警方捣毁一处传销窝点	3版通讯	黄珠慧子
9月18日	上饶日报	情暖敬老院	2版图片新闻2张	郭占军　戴晓玲

续表

日期	媒体	稿件名称	版面及类型	作者
9月19日	上饶日报	网上信访	2版图片新闻1张	吴晓敏
9月20日	上饶日报	上广快速通道建设忙	2版图片新闻2张	吴晓敏
9月27日	上饶日报	沙溪镇搭建"微信群"平台学习党章	3版通讯	郑华梁
9月29日	上饶日报	迅速掀起学习市党代会精神热潮	1版图片新闻2张	徐斌
9月29日	上饶日报	西市街道全面提升计生工作水平	3版简讯	陈建
9月29日	上饶日报	信州区安装药具自助发放机29台	3版简讯	陈建
9月29日	上饶日报	带给患者的新希望——北门街道打造康复医疗侧记	3版通讯	吴正英
9月30日	上饶日报	迅速掀起学习市党代会精神热潮	1版专栏消息	祝慧箭 龚俊慧
10月1日	上饶日报	祖国在我心中	2版图片新闻1张	徐斌
10月8日	上饶日报	信州棚改征迁工作首战告捷	1版专栏通讯	祝慧箭 吴晓敏
10月8日	上饶日报	无标题	2版图片新闻1张	卢芬 吕谦
10月9日	上饶日报	信州区图书馆改造正进行 拟春节前开放	3版呼声	郑欢
10月10日	上饶日报	"我相信,老母亲会理解我"	1版专栏通讯	江巧 方子健
10月11日	上饶日报	信州统筹城乡发展面貌新	1版2条	祝慧箭
10月13日	上饶日报	特殊的生日礼物	头版消息	方子健
10月14日	上饶日报	信州:开良方营造"廉氛围"	头版消息	王清明
10月15日	上饶日报	高铁新区的"枫炉塘速度"	头版消息	方子健
10月17日	上饶日报	征迁现场"铁包公"	头版消息	方子健
10月19日	上饶日报	茅家岭街道:敢啃棚改"硬骨头"	头版消息	方子健
10月20日	上饶日报	信州:集中整治有实效	头版消息	章玲
10月21日	上饶日报	干群人心齐 征迁争上游	头版消息	方子健
10月23日	上饶日报	我这辈子都在享共产党的福	头版消息	方子健
10月25日	上饶日报	信州引进一批总投资4.5亿汽配项目	头版消息	杨松
10月24日	上饶日报	告别棚户住新房	头版图片新闻	杨小军
10月25日	上饶日报	信州:"党员主题活动日"内容丰富	2版头条	周程成
10月30日	上饶日报	信州:改造中心城区两菜场	2版消息	祝慧箭 李冬平
10月31日	上饶日报	群众的笑脸是对我们最大的肯定	1版专栏消息	方子健
10月31日	上饶日报	饶城白鸥园市场通过消防验收	1版1消息	祝慧箭 江巧
11月1日	上饶日报	茅家岭街道开展免费妇检活动	3版简讯	周灵妃 余乐
11月1日	上饶日报	东市街道计生服务水平上升	3版简讯	姜凌 吴正英
11月3日	上饶日报	旅游带动贫困乡村一起"飞"	5版消息	邹艳萍 戚虹鸿
11月3日	上饶日报	秀美乡村书画卷(信州区:民宿经济如火如荼)	7版专版	邹琼
11月4日	上饶日报	老党员助力征迁促和谐	1版消息	方子健
11月4日	上饶日报	抓住施工有利时机 抓紧推进项目建设	1版头条	陈绍鹏

续表

日期	媒体	稿件名称	版面及类型	作者
11 月 5 日	上饶日报	凤凰大道东延伸段顺利通车 全场 1 公里双向六车道	5 版消息	程家富
11 月 5 日	上饶日报	信州法院"秋季行动"集中围猎"老赖"拘传 16 人	6 版通讯	邱　芬
11 月 5 日	上饶日报	冒充公安行骗 200 多万"李鬼"遇"李逵"绕城落网	6 版消息	余　硕
11 月 5 日	上饶日报	信州区大学生"村官"自主择岗	1 版消息	祝慧箭　温华兴
11 月 6 日	上饶日报	中心城区棚改不断刷新"信州速度"	1 版头条	朱慧箭　方子健
11 月 6 日	上饶日报	市委宣讲团在三地宣讲	1 版消息	邹　琼　郑宏伟　叶晓枫
11 月 6 日	上饶日报	无标题	1 版图片新闻 1 张	杨小军
11 月 6 日	上饶日报	乘客凌晨突临产　医专学子帮接生	1 版通讯	龚俊慧
11 月 6 日	上饶日报	信州管控违建引进新"利器"	2 版消息	祝慧箭
11 月 6 日	上饶日报	八角塘菜场何时改造好？最晚 12 月底	3 版消息	郑　欢
11 月 7 日	上饶日报	开铺柏油	2 版图片新闻 1 张	杨小军
11 月 7 日	上饶日报	信江河捕鱼人	2 版图片新闻 1 张	杨小军
11 月 8 日	上饶日报	美化中心城区形象"大变脸"	2 版消息	徐　芸
11 月 8 日	上饶日报	灵溪镇服务人口再上新台阶	3 版简讯	田成育
11 月 8 日	上饶日报	无标题	3 版图片新闻 1 张	林信平
11 月 9 日	上饶日报	东岳护国寺改扩建项目征地完成	1 版消息	方子健
11 月 9 日	上饶日报	开展消防知识培训演练活动	2 版消息	黄勇丽 郑婷婷
11 月 9 日	上饶日报	无标题	图片新闻 1 张	吴晓敏
11 月 10 日	上饶日报	320 国道上饶城区预计年底通车	5 版消息	戚　虹
11 月 11 日	上饶日报	"我是党员，先拆我家"	1 版消息	方子健
11 月 11 日	上饶日报	信州：新农村成新景点	1 版消息	祝慧箭　邹　琼
11 月 11 日	上饶日报	加强精准扶贫攻坚工作	2 版简讯	林信平
11 月 12 日	上饶日报	上饶淘宝园"双十一"销售火爆	1 版消息	江　巧
11 月 13 日	上饶日报	三江导托渠进口闸工程开工	1 版简讯	方子健
11 月 13 日	上饶日报	信州：激发青年党员内在动力	2 版简讯	周柏毅　周程成
11 月 14 日	上饶日报	手绘企业墙	图片新闻 1 张	吴晓敏
11 月 15 日	上饶日报	给力征迁助推信江南岸景观速度	1 版消息	方子健
11 月 16 日	上饶日报	信州启动赣鄱水产品质量安全行活动	1 版消息	祝慧箭　李冬平
11 月 18 日	上饶日报	搬家有困难　干部来帮忙	1 版通讯	方子健
11 月 18 日	上饶日报	无标题	图片新闻 1 张	饶　宣
11 月 18 日	上饶日报	《信州论坛》邀专家学者共话新经济	2 版消息	邱　薇
11 月 18 日	上饶日报	加工红薯增收致富	2 版图片新闻 2 张	杨小军

续表

日期	媒体	稿件名称	版面及类型	作者
11月19日	上饶日报	马承祖在调研"秀美乡村"建设时强调体现提点注重味道保留风貌	1版头条	陈绍鹏
11月19日	上饶日报	好日子放在歌里过	3版简讯	缪 慧
11月19日	上饶日报	无标题	图片新闻1张	杨小军
11月20日	上饶日报	东市街道让利于民促征迁	1版简讯	方子健
11月20日	上饶日报	无标题	图片新闻1张	杨小军
11月20日	上饶日报	我市全力推进棚户区改造	3版通讯	陈华英　龚俊慧
11月21日	上饶日报	加工粉皮忙增收	2版图片新闻2张	杨小军
11月23日	上饶日报	信州司法体系改革先行先试显成效	1版头条	龚俊慧
11月23日	上饶日报	信州人大机关举办电脑打字比赛	2版消息	李海峰　徐文积
11月23日	上饶日报	经开区组团到信州区、横峰考察	3版消息	朱 苑
11月24日	上饶日报	乐为建设大美上饶做贡献	1版通讯	方子健
11月24日	上饶日报	专项巡查整治不正之风和腐败问题	3版简讯	张治炉
11月25日	上饶日报	"身份牌挂起来"	1版图片新闻2张	卓忠伟　祝慧箭
11月25日	上饶日报	信州警方严打侵财犯罪	2版消息	蔡晓军
11月26日	上饶日报	探访城东防洪堤工程征迁指挥部	1版消息	方子健
11月26日	上饶日报	无标题	1版消息	李冬平
11月28日	上饶日报	枫炉塘征迁工作圆满完成	1版简讯	方子健
11月28日	上饶日报	说唱团进社区	2版图片新闻2张	李祖标
11月28日	上饶日报	信州首家:垃圾兑换银行开业	2版消息	田晨育
11月29日	上饶日报	省委宣讲团来饶宣讲	1版通讯	陈绍鹏
11月30日	上饶日报	征迁先得"征"心	1版消息	方子健
12月2日	上饶日报	汪家园棚改三期征迁进展顺利	1版通讯	方子健
12月3日	上饶日报	信州:巧用"三镜"集中整治	1版简讯	李培军　徐文积
12月4日	上饶日报	就近安置赢得笑脸	1版简讯	方子健
12月4日	上饶日报	信州举办精准扶贫家政培训班	1版简讯	信 宣
12月6日	上饶日报	信州1300套乡村公租房陆续交付	1版消息	邱 微
12月6日	上饶日报	信州区前三季度经济运行平稳	6版通讯	严厚斌
12月7日	上饶日报	12月7征迁组的"民生笔记"	1版简讯	方子健
12月8日	上饶日报	棚改:让群众幸福指数创新高	1版通讯	孔 臻
12月9日	上饶日报	全市县(市区)人大常委会主任座谈会召开	1版消息	张晓明
12月10日	上饶日报	桐子坞棚改征迁进入冲刺阶段	1版简讯	方子健
12月10日	上饶日报	信州微商产业园项目启动	1版简讯	吴晓敏
12月10日	上饶日报	书画展上饱眼福	3版图片新闻2张	吴正英
12月11日	上饶日报	好政策促就了棚改的"上饶速度"	1版头条	徐 芸
12月12日	上饶日报	信州五步走 选聘合格村官	1版通讯	刘开源　周程成

续表

日期	媒体	稿件名称	版面及类型	作者
12 月 12 日	上饶日报	七旬老人题联语为棚改点赞	1 版通讯	方子健
12 月 13 日	上饶日报	信州为农村困难群众盖"安居房"	1 版简讯	吕丽芬
12 月 13 日	上饶日报	开展解放河黑臭水体治理	1 版简讯	李云霞
12 月 14 日	上饶日报	新机制:棚改货币化"牵手"楼市去库存	1 版通讯	龚俊慧
12 月 15 日	上饶日报	信州建专业产业园承接产业转移	1 版简讯	祝慧箭
12 月 16 日	上饶日报	真情化解"第一难"	1 版通讯	方子健
12 月 17 日	上饶日报	信州开放型经济逆势上扬	1 版通讯	祝慧箭　吕丽芬
12 月 18 日	上饶日报	征迁一线版社保	1 版通讯	方子健
12 月 18 日	上饶日报	收菜	2 版图片新闻 1 张	杨小军
12 月 20 日	上饶日报	征迁户没想到的,干部想到了!	1 版通讯	方子健
12 月 21 日	上饶日报	信州加快推进规上企业入统	3 版消息	韩　粉　蒋金彪
12 月 25 日	上饶日报	决不让征迁户吃亏	1 版通讯	方子健
12 月 27 日	上饶日报	征迁只为上饶更美好	1 版通讯	方子健
12 月 28 日	上饶日报	送学上门	1 版图片新闻 2 张	徐　斌
12 月 30 日	上饶日报	市十一小在信州区校园足球赛上夺冠	3 版消息	杨飞岚
12 月 31 日	上饶日报	让邻里之情延续下去	1 版简讯	方子健

（缪　慧）

索 引